W0330333

Alexa Capra - Daniele Robotti

L'educazione del cane
e del suo proprietario
Guida pratica

edagricole

1ª edizione: novembre 2018

5563

Redazione: p.zza G. Galilei, 6 - 40123 Bologna
Vendite: tel. 051/6575833; fax: 051/6575999
e-mail: libri.edagricole@newbusinessmedia.it / www.edagricole.it

Realizzazione grafica: Exegi snc, Via Pelagio Palagi, 3/2 - 40138 Bologna
Impianti e stampa: Casma Tipolito, via B. Provaglia, 3b/d - 40138 Bologna
Finito di stampare nel novembre 2018

ISBN 978-88-506-5563-2

Introduzione

Nel 1998 ho iniziato a scrivere il libro la *Guida pratica all'educazione gentile del cane*, che ha avuto molto successo e diverse ristampe. Era tempo di tornare in libreria. Con una differenza: questo libro non riguarda quello che i cani devono imparare per rendere felici i proprietari. Riguarda quello che i proprietari devono imparare per rendere felici i cani.
Un bel cambio di prospettiva.
In mezzo ci sono stati vent'anni di lavoro per i cani. Il primo passo è stato decidere che non avrei più usato un collare a strangolo o dato uno strattone. Vent'anni fa questa decisione implicava perdere gran parte dell'esperienza e della competenza acquisita nella pratica. Ho avuto mal di testa per sei mesi, quando ho scelto di cambiare del tutto il mio approccio all'educazione canina. In vent'anni, non ho mai sentito il bisogno di tornare indietro, all'uso della coercizione.
Ho provato a ottenere dei risultati utilizzando il cibo, ma non funzionava. Il motivo è semplice, se ci pensiamo. Usare il cibo per ottenere la collaborazione del cane introduce il principio del baratto nella relazione tra uomo e cane. Io ti darò un boccone se vieni da me. Io ti darò cibo se cammini al mio fianco quando sei al guinzaglio. Io ti darò un biscotto se guardi me invece di minacciare un altro cane. Ti darò una crocchetta se non insegui il gatto dei vicini. Il cane guarda il gatto, guarda la crocchetta e deve decidere cosa è più interessante.
Indovinate?

Il giovane meticcio maremmano è di fronte a un dilemma: cibo o comportamento? Il click-clack del *clicker* fotografa il comportamento che funziona, e indica al cane la via del successo.

È andata meglio con il *clicker*. Ho comprato i primi due sul sito di Gary Wilkes, nel lontano 1996. Ci ho messo un po' a capire a cosa servisse, ho imparato a usarlo, e nel 2000 ho iniziato a girare per l'Italia per insegnarlo ad altri. Per diversi anni sono stata «l'esperta di *clicker*». Ma neppure il *clicker* era la soluzione. Funziona, non tanto il *clicker* in sé, quanto gli strumenti mentali necessari per usare in modo efficace i principi dell'apprendimento positivo, ma siamo ancora e sempre nella situazione in cui il cane esibisce un comportamento e ottiene cibo. O un giocattolo, ma comunque è una situazione legata a un comportamento esibito per ottenere qualcosa in cambio.

Ci volevano 40 Pit Bull ex combattenti per insegnarmi a fare meglio, a essere meglio.

Nel 2003 aderisco al progetto ENPA Ex-combattenti e nel 2004 mi viene affidata la responsabilità del progetto. Decido di mettere sotto esame ogni cosa che viene fatta, attraverso l'implacabile analisi di un progetto scientifico. Ed è così che in canile ci siamo io, i Pit Bull e un gruppo di intrepide studentesse di biologia e di veterinaria. Mi butto a capofitto in questa nuova avventura, inizio una serie di test di valutazione del comportamento, confrontando i Pit Bull a un gruppo di «non Pit Bull» degli stessi canili. Iniziamo il lavoro di riabilitazione e, quando i cani vengono adottati, contattiamo gli adottanti per capire se il nostro lavoro è stato utile a loro e ai cani.

In quegli anni la mia attenzione è focalizzata soprattutto sul comportamento sociale dei cani: le espressioni del muso, lo sguardo, le posture. Uso i test per capire i cani, e analizzo i video fotogramma per fotogramma. Scopro così che il mio vocabolario canino è pieno di buchi. Cerco ovunque informazioni, e scopro che non esiste un unico etogramma del cane. Ne ho uno sul cavallo, ne ho uno sul gatto. Di sicuro ne esiste uno sui gorilla di montagna, ma sul cane, niente. Recupero ogni etogramma pubblicato, e scrivo una raccolta di tutto il materiale, nei mesi di post operatorio in cui sono costretta a casa. Tre interventi ortopedici, tre etogrammi. Manca il quarto, ma conto di trovare una diversa motivazione per scriverlo.

Insegnare ai Pit Bull a fidarsi di noi è stata una parte fondamentale del progetto.

Uno dei cani del progetto Enpa Ex-combattenti, Sonny, in un momento di coccole. Insegnare ai Pit Bull a fidarsi di noi è stata una parte fondamentale del progetto.

In questo lavoro mi aiuta l'esperienza maturata dal 2007 nelle classi di socializzazione. La ricerca scientifica continua, proprio con uno studio sulle interazioni aggressive filmate durante le classi, e con uno studio sui cani morsicatori. Dall'etogramma passo a osservare e analizzare gli stati emotivi dei cani, le motivazioni espresse durante le interazioni. Grazie al progetto Ex-combattenti, sono diventata piuttosto famosa come esperta di cani aggressivi, motivo per cui arrivavano (e continuano ad arrivare), proprietari da tutta Italia per una valutazione. Le valutazioni sullo stile dei test condotti in canile lasciano il posto a interazioni più spontanee e dirette quando mi trasferisco ai Laghi, ed è in quel momento, quando dentro al recinto c'è un cane aggressivo, e devo decidere se entrare o no, che arriva l'elemento finale del mio percorso con i cani.

Non indosso protezioni, il cane non ha museruola. Sono fuori dal recinto, il cane è dentro con i proprietari, libero. Mi lascerai entrare senza aggredirmi? Se mi aggredisci, riuscirò a fermarti? Ho paura di te? Niente mi ha insegnato sui cani quanto i cani aggressivi. Quanto la paura. Esistono ancora addestratori che devono dimostrare al proprietario di essere in grado di controllare qualunque cane, a qualunque costo. Io a un certo punto ho deciso che sarei stata onesta, con il ca-

La valutazione inizia con il cane libero dentro a un recinto, insieme ai proprietari.
Questo mi permette di vedere la reazione del cane verso di me, senza che i proprietari sentano la responsabilità di doverlo controllare. La giovane Hovawart mi sta dicendo di non entrare.

ne. Niente tute imbottite, niente collare a strangolo per soffocare e per reprimere ogni tentativo di aggressione. Niente barriere. Quando dico al cane che sto per entrare, il cane è libero e tra di noi non ci sono protezioni. Altrimenti, rimango fuori.
Ma l'onestà è reale solo se prima impariamo a essere onesti con noi stessi. Ho paura di te? Pochi giorni fa è arrivata una famiglia con un meticcio Pit Bull. Il cane mi ha minacciato poco dopo essere sceso dall'auto. Ho chiesto loro di entrare in recinto, mi sono avvicinata al cancello e il cane mi ha aggredita. Sono rimasta davanti lui e gli ho dato il tempo di scegliere. Ho comunicato con lui anche se mi stava minacciando. Sono entrata.
I cani sono stati il tramite per capire chi sono nella relazione con gli altri. E questo passaggio è stato fondamentale per capire il ruolo dei proprietari nella vita dei cani. Durante le valutazioni, mi sono scoperta a parlare agli umani del loro ruolo come proprietari, invece di discutere dei problemi del cane.
Questo manuale è dedicato ai cani, a quello che possono insegnarci, per renderci proprietari e persone migliori.

Indice

parte prima

Una scelta responsabile

Il primo passo per una convivenza felice è quello che precede l'arrivo di un cane in famiglia. Quale cane sarà il «nostro» cane? Che caratteristiche deve avere, per farci felici? Quello che io propongo è un completo ribaltamento di prospettiva: quale cane possiamo rendere felice?
Ho sentito dire a un comico che le donne peccano spesso di un eccesso di autostima: «Con il completo giusto, di sicuro Shia LaBoeuf cadrebbe ai miei piedi».
I proprietari hanno lo stesso problema: «Qualunque cane sarebbe felice di vivere con me». Solo che «me» è spesso un «noi», e, no... non è affatto detto che qualunque cane sarebbe più felice, o anche solo felice, con noi piuttosto che con qualcun altro.
La felicità è una cima difficile da raggiungere. A volte si crea dall'inizio quella magica miscela che ci trasforma in un nuovo, bellissimo colore. Altre volte il primo giorno è anche il primo passo di una scalata impervia, piena di difficoltà, indecisioni, conflitti.
Vivere con un cane non è così diverso da vivere con un umano, con una differenza: i cani non possono scegliere, né di vivere con noi e neppure di andarsene.
La responsabilità è solo nostra.

1 La scelta del cucciolo

Non importa quanto ci siamo informati, la scelta di un cane è sempre un salto nel vuoto. Il primo elemento che ci colpisce è l'aspetto fisico. Scegliamo un cane che ci piace e non c'è niente di male: piace/non piace è uno dei parametri più antichi, più profondi e importanti, nella nostra vita. Vivere con un cane che ci piace implica avere una percezione positiva della sua personalità, del suo comportamento, volerlo guardare, volerlo vicino.

Il problema, con i cuccioli, è che sono tutti belli, tutti i cuccioli ci piacciono, perché hanno delle caratteristiche che inducono una risposta di attrazione e di protezione.

Il **primo consiglio** è: **non guardate il cucciolo.** Guardate la madre, se c'è, guardate il padre. Se è un cane di razza, cercate di vedere dei soggetti adulti, di conoscerli. Quello è il cane con cui vivrete. I cuccioli non rimangono cuccioli a lungo.

Il **secondo consiglio** è: **non guardate l'aspetto**. Anche i cani adulti possono essere bellissimi o magari pensate che tutti i cani lo siano, a prescindere dall'estetica. Anche se l'aspetto fisico è e rimane un elemento importante in quanto è importante che l'aspetto di un cane ci piaccia, quello che farà la differenza nella nostra vita è la sua personalità, il suo comportamento.

Non esistono cani «da famiglia», o cani «da bambini» o «da appartamento».
Esistono individui con una loro personalità e una storia legata alla selezione di certe caratteristiche fisiche e attitudinali, se il cane che ci piace è di razza. Nei cani di razza possiamo prevedere le caratteristiche fisiche; in questo aspetto, i cani di razza sono più uguali degli altri, ma rimangono comunque individui distinti e differenti.
I cuccioli non sono tutti uguali, i cani non sono tutti uguali.

Puma, Pastore Tedesco di linee da lavoro, e i suoi cuccioli. I collarini colorati permettono di riconoscerli al volo e di non perderne neppure uno mentre scorrazzano in giardino.

1.1 Scegliere un cucciolo nella cucciolata

Da bambina guardavo un'enciclopedia sulle razze, il Fiorone. Sceglievo i cani che avrei voluto avere: il Wolfhound, il Dobermann, e quelli che non mi piacevano proprio: il Dogue de Bordeaux e lo Staffy. Li trovavo brutti. Deve essere stato un qualche segno del destino, perché tra i cani che ho più amato ci sono una Dogue, Jura, e due Staffy, Bullet e Brick.

Bullet è morta a cinque anni a causa di un tumore al cervello. È stato un evento improvviso e traumatico, per mesi non sono riuscita a guardare neppure la foto di uno Staffy senza provare l'impulso di piangere. Una notte ho cercato delle cucciolate su Internet, ne ho trovata una, al mattino ho telefonato e sono partita verso Trento. Le cucciole erano 4, e nessuna aveva ancora richieste. Ho cominciato a guardarle, e sono stata attratta dalla più scura, bellissima. Il proprietario della femmina, mi ha detto: «No, quella la voglio tenere io». Così ho cominciato a osservare le altre tre. Due ore seduta nel fango, mentre le cucciole di due mesi mi saltellavano attorno. Cosa stavo cercando? Cosa volevo vedere? In alcuni libri sui cani, e su Internet, si trovano descritti dei test per valutare i cuccioli. Immaginiamo per un momento di sapere come si valuta un cucciolo, di aver imparato a fare questi test. Valutiamo i cuccioli, uno a uno, e abbiamo quindi un'idea delle differenze tra l'uno e l'altro. C'è quello che è più timoroso, quello che reagisce ai rumori, quello più indipendente, e quello che cerca di più il contatto umano. Queste informazioni ci aiuteranno a capire quale scegliere? Se avessimo tutti i dati sul cucciolo, se riuscissimo a dare un significato reale ai termini usati nella valutazione, se le informazioni sul cucciolo fossero attendibili nell'individuare le caratteristiche di quell'individuo da adulto, tutto questo non sarebbe ancora abbastanza.

Scegliere un cane **in modo responsabile** è un percorso che implica prima di tutto la conoscenza di se stessi. Vivere con un cane è vivere con un altro individuo che ha bisogni, emozioni, motivazioni diverse da noi, una personalità formata, che non può essere stravolta solo perché noi vogliamo che si comporti in un altro modo, adeguato alle nostre aspettative.

Come individui, i cani possono adattarsi bene a noi, al nostro mondo, o entrare in conflitto. Vivere con un cane non è tanto diverso da vivere con un'altra persona, se il cane fa parte della famiglia. La differenza è che una persona adulta può interrompere la convivenza, può andarsene, mentre il cane no. Un cane dipende interamente da noi, per il suo benessere e la sua felicità: scegliere un cane che si adatta bene a noi non è un atto di egoismo, al contrario è il presupposto per una convivenza serena.

Io sono diventata consapevole, dopo anni, di avere problemi ad accettare un cane pauroso. Non ho problemi con cani sensibili, ma fatico a vivere con un cane che ha paure che per me sono immotivate. Mi relaziono male con la paura, e forse questo è un elemento di me che non accetto e che di sicuro mi fa stare male: la paura è difficilmente prevedibile e controllabile. Ho vissuto con una cagna fobica, e ricordo ancora oggi, dopo più di vent'anni, la sua reazione al suono delle campane di una chiesa: mentre cercavo di riportarla all'auto e a casa, si arrampicava sui muri delle case per il terrore. Devo essermi detta «Mai più», e da allora la mia scelta è sempre caduta su cani che non sono così timidi e insicuri da vivere il mondo come un pericolo.

A 50 giorni è già possibile riconoscere alcuni elementi della personalità dei cuccioli.
La piccola Sea of Trees si lancia senza paura sopra la sorella per catturare per prima il giocattolo.

Nessuno dei miei cani è un cuore di leone, ma tutti sono in grado di avere una vita normale, anche se qualcuno di loro, Arj in particolare, deve essere tutelato.
Così, mentre ero seduta per terra, in quel pollaio, a guardare le 4 cucciole di Staffy, sapevo cosa non volevo. Non volevo un cane timido. Una delle quattro, la più grossa, non mi viene vicina, scarta se provo a toccarla e reagisce con timore a un rumore improvviso. Mi concentro sulle ultime due, molto simili per dimensione, colore, carattere.
Dopo due ore, scelgo la più piccola delle quattro, con un evidente difetto da squalifica, le orecchie erette. Lo comunico all'allevatore, che mi guarda perplesso. Due ore seduta a terra con le quattro cucciole, e ho scelto quella "brutta".
Sono 12 anni che viviamo insieme e, tornassi indietro, sceglierei altre mille volte lei.

1.1.1 Quali sono le caratteristiche che si possono osservare in un cucciolo?

Dimenticate i test di valutazione: testare i cani richiede una competenza specifica, l'esperienza per leggere le risposte dei singoli soggetti e confrontarle con quelle di molti altri cani nelle stesse condizioni. È come pensare di riuscire a valutare il valore di un vino, se non si è sommelier. Quando siamo davanti ai cuccioli, cosa possiamo osservare? Chiedete di restare con i cuccioli mentre sono svegli e attivi, e osservate come si comportano.

Akiak, cucciola di Alaskan Malamute, al suo primo contatto con la nuova famiglia umana. La ricerca di contatto e l'espressione dolce rivelano la sua personalità socievole e aperta.

Socievolezza

Uno dei primi elementi che io osservo in una cucciolata è quanto sono attratti dall'uomo. Un cucciolo socievole vi viene vicino, cerca un contatto fisico e sociale, vi guarda in viso, esibisce i comportamenti di saluto e di sottomissione attiva: orecchie piegate indietro, leccare, scodinzolare, sguardo dolce. Alcuni cuccioli si avvicinano per esplorare, ma non hanno atteggiamenti francamente amichevoli e, anzi, sono quasi infastiditi se proviamo ad accarezzarli. Altri ancora si avvicinano per giocare, mordicchiando le mani, le stringhe delle scarpe, i vestiti.
I cuccioli più motivati al contatto passano più tempo vicino a noi e reagiscono con segnali di contatto alla voce, alla nostra attenzione e alle coccole. Se il cucciolo dovrà vivere in città, una maggiore socievolezza verso le persone implica una minore probabilità che viva male le passeggiate in mezzo alla gente.
Ci sono cuccioli felici di incontrare estranei, cuccioli indifferenti, e cuccioli spaventati. Un cucciolo meno socievole può sopportare l'impatto con tanti estranei se è abbastanza confidente da non esserne intimorito.
La socievolezza non è solo un elemento piacevole della personalità di un cane, ma è anche una responsabilità. Un cane più socievole sarà felice di incontrare persone anche al di fuori della famiglia; un cane socievole ha bisogno del contatto con gli umani per essere felice; un cane meno socievole sarà felice di vivere in famiglia, con le persone a cui vuole bene, e di non doversi relazionare con degli estranei.
In linea generale, i cani sono meno socievoli di quanto normalmente si creda. Molti cani tollerano il contatto con gli estranei, ma non lo cercano, altri lo subiscono finché non sono abbastanza grandi da provare a mantenere le distanze, con l'abbaio, cercando di allontanarsi, di fuggire o con atteggiamenti di minaccia.

Brick era la più socievole delle 4 cucciole, ed è rimasta anche da adulta una cagna con una forte motivazione al contatto con le persone. Saluta tutti, ma le persone non sono comunque tutte uguali. Ci sono persone, le "zie" e gli "zii", che lei conosce da più tempo, e riserva solo a loro le feste più entusiaste quando le rivede.

Valutare la socievolezza di un cucciolo significa anche sapere quanto lasciare che entri in contatto con altre persone e quanto invece debba essere tutelato.

La socievolezza verso i cani

Se abbiamo la possibilità di scegliere un cucciolo in una cucciolata, è improbabile riuscire a valutare la socievolezza verso gli altri cani. Possiamo osservare come il cucciolo si relaziona con i fratelli, o con altri cani presenti, ma si tratta di informazioni insufficienti per valutare la motivazione al contatto con cani estranei.

Le probabilità che il cucciolo sia socievole verso i cani sono maggiori se i genitori lo sono, e in certe razze. L'intolleranza verso i cani dello stesso sesso non è anormale ed è più frequente e intensa in alcune razze rispetto ad altre.

Un cane poco socievole verso gli altri cani può comunque tollerarne la presenza, tenderà semplicemente a ignorarli; questo aspetto della personalità però può sfociare in comportamenti di paura ed evitamento, o di minaccia e aggressione. Un cane può essere socievole verso le persone, e non esserlo verso i cani, e viceversa.

Quando ho scelto Brick, non avevo idea di come si sarebbe relazionata con i cani estranei, perché l'ho vista solo con le sorelle e la mia sensazione è stata che fosse un cane gentile, che evitava di entrare in competizione, evitava i conflitti, e non esprimeva aggressività, rimanendo comunque socievole e non indipendente o insofferente al contatto. Brick è davvero tutto questo: in 12 anni ha incontrato centinaia, forse migliaia di cani. Ogni volta che al centro arriva un cane nuovo, lei gli va incontro, a conoscerlo; non ha mai aggredito nessun cane, e ha delle straordinarie competenze verso i cuccioli e nelle classi di socializzazione.

La confidenza

La confidenza è quanto un cane appare sicuro di sé, soprattutto al di fuori dell'ambiente familiare. Un cucciolo può apparire molto forte e confidente, finché lo osserviamo dove è cresciuto, insieme ai fratelli, ma tutta la sua sicurezza può svanire quando si ritrova da solo in uno spazio meno familiare o sconosciuto.

Arj, la mia femmina di Pastore Tedesco, è una cagna perfettamente normale, quando è a casa o al centro cinofilo, ma la sua insicurezza emerge non appena perde i punti di riferimento. Adora l'acqua e così, quando aveva 9 mesi, l'ho portata al mare. Quando è scesa dall'auto era preoccupata e, una volta arrivate in spiaggia, ha visto le onde, ha gridato di paura ed è corsa via. L'ho richiamata e sono tornata all'auto; ho fatto allora scendere anche il mio Border Collie, Grisou, e tutti insieme siamo tornati in spiaggia: alla fine, Arj ha giocato per un'ora tra le onde.

Il grado di confidenza varia da «non avere paura di niente e di nessuno» a «paura di tutto e di tutti». La confidenza viene spesso confusa con la socievolezza. Nel progetto Ex-combattenti, ho voluto confrontare il gruppo di Pit Bull con un gruppo di cani ospitati negli stessi canili, perché volevo capire se i Pit Bull fossero diversi, e in cosa lo fossero, da altri cani. L'elemento che mi ha colpita

Brick, qui a circa 5 mesi di età, gioca con un cucciolo di Pastore Belga Malinois.

La giovanissima Labrador cerca conforto e protezione tra le braccia del proprietario.
La paura è evidente dalla tensione, dalle orecchie piegate indietro, l'occhio "tondo", e dal bianco degli occhi.

è stata la bassa socievolezza dei Pit Bull maschi. Quei cani tolleravano la nostra presenza, erano gestibili, mediamente persino più gestibili di altri cani del canile, ma non esprimevano una motivazione a un contatto sociale con noi. Certo, si potrebbe obiettare che essendo stati sequestrati per maltrattamenti, quei cani avevano subito dei traumi o quantomeno erano stati deprivati di contatto umano: questo, però, valeva anche per gli altri cani ospitati nel canile.
Tutti quei cani avevano subito il trauma dell'abbandono, erano stati maltrattati, o deprivati di affetto e contatto sociale; i Pit Bull maschi, però, erano significativamente meno socievoli con le persone.

Un cane molto sicuro non ha paura, non percepisce persone estranee, cani, luoghi o oggetti, rumori, come un pericolo ma questo non significa che gli piacciano, solo, non ne ha paura.
La confidenza è un elemento importante nella vita di un cane, perché permette la capacità di adattarsi a un ambiente molto complesso, quello umano, e ai cambiamenti a cui può essere esposto il cucciolo o il cane adulto. Un cane insicuro può avere una vita normale, se vive in un ambiente poco stressante e prevedibile, e se ha una relazione forte e sicura con il proprietario.

La motivazione al gioco con giocattoli

Il gioco con i giocattoli non è un elemento fondamentale nella convivenza tra uomo e cane; può però essere un forte **fattore di coesione** e può aiutarci a rendere un cane felice. Il gioco con i giocattoli è un ottimo sostituto della predazione: un cane può divertirsi a inseguire una palla, invece di dare la caccia ad animali selvatici o altri oggetti in movimento, come auto, bici, motorini. Giocare a tira e molla, o a lanciare e catturare una pallina, è un'attività piacevole per i cani, ma lo è anche per gli umani. Molti sport umani prevedono forme rituali di caccia, di gruppo o solitaria, pensate solo a quanti sport prevedono una palla.
Il gioco è una forte motivazione anche per l'apprendimento e non è certo un caso che molti dei cani impegnati in prove sportive abbiano una motivazione molto alta al gioco con giocattoli. Se vogliamo valutare questo aspetto in una cucciolata, dobbiamo avere a disposizione giocattoli diversi: una pallina di dimensioni adeguate, e non troppo dura, una treccia di stoffa, un giocattolo che squittisce. Che tipo di giocattolo attira di più il cucciolo? Qual è il suo stile preferito di gioco? Alcuni cuccioli amano la parte di competizione, come il tira e molla, altri preferiscono l'inseguimento e la cattura.

Alcuni cuccioli esibiscono una forte motivazione al gioco già a due settimane di età, altri la sviluppano anche mesi più tardi. Il cucciolo di Rottweiler sta vivendo le prime esperienze di gioco.

Ricordate di non lanciare i giocattoli troppo lontani, perché i cuccioli di 2 mesi non hanno ancora le capacità visuo-motorie e la sicurezza di un cane adulto.

La tendenza ad abbaiare

L'abbaio è l'espressione di uno stato emotivo, uno stato di eccitazione e si manifesta per motivazioni differenti. Alcuni cani tendono facilmente all'abbaio da guardia e reagiscono alla vista di persone e cani che si avvicinano al loro territorio familiare; altri possono vocalizzare per frustrazione e richiesta quando vogliono qualcosa.
A 2 mesi è improbabile riuscire a capire quanto un singolo cane sarà rumoroso, da adulto; è meglio cercare di avere informazioni sui genitori e sulla razza.

1.2 Vero o falso?

1.2.1 Tutti i cuccioli sono capaci di adattarsi alla famiglia, se ben educati

La frase in realtà dovrebbe essere «Tutte le famiglie sono capaci di adattarsi a un cane adulto se adottato da cucciolo». La risposta è «Falso!».
Non è affatto così automatico che un cucciolo e una famiglia formino una relazione funzionale e che vivano felici insieme. I cuccioli sono piccoli, inoffensivi, non fanno paura a nessuno ma, come abbiamo detto, non restano cuccioli a lungo; un cane adulto è un individuo con bisogni specifici, una personalità formata, una capacità di adattamento che dipende solo in parte da noi.
Nell'adottare un cane, il passo più lungo, sulla strada della convivenza, non può essere quello del cane, non possiamo delegare a lui tutta la responsabilità del successo o del fallimento. L'inserimento di un cucciolo in famiglia può fallire per diverse motivazioni: il cane distrugge, sporca, non obbedisce, abbaia, non va d'accordo con altri animali di famiglia, con persone di famiglia, esibisce comportamenti aggressivi, è troppo grande, è troppo impegnativo. Per molti vivere con un cane è avere compagnia, provare piacere nella convivenza, divertirsi condividendo la propria vita. Ho perso il conto delle persone che mi hanno detto «Voglio accarezzarlo», «Voglio prenderlo in braccio», «Voglio portarlo ovunque insieme a me», «Voglio giocare con il mio cane», «Voglio che mi obbedisca».
C'è l'idea che adottando un cucciolo questi prenderà la forma desiderata, si comporterà come vogliamo noi. Ottenere certi risultati costa tempo ed energie, richiede capacità che devono essere prima acquisite; neppure il miglior educatore cinofilo del mondo può trasformare il cane secondo i propri desideri. Per fortuna, i cani hanno una propria forma, sono individui e, come tali, dovremmo imparare a conoscerli e a rispettarli.

Alfred, ti presento Roxy (cucciolo di Pastore Tedesco). Il cane di famiglia può esprimere timore e persino rifiuto al primo contatto con il cucciolo. È importante non affrettare i tempi, e tutelare sia il cucciolo sia il cane adulto o anziano. Nessuno deve sentirsi escluso.

L'adozione di un cucciolo può portare a un fallimento perché i cuccioli crescono e un cane adulto può non essere l'individuo con cui vorremmo vivere.
Le adozioni che hanno successo non sono quelle in cui indoviniamo tutte le caratteristiche desiderate nel cucciolo, ma quelle in cui ci «innamoriamo» di quell'individuo, siamo felici di farlo felice, di averlo nella nostra vita anche quando è impegnativo, faticoso e difficile.

1.2.2
Tutti i cuccioli imparano a vivere con i bambini

La relazione tra cani e bambini deve essere mediata da un adulto, anche se il cane è cucciolo e non rappresenta un pericolo per il bambino e anche se il cucciolo dimostra di gradire il bambino. I cani non sono giocattoli e possono non avere la capacità di sopportare certe interazioni con i bambini. I cuccioli sono più fragili, fisicamente ed emotivamente, di un cane adulto e se si spaventano o si fanno male possono iniziare ad avere timore del bambino.

Alcuni genitori gestiscono cucciolo e bambini attraverso l'inibizione; il cucciolo viene sgridato, punito e inibito se prova a prendere i giocattoli dei bambini, se li insegue, se salta addosso, se ruba il loro cibo. Il risultato è un cane che esprime paura verso gli adulti e a volte anche verso i bambini. I bambini tendono a replicare le azioni esibite dai genitori e questo può causare anche forme di abuso verso il cucciolo.

Il cucciolo di 4 mesi di Akita Americano dimostra grande tolleranza verso l'abbraccio del bambino. Anche se sono tutti e due "cuccioli", è importante l'impegno dei genitori nel mediare e guidare la relazione.

Anche quando il cucciolo è gentile, e in apparenza non ci sono problemi, qualcosa può andare storto. Una signora mi contatta e mi racconta di aver adottato un cucciolo di Golden Retriever. Ha un figlio di 6 anni e si è da poco separata dal marito; il cane avrebbe dovuto quindi essere un aiuto al bambino per superare la difficoltà del momento, ma ha innescato un processo di competizione. Il bambino non sopporta il cane, il cucciolo ha comportamenti di evitamento e persino di paura verso il bambino. Scrivo alla donna che quello che farei è togliere ai due la responsabilità e l'obbligo di volersi bene: «Pensa a quel cane come al tuo cane, non al cane di tuo figlio». La donna replica che il cane è stato adottato per il bambino e che quello che lei vuole è che loro due vadano d'accordo. Insisto nel convincerla a pensare al cucciolo come al proprio cane, ma non ottengo più risposta. Dopo due mesi, ricevo una mail; un mattino il bambino, prima di andare a scuola, ha voluto salutare il cane. Ora il cucciolo, appena il bambino torna a casa da scuola, corre a salutarlo.

1.2.3
Tutti i cuccioli imparano a vivere con i gatti

Il cucciolo ha la capacità di estendere il proprio comportamento sociale ad altre specie e può quindi imparare a convivere con i gatti di casa. Le competenze sociali aumentano dopo il terzo mese, ed è quindi importante gestire le interazioni tra cucciolo e gatti di casa soprattutto tra i due e i tre mesi di vita. Il problema può nascere con cuccioli con un impulso alla predazione molto alto e che presentano la tendenza a usare il gatto di casa come un giocattolo o a considerare il gatto come un animale da condurre.

Il gatto può essere un pericolo per il cucciolo perché può causare lesioni agli occhi con gli artigli, se si sente costretto a difendersi. Se il cucciolo è molto eccitato alla presenza del gatto e non riesce a smettere di focalizzarsi sul micio, è importante gestire la situazione in modo da tutelare il gatto: chiudendo con cancelli l'accesso ad alcune parti della casa, dando al gatto la possibilità di mettersi in salvo in alto e togliendo la cassetta igienica del gatto dalla portata del cucciolo.

1.2.4
Il cucciolo di razza

Gli appassionati di cani dovrebbero avere un'enciclopedia delle razze in casa. C'è l'idea che i cani di razza siano una versione costosa e modaiola dei cani, ma le razze sono brandelli di storia passata, orme della strada percorsa insieme all'uomo.
Le **razze** si sono formate per adattarsi a determinate condizioni geografiche, ambientali e culturali e anche per rispondere a specifiche esigenze umane, aiutando l'uomo in compiti molto diversi. Ci sono i cani da guardia del gregge, i cani da conduzione del gregge, cani che trainano le slitte, in passato in Europa esistevano cani specializzati nel traino dei carretti, come il Mastino Belga, oggi estinto. Cani che aiutano i pescatori, tantissime razze impiegate nella caccia, dai segugi, ai cani da ferma britannici e continentali, i bassetti e i Bassotti, i cani da caccia ai cosiddetti nocivi, i terrier, i Pinscher, i cani da difesa personale, da guerra e da polizia.
I tempi cambiano, e cambiano anche i mestieri dei cani, e questo porta a volte alla nascita di nuovi incroci e varietà, o alla diffusione di certe razze in ambiti diversi da quelli di origine.
Cani come il Border Collie, il Labrador, il Pastore Belga Malinois e il Pastore Tedesco sono impiegati in attività anche molto diverse da quelle di origine della razza, come l'assistenza ai disabili, gli sport cinofili, la ricerca di sostanze, la ricerca di dispersi.

Gran parte delle razze ha subito un cambiamento con la diffusione delle esposizioni cinofile e la selezione di caratteristiche estetiche più spettacolari e gradite.
In alcune razze esistono due diverse selezioni: una che privilegia l'aspetto estetico e una che si basa sulle attitudini a un compito. Si tratta dei cosiddetti cani «**da bellezza**» e «**da lavoro**».
Scegliere un cane di razza significa avere la possibilità di avere informazioni più dettagliate e specifiche, prima di tutto sull'**aspetto fisico**. L'aspetto è più uniforme nei cani «da bellezza» e può variare anche molto nelle linee «da lavoro», ma è comunque prevedibile entro un certo grado.

I cuccioli di razza devono essere ceduti con il **pedigree**, il documento che attesta la registrazione all'Ente Nazionale della Cinofilia Italiana (Enci) o a un registro straniero. Se il cucciolo è all'estero, non può essere importato prima dei tre mesi e tre settimane, con passaporto e vaccino antirabbia. Il cucciolo può essere iscritto all'Enci inviando il pedigree e un documento detto *export pedigree*, rilasciato dal paese di origine. In Italia è l'allevatore che iscrive i cuccioli all'anagrafe canina, ed è compito del proprietario recarsi presso l'ASL di competenza per registrare il cucciolo al registro regionale. Richiedete una ricevuta o una fattura per il pagamento del cucciolo e il libretto sanitario; ricordate inoltre che il cucciolo deve essere stato *microchippato*.

Kandji, cucciolo di Pastore Tedesco di linee da lavoro, sta riportando il pezzo di pizza che era stato lanciato alle carpe nel laghetto. Chi non conosce le linee da lavoro lo confonde spesso per un Pastore Belga, a causa del pelo nero.

Il valore economico del cane di razza si misura anche rispetto a quanto corrisponde allo **standard**: cuccioli che hanno difetti fisici evidenti possono non essere ammessi alle esposizioni canine e non avere lo stesso valore dei cuccioli più tipici. A due mesi non è possibile prevedere del tutto come crescerà il cucciolo, ma è possibile riconoscere alcuni «difetti» come la forma delle orecchie, della coda, la forma del corpo, il colore e la tessitura del pelo (in alcune razze i cuccioli della stessa cucciolata possono essere a pelo corto o a pelo lungo).
In tutte le razze è un difetto l'*enognatismo*, che si manifesta quando i denti dell'arcata superiore sono sporgenti rispetto a quelli della mandibola. In alcune razze, invece, è richiesto il *prognatismo*, la condizione opposta, con i denti della mandibola che sporgono oltre l'arcata dei denti mascellari.

I cuccioli maschi dovrebbero avere già i testicoli discesi nello scroto, o comunque non più nella cavità addominale; l'assenza di uno o di entrambi i testicoli nello scroto è considerato un difetto molto grave.
Un altro aspetto da considerare è la **salute**: i cani hanno diritto a una vita sana e longeva, ad accoppiarsi e partorire in modo naturale.
Un allevatore responsabile ha a cuore la qualità di vita dei cani che nasceranno e seleziona solo genitori che garantiscano ai cuccioli una vita sana: genitori sani che hanno la massima probabilità di dare vita a cuccioli sani, questa è la condizione ideale.
Purtroppo a volte gli elementi estetici, o quelli caratteriali, hanno la precedenza sulla salute o prevalgono l'ignoranza e l'inconsapevolezza in chi sceglie di far nascere una cucciolata di razza senza neppure informarsi sullo stato di salute dei genitori e della razza.
Ogni razza è maggiormente soggetta ad alcune patologie genetiche e oggi è ormai possibile condurre test preventivi, che valutano lo stato di salute dei riproduttori. Anni fa una mia conoscente mi disse di voler comprare un cucciolo di razza nato in famiglia. Le chiesi se i genitori fossero testati

L'aspetto fisico non è la caratteristica più importante nella scelta di un cane di razza.
Quello che dovrebbe aiutarci a scegliere è aver conosciuto dal vivo cani di quella razza ed esserci innamorati delle caratteristiche tipiche della personalità e delle attitudini in un compito. A volte ci si innamora prima della scatola e quindi del contenuto; altre volte, il contenuto è quello che ci fa amare la confezione. L'importante è ricordare che un certo aspetto corrisponde anche a certe caratteristiche del comportamento.

Mamma e cuccioli di cane da montagna dei Pirenei. I cuccioli crescono insieme alle pecore, preparandosi a diventare dei cani da guardia del gregge.

Il Chihuahua richiede una attenta selezione e una altrettanto attenta gestione, per prevenire problemi legati alle dimensioni così ridotte. Schizzo è pronto a partire.

per le patologie più rilevanti, e mi rispose di no, perché «tutti e due sono impiegati nella ricerca di dispersi e stanno bene».
Stare bene è fantastico, ma non è sufficiente per evitare la trasmissione di patologie ai figli; chi ha vissuto con un cane malato, chi ha perso un cane precocemente per una patologia o lo ha visto soffrire sa bene quali effetti può avere un accoppiamento irresponsabile.

1.3 Le razze canine

Aprendo un'enciclopedia dei cani di razza possiamo scegliere i cani che più ci piacciono e comprare un cucciolo di una qualsiasi di quelle razze: soldi e tempo per trovare una cucciolata sono tutto quello che ci serve. Se lo vogliamo avere, lo possiamo comprare.
Quello dei cani è anche un mercato, per quanto esistano allevatori che cercano in ogni modo di istruire gli adottanti sul tipo di cane che stanno per adottare.
Alcuni anni fa ho visitato una famiglia, composta dai 4 figli e dalla madre, in un palazzo popolare alla periferia di una città. La famiglia viveva al quinto piano e il loro problema era il comportamento aggressivo del cane, un Maremmano maschio, verso gli estranei. Leggo spesso che un cane può essere felice in un appartamento, ma non è vero per tutti i cani. Questa infinita possibilità di scelta finisce con l'azzerare i confini storici, geografici e culturali di origine e sviluppo delle razze, perché siamo indotti a pensare di poter vivere con qualunque cane ci piaccia. Il mio consiglio è quello di resistere alla tentazione.
Il modo migliore per scegliere un cane non è consultare un catalogo di razze, ma leggere in quel libro come è nata la razza, per che cosa è stata selezionata, in che modo la sua storia ha definito le caratteristiche fisiche e mentali, la personalità e il comportamento, il modo di vivere e di vedere il mondo. Entrare nella storia e nel mondo di una razza e chiedersi se siamo in grado di dare al cane tutto questo, una parte, qualcosa di altrettanto valido o niente e se non lo costringeremo a uno stile di vita inadeguato ai suoi bisogni.
Esistono cani considerati «da compagnia» o che hanno perso il loro lavoro originale; è improbabile che un Rhodesian Ridgeback vada a caccia nella savana di Cinisello Balsamo e può essere difficile, se si adotta un cane da orso della Carelia, trovare un'attività che sostituisca la caccia agli orsi.

1.3.1 I cani da pastore

Il mondo dei cani da pastore si divide in due grandi gruppi:
1. i cani da guardia del gregge;
2. i cani da conduzione.

I **cani da guardia del gregge** sono razze antiche nate con la pastorizia. Sono cani di taglia medio-grande, adattati a una vita molto rustica, spesso in condizioni climatiche avverse. Sono cani da spazi immensi, senza barriere, nati per vigilare e proteggere su chi considerano parte del loro gruppo familiare. Tendono a sviluppare un forte legame con gli individui che appartengono al loro gruppo e a definire dei confini precisi: solo chi è conosciuto può stare dentro a quei confini, il resto del mondo deve restarne fuori.

Questa tendenza alla protezione ha risvolti imprevisti, quando questi cani vengono strappati al loro ambiente di origine e trasportati nel mondo moderno. Ricordo un pastore dell'Asia centrale che ho valutato, un maschio imponente. Fino ai due anni aveva partecipato ad ogni passeggiata e vacanza, senza dare nessun problema: a due anni, mentre la famiglia stava prendendo un gelato in un locale, ha improvvisamente deciso che il cameriere doveva stare fuori dal "loro" spazio. Non ha esitato a minacciare il cameriere, per farlo desistere dall'insano obiettivo di violare i confini dello spazio occupato dalla sua famiglia.
I cani da guardia del gregge sono incredibilmente legati alla loro famiglia ma possono essere meno dimostrativi di altre razze. Tollerano di essere legati a un guinzaglio, essere costretti in spazi ridotti, essere forzati a uscire dal proprio territorio familiare, ma non dimenticano mai di essere nati liberi.

La selezione moderna ha smorzato in alcune razze le attitudini ancestrali, rendendoli cani più adatti alla vita al di fuori del loro ambiente di origine. In alcuni casi, invece, la selezione viene accuratamente mantenuta e questi cani hanno trovato di nuovo lavoro come guardiani, anche molto lontano da casa. Razze come il Maremmano e l'Anatolian Karabash sono state importate negli Stati Uniti e in Australia come guardiani di animali domestici e persino di animali selvatici.

I **cani da conduzione** variano dai cani di tipo più molossoide, impegnati come bovari e cani da presa (e da difesa), fino a cani di aspetto lupoide e di taglia anche molto contenuta.
I cani da conduzione su bestiame dimostrano un'instancabile dedizione al lavoro; date loro un compito e saranno pronti ad eseguirlo. È una grande famiglia composta da cani che hanno in comune la capacità di collaborare con l'uomo nella conduzione del bestiame: pecore, bovini, maiali, renne, oche. In questa attività esibiscono componenti della sequenza predatoria, ma non stanno cacciando. Un cane può circondare un gregge di pecore, inseguirle, arrivando a morderle, senza per questo essere un cane da pastore. L'aspetto più interessante della conduzione è la connessione con il pastore; il cane impara a collaborare con l'uomo, sopprimendo anche la propria motivazione ad agire sul bestiame.
In alcune razze, molto diffuse nello sport e in attività di utilità come la ricerca e compiti di polizia, è stata selezionata una particolare predisposizione all'addestramento: il Malinois, il Pastore Tedesco e il Border Collie. Queste linee da lavoro possono avere livelli di energia fisica e mentale molto elevati e richiedono un notevole impegno per essere felici e appagati.
Prima di approdare al Pastore Tedesco (razza molto diffusa ma spesso sottostimata nelle sue doti), ho cresciuto due cuccioli di Border Collie. Mi avevano tutti messa in guardia rispetto al loro

Un cane da montagna dei Pirenei, pronto a difendere il gregge che gli è stato affidato.

Il Pastore Belga Groenandel si sta allenando alla conduzione del gregge, un compito che richiede la capacità di collaborare con il pastore.

bisogno di fare attività e alla loro incapacità di gestire la noia. Io, al contrario, li trovavo molto gestibili, per alcuni versi più di un Pastore Belga Malinois o un Pastore Tedesco, e per nulla impegnativi. Un giorno però ho osservato meglio Grisou, che al tempo aveva circa 4 mesi: si svegliava alle sei di mattina e si metteva a giocare; una piccola pausa riposo in tarda mattinata e di nuovo gioco, da mezzogiorno fino alle cinque; poi, altra piccola pausa di riposo; un picco di energie post-pappa serale e finalmente a nanna.
I miei cuccioli di Border non erano atipici, erano semplicemente liberi di sfogarsi per 14 ore al giorno, avendo io un giardino e altri cani. Molti proprietari di Border Collie prima o poi si ritrovano in un campo a lottare contro un gruppo di pecore, per far felice il proprio cane.

1.3.2
I molossoidi

I molossoidi si riconoscono dall'aspetto massiccio e muscoloso; possono avere il muso corto e la testa larga, una tendenza che in alcune razze è stata esasperata. In origine sono stati usati nella caccia ai grandi mammiferi, come cani da guerra e come cani da presa. L'allevamento del bestiame in passato era di tipo brado, con animali lasciati liberi di alimentarsi in prati e boschi e i Molossi venivano impiegati per controllare e catturare questi animali semi-selvatici, attitudine sfruttata nella caccia grossa. Purtroppo in passato queste attitudini sono state sfruttate anche nel combattimento contro orsi, lupi, tori.

Prima del riconoscimento della razza da parte dell'Enci e della FCI, io e Daniele abbiamo avuto la fortuna di incontrare e di fotografare i cani corso «rustici», gli eredi di una storia di convivenza e collaborazione tra uomini e cani. Nella masseria pugliese abbiamo conosciuto Rocky, della famiglia Leone. Un cane di corporatura relativamente contenuta, dal torace stretto e l'ossatura non imponente. Un cane che, rispetto ai cani di selezione moderna, colpiva più per la personalità che per l'estetica.

Rocky, cane corso rustico.

Oggi tendiamo a considerare le razze come popolazioni fortemente caratterizzate da un punto di vista morfologico, ma in passato erano più le necessità degli uomini e dell'ambiente a forgiare le diverse varietà di animali domestici. Nei molossoidi si avevano: cani relativamente più agili e leggeri usati nella caccia (come cani da presa) e nei combattimenti; cani più pesanti e grossi impiegati come cani da traino e cani da guardia; cani di piccola taglia usati come cani da compagnia.
I molossoidi sono in generale cani confidenti, tolleranti e non particolarmente reattivi. Anche se i maschi possono essere intolleranti verso gli altri cani maschi, di solito sono cani tranquilli. Possono però nascondere una personalità molto più focosa, sono capaci di infiammarsi ed esplodere, rivelando una velocità e reattività insospettabili. Hanno una naturale predisposizione a difendere il gruppo familiare, ma lo faranno solo se seriamente provocati.

I Bulldog sono cani con una personalità molto forte e definita, e vivono la vita di famiglia come dei protagonisti, mai come delle comparse... Foto di famiglia con Vanilla.

Il naso schiacciato e una struttura troppo pesante possono seriamente compromettere la loro salute e il loro benessere fisico. Nei soggetti più estremi è molto importante seguire la crescita con l'aiuto di un veterinario ed evitare sforzi quando fa caldo. All'aumentare della taglia, per i cani diventa più difficile disperdere calore corporeo e anche una semplice passeggiata estiva può causare un fenomeno conosciuto come «esaurimento da calore», che può sfociare in un colpo di calore.

1.3.3
Il Pit Bull e i Terrier di tipo bull

Pit Bull

In più di vent'anni di lavoro, ho conosciuto soggetti di più di cento razze differenti. In questo percorso, una razza più di qualunque altra ha contribuito alla mia formazione: il Pit Bull.
Diffuso in Italia dagli anni Ottanta, importato anche e forse soprattutto per i combattimenti clandestini, nessuna razza attira l'attenzione più del Pit Bull. Considerato un cane con super poteri o, al contrario, un'arma priva di controllo, è la razza che ha accumulato il maggior numero di leggi contro la sua sola esistenza.
Come responsabile del progetto Ex-combattenti dell'Enpa ho dedicato otto anni della mia vita a quei cani, a conoscerli, ad aiutarli, a dare loro la possibilità di avere una famiglia e una vita felice. In quegli anni, grazie alla collaborazione con l'Università di Torino e di Milano, ho sviluppato un progetto scientifico per studiare quei cani e confrontarli con gli altri ospitati nei due canili.
I Pit Bull sono diversi? Nel nostro gruppo di studio i maschi sono risultati confidenti ma meno socievoli degli altri cani e hanno avuto reazioni aggressive più intense, soprattutto verso i propri simili, ma non solo. Negli anni ho visto e valutato molti Pit Bull e nella mia esperienza non è affatto vero che non sono mai aggressivi verso le persone; lo sono, però in contesti diversi da quelli in cui gli altri cani possono esprimere aggressività e per motivi diversi. In generale, i Pit Bull sono più sicuri, più tolleranti al contatto con le persone, hanno una incredibile capacità di sopportare lo stress e il dolore.
Durante le classi di socializzazione alcuni dei cani più affidabili che ho avuto in campo sono stati Pit Bull e meticci Pit Bull che, anche in situazioni

di conflitto, non hanno mai perso il controllo emotivo e non hanno mai esibito l'intenzione ad aggredire. Anche nel Pit Bull esiste una doppia selezione: i **Pit Bull ADBA** hanno mantenuto le caratteristiche psico-fisiche dei cani da combattimento; nei **Pit Bull UKC** vengono privilegiate caratteristiche morfologiche differenti. Esistono anche incroci delle due varietà, o con altre razze molossoidi, definiti semplicemente Pit Bull.

Il problema è quello di gestire la reazione intensa, spesso immediata ed esplosiva, che il cane ha quando entra in uno stato di eccitazione predatoria. Sono gli unici cani con cui abbiamo rischiato aggressioni nel test del gioco, usato per valutare l'interesse del cane verso i giocattoli.

Terrier di tipo bull

I Terrier di tipo bull sono cani che amano vivere a stretto contatto con l'uomo, molto attivi, dotati di una notevole forza fisica e allo stesso tempo amanti della comodità di una casa. Sono cani che hanno bisogno di fare molta attività fisica, e possono tendere a comportamenti eccessivi nel gioco e nella predazione. Il loro punto debole è spesso la tendenza a perdere il controllo in eccitazione e alcuni soggetti possono essere piuttosto determinati e poco collaborativi, se non hanno imparato a fidarsi e ad affidarsi al compagno umano.

La migliore pubblicità per un Terrier di tipo bull che io abbia mai fatto è stato adottare due Staffordshire Bull Terrier: Bullet e Brick. Non credo di aver mai incontrato cani più socievoli, equilibrati, competenti e amichevoli. Non tutti gli Staffy sono così facili da vivere; esistono linee in cui la tolleranza verso gli altri cani è molto ridotta e i cani hanno reazioni più intense nel gioco verso altri animali. In generale, sono cani che devono poter vivere a stretto contatto con una persona e che in inverno si aspettano di dormire sotto una coperta.

1.3.4
I cani da compagnia

Chiamati con disprezzo micro-cani, i cani di piccola taglia sono i preferiti di chi vuole un cane che non sia impegnativo dal punto di vista della dimensione e delle esigenze. Un cane di 3 kg che tira al guinzaglio non sarà mai un problema come un cane di 30 kg che tira al guinzaglio!

Nelle razze selezionate per taglia ridotta e aspetto attraente, il problema è più spesso del cane che del proprietario; in alcune razze, infatti, le caratteristiche selezionate (muso troppo corto, taglia troppo ridotta, pelo abbondante, zampe corte, schiena troppo lunga) possono avere effetti negativi sulla salute del cane.

I cani di piccola taglia sono solo in apparenza più facili da gestire e può essere più complicato garantire loro una vita serena e felice. I cani piccoli sono

Un momento di gioco molto intenso tra due Pit Bull, maschio e femmina.

spesso reattivi verso cani e persone non perché hanno un brutto carattere, ma perché hanno imparato ad avere paura; ogni cane che incontrano è più grande di loro e può essere un reale pericolo per la loro vita. Inoltre, visto che sono così piccoli, vengono spesso manipolati come oggetti, afferrati, presi in braccio, sollevati da terra usando la pettorina come maniglia. Se provano a fermare qualcuno, cane o persona, non vengono presi sul serio e neppure i loro comportamenti intensamente aggressivi sono percepiti come un pericolo.

Possono soffrire il freddo e non devono subire sbalzi termici, perché le dimensioni ridotte influenzano la loro capacità di mantenere la temperatura del corpo e possono avere problemi di salute che non vengono riconosciuti, perché i sintomi sono meno evidenti rispetto a un cane di taglia superiore.

Un cane piccolo ha il diritto di uscire in passeggiata, anche se gli è stata data l'abitudine a sporcare in casa, usando la cassetta dei gatti o qualcosa di simile, perché uscire all'esterno è fare attività fisica, annusare ed esplorare, giocare.

Un cane di piccola taglia non è un giocattolo per adulti o per bambini e non è un cucciolo perenne. In alcune razze i cuccioli sono molto delicati, devono essere alimentati spesso e va fatta attenzione ai loro movimenti, per impedire che cadano anche da piccole altezze, come ad esempio un divano.

Non è affatto normale che un cane di piccola taglia saltelli mentre si muove, perché una zampa posteriore tende a irrigidirsi. Si parla tanto di displasia dell'anca nei cani di razza, ma è importante far visitare qualunque cane da un ortopedico: da cucciolo, quando il cane ha circa 15 mesi e ha terminato la crescita ossea, e di nuovo a 4-5 anni, o non appena si manifesta qualche sintomo di disagio fisico.

1.3.5 I levrieri

Il mondo dei *rescue*, associazioni che si occupano di trovare famiglia a cani di razza, ha fatto scoprire queste razze a un numero sempre crescente di cinofili, coinvolgendoli in numerosi progetti di adozione.

I levrieri sono stati quasi degli alieni nel nostro Paese, cani per pochi appassionati fino all'arrivo dei Galgo spagnoli e dei Greyhound ritirati dalle corse. I Galgo vengono importati dalla Spagna,

Il cappotto per cani non è solo un vezzo: può essere necessario con cani di piccola taglia e cani nudi o a pelo raso, nelle giornate più fredde.

Bonnie, femmina di Galgo rescue, ha seguito la traccia olfattiva del figurante, nel bosco, fino al ritrovamento. Si gusta l'aletta di pollo ottenuta come ricompensa.

mentre i Greyhound arrivano dalla Gran Bretagna e dall'Irlanda. Capita così di vedere un naso lungo e chiedere al proprietario se lo ha adottato da un rescue e se è un Galgo o un Greyhound (domande che fanno rabbrividire i veri appassionati, che riconoscono bene le differenze tra le due razze). Il mondo dei levrieri si estende oltre queste due razze e ne comprende altre molto apprezzate all'estero, come il Whippet o il gigantesco Irish Wolfhound.
I levrieri sono cani capaci di passare da uno stato di calma e passività alla corsa più impressionante: da 0 a 100 km/h in una sola falcata!
Sono cani molto adattabili, anche troppo; difficilmente un levriero esprime il proprio disagio in modo evidente. Sono cani gentili anche nella difficoltà e si accendono nella caccia e nella corsa e proprio l'attitudine alla caccia è uno dei principali problemi nella gestione in famiglia: molti proprietari, infatti, hanno paura di perdere il controllo sul cane (se non proprio il cane) o paura che il cane si faccia male durante la corsa (nei cani che sono stati impiegati nella caccia e nelle corse sono frequenti cicatrici e traumi subiti durante la corsa).
Quello che non si sa dei levrieri è che hanno altri interessi oltre a dormire su un cuscino imbottito, camminare educatamente al guinzaglio, o cacciare qualcosa che corre; sono infatti allievi entusiasti nell'apprendimento e rivelano doti insospettabili nella ricerca olfattiva.

1.3.6
I cani da ferma

Non è frequente, per un educatore cinofilo, incontrare cani che ancora oggi appartengono al mondo della caccia; capita più spesso in canile, dove si trovano quelli ceduti per diversi motivi, per paura dello sparo, perché non bravi a fermare o a gareggiare, quelli che si sono persi.
Sono cani sensibili, con uno strano concetto dello spazio per chi arriva da esperienze con cani da pastore o molossoidi; per un Setter o un Pointer una distanza di 500 metri è molto ravvicinata, 1 km è ancora considerato vicino, forse una collina da valicare può essere considerata qualcosa di impegnativo.
Vogliono inseguire il vento e il vento non conosce barriere. Nelle interazioni con gli altri cani, il loro interesse dura lo spazio di un istante: il momento dopo sono già col naso in aria a cercare una preda. Ricordo un Setter puntare ogni gabbiano all'Acquario di Genova; la sua famiglia camminava sul molo mangiando un gelato e ogni pochi metri il cane si congelava in punta, costringendoli a trascinarlo via dalla sua visione incantata di prede piumate.
La mia esperienza con i cani da ferma «continentali» è completamente diversa; i Kurzhaar ad

Aida, cucciola di Bracco Tedesco a pelo duro (Drathaar), corre libera nel prato, felice di fare le prime esperienze fuori casa.

esempio, cani da ferma tedeschi con un'energia inesauribile e proprietari costretti a vere e proprie maratone per riuscire a soddisfare il loro bisogno di movimento.

Si tratta di soggetti con caratteristiche estreme, ma di sicuro sono cani con una grande resistenza fisica e mentale, forti, determinati, generosi; non è certo un caso se sono protagonisti anche di sport di pura azione, come lo *sleddog*, il *bikejoring* e il *canicross*.

Durante una giornata dedicata agli incontri di socializzazione, sono invitata in un canile in cui i cani che sono ancora ospiti incontrano quelli che nel frattempo hanno trovato una famiglia.
Noto una cagnolina fobica che cammina accartocciata alla rete, guardo l'elenco dei cani presenti e penso che forse ce n'è uno che la può aiutare: il cane è un giovane Setter, abbandonato perché non abbastanza bravo a caccia. Il Setter entra e sembra poco interessato alla cagnolina, io aspetto e guardo; il Setter gestisce lo spazio e il tempo come un direttore di orchestra, con calma, determinazione e incredibile abilità. Riesce ad avvicinarsi, a farsi accettare, ad aiutarla a stare meglio, mentre io rimango ammirata dalla sua intelligenza sociale e mi chiedo se chi lo adotterà vedrà questa sua dote.

1.3.7 I segugi

Passeggiando su una strada di campagna, un uomo sente abbaiare un cane dietro a un cancello; suona il campanello e, quando gli aprono la porta, chiede se quel cane è un Perdiguero de Bourgos, aggiungendo poi di aver riconosciuto la razza dall'abbaio. I proprietari del cane lo avevano trovato vagante, perduto o abbandonato da un cacciatore e lo avevano adottato.

L'abbaio dei segugi è inconfondibile, anche se non credo siano in molti a riuscire a riconoscere la razza solo dal latrato. Non è l'unico aspetto caratteristico: molti segugi hanno orecchie pendenti, muso lungo con grandi occhi gentili. Sono cani poco aggressivi, tranquilli e con una certa vena anarchica: per quanto affettuosi, tendono a essere indipendenti. Sono selezionati per trovare una traccia e seguirla segnalando la propria posizione e la presenza del selvatico con i latrati;

La parte complicata di un segugio non è certo la vita in casa (a meno che non decidano di abbaiare quando si sentono da soli), quanto la gestione fuori casa. Non solo per l'indipendenza, ma perché il mondo degli odori può rapirli e *tele-trasportarli* in una dimensione in cui gli umani sono del tutto inutili. Siamo troppo lenti, troppo privi di capacità

Sally è una meticcia di Segugio Italiano. La madre è stata trovata vagante, incinta, e soccorsa dalla titolare di un centro cinofilo, che l'ha adottata e ha trovato famiglia ai nove cuccioli.

sensoriali per avere un qualche ruolo in un mondo di odori. La parte difficile è riuscire a entrare insieme al proprio cane in questo mondo, essere accettati e credibili nel condividerlo. Tutti i proprietari consapevoli di segugi che conosco hanno dovuto lavorare duramente per costruire una relazione completa con il proprio cane.

Sono cani che possono insegnarci molto, se accettiamo che siano loro a guidarci nel loro mondo.

1.4 Una scelta etica

Pensate che un cane abbia il diritto a una famiglia? Pensate che un cane dovrebbe vivere con qualcuno che gli vuole bene, avere la possibilità di essere libero, giocare, ricevere attenzione e coccole, correre e nuotare, fare quello che lo rende felice?

Se la vostra idea di «vita da cane» è questa, allora quando comprate un cucciolo dovreste chiedervi che vita fanno i suoi genitori: essere chiuso in un box da solo e produrre cuccioli non è vita.

Un allevatore che cura il benessere emotivo, e non solo fisico, dei propri cani e che vive con loro li conosce meglio, li conosce nella vita insieme e dimostra di avere tra le proprie priorità anche la capacità dei cani di adattarsi alla vita di famiglia.

Le domande più importanti che dovete fare all'allevatore sono:

1. Che tipo di garanzie vengono date rispetto alla salute e al carattere?
2. Possiamo vedere i cani presenti in allevamento?
3. Possiamo consultare i titoli conquistati, per avere un'idea degli obiettivi perseguiti nella selezione?
4. Con quale criterio è stata fatta la cucciolata?
5. Possiamo scegliere il cucciolo?
6. Quanto costano?

Un istruttore cinofilo competente può inoltre accompagnarvi nella scelta e consigliarvi.

Alcune razze sono più conosciute e diffuse in Italia, altre al contrario sono molto rare.
Questo è un Bedlington Terrier, fotografato durante una esposizione cinofila.

Nei cani fantasia non esiste uno standard morfologico, ogni individuo ha caratteristiche uniche. Il vantaggio è che nessuno importa se a Febe un orecchio cade giù e l'altro resta su.

1.5 Si fa presto a dire meticcio

Il termine meticcio viene utilizzato per indicare qualunque cane che non appartenga a una razza.
Con la diffusione dei cani di razza, il termine ha assunto una connotazione quasi negativa: il cane di valore è di razza, mentre il meticcio esiste solo perché c'è ancora chi permette a cani senza pedigree di accoppiarsi.

I meticci sono i **progenitori** dei cani di razza e sono i più antichi compagni dell'uomo. Secondo alcuni studi genetici, i diretti antenati dei cani di villaggio che vivevano a fianco dei nostri antenati sopravvivono ancora oggi in molte parti del mondo, Italia compresa.
Alcune razze hanno una storia antica, ma gran parte delle razze sono state selezionate e fissate a partire dalla metà dell'Ottocento, quando i cani iniziarono ad essere registrati in **libri genealogici**; attraverso questi strumenti è oggi possibile individuare gli antenati di un soggetto.
Il termine meticcio comprende: i diretti discendenti dei cani di villaggio; cani mai selezionati secondo gli standard moderni; cani che hanno tra i loro antenati un cane di razza; incrocio tra due cani di razze diverse; cani di razza ma senza pedigree; cani di razze non riconosciute ufficialmente, allevate in purezza o con incroci con razze con attitudini simili. Per sapere quali razze hanno dato origine al proprio meticcio, si può effettuare un test genetico.
Molte razze nascono attraverso incroci di varietà e razze pre-esistenti; se oggi consideriamo gli incroci come un attentato alla purezza di una razza, in passato gli incroci consentivano di aumentare la variabilità e di introdurre caratteristiche gradite nella selezione di cani adatti a un compito (il San Bernardo ad esempio fu incrociato col Terranova per esaltare le doti di cane da soccorso).
Negli incroci, alcune razze lasciano segni più visibili della loro presenza: la lingua blu degli Chow Chow e degli Shar Pei; le orecchie lunghe e l'abbaio profondo dei segugi; la forma degli occhi e della parte anteriore del corpo dei Bull Terrier; la

Durante la visita a un canile, camminando davanti alle porte dei box, mi divertivo a leggere le descrizioni dei cani. Violetta, meticcio Labrador: bionda a pelo corto, con orecchie pendenti; possibile meticcio Pit Bull, a giudicare dalla testa e dalla forma del corpo (di sicuro meticcio Labrador è più rassicurante). Iago, meticcio Spinone: pelo duro e ispido, ma dimensioni decisamente ridotte (se mai è stato uno Spinone, deve essere successo nella notte dei tempi!).
Continuo a camminare davanti ai box, finché non arrivo davanti alla porta di un cagnolino cieco, nero focato. Sulla porta c'è scritto «Max, meticcio» e non riesco ad evitare di pensare che per un cane cieco debba essere terribile venire abbandonato, perché la cecità rappresenta una perdita di controllo totale sull'ambiente. Lo guardo: Max è un purissimo Jagd Terrier, ma non è stato riconosciuto come tale perché la razza è rara e, dato che non assomiglia a niente di familiare, è stato etichettato come generico meticcio. Lo comunico ai responsabili, ma non sembrano impressionati. Dire a un potenziale adottante «Questo è Max, Jagd Terrier cieco» non aggiunge punti alla partita con la sorte delle adozioni e purtroppo gli Jagd Terrier non vanno di moda, quest'anno.

mandibola e le orecchie dei Pit Bull; il nero focato dei Pastori Tedeschi; il corpo sinuoso e il muso lungo dei Setter.
È comunque improbabile che nei meticci si ritrovino le caratteristiche psico-fisiche degli antenati di razza, perché la maggiore variabilità genetica porta a individui con caratteristiche meno definite rispetto ai cani di razza.
Se tutti i cani sono individui unici, gli incroci lo sono più dei cani di razza.

1.5.1
Scegliere un cucciolo meticcio

Ogni giorno in rete viene pubblicato un annuncio per cuccioli in cerca di casa; spesso si tratta di intere cucciolate abbandonate, nate per strada, cuccioli nati in canile o il prodotto di accoppiamenti incontrollati, cuccioli che sembrerebbero fratelli se non fosse per il colore o per la traccia di un antenato di razza. Un semplice scatto fotografico può rendere più attraente un certo cucciolo e garantirgli di conseguenza maggiori probabilità di adozione.
Questi **cuccioli in rete** – ma non è diverso per certe cucciolate di razza – vengono scelti sulla base del colore, del sesso e della simpatia, spesso senza particolari precauzioni. L'idea generale è che, trattandosi di meticci, gli unici criteri validi per la selezione siano il sesso e le dimensioni presunte da adulto.
Chi sceglie un meticcio spesso ha meno aspettative riguardo la personalità e il comportamento; questo implica una maggiore adattabilità degli adottanti ma non implica meno responsabilità nella scelta. Davanti a una cucciolata di meticci dobbiamo osservare tutte le caratteristiche e cercare di capire se uno di quei cuccioli sarà felice insieme a noi. Sicuramente, è utile conoscere la madre e, se possibile, il padre; ricordate che i cuccioli possono avere padri diversi e quindi, anche nella stessa cucciolata, possono esserci cuccioli con caratteristiche molto differenti.

Le zampette corte fanno intuire un antenato Bassotto, ma l'elemento migliore della foto è l'orgoglio con cui il cucciolo viene guardato dalla proprietaria.

2 Il cucciolo in casa

2.1 L'adozione, dal punto di vista del cucciolo

I cuccioli hanno caratteristiche che in un certo senso servono a ingannarci; ci fanno credere che quell'esserino sia proprio il cane che fa per noi, ci spingono a prenderlo in braccio, ad accarezzarlo e a parlargli, ad averlo. Il cucciolo non sa di avere queste caratteristiche e può essere stressato e spaventato dalle persone estranee che si avvicinano, lo afferrano, lo sollevano, da questi perfetti estranei che lo strappano a tutto ciò che conosce e che per lui rappresenta la sicurezza.

Il cucciolo viene trattenuto da mani che lo afferrano e portato fuori dall'unico spazio che conosce, lontano dai suoi fratelli, dalla madre e dalle persone a cui si è affezionato in quei due mesi. Viene posato su una superficie che ha un odore sconosciuto e improvvisamente anche quel mondo diventa instabile: rumori, vibrazioni, un'auto che corre verso un mondo alieno e poi si ferma, mani che lo afferrano di nuovo e lo trasportano su un pavimento.

In quel poco tempo trascorso da quando è stato strappato alla sua famiglia, il cucciolo ha imparato a riconoscere l'odore della persona che era in quell'auto e, quando viene posato a terra, è l'unica cosa che conosce. Cerca quindi disperatamente di non perdere quell'odore, seguendolo e piangendo disperato se esso si allontana.

Zelda incontra i futuri adottanti. Sta per iniziare una nuova vita in famiglia.

Il primo impatto con il nuovo mondo è qualcosa che in termini tecnici viene chiamato *flooding*, immersione. Il cucciolo viene sommerso da stimoli sconosciuti: oggetti, odori, individui. Un cucciolo socievole e confidente vive tutto questo come una nuova avventura; se l'ambiente non è un problema così grande, inizia la ricerca di cibo, di gioco, di contatto e di sicurezza; se affonda in questo ambiente estraneo e ostile, il cucciolo si rifugia in un angolo, si rannicchia in se stesso, rifiutando di muoversi.

La presenza di un altro cane può aiutare o può essere solo un altro problema in più. La mia Staffy, Brick, ha fatto da balia a ogni cucciolo che è arrivato a casa; si avvicinava, li annusava, li conquistava con la sua gentilezza e sensibilità. Chi non è così fortunato da avere una Brick a casa deve assumersi il ruolo di guida del cucciolo in questo nuovo mondo.

Per il cucciolo, in questo momento, nel giorno zero della sua nuova vita, il bisogno primario è il senso di sicurezza; lo avete tenuto in braccio nel suo primo viaggio, avete addosso il suo odore e ha addosso il vostro e dunque siete voi la sua sicurezza. Fino a quando non è in grado di trasferire questo senso di sicurezza all'ambiente, o ad altri individui, non dovrebbe perdervi.

La realtà è che molti cuccioli vengono abbandonati a se stessi dal primo giorno, se non addirittura dal primo viaggio, fatto chiudendoli nel bagagliaio da soli o in un trasportino; il cucciolo piange disperato, ma nessuno corre a salvarlo.

Scopre così, a soli 2 mesi di vita, che chiedere aiuto è inutile, che comunicare paura, disperazione, stress non porta ad avere aiuto. È una lezione terribile per un cucciolo immaturo di 60 giorni, giustificata dall'idea che «deve imparare a restare da solo».

La capacità di restare da soli dipende dal senso di sicurezza; ci sono cuccioli capaci di restare da soli a 2 mesi e cuccioli che hanno bisogno della presenza di qualcuno almeno per i primi giorni, se non per le prime settimane.

Il viaggio in auto verso la nuova casa. In questi momenti il cane impara a riconoscere la nostra voce, il nostro odore.

2.1.1
Chiudi il cucciolo in trasportino (così gli salvi la vita)

Il cucciolo, strappato al suo ambiente familiare e trasportato in un luogo sconosciuto, in mezzo a sconosciuti, prova insicurezza, stress, a volte vera e propria paura; si sente solo e vulnerabile e la cosa di cui ha più bisogno è la sicurezza.

Il cucciolo si lega a una persona in pochissimo tempo (parliamo di ore, non di giorni); dato che è piccolo e vulnerabile, se quella persona lo abbandona e ancora non sa come ritrovarla, entra in stress. Può abbaiare e piangere, può raspare alla porta, rosicchiare e distruggere; inoltre, se non è disperato per l'abbandono, può essere semplicemente annoiato, sentirsi solo, non avere avuto la possibilità di giocare abbastanza. Se avete mai osservato dei cuccioli giocare insieme, avrete visto che a 2 mesi sono capaci di giocare per ore; molti cuccioli passano da ore di gioco a pochi minuti di gioco, da tanta attività e stimolazione mentale a pochissima attività e stimolazione o a una stimolazione inadeguata per l'età o la personalità del cucciolo.

Se state per dire «il trasportino è un luogo sicuro, perché è come una tana», fermatevi; quello che rende un cucciolo sicuro è una figura di attaccamento, una persona o un cane, non una gabbia.

Chiuso in una gabbia, il cucciolo è deprivato di tutto ciò di cui ha bisogno: contatto sociale, stimolazione, movimento, possibilità di affrontare lo stress. Il cucciolo è disperato, cerca di uscire, piange e, poco a poco, quando capisce che non può fare niente, si rassegna e dorme: dormire è uno dei comportamenti di stress.

Il proprietario lo guarda e pensa «Funziona! Si è calmato». Falso. Non si è calmato, ha solo imparato a rinunciare. Se chiudessero voi in una cella, senza un solo motivo, pensereste a come uscire; provereste a parlare, a gridare, a forzare le sbarre e anche voi, se niente funzionasse, rinuncereste a uscire.

Quello che io trovo più terribile è che i cuccioli vengano chiusi in una gabbia quando i proprietari escono di casa. Se rovesciano la ciotola dell'acqua, restano senza acqua; se stanno male, devono restare nel proprio vomito; se sporcano, devono restare nella propria urina e nelle proprie feci.

Una cucciola di Dogue de Bordeaux, in un trasportino che in pochi giorni sarà troppo piccolo!

Il trasportino non deve essere usato come strumento per insegnare ai cuccioli a non sporcare in casa; nel primo mese e mezzo in cui imparano a trattenere gli stimoli, la pipì e la cacca non possono essere vissuti come un dramma familiare.

Il cucciolo di Pastore Tedesco è dentro a un trasportino robusto e funzionale per i viaggi in auto. Il costo di una gabbia di qualità può essere parecchio elevato.

Il trasportino

- **«Io ho abituato il mio cane al trasportino e adesso ci entra da solo».**
  Le abitudini sono gabbie mentali. Ho conosciuto un cane che è stato chiuso per tutta la carriera sportiva in un trasportino, 24 ore al giorno, per aumentare la motivazione durante il lavoro. Quel cane entrava in panico se non poteva entrare in un trasportino e, se lasciato libero, stava male.
  Un cane cresciuto libero vive serenamente fuori da un trasportino; personalmente, io non sarei così felice se vedessi che il mio cane è incapace di stare in casa senza rifugiarsi in una gabbia.
  È vero che alcuni cani usano il trasportino come rifugio, come spazio sicuro da altri cani, da persone, dai rumori e ci entrano anche se non sono stati abituati a forza in precedenza. Ma se è usato come spazio sicuro, allora non c'è alcun bisogno di chiudere la porta; il cane sceglie quando entrarci e quando invece restare fuori.
- **«Io lascio il cucciolo in trasportino solo per poche ore».**
  In genere, la discussione inizia su quanto è bello lasciare i cuccioli in trasportino e finisce con cani che hanno un trasportino delle dimensioni del Colosseo e arredato come un albergo a cinque stelle. La questione non è quante ore o quanto è grande il trasportino, ma che è possibile crescere un cucciolo senza mai usare un trasportino, facendo semplicemente in modo che si senta al sicuro in casa e che non sia così stressato e deprivato da distruggere la casa per lo stress. Io ho subito piccoli danni dai cuccioli, ma nessun cucciolo ha mai cercato di suicidarsi o di demolirmi casa, benché libero. Non sono fortunata, non sono brava, è una esperienza che condivido con tantissimi proprietari di cani, che non hanno mai pensato di dover usare un trasportino per gestire un cucciolo in casa.
- **«Io uso un trasportino in auto, perché è più sicuro».**
  Vero, soprattutto se il trasportino è stato testato in un *crash test*. Viaggiare o andare a un seminario o una gara non è come passare tutti i giorni delle ore chiusi in gabbia, in casa.
- **«Io voglio chiudere il mio cane in trasportino in casa e tu non sei nessuno per dirmi di non farlo».**
  Vero, anzi no, falso. Io non sono nessuno ma per legge un cane non può avere meno di 4 metri quadrati e acqua a sua disposizione.

Che cosa dice la legge

Friuli Venezia-Giulia

I cani non devono essere lasciati in terrazze o balconi senza possibilità di accesso all'interno dell'abitazione, ovvero in rimesse o cantine e non devono essere segregati in modo continuativo in trasportini e/o contenitori di vario genere, sia all'interno che all'esterno dell'abitazione.

Legge Regionale 59/2009, Toscana

La dimensione dei box per i canili è di 8 mq per cane, fino a tre cani, con obbligo di sgambatura quotidiana.

Legge europea sui diritti degli animali

Secondo la direttiva europea, per i cani fino a 20 kg di peso, le dimensioni devono essere di 4 metri quadri fino a due cani, più due metri quadri aggiuntivi per ogni esemplare in più. Per le taglie superiori ai 20 chili, 8 metri quadri fino a due cani e quattro metri quadri aggiuntivi per ogni esemplare in più.

Era tutto pronto, ed eccolo finalmente a casa! Hero, cucciolo di Beauceron, si sta già ambientando.

2.2 Il cucciolo a casa

Prima dell'arrivo di un cucciolo è importante procurarsi tutto quello che serve (vedi box).
Il cucciolo può dormire nella stanza in cui ha già passato del tempo insieme a noi, una stanza che ha il nostro odore (io uso il soggiorno) o in camera con noi. Possiamo anche dormire con il cucciolo in soggiorno, volendo, fino a quando non si è ambientato.
Il cucciolo non dovrebbe venire chiuso da solo in una stanza sconosciuta o lasciato da solo in giardino, in balcone o in garage. Un cucciolo di 2 mesi deve vivere in un ambiente familiare, uno spazio occupato da una famiglia perché non possiede la maturità fisica, mentale e sociale per restare da soli in uno spazio sconosciuto e non familiare.
Se il cucciolo piange durante la notte, possiamo rassicurarlo: questo non lo trasformerà in un cane viziato e incapace di restare da solo.
La ciotola dell'acqua deve essere sempre a disposizione, perché i cuccioli bevono tanto. Per il cibo, dobbiamo informarci prima e scegliere se usare crocchette di ottima qualità o cibo fresco. È possibile crescere un cucciolo usando cibo fresco ma è importante seguire una dieta; per fortuna oggi è possibile farsi aiutare da veterinari specializzati in alimentazione ed è possibile confrontarsi sulle diverse diete consigliate.

Attrezzatura per cuccioli

- Collarino a nastro
- Pettorina (va provata sul cucciolo)
- Guinzaglio lungo almeno un metro e mezzo
- Cuccia di dimensioni adeguate
- Due ciotole
- Giocattoli diversi
- Rotolone di carta
- Sacchetti di plastica per raccogliere la cacca
- Disinfettante

2.3 I bisogni del cucciolo

Di che cosa ha bisogno un cucciolo?
Il primo elemento è una famiglia; non serve essere in tanti, la famiglia di un cane può essere una sola persona. Non è la quantità a fare la qualità; al contrario, è utile che sia una persona sola, al massimo due, a prendersi la responsabilità del cucciolo, poiché in questo modo si evita che il cucciolo riceva informazioni contrastanti e incomprensibili.
Essere il cucciolo di una persona non impedisce che possa relazionarsi e affezionarsi ad altri. Un

cucciolo ha una maggiore capacità di socializzare con estranei e può accettare nella propria cerchia familiare anche persone che vede regolarmente, persone che frequentano la casa o che vivono in casa con la persona di riferimento.
Se in casa vivono altri cani, è molto importante gestire i primi giorni, o le prime settimane, evitando che il cucciolo venga spaventato dal cane adulto. Può essere necessario tenerli divisi nei primi giorni, fino a quando il cane di casa non si sarà abituato all'odore e alla vista del nuovo arrivato e sarà calato il suo livello di stress.
Una mia allieva ha adottato un cucciolo maschio di Beauceron; in casa c'era già una femmina di Pit Bull, di linee ADBA. La cagna, Nike, non è certo un esempio di tolleranza e competenza nella relazione con gli altri cani; all'arrivo di Dracarys, il cucciolo, i due sono stati tenuti divisi e i primi incontri sono avvenuti durante la passeggiata in campagna.
Nike è passata dalla minaccia, al ringhiare al cucciolo, all'indifferenza, all'eccitazione eccessiva, fino a trovare un equilibrio e a convivere insieme felicemente. I primi due mesi sono stati davvero impegnativi.
Più il cane adulto è in difficoltà, più è importante gestire i cani in modo da evitare incidenti; il cane adulto, inoltre, può dover rinunciare a qualche privilegio, per un periodo limitato.
Il cucciolo può dover essere gestito in modo da non causare stress al cane adulto o anziano. Se i due cani sono compatibili, quello che accade è la nascita di un legame che può diventare molto forte e profondo. Cuccioli che sono cresciuti con un cane adulto come balia possono avere un legame più forte con il cane di famiglia che con gli umani.

Il ruolo della figura di riferimento è quello di soddisfare i bisogni del cucciolo. Per qualche motivo, soddisfare i bisogni di un altro viene associato a qualcosa di negativo. Siamo convinti che l'educazione preveda un allenamento alla deprivazione: non dare coccole gratuitamente, non giocare se il cane lo chiede, non dare attenzione se il cucciolo piange, non consolarlo se è preoccupato, togliere di bocca al cucciolo quello che afferra. La paura di fondo è quella di perdere il controllo del cane se non riusciamo a imporci dal primo giorno o finché è piccolo. Questa paura può raggiungere livelli di abuso, se i proprietari pensano di dover schiacciare a terra il cucciolo, sgridarlo, punirlo.
La mia prima esperienza con i cuccioli è stata una educazione basata sul controllo: chiudere il cucciolo in trasportino per abituarlo a restare da solo ed evitare che facesse danni, chiudere tutti i giocattoli in un cassetto, insegnare al cucciolo a lasciare quello che aveva in bocca.
A un certo punto della mia vita con i miei cani, mi sono chiesta cosa sarebbe successo se io avessi rinunciato al controllo e lasciato il cucciolo libero di esprimere la propria personalità, soddisfare

Il cucciolo di Pastore Tedesco muove i primi passi in casa, con un atteggiamento ancora incerto, mentre il residente lo osserva da lontano. L'atteggiamento del Cavalier King Charles ben rappresenta come può sentirsi il cane di famiglia all'arrivo di un "alieno".

Kandji all'inseguimento della scopa.

i propri bisogni: sono entrata in una fase anarchica.

Ho cominciato a crescere cuccioli senza dire di no, rispondendo alle loro richieste di contatto sociale, di gioco, lasciando che salissero sui divani e che mi rubassero le ciabatte per rosicchiarsele.

Kandji, il cucciolone di 10 mesi di Pastore Tedesco, a 2 mesi era un cacciatore ossessivo di scope: impossibile pulire il marciapiede o la sala al centro cinofilo, se lui era presente. Mi sono chiesta se fosse il caso di lasciarglielo fare e ho deciso che non lo avrei fermato. Ho osservato come questo comportamento è cambiato nel tempo: più aumentava la sua motivazione al gioco con giocattoli, meno era divertente inseguire la scopa.

Oggi posso spazzare il marciapiede con la scopa, senza il rischio di ritrovarlo in presa; non è mai stato inibito, è solo cresciuto e sono state le esperienze a cambiare il suo comportamento, non la mia volontà imposta.

2.3.1 Quali sono i bisogni da soddisfare?

Il bisogno di sicurezza

Ci sentiamo al sicuro quando non proviamo una sensazione di pericolo, di insicurezza, di ansia, quando siamo in grado di prevedere le conseguenze delle nostre azioni e abbiamo la possibilità di controllare la nostra vita. Non è diverso per un cane.

Il cucciolo deve sentirsi al sicuro con noi, deve poterci chiedere aiuto e venire ascoltato, deve sentire che gli vogliamo bene e che non potremmo mai tradire la sua fiducia.

Un cucciolo ha bisogno di sentirsi al sicuro in casa, in auto, in luoghi esterni, in presenza di altre

Ha pochi mesi ma è già enorme, Ettore, cucciolo di Alano. È spaventato dalla presenza di cani sconosciuti e viene rassicurato con il contatto fisico e un tono di voce gentile e allegro.

persone o altri cani, nell'interazione con altre persone o altri cani; dobbiamo solo tutelarlo da incontri stressanti, negativi per il suo benessere.
Il cucciolo non deve incontrare qualunque cane, perché non è la quantità di cani che lo renderà socievole ma la possibilità di sviluppare competenze sociali con le giuste interazioni; quando le persone vogliono a tutti i costi avvicinarlo e toccarlo, dobbiamo essere presenti e fare da tramite. Se il cucciolo è socievole, sarà una sua scelta incontrare persone sconosciute. Un cucciolo sicuro sarà felice di andare a zonzo in luoghi sconosciuti, mentre un cucciolo meno sicuro può non essere in grado di affrontare ambienti sconosciuti, se prima non impara a fidarsi e affidarsi a noi.

Il bisogno di un legame affettivo e di affetto

Ci sono cani più dimostrativi e cani molto riservati, ma **tutti i cani sono sensibili all'affetto e all'approvazione**. Possiamo diventare amici di un cane semplicemente parlando in tono gentile e dimostrandogli affetto, attenzione e cura.
Tra le regole che vengono insegnate ai bravi proprietari c'è anche quella di non dare attenzione al cucciolo se è il cucciolo a chiederla: io concedo attenzione ai miei cani ogni volta che me la chiedono, anche solo guardandomi.
Non è viziare il cane, è solo una normale comunicazione e un normale comportamento di contatto sociale.

È stata adottata da pochi giorni, la cucciola sorda di Dogo Argentino. Zola deve ancora capire di avere finalmente una famiglia.

Il bisogno di attività fisica e mentale

I cuccioli sono spesso sotto stimolati fisicamente e mentalmente. Fino a quando vivono con i fratelli, passano tutto il tempo da svegli a giocare. Pensate a cosa vuol dire giocare tutto il giorno, essere adottati e il giorno dopo non avere

Prima esperienza al mare, per il cucciolo di pastore della Beauce, Hero.

Febe, come tutti i cani, ama dormire su poltrone, letti e divani: perché sono comodi, confortevoli e perché hanno il nostro odore.

nessuno con cui giocare. Io ho riscoperto il valore degli incontri tra cuccioli da quando ho avuto un cucciolo che ama tantissimo giocare, con livelli di energia inesauribili.
Per fortuna sono riuscita a organizzare incontri regolari con il fratello e altri cuccioli e cuccioloni, oltre alle passeggiate nel bosco, il gioco con me e i giochi con gli altri cani di famiglia.

Il bisogno di riposare in un luogo confortevole e sicuro

I cani sono animali sociali, adattati a una vita di gruppo; vivere insieme comporta un certo grado di sincronizzazione delle attività e questo comprende il riposo. I cani amano riposare vicino a qualcuno e in un luogo che dia loro sicurezza. Se in casa c'è tanto via vai, la cuccia del cucciolo dovrebbe essere in uno spazio tranquillo ma non isolato e dovrebbe essere rispettato il suo diritto di riposare senza essere disturbato.
I cani che ringhiano nella cuccia esprimono unicamente la propria insicurezza.

Il bisogno di cure e di una alimentazione adeguata

Un cucciolo libero di correre in giardino fa molta attività fisica durante la giornata e l'alimentazione gioca un ruolo fondamentale nel mantenimento di buoni livelli di salute ed energia. L'alimentazione può essere con cibo fresco, seguendo una dieta preparata da un veterinario esperto in alimentazione.

I cani sono in grado di cibarsi di carne cruda, ossa comprese. È necessario però informarsi e chiedere aiuto a un veterinario nutrizionista, per imparare a scegliere gli alimenti e dosarli correttamente.

Il cucciolo deve apparire magro e tonico, con il pelo morbido e il tipico odore da cucciolo. Quando vengono sverminati, è probabile che nei giorni successivi tendano a ingerire di tutto per cercare sollievo dal mal di pancia. Reagire con eccessiva ansia, sgridando il cucciolo e cercando di togliergli tutto di bocca, può provocare l'innescarsi di una competizione che vede il cucciolo afferrare, fuggire e ingoiare la preziosa preda.
I cuccioli masticano di tutto, ma di rado ingeriscono qualcosa che non sia cibo!

Pochi giorni dopo l'adozione è utile fare una visita di controllo dal veterinario per verificare che il cucciolo sia sano e stia bene, per concordare le precauzioni da seguire nella crescita e per farsi consigliare il piano vaccinale.

Il bisogno di essere visto

Quando un cane adulto incontra un cucciolo, si relaziona con il cucciolo non in base all'età, quanto piuttosto in base allo stato emotivo e alla personalità di quell'individuo. La mia sensazione è che i cani sappiano chi hanno davanti, chi diventerà quel cucciolo, che sappiano meglio di noi chi sono gli altri cani e chi siamo noi.
Può capitare che un cane adulto sia preoccupato dal cucciolo, perché è in grado di percepire le difficoltà di relazione che si innescheranno con la crescita.
Osservare un cucciolo significa vedere come si comporta, capire se sta bene, se sta male, se è felice, se è stressato o preoccupato, capire cosa gli piace e cosa non gli piace, se ha bisogno di aiuto o se vuole solo attenzione, gioco o coccole.
Osservare un cucciolo è un modo per imparare a vedere il mondo con i suoi occhi.

Il bisogno di essere capito

I cani comunicano, parlano, esprimono il proprio stato emotivo, le proprie motivazioni, fanno domande, fanno affermazioni, a volte urlano. Questo **continuo flusso di parole canine** viene espresso con lo sguardo, la mimica del muso, le posture del corpo, i movimenti e le azioni.

Per comunicare con Zola, che è sorda, Erika usa segnali visivi e tattili.

La proprietaria si abbassa per entrare in contatto con la cucciolona di Irish Setter.

Hero, cucciolo di pastore della Beauce di due mesi: chi sarà da grande?

Vivere a pieno la relazione con un cane significa imparare a riconoscere questi comportamenti e riuscire a tradurli.
È importante imparare a comunicare con il cane in modo comprensibile; questo processo di codifica e decodifica dei segnali usati nella comunicazione è molto meno complicato di quanto si creda e, anzi, è molto naturale per le nostre due specie.
Il primo passo è voler **ascoltare** e **comunicare alla pari**, senza imporre se stessi; il secondo è **studiare l'etogramma** del cane.

Il bisogno di esprimere se stesso

I cuccioli sono cuccioli; a volte i proprietari hanno fretta di trasformarli in cani perfettamente educati e si perdono tutto il bello che è in loro.
I cuccioli giocano con tutto, esplorano, rosicchiano, inseguono, rubano: per loro il mondo è una immensa avventura. I cuccioli cercano sicurezza nella persona di riferimento, attenzione, gioco, coccole, approvazione e aiuto.
Avere un cucciolo è un impegno a dare, non a chiedere, perché i cuccioli hanno fragilità che vanno capite e vanno aiutati a trovare e mantenere un buon equilibrio emotivo. Meno si stressano, meglio è. Lasciarli da soli troppe ore, non dare loro la possibilità di giocare ed esplorare, o al contrario costringerli a situazioni troppo complesse e stressanti, può provocare effetti anche a lungo termine.

2.4 Imparare a sporcare fuori

Chi ha cresciuto una cucciolata in casa ha ben presente cosa succede dopo lo svezzamento. I cuccioli iniziano a mangiare cibo, oltre a succhiare ancora il latte dalla madre, che smette di pulire quando fanno la cacca e la pipì. Iniziano quindi per noi le settimane dedicate a pulire venti volte al giorno l'area occupata dai cuccioli e la quantità di pipì e cacca prodotta non fa che aumentare.
A 2 mesi, quando viene adottato, un cucciolo non ha ancora sviluppato la capacità di trattenere l'impulso a sporcare; quando provano l'impulso si fermano e, ovunque siano, sporcano. L'impulso è più forte quando si svegliano, dopo mangiato, dopo aver fatto attività, giocato con i fratelli e se sentono l'odore di urina e feci (per questo tendono a sporcare i giornali lasciati a terra per coprire pipì precedenti). Anche se a noi sembra strano, urinare e defecare per i cani sono attività sociali e lo fanno più volentieri in compagnia.
Alcuni cuccioli sono naturalmente più puliti e tendono ad allontanarsi per sporcare, ma è perfettamente normale che possa succedere ovunque, anche nella cuccia. Quando il cucciolo viene portato nella nuova casa può sporcare in qualunque luogo, e niente, in quella casa, ha il suo odore o gli ricorda una tana.
L'unica vera strategia in questo primo periodo è armarsi di pazienza e pulire.

Il cucciolo di Siberian Husky sta imparando a sporcare sull'erba.

È utile portare il cucciolo fuori più volte al giorno per abituarlo a sporcare su uno specifico substrato; per i cani abituati al prato, può essere difficile sporcare su cemento o su asfalto. Può anche essere utile anche fare i complimenti al cucciolo se sporca fuori.
Verso i 3 mesi, 3 mesi e mezzo, il cucciolo sviluppa la capacità di non fare la pipì e la cacca appena ne sente lo stimolo: si sveglia e, invece di sporcare immediatamente, aspetta di uscire con noi; questo è il momento in cui possiamo cominciare a sperare in un pavimento pulito.
Gli incidenti possono ancora succedere, anche per più di un mese, o più a lungo con cani di taglia piccola; è inutile farne un dramma, perché è normale che un cucciolo sporchi dove vive e sgridare il cucciolo non ha alcun senso, perché può avere effetti collaterali imprevedibili.
Il cambiamento è una questione di tempo, non di apprendimento.

Ogni volta che qualcuno mi racconta che il cucciolo non sporca fuori casa, ma solo in casa, ho pronte due domande.
Il cucciolo è timido? L'insicurezza può causare un blocco psicologico, il cucciolo cerca di nascondersi al mondo e non lasciare tracce e aspetta di sentirsi al sicuro in casa per poter sporcare.
La seconda è: lo avete sgridato quando ha sporcato in casa? Il cucciolo può associare pipì e cacca sul pavimento con l'aggressione subita dalle persone di casa e avere paura di trovarsi di nuovo in quella situazione. Impara, per paura, a sporcare di nascosto, quando nessuno lo vede, e se lo portate fuori per farlo sporcare, non osa farlo.

2.5 La «cassetta della distruzione»

I cuccioli esplorano il mondo, giocano e affrontano lo stress usando i dentini per rosicchiare e masticare. È normale che un cucciolo vaghi per casa cercando qualcosa da sgranocchiare, mentre non è normale che un cucciolo cerchi di distruggere casa o le mani o i piedi di qualcuno.
Un comportamento eccessivamente distruttivo è causato dallo stress: troppe ore da solo, insufficiente stimolazione fisica e mentale, insicurezza, conflitti e difficoltà di comunicazione con la famiglia umana. Un cucciolo che distrugge è un cucciolo che gioca o è un cucciolo che grida il proprio disagio.
È molto triste che l'unica reazione sia cercare di inibire il cucciolo o di prevenire questo comportamento chiudendolo in una stanza vuota o in un trasportino.
Se il comportamento è causato dallo stress, è importante capire perché il cucciolo sta male e cercare di aiutarlo a recuperare un equilibrio emotivo. Tanta capacità distruttiva può nascere anche da una personalità molto attiva e vivace. Invece di chiudere il cucciolo in un luogo "sicuro", perché non proviamo a dargli noi stessi qualcosa da distruggere?
Anche se l'ultimo cucciolo entrato in casa ha ormai 10 mesi, in soggiorno c'è ancora la sua «cassetta della distruzione», una cassetta di vimini con dentro giocattoli di ogni tipo, pezzi di legno, carne essiccata, una vecchia ciabatta di gomma. Ancora adesso, alla sera va alla cassetta, prende un giocattolo e me lo porta o prende qualcosa e lo

La cassetta della distruzione non incentiva un comportamento sbagliato ma al contrario permette al cucciolo di esprimere un comportamento naturale, di gioco o di sollievo allo stress.

La “cassetta della distruzione” di Fuego, Golden Retriever, contiene oggetti di forma e materiale diverso. Puma, cucciolona femmina di Pastore Tedesco, preferisce l’imbottitura dei cuscini.

rosicchia; Puma, che ha 5 anni, alla sera prende una pallina e la mastica come fosse il ciuccio di un bambino: la aiuta a liberarsi dallo stress, a rilassarsi. Al mattino, quando raccolgo tutti i giocattoli e li rimetto nella cassetta, i miei cani adulti ne approfittano per prendere qualcosa.

2.6 La socializzazione del cucciolo

Il cucciolo fortunato è cresciuto con la mamma e i fratelli in un ambiente familiare, sicuro e sano, in cui ha avuto molte opportunità di contatti positivi con l’uomo. I cuccioli cresciuti in famiglia a 2 mesi già considerano le persone come figure di attaccamento.
All’interno della cucciolata possono esserci delle differenze.
Un cucciolo timido sarà molto affettuoso verso le persone di famiglia e più riservato (se non proprio pauroso) verso gli estranei; il cucciolo più confidente ma meno socievole cercherà di giocare con gli estranei, ma li eviterà se non li troverà interessanti e piacevoli, senza dimostrare timore; il cucciolo più socievole dedicherà tutto il suo tempo a cercare contatto con le persone.
Se la cucciolata è cresciuta in condizioni di deprivazione, lontano dal calore di una famiglia umana, i cuccioli potrebbero avere tutti più difficoltà a cercare il contatto con le persone e avranno bisogno di più tempo per trovare piacevole interagire con gli umani.

2.6.1 Il cucciolo insicuro

Se il cucciolo ha reazioni di insicurezza e timore quando viene avvicinato e toccato, il primo passo è tutelarlo da tutte le interazioni che confermano questo pregiudizio: il cucciolo vive in modo negativo il contatto con l’uomo.
Il nostro compito è quello di farlo sentire al sicuro, non forzarlo in nessun modo a una interazione e dargli il tempo di scegliere se e quando avvicinarsi a una persona. Per un cucciolo insicuro è meglio incontrare persone empatiche, non invasive, gentili, capaci di dargli il tempo e spazio per aprirsi e fidarsi.
La cosa peggiore che possiamo fargli è bloccarlo con il guinzaglio o con le mani e forzarlo a farsi toccare e manipolare; non solo lo renderà più insicuro verso gli estranei, ma romperà anche il legame di fiducia che si stava costruendo con la nuova famiglia. Lasciare che gli estranei gli diano dei bocconi funziona solo se il cucciolo è leggermente diffidente e ama molto il cibo. Immaginate una bilancia: su un lato c’è il timore, sull’altro la curiosità e il cibo. Curiosità e cibo devono pesare molto più dell’insicurezza, perché questa strategia abbia un

Ettore, Alano di 4 mesi, è intimorito dall'ambiente sconosciuto e dalla presenza di cani estranei. Jenny aspetta con pazienza che Ettore decida di scendere dall'auto.

qualche effetto positivo. Se il cucciolo ha troppa paura, il rischio è di forzarlo ad avvicinarsi per il cibo; non appena avrà mangiato (sempre che mangi, lo stress ha come primo effetto ridurre proprio la motivazione a mangiare) si troverà più vicino a qualcuno che lo preoccupa, perché si è avvicinato per il cibo e non per il contatto sociale.

Un cucciolo insicuro ha bisogno di conoscere persone che gli diano il tempo di rompere quel muro di diffidenza, che gli parlino, che lo vedano e siano dalla sua parte, senza forzarlo. Se una persona è troppo invadente, e il cucciolo appare stressato, è fondamentale tutelarlo, a costo di fermare quella persona. Possiamo dire, gentilmente: «Il mio cucciolo è un po' insicuro e preferisco non si spaventi». I cuccioli non sono a disposizione di tutti e sta a noi ricordarlo a chi non resiste alla tentazione di toccarli.

I segnali di stress

Un cucciolo insicuro comunica il proprio stress attraverso diversi segnali:

- orecchie indietro;
- occhio tondo, pupilla dilatata;
- si vede il bianco degli occhi;
- postura rannicchiata del corpo;
- coda bassa;
- cercare di allontanarsi;
- avvicinarsi al proprietario per avere aiuto;
- annusare a terra.

2.6.2 Il cucciolo confidente e meno socievole

Il problema dei cuccioli confidenti è che difficilmente comunicano stress in modo riconoscibile e i loro segnali sono più sottili, quasi invisibili. Proprio perché confidenti, non dimostrano paura e sembrano amichevoli; per questo sono i anche cuccioli più a rischio.

Il cucciolo confidente, di fronte a un problema, indossa una corazza e sopporta; è quindi utile evitare che si chiuda in se stesso, diventando indipendente e sordo a ogni segnale e richiamo. Sono cuccioli che vanno conquistati con pazienza attraverso attività che sviluppano complicità e collaborazione: giocare insieme, l'apprendimento, la ricerca olfattiva.

È importante anche creare momenti di contatto;

I segnali di stress

Un cucciolo confidente e meno socievole comunica il proprio stress attraverso diversi segnali:

- assenza di segnali di amicizia;
- coda alta ma testa bassa, ad annusare a terra;
- evita lo sguardo;
- se toccato, orienta il muso o apre la bocca per esprimere disagio;
- si divincola se afferrato;
- mordicchia le mani se afferrato;
- ignora le persone.

Guardare direttamente in viso in modo amichevole, come questo cucciolo di Rottweiler, è segno di confidenza.

quando il cucciolo è tranquillo nella cuccia, o sul divano, possiamo avvicinarci e accarezzarlo a palmo pieno, sulla schiena e sulla spalla, nella direzione del pelo. Il cucciolo deve rilassarsi e apprezzare il contatto.
Con gli estranei è utile usare un tono di voce allegro e amichevole e usare qualcosa di gradito come condivisione di un momento piacevole (anche il cibo può funzionare, se il cucciolo è goloso).
Per i cuccioli confidenti ma meno socievoli è importante non imporre il contatto, ma lasciare piuttosto che sia il cucciolo a dimostrare il desiderio di una relazione sociale.

2.6.3 Il cucciolo socievole

La socievolezza è la motivazione a incontrare in modo amichevole altri cani, o persone. Pensiamo che tutti i cuccioli siano socievoli, e di sicuro esistono cuccioli che non vedono l'ora di fare nuovi incontri, ma questo non vale per tutti i cuccioli e in ogni contesto. Dovremmo imparare a osservare cosa ci dice il cucciolo, invece di considerare solo il nostro desiderio di entrare in contatto o di lasciare che altri lo tocchino.
Il cucciolo socievole ama il contatto con le persone e si riconosce perché si avvicina scodinzolando, piegando le orecchie indietro e con una espressione rilassata e amichevole, sembra quasi che stia sorridendo. Cerca attivamente un contatto,

I cuccioli possono essere eccitati dal comportamento dei bambini ed è importante tenere cani e bambini sempre sotto controllo. La cucciola si relaziona con la bimba come se fosse un compagno di giochi.

Una famiglia viene ai Laghi per un primo incontro con un'Akita di 6 mesi. Mi avvicino per salutarli e il cucciolone cerca di saltarmi addosso, con atteggiamento amichevole.
La proprietaria lo trattiene al guinzaglio e il cane è come sospeso per aria, con le zampe posteriori a terra e le anteriori protese per saltarmi addosso. Mi avvicino abbastanza per permettergli di farlo e percepisco il disappunto della proprietaria.
Le spiego che è un comportamento di amicizia e che è normale che si comportino così quando sono socievoli.
«Ma io voglio che impari a non saltare addosso alla gente!» esclama esasperata. Saluto il cane e le rispondo: «Avete un Akita maschio di 6 mesi: dovreste essere felici che sia così amichevole verso le persone».

lecca mani e viso, guarda negli occhi, si arrampica con le zampe sulla persona.
Le **manifestazioni di contatto sociale** possono essere più dirette verso persone più accoglienti, persone che lo impressionano di meno, ma possono anche essere più intense verso chi incute maggiore timore. Per un cucciolo socievole fare amicizia è una strategia per evitare conflitti.
Il problema con un cucciolo socievole non è tanto la sua capacità di sopportare il contatto con persone estranee, quanto la sua capacità di sopportare l'assenza di contatto. Il cucciolo cerca di andare verso chiunque e può essere frustrato se trattenuto o provare un senso di fallimento se viene ignorato. Il problema è che il mondo non è popolato da cinofili e spesso le persone si avvicinano per toccare il cucciolo, ma poi esprimono atteggiamenti di blocco e di rifiuto perché hanno paura di essere sporcati, leccati, coinvolti in un cerimoniale di saluto che dal punto di vista dei cani è del tutto naturale.
Il mio lavoro mi porta a frequentare più spesso persone che hanno un atteggiamento amichevole verso i cani, ma è chiaro che anche un cane troppo amichevole può diventare un problema.
Un cane troppo amichevole può diventare un problema perché deve imparare che non tutte le persone che si incontrano devono essere salutate. Visto che possono essere esuberanti, come proprietari sta a noi avvertire chi si avvicina e scegliere persone che sono realmente disposte a un contatto.

I segnali di stress

Un cucciolo socievole comunica il proprio stress attraverso diversi segnali:
- guaisce o abbaia se gli viene impedito di avvicinare una persona;
- eccitazione eccessiva durante i contatti sociali;
- aumento dell'intensità dei comportamenti;
- colpo con il muso in viso;
- mordicchiare le mani se manipolato.

2.6.4 Il cucciolo cresciuto lontano dagli umani

I cuccioli cresciuti lontano dagli umani richiedono **tempo, spazi e relazioni sicuri, un ambiente prevedibile**.
La capacità di adattarsi alla complessità dell'ambiente umano varia in base alla personalità, in parte anche in base alla razza, per la selezione di certe caratteristiche; può però essere influenzata anche da poche generazioni in un ambiente estremo, caratterizzato dalla quasi totale assenza di contatti umani nei primi 2 mesi di vita.
Si legge spesso di cucciolate trovate abbandonate o recuperate in campagna e portate a casa di stallanti o nei canili in cerca di adozione.; se si tratta di cani con una storia di vita semi-selvaggia, e di cuccioli che non hanno avuto contatti con l'uomo, l'adozione richiede grandi precauzioni se vogliamo tutelare il loro benessere.

I segnali di stress

Un cucciolo cresciuto lontano dagli umani comunica il proprio stress attraverso diversi segnali:
- tutti i segnali della paura;
- accucciarsi;
- si vede il bianco degli occhi;
- pupilla dilatata;
- tremori;
- coda schiacciata contro il corpo;
- orecchie indietro;
- ansimare;
- fuga o tentativo di fuga.

Qualche anno fa ho seguito una cagnolina fobica adottata all'età di 2 mesi in canile e che era in evidente difficoltà con persone sconosciute, cani sconosciuti e ambienti sconosciuti. Era arrivata in canile in seguito al sequestro di 50 cani a una «collezionista»: si definiscono così le persone che si circondano di un numero elevato di animali ma sono incapaci di assicurare loro le cure necessarie. Quei cani erano tutti molto simili nell'aspetto, si accoppiavano tra di loro da anni, erano paurosi e con una certa aggressività, che era probabilmente il frutto di una selezione a sopravvivere in un ambiente così brutale.
La cagna però era arrivata in canile cucciola ed era stata subito adottata; malgrado avesse avuto la fortuna di trovare un'ottima famiglia, manteneva le caratteristiche di un animale quasi selvatico, incapace di adattarsi alle novità. Ho conosciuto in seguito le responsabili del canile e mi hanno raccontato che i cuccioli rimasti più a lungo avevano avuto meno problemi in famiglia di quelli adottati subito. Mi ha colpita molto che i cuccioli sequestrati, e rimasti per almeno un altro mese in canile, si siano rivelati meno problematici di quelli adottati subito; penso che la permanenza in canile abbia probabilmente messo i cuccioli a contatto con cani più socializzati, che hanno fatto da tramite nell'accettare la figura umana.
Questa cagnolina e la sua storia mi sono tornate in mente durante un evento in Toscana, dove ero impegnata in «Oltre il canile», giornate dedicate all'ascolto e all'aiuto di chi ha adottato un cane da un canile o tramite un rescue.
A fine giornata ci dicono che mancano ancora due cani da valutare: un incrocio Pit Bull x Dogo Argentino e una cagnolina fobica. Ci spostiamo nel corridoio, per evitare che la cagnolina debba affrontare un ambiente troppo difficile, ed eccola lì, con il cappottino e la pettorina, a guardare fuori dalla porta a vetri. Mi fermo il più lontano possibile e parliamo di lei; la proprietaria mi dice che ha 9 anni e che tutto sommato riesce ad avere una vita normale. Mentre parliamo, mi viene in mente l'esperienza con la cagna fobica e lo racconto alla proprietaria. Scopro così che appartiene allo stesso gruppo e che anche lei proviene da quel sequestro, anche lei ha dovuto passare da una condizione di vita semi-selvatica al mondo a suo modo ben più complesso di una famiglia e una casa. La sua fortuna è quella di essere poco aggressiva e di riuscire a sopportare il mondo entro un certo limite.
Queste due cagne, entrate nella mia vita ad anni di distanza una dall'altra, mi hanno insegnato che vivere con noi è complicato: siamo, probabilmente, l'ambiente di vita più complicato del pianeta.

Un animale selvatico può essere ammansito, ma la sua capacità di vivere in mezzo agli uomini rimane parziale, incompleta: anche un cucciolo di 2 mesi può avere grandi difficoltà e l'adozione deve essere fatta in modo consapevole.
Un cane fobico ha migliori probabilità di adattarsi e uscire dal proprio guscio di paura se l'ambiente in cui andrà a vivere è meno complesso: una casa in campagna, o comunque uno spazio esterno e sicuro in cui possa libero, se la persona che lo adotta è in grado di accettare il senso di distacco e di impotenza della prima fase di convivenza.

3 Adottare un cane adulto

I cani formano relazioni durante tutta la loro vita; possono adattarsi a una famiglia e affezionarsi a una persona in qualunque momento della propria esistenza. Di sicuro un cane è in grado di adattarsi velocemente quando il cambiamento implica un miglioramento nelle condizioni di vita, in termini sia di gestione sia di relazioni sociali.

Molti pensano che i canili siano luoghi tristi, un pozzo nero in cui precipitano i cani che non hanno avuto la fortuna di avere una famiglia responsabile. Per molti cani il canile non solo è la possibilità di trovare quella famiglia, ma è anche un netto miglioramento rispetto alle condizioni in cui sono vissuti in precedenza.

I cani vaganti possono avere una qualità di vita anche molto elevata, se hanno fonti alimentari regolari, non si ammalano e non vengono presi di mira da chi vuole allontanarli dal territorio; esistono però migliaia di cani chiusi in recinti, capannoni, cortili, balconi, cani legati a catena, cani abbandonati da soli a fare la guardia a qualcosa, cani abusati e cani invisibili.

Il mondo non è fatto di cappottini e di strass, per i cani. Il vero abuso non è farli dormire sul divano e comprare loro cibo costoso, al mondo esistono forme di violenza e di negligenza molto peggiori.

Adottare un cane che non è più cucciolo, o un cane anziano, non è solo possibile, in termini di relazione e convivenza, è anche un atto di responsabilità verso il popolo di cani dimenticati. Nei canili esistono migliaia di cani che farebbero la felicità di chiunque, basta solo entrare, per trovarli.

Adottare in canile significa davvero voler aiutare un cane che ha bisogno di una vita. I canili sono presenti in tutta Italia, e tutti i cani sono in attesa di una famiglia. Meglio allora andare a conoscere i cani, e a farci conoscere. Meglio dare al cane il tempo di capire chi siamo, e aiutarlo così nel difficile momento dell'inserimento. Con alcuni cani il legame si può formare in pochi incontri, con altri possono essere necessari anche mesi.

3.1
Il cane in canile

Nel 2004 ho iniziato un progetto di ricerca in due canili della provincia di Torino e ho eseguito dei test di valutazione del comportamento sui Pit Bull del progetto Ex-combattenti, confrontando i risultati con un ugual numero di cani non Pit Bull ospitati negli stessi canili.

Uno dei cani che abbiamo valutato è stata Grenada, una cagna di tipo lupoide, con le orecchie pendenti, un bel pelo con le frange e un carattere gentile, uno di quei cani che ti fa chiedere: «Perché è in canile? Perché non è ancora stata adottata?».

Il problema di Grenada era probabilmente il colore: era tutta nera, lo era anche la sua gentilezza, la sua capacità di adattamento. Viveva con un maschio tutt'altro che socievole con gli umani e chi passava davanti al loro box veniva respinto dal maschio, senza che si riuscisse neppure a vederla. Credo sia stata proprio lei a farmi pensare che esistono cani invisibili; i volontari e i responsabili di canile conoscono bene quel senso di frustrazione quando un cane, che avrebbe tutti i requisiti per una adozione di successo, non viene richiesto da nessuno malgrado gli appelli, malgrado tutte le parole spese per farlo conoscere e dargli una possibilità.

Il canile è il regno dei **cani invisibili**, vite sospese in attesa di un cambiamento.

Internet ha dato ai volontari uno strumento incredibile per aumentare le loro possibilità, ma allo stesso tempo ha anche creato un mondo fittizio di adozioni al di fuori di ogni ragionevole concetto di spazio; invece di andare nel canile più vicino, si cerca un cane su Internet e ce lo si fa consegnare da una staffetta. A quel punto, due perfetti estranei che si incontrano per la prima volta, e senza essersi mai visti prima, iniziano una convivenza.

Chi vuole adottare un cane dovrebbe però considerare anche i canili sul territorio, non tanto per una ragione campanilistica, quanto più per avere la possibilità di conoscersi prima di andare a vivere insieme.

Anche se si può pensare che qualsiasi adozione sia meglio della vita in canile, a volte le adozioni falliscono o creano problemi a cani e umani. Non esiste mai la certezza del successo, ma di sicuro avere la possibilità di familiarizzare e di vedere oltre quello che è l'impatto estetico di una foto o di un video aumenta le probabilità di una scelta responsabile.

3.1.1
Chi siamo noi?

Quando adottiamo un cane adulto, il nostro «candidato ideale» deve rispondere a un certo numero di esigenze: deve andare d'accordo con i gatti, deve saper stare da solo, deve essere socievole con i bambini, non deve tirare al guinzaglio, non deve scappare dal cancello del cortile.

Un'adozione richiede da parte nostra una certa dose di adattabilità e implica una volontà di mettersi in gioco, di creare uno spazio mentale e sociale adeguato alle esigenze del nuovo ospite. Sapere chi siamo noi riguarda quelli che sono i nostri confini, gli ambiti in cui non vogliamo o non siamo in grado di muoverci: se un ringhio ci spaventa non possiamo adottare un cane che può reagire con la minaccia a un estraneo, perché al momento

Questo comportamento speculare, in cui il proprietario imita l'inchino di Max, è un bell'esempio di come tra cani e umani possa nascere una comunicazione e una relazione che trascende le barriere di specie.

Cerchiamo di tracciare un profilo di noi stessi, di quello che siamo felici di condividere, quello che siamo pronti a cambiare e dei limiti che non vogliamo superare (come ad esempio avere un cane che potrebbe rappresentare un pericolo per il nostro gatto, per un altro cane di casa o per una persona di famiglia).
Più siamo onesti nel rappresentarci, più saranno mirate le domande che potremo fare in canile a chi conosce i cani.
Quale impatto avrà il cane nella nostra vita? E quale impatto avremo noi nella vita di quel cane?

dell'adozione noi saremo degli estranei, e lo saranno anche quelli che verranno a trovarci.
Se vogliamo condividere con il cane ogni momento della nostra vita, un cane che ha paura, per indole o per esperienze traumatiche vissute in precedenza, sarà probabilmente destinato a fallire.

3.1.2
Chi è il cane?

Adottare un cane adulto in canile significa entrare in relazione con un individuo formato, un cane che ha ben sviluppata la personalità e il cui comportamento è influenzato anche dalle esperienze passate. Per quanto la nostra percezione sia che i cani siano degli eterni cuccioli, dipendenti da noi, un cane adulto è un individuo adulto.
Il cane può formare un attaccamento immediato verso gli adottanti o possono essere necessari mesi prima di conoscersi, capirsi e fidarsi a vicenda. A volte, riuscire a vivere insieme è la condizione sufficiente perché l'adozione venga considerata di successo.
Ho visto spesso cani adottati adulti rimanere più o meno nelle stesse condizioni psichiche del momento dell'adozione. Siamo portati a pensare: «Questo è il cane che ho adottato» e, di conseguenza, non proviamo a dargli lo spazio necessario ad esplorare il mondo, a esprimersi in maniera anche distante a quello che è il suo atteggiamento conosciuto. Io li chiamo «cani chiusi dentro a una scatola», perché è come se avessero rinunciato a esprimersi, a mostrarsi per quello che sono.
Non solo sappiamo poco di quello che è il cane che stiamo adottando, ma a volte neppure il cane osa esprimersi, dichiarare al mondo chi è davvero.
Nella condizione ideale, in canile troveremo un volontario o un responsabile che sapranno darci informazioni sul cane che ci piace, ci racconteranno qualcosa sul suo passato, dove è stato trovato, da quanto tempo vive in canile e ci diranno anche come si comporta con le persone del canile e con gli altri cani.
Il mondo del canile però è completamente diverso da quello che c'è fuori.
Il cane di canile vive in un box, da solo, con un altro cane o altri cani, viene fatto uscire per la pulizia e per le passeggiate e viene gestito da persone che mediamente hanno capacità e disponibilità completamente differenti da un proprietario (conosco volontari di canile che si occupano di cani che ben poche persone oserebbero avvicinare). I cani di canile hanno una vita di pochi elementi ripetuti, non hanno un proprietario, vengono gestiti riducendo al minimo i rischi.
Se da un lato le informazioni ricevute possono essere di grande valore, dall'altro possono rivelarsi del tutto insufficienti per valutare il cane che abbiamo scelto.
Per questo motivo in alcuni canili si svolgono dei test per confrontare le risposte dei diversi cani a situazioni che simulano la vita in famiglia. Questi

Servono sensibilità e pazienza, per entrare in contatto con un cane che ha subito dei traumi, che è insicuro o spaventato. Sedersi e non fare niente, non chiedere niente, può essere un'ottima strategia per dare al cane il tempo di capire che non vogliamo forzarlo e costringerlo a un contatto.

test devono essere fatti solo da persone formate, con una esperienza specifica e, soprattutto, con la capacità di analizzare correttamente le risposte esibite dai cani; i test richiedono competenza, tempo, risorse umane e materiali non indifferenti. Infine, se le risposte che avete avuto o le domande che pensate possano essere utili non sono sufficienti ad aiutarvi, potete chiedere a un **educatore cinofilo competente** di accompagnarvi e di guidarvi nella scelta.

3.1.3 Gli elementi da valutare

L'aggressività. Il cane ha mai mostrato aggressività verso persone conosciute e sconosciute? Ha mai ringhiato, mostrato i denti, minacciato di mordere o morso qualcuno? Ha la tendenza a colpire la faccia delle persone con il muso? Quando è al guinzaglio, ha la tendenza ad afferrare il guinzaglio tra i denti? È possibile medicarlo o toccarlo senza reazioni di aggressività? Ha esibito aggressività verso gli altri cani? Quali cani?

La paura. Il cane accetta la presenza di una persona nel box? Si lascia mettere la pettorina e il guinzaglio facilmente? Esce in passeggiata con i volontari, anche se sono persone che non conosce da tempo? In luoghi poco familiari, dimostra paura? Se è stato curato, si è lasciato manipolare? Aggiungete a questi elementi qualunque domanda vi sembri utile per capire chi è il cane.

- Ha la tendenza ad abbaiare facilmente, e a lungo, anche quando gli altri cani non stanno abbaiando?
- Ha mai esibito reazioni di predazione verso i gatti?
- Nelle situazioni di maggiore stimolazione ambientale o sociale, tende a sovraeccitarsi e a diventare difficile da gestire?
- Gioca con giocattoli?

Le risposte non implicano un qualche fattore di merito, perché anche un cane che ha esibito comportamenti di minaccia e di paura o che insegue i gatti e non gioca con giocattoli è adottabile: per me **non esistono cani che non si possono adottare**.

Non esistono cani che non possono essere adottati. Non esistono però neppure cani che possono essere adottati da chiunque. Dovremmo scegliere un cane che siamo in grado di tutelare e rendere felice. Il cane di sinistra esibisce un abbaio di paura, segno di una fragilità nel contatto con le persone estranee. Tata, a destra, è eccitata dal movimento del pallone, e si lancia in avanti costringendo la proprietaria a afferrare con forza il guinzaglio.

3.2 Il rescue

Negli ultimi anni anche in Italia si sono diffuse associazioni che sostengono l'adozione di cani di razze specifiche, rivolgendosi quindi ad adottanti che hanno una passione e una conoscenza di quella razza.

Il rescue si occupa di cani abbandonati e trovati vaganti, di cani nei canili, di cani rifiutati dagli allevatori, riproduttori ormai improduttivi, di cani di famiglia che cercano un'altra famiglia e svolgono quindi una funzione di tramite tra il cane di quella razza e l'adottante.

L'obiettivo non è tanto quello di ignorare gli altri cani, quanto rivolgersi a un target più specifico nelle adozioni, partendo dal presupposto che l'adottante abbia già le informazioni necessarie sulla razza scelta.

Questo approccio risulta particolarmente efficace per cani di razze che senza gli appassionati rischierebbero di rimanere in canile per tutta la vita, perché considerate troppo impegnative, e soggetti con problematiche particolari, come i cani nati sordi o ciechi.

Lei è Mandy, femmina sorda di Dogo Argentino, adottata dopo sette anni passati legata a una catena. Mandy ha ancora reazioni di paura verso gli uomini, soprattutto se indossano qualcosa che somiglia a un casco, ma sta scoprendo che la vita è bella.

Il progetto Esperanto

La ricerca scientifica ha svolto un contributo fondamentale nella mia formazione professionale e per me rimane uno strumento di primaria importanza per analizzare la realtà e confrontare la propria percezione personale con una visione più oggettiva. Per questo motivo, cerco di divulgare non solo i risultati ma anche i principi e i metodi della ricerca. Da questa piccola esperienza di analisi del comportamento nei test di valutazione applicati ai cani di canile è nata con gli istruttori Meme Baro e Francesca Maculan l'idea di un progetto scientifico nel mondo dei canili.

Poiché i test non hanno più molto da rivelare al mondo scientifico, la nostra attenzione si è focalizzata su un altro elemento importante: la **comunicazione tra umani**. L'idea è nata dalla mia esperienza nel progetto Ex-combattenti: abbiamo testato i cani con l'aiuto delle studentesse impegnate nelle tesi sperimentali, abbiamo analizzato i video e definito dei profili comportamentali dei cani del progetto. Il lavoro è stato lungo e impegnativo e ha prodotto risultati sicuramente validi e potenzialmente utili.

Quanto, di quei risultati, è stato realmente utilizzato per capire meglio i cani, per una scelta consapevole dell'adottante, per dare informazioni sul cane alla nuova famiglia? Quanto sono risultate comprensibili e condivisibili le informazioni su quei cani?

Immaginate di contattare il miglior esperto sulla piazza e di chiedergli di valutare tutti i cani del canile: dopo i test, riceverete una relazione con indicate tutte le informazioni sui cani. A questo punto, i problemi che dovrete porvi sono due: quelle informazioni sono comprensibili? Se io dichiaro che il cane ha esibito comportamenti aggressivi in un test, la nostra percezione di cosa è l'aggressività e di quali sono i comportamenti aggressivi è uguale?

Per un esperto può essere scontato che certi termini e certe informazioni abbiano un determinato significato; nella realtà, però, i termini e i concetti vengono interpretati sulla base delle proprie conoscenze e della propria percezione.

Il progetto Esperanto nasce proprio per **analizzare la diversa percezione e interpretazione** del comportamento dei cani da parte di istruttori cinofili (di scuole differenti), volontari e responsabili di canile, e adottanti. Il tutto a partire dalla semplice osservazione del comportamento del cane, perché è a questo livello che già si possono osservare prospettive differenti e spesso persino incompatibili di analisi.

Rispetto ad altre forme di adozione, nel mondo dei rescue le **aspettative sull'adottante sono in genere maggiori**: esistono procedure per l'affidamento dei cani e agli adottanti vengono richieste informazioni riguardo le condizioni di vita del cane e la sua gestione.
Dato che si tratta di cani di razza, per evitare che vengano sfruttati come riproduttori, una delle regole è l'obbligo di sterilizzazione sia per le femmine sia per i maschi (alcuni rescue considerano la vasectomia in alternativa alla castrazione).

3.3 Il cane di razza

Per la maggior parte dei proprietari un nuovo cane equivale a comprare un cucciolo o adottare un cane dal canile o dal rescue.
Esiste però anche un mercato, di cui pochi sono a conoscenza, che ha come protagonisti cani adulti il cui valore si misura in termini di vittorie sul ring delle esposizioni, in prove sportive o in attività pratiche (caccia, ricerca di tartufi, conduzione del gregge). Questi cani vengono venduti a cifre anche sostenute e il loro valore si misura rispetto alle doti, le vittorie, il potenziale guadagno come riproduttori.
Spesso i cani maschi vengono ceduti, per periodi di tempo più o meno estesi, presso allevatori esteri per essere utilizzati come riproduttori; un ulteriore aspetto particolarmente discutibile di questo tipo di mercato è costituito dalla vendita di femmine incinte, anche se per fortuna non è così diffusa.
Vendere un cane adulto implica dare al proprio cane un valore economico, trattarlo come una qualunque proprietà soggetta a compravendita. Soprattutto nel caso di vendite internazionali, o intercontinentali, la probabilità di potersi assicurare che al cane siano garantite condizioni di vita ideali, o anche solo accettabili, è praticamente impossibile.
Questo commercio è esteso non solo ai paesi della Comunità Europea, ma a livello mondiale, in particolare negli Stati Uniti e in Cina, dove il mercato è diventato particolarmente appetibile per gli europei a causa delle cifre più basse.
Le normative in alcuni paesi della Comunità Europea sono più restrittive di quelle italiane (in Svizzera, ad esempio, è vietato l'uso non solo del collare elettrico e del collare a punte, ma anche del collare a strangolo), mentre in altri paesi la cultura e la legge non tutelano adeguatamente i cani.

3.4 L'adozione, dal punto di vista del cane adulto

I cuccioli possono aver vissuto per due mesi in famiglia, essere cresciuti in un recinto in un canile, o all'aperto, senza contatto umano. Quando adottiamo un cucciolo, l'impatto dei primi due mesi di vita può essere notevole sulla loro capacità di adattarsi alla nuova famiglia, ma si tratta sempre comunque di poche settimane.
Un cane adulto, invece, ha alle spalle una intera vita già vissuta, ha una personalità formata ed esperienze che influenzano il suo giudizio del mondo.
Un cane che è stato picchiato con oggetti avrà comportamenti di paura se ci vede con qualcosa in mano; in generale, i cani che hanno subito abusi vivono le nostre mani come i nostri denti e possono considerare minacciosa anche una semplice carezza da un estraneo.
Al momento dell'adozione anche noi siamo adulti estranei che adottano un cane adulto.
Un numero incredibilmente elevato di cani in adozione scappa e viene perduto nei giorni immediatamente successivi all'adozione, perché molti cani vivono il trasferimento nella nuova casa in modo traumatico e scappano dagli adottanti, non diversamente da come farebbe un rapito dai propri carcerieri.
In questi eventi la componente di paura è determinante e possono essere necessari mesi di cautele e di pazienza prima di conquistare la fiducia del cane. Nei primi mesi ogni giorno va vissuto con la stessa attenzione ed **è importante dare, invece di chiedere**.
Per alcuni cani l'adozione rappresenta al contrario l'apertura delle porte del paradiso: cani vissuti per anni nell'oblio, non solo in canile, finalmente hanno qualcuno che li vede e che dimostra loro affetto. Di recente ho visto le foto di una femmina di Pastore Tedesco che, prima di essere adottata, ha trascorso 14 anni in un canile. L'adottante scrive che tutto quello che non è cemento e isolamento

Un momento di condivisione per questa bella famiglia, durante le classi di socializzazione ai Laghi.

per quella cagna rappresenta qualcosa di meraviglioso.

Adottare un cane adulto significa accettare di **non sapere niente di quel cane** e che gli eventi del suo passato che non ci coinvolgono possano determinare il suo comportamento e portarlo a reazioni che a noi sembrano ingiustificate; il cane non sa dove si trova, non sa chi siamo e applica al presente le informazioni che ha ricevuto nel proprio passato.

3.5 Vero o falso?

3.5.1 I cani di canile si affezionano subito a chi li adotta

I cuccioli non possono sopravvivere senza una famiglia e tendono quindi a formare un legame immediato quando vengono staccati dalla mamma e dai fratelli.

I cani adulti, invece, possono vivere anche senza l'uomo, trascorrendo mesi o anni in totale libertà; alcuni cani, ad esempio, vengono catturati vaganti e hanno ormai imparato a trovare cibo e riparo e ad essere autonomi.

Filippo viveva con il suo gruppo familiare lungo la costa sarda, quando un giorno viene catturato e chiuso in canile. La sua foto è pubblicata su Internet e Filippo viene adottato, trasportato con una staffetta e affidato alla sua nuova famiglia piemontese. Quando l'ho conosciuto, mi ha colpito il suo sguardo, che esprimeva poca fiducia verso gli umani, ma non paura. Era un cane diffidente, più che pauroso e, chiuso in recinto, con lo sguardo rivolto verso l'esterno, Filippo cercava costantemente una via di fuga.

Anche se ormai aveva una vita invidiabile, in famiglia, credo che Filippo non abbia mai smesso, nemmeno per un istante, di cercare di tornare alla sua spiaggia in Sardegna, al suo gruppo familiare. A un cane adulto non basta essere adottato: il suo affetto dovete meritarvelo e guadagnarvelo. Voler bene a una persona implica che quella persona per prima provi affetto, che lo dimostri non con la voce, o con le carezze, ma con la capacità di entrare

in comunicazione con il cane, nel capirlo e aiutarlo a stare bene.
Prendersi cura, condividere e avere considerazione dell'altro sono tre elementi importanti perché si formi una relazione.

3.5.2
I cani di canile sono riconoscenti verso chi li adotta

A volte esiste l'idea che, se abbiamo salvato un cane dal canile, quel cane ci debba riconoscenza, facendo per noi qualcosa che ci faccia stare bene o che ci aiuti a vivere insieme senza conflitti.
Il cane, però, può non essere affatto così felice di essere stato "salvato", perché il canile era l'unico posto sicuro che conosceva. Può esserlo, ma a condizione di avere il tempo per affezionarsi, per capire dov'è e come è cambiata la sua vita, per ricostruire dei punti di riferimento sociali e ambientali, imparare nuove regole e nuove abitudini.
Quando adottiamo un cane in canile, la nostra disponibilità a dare non finisce con quel gesto ma, al contrario, inizia da quel momento.
I cani non sanno dire grazie, se non esprimendo la loro felicità di vivere con noi e il nostro compito è proprio quello: far sì che siano felici di vivere con noi.

3.5.3
I cani di canile sono tutti problematici

Dopo vent'anni di attività come educatore cinofilo, potrei dire che è la maggior parte dei proprietari ad essere problematica.
I cani sono cani e i loro problemi dipendono in gran parte da caratteristiche gradite e selezionate nelle razze, dalla convivenza con gli umani e dalle aspettative che riversiamo su di loro. I cani di canile sono lo specchio della nostra civiltà: le scelte sbagliate, il rifiuto, l'abbandono, i traumi subiti, la diffusione di certe razze.
Dopo tanti anni passati in canile, a me stupisce ancora come i cani che hanno un passato di abusi riescano a mantenere una così grande disponibilità verso l'uomo; in canile si trovano cani meravigliosi e cani di più difficile comprensione e gestione, ma comunque meravigliosi.
Non è vero che tutti i cani di canile siano problematici, così come non è vero che un cane adottato da cucciolo, e magari pure di razza, non sarà mai un problema.

Marilena e Jethro giocano insieme, una attività che rende felici entrambi.

Un cane non dovrebbe venire relegato ai margini degli spazi e della vita di famiglia. La cuccia di Sheldon è posizionata in uno spazio condiviso da tutti i componenti della famiglia.

3.6 Il cane adulto in casa

Nei casi più semplici possiamo portare il cane adulto a casa e inserirlo direttamente nella nostra vita. È sempre utile avere qualche giorno di ferie, o qualcuno che rimanga a casa tutto il giorno, finché non siamo sicuri di poterlo lasciare da solo senza pericoli.

Possiamo preparare una o più cucce, nei luoghi che secondo noi possono essergli graditi, o spostare la cuccia se vediamo che preferisce un luogo differente. L'importante è far capire al cane quali sono gli spazi che può occupare e le regole della famiglia.

La regola generale, con un cane adulto, è concedere libertà a piccoli passi.

Nei casi più difficili, la vita dei cani adottati con

Il comportamento di un cane può cambiare nei mesi successivi all'adozione. È importante prendersi il tempo per conoscersi, riducendo il rischio di reazioni inaspettate. Olaf osserva l'ospite con curiosità.

Alcuni consigli pratici

- Il bagno e la visita veterinaria possono essere ritardati di un paio di settimane, per non aggiungere altro stress a quello causato dall'improvviso cambio di vita.
- Il cane non deve essere lasciato libero durante la passeggiata e, se viene lasciato libero in giardino, la recinzione deve essere a prova di fuga e deve essere posta sempre molta attenzione al momento di apertura del cancello.
- Se è possibile uscire in passeggiata, meglio evitare strade trafficate, incontri con altri cani, e usare un collare fisso o una pettorina sicuri, che non permettano al cane di sfilarseli e fuggire; se il cane tenta di fuggire, il problema non è il collare o la pettorina, ma lo stato emotivo del cane.
- Non portate il cane in luoghi in cui non riesce neppure a camminare insieme a voi; anche se il cane sembra confidente e socievole ed è tollerante, nei primi tempi è consigliabile evitare che incontri bambini senza supervisione o che venga avvicinato e toccato da estranei.
- È più sensato partire da una gestione troppo tutelata, e aggiungere pezzi man mano che conosciamo meglio il cane, piuttosto che concedere e chiedere tutto al cane, salvo trovarsi con un problema che era evitabile.

Quando adottiamo un cane, non ci viene dato un libretto di istruzioni. Dobbiamo imparare a conoscerlo, a capirlo, a comunicare. Una parte importante è riuscire a tradurre correttamente il suo comportamento. Sdraiarsi a terra e puntare un altro cane non è un comportamento amichevole e non è di gioco. Meglio evitare l'incontro.

una storia di aggressività, o di cani con paure generalizzate, può addirittura non essere molto diversa da quella del canile. La differenza è nel percorso che si fa insieme per produrre un cambiamento, una strada che può essere lunga e impegnativa. Nei primi giorni è quindi importante fare attenzione a dare il cibo in un luogo tranquillo e protetto, a non avvicinarsi e a non toccare il cane mentre mangia, è importante evitare manipolazioni prolungate e che portino il cane a irrigidirsi o a cercare di allontanarsi.

Il grado di libertà concesso al cane dipende dalla nostra conoscenza del cane e da quanto questa conoscenza ci porta a provare fiducia.

Una mia allieva ha adottato un Dobermann adulto, costretto a vivere per 6 lunghi anni in un box da solo; quando l'ha portato a casa, gli ha subito concesso piena libertà di azione.
La sera stessa ricevo un suo messaggio: «Nash è con me sul letto, e se provo a muovermi, mi ringhia... aiuto...».
A volte i cani che hanno avuto una vita di deprivazioni si ritrovano ad avere qualcosa che per loro ha un valore enorme: un giocattolo, del cibo, una cuccia, una persona a cui volere bene. L'ansia di perdere questo tesoro può renderli così stressati da far emergere comportamenti distruttivi o aggressivi, se pensano che qualcuno stia provando a portarglieli via.
Nash, probabilmente, non aveva idea di cosa fare in quella situazione, perché in sei anni di vita non l'aveva mai vissuta; la sua tensione emotiva si è ridotta nelle settimane e nei mesi successivi, ma è stato necessario un anno di convivenza con Valeria per costruire un'esperienza e un equilibrio emotivo tali da farlo diventare un cane diverso, il cane che avrebbe potuto essere se chi lo ha scelto da cucciolo avesse tutelato il suo benessere.

4 Il secondo cane

Avere un unico cane è spesso una scelta legata alla maggiore facilità di gestione, perché un cane solo è di sicuro più facile da vivere, soprattutto in ambiente urbano o se decidiamo di condividere il nostro tempo libero. Per molti cani questa rappresenta una buona soluzione, se integrati nella vita di famiglia o se non gradiscono particolarmente la presenza di altri cani.
Anche i cani poco socievoli verso i propri simili, però, possono avere un atteggiamento molto diverso con un cane di famiglia; se il vostro cane dimostra in ogni modo di non amare gli altri cani, e volete un secondo cane, avete comunque una possibilità di farcela.
Il problema, nelle convivenze, è che raramente il secondo cane viene scelto pensando alle preferenze del cane di famiglia. Quasi nessuno guarda il proprio cane e gli chiede: «Abbiamo pensato di prendere un secondo cane, cosa ne pensi? Con che tipo di cane ti piacerebbe vivere?».
Il rischio minore è quello di dover mettere in conto un periodo di assestamento, che può implicare anche il dover tenere divisi i cani in casa, soprattutto se non ci siamo. Il pericolo maggiore è un livello di incompatibilità tale che i cani dovranno restare sempre divisi, o dovremo rinunciare a uno dei due cani.
Esistono molte realtà in cui i cani vivono insieme, ma non sono affatto felici della convivenza: ci sono cani che hanno paura di un cane con cui vivono e sono costretti ogni giorno a comportarsi in modo da non provocare una reazione; ci sono cani che vengono spinti ai margini sociali e fisici da cani con una personalità più forte e competitiva; ci sono cani che hanno problemi fisici, sono fragili fisicamente ed emotivamente e hanno paura anche solo che l'altro cane possa travolgerli per gioco.
Ho seguito una tesi sperimentale, in cui abbiamo verificato la comunicazione sociale di un cane

Due cani sono meglio di uno? Sì, se tra i due si crea un legame di complicità, condivisione, supporto, come è successo tra la Saluki e la giovane Setter Irlandese.

verso quattro diverse categorie: il proprietario, un estraneo, il cane con cui vivevano e un cane estraneo dello stesso sesso (per escludere i comportamenti di corteggiamento).
Il cane veniva tenuto da una persona estranea a un guinzaglio lungo due metri e nel recinto entravano uno alla volta i rappresentanti delle quattro categorie. Ovviamente i cani estranei erano socievoli, con buone competenze nelle relazioni sociali, ed erano liberi, per non essere costretti all'interazione. Quello che mi ha colpita di più è stata la reazione dei cani familiari; uno è tenuto al guinzaglio in un recinto e l'altro entra libero. Mi sarei aspettata che i due cani si salutassero e che il cane libero andasse verso quello legato al guinzaglio; invece, in molti casi il cane libero ha fatto di tutto per evitare quello legato.
Questa esperienza mi ha portata a osservare con maggiore attenzione le dinamiche dei cani che vivono insieme e a chiedermi in che modo possiamo fare in modo che due cani vivano insieme e siano felici o, almeno, sereni.
Il primo passo, il più importante, è proprio nella scelta di quali cani far vivere insieme.

1. È sconsigliabile far vivere insieme due maschi, per l'alta probabilità che la competizione li porti a scontrarsi anche con gravi conseguenze. I maschi sono naturalmente portati a competere contro gli altri maschi, soprattutto se ci sono femmine nel gruppo familiare o se le incontrano durante le uscite. Anche tra le femmine, però, può svilupparsi incompatibilità, spesso in coincidenza del calore di una delle due; inoltre, le femmine possono competere per la crescita dei cuccioli.
2. Una regola generale ammette ovviamente eccezioni: esistono maschi che vivono con altri maschi in pace, e femmine che anche nel periodo del calore non entrano in competizione con le altre femmine.
3. Un'altra regola generale è evitare di adottare due fratelli di cucciolata, anche se di sesso diverso: essere troppo simili per taglia, personalità ed età può significare un rischio più altro di forte competizione.

Esistono due strade, per decidere chi sarà il secondo cane:

1. scegliere un cane che piace a noi;
2. scegliere un cane che piacerà (si spera), al nostro cane.

4.1 Scegliere un cane che piace a noi

Non c'è niente di male a scegliere un cane che ci piace e la maggior parte dei cani viene scelta proprio con questo criterio. Però, se è la nostra scelta, dobbiamo fare tutto quello che serve perché il cane di casa viva l'esperienza in modo positivo.
Il primo passo è pianificare dall'inizio la gestione dei due cani. Se il cane di casa è molto

Cani della stessa razza possono condividere una simile percezione della vita. È il caso di Arrigo e Ettore, Labrador Retriever.

La relazione tra due cani è fortemente influenzata dal comportamento delle persone di famiglia. Preferite uno dei due? Tutelate di più uno dei due? Siete consapevoli del tipo di relazione che c'è tra i due cani? Gigio e Luna si contendono le attenzioni di Lela.

Se i due cani sono adulti e di sesso opposto può capitare che il maschio esibisca comportamenti di monta insistenti nelle prime due settimane di convivenza. Di solito questo comportamento si riduce naturalmente quando si riducono i livelli di stress, ma se la femmina è in difficoltà è meglio dividerli e dare loro la possibilità di stare insieme senza focalizzarsi così tanto l'uno sull'altro: possiamo giocare, o passeggiare, o portarli a nuotare.
Il momento per ridurre il grado di vigilanza e di controllo è quando i due cani cominciano a salutarsi, ad essere meno rigidi e tesi durante le interazioni, a restare vicini, a dormire vicini e giocare insieme.
Sono i cani a dirci quando possiamo fidarci e lasciarli liberi insieme.
Se il secondo cane è un cucciolo, il livello di guardia si alzerà di nuovo con l'adolescenza. Due cani che sono vissuti in armonia per mesi possono entrare in conflitto quando il cucciolo diventa

Più è alto il numero di cani, più può essere impegnativo mantenere un buon equilibrio. Il mix Border Ike ha accettato la Border Collie Yes, ma potrebbero nascere dei conflitti con il giovane Border Cheek, che già osa competere per il giocattolo.

in difficoltà può essere necessario tenerli divisi per diverse settimane. Persino cani che rifiutano il contatto con qualunque cane possono, dopo un po' di tempo, accettare e gradire un compagno canino in casa.
Il nuovo cane, cucciolo o adulto, entra in una casa già occupata e deve riuscire a sentire come propri gli spazi e a formare una relazione con i proprietari.
È davvero importante non volere che i due cani si piacciano e si accettino dal primo istante. Date ai due cani il tempo di sentire l'odore dell'altro, di vedersi senza doversi incontrare o di camminare liberi insieme in una passeggiata in montagna. Se il cane di casa si dimostra intollerante, niente panico; la sua casa è stata invasa da un estraneo ed è normale che cerchi di allontanarlo, nei primi giorni. Il cane di casa può essere spaventato dal nuovo arrivato e reagire anche in modo intenso; sgridarlo non farebbe che aumentare il suo stress e farlo sentire più solo e disperato.

Alcune regole di convivenza

- Nessun cane deve sentirsi in pericolo in casa o in giardino.
- Ogni cane deve avere accesso libero a uno spazio sicuro e confortevole in cui riposare. Se uno dei due tende a spostare l'altro dalla cuccia, si possono avere due, tre cucce, abbastanza distanti da evitare la competizione.
- I cani non devono sentirsi minacciati o infastiditi durante il pasto. Se uno dei due tende a spostare l'altro dalla ciotola, meglio dividerli (o vigilare).
- I cani devono avere libero accesso all'acqua. Si possono usare più ciotole, posizionate in stanze diverse o in luoghi diversi del giardino.
- I cani devono avere un uguale legame con le persone di famiglia. Le preferenze esistono, ma dobbiamo cercare di dare uguale attenzione, affetto e cure a ogni cane di casa.
- I cani possono avere bisogno di spazi fisici, e di tempo dedicato, individuali. Una sorta di "vacanza" dall'altro cane di casa.
- Se uno dei due cani vince sempre nel gioco, quello che perde sempre dovrebbe poter giocare con noi senza l'altro.
- Quando un cane minaccia l'altro, sgridarlo non è la soluzione. Prima di intervenire contro uno dei due cani, è importante capire le cause che hanno portato i cani a entrare in conflitto. Il cane che minaccia è spesso quello che ha più paura dell'altro.
- La convivenza tra due cani può cambiare nel tempo, in meglio o in peggio. È importante vigilare sempre sui livelli di stress, e agire prima che la situazione diventi insostenibile.

adulto. I problemi possono iniziare con la maturità sessuale, verso l'anno di età, o quando il cane più giovane raggiunge la maturità mentale e sociale, verso i 2-3 anni (occorre ricordare che alcune razze maturano molto più tardi, come i cani da guardia del gregge e i molossoidi).
Se tra i due cani non si crea un'armonia nella relazione, sarà importante **mantenere un equilibrio che li tuteli entrambi.** Non ha alcun senso lasciare che siano loro ad arrangiarsi, perché questo può implicare che uno dei due, o tutti e due, provino ansia, stress e paura. È una nostra scelta farli vivere insieme ed è una nostra responsabilità che tutti i nostri cani abbiano la stessa qualità di vita.
Io immagino una gestione di tutela come uno scudo protettivo; il mio scudo copre al 100% un cucciolo di 2-3 mesi e Brick, la mia Staffy di 12 anni. Se porto a casa un cucciolo, dico ai cani di casa «Questo è il MIO cucciolo, siate gentili». Quando è arrivato Kandji, ho usato questo scudo protettivo con Puma e Arj.
Brick adora i cuccioli e li aiuta sempre a sentirsi bene e al sicuro; Grisou, invece, non sarebbe stato comunque in grado di accettare il cucciolo dall'inizio, così l'ho tenuto diviso da Kandji per un mese. Quando Kandji era in giardino, Grisou era in casa e viceversa. Quando Kandji ha imparato a capire e a rispettare i segnali di intolleranza di Grisou, ho cominciato a lasciarli insieme in mia presenza. Adesso possono stare tutti e quattro liberi in giardino anche in mia assenza. Brick rimane in casa, perché d'inverno soffrirebbe troppo il freddo, perché è la più piccola e sensibile e non voglio si senta in difficoltà con il resto del gruppo. Ho anche dedicato ogni giorno a Kandji e ho cercato di continuare a dedicare lo stesso tempo a tutti i cani di casa. Un duro lavoro, a volte!

Segnali di stress nella convivenza tra due cani

- Un cane smette di mangiare perché l'altro si avvicina alla ciotola.
- Un cane sposta l'altro da noi durante le coccole.
- Un cane rinuncia a giocare in presenza dell'altro.
- Il gioco è intenso e uno dei due esibisce comportamenti di minaccia e di autodifesa.
- Un cane compete sulle risorse: cibo, cuccia, giocattoli, attenzione dei proprietari, bocconi.
- Un cane esibisce comportamenti di minaccia verso l'altro.
- Un cane rimane ai margini, non si avvicina o rinuncia ai proprietari e alle risorse.
- Rigidità nei movimenti in presenza dell'altro cane.
- Un cane diventa "invisibile", in presenza dell'altro evita di farsi vedere, di avvicinarsi, di giocare.

4.2 Scegliere un cane che piace al nostro cane

Come si sceglie un cane con questo criterio?
Prima di tutto dobbiamo **accettare di metterci in secondo piano**, di rinunciare magari a qualche aspettativa a favore dei gusti del nostro cane. Non è facile, perché siamo noi a scegliere e alla fine sarà quindi comunque la nostra visione a prevalere.
Il secondo passo è **chiedersi chi è il nostro cane e con chi vorrebbe vivere**. Noi possiamo ridere e scherzare con una persona a un aperitivo, senza per questo pensare di voler condividere la stessa casa. Per i cani non è diverso: anche se tollerano, o addirittura giocano, con un altro cane, non è affatto detto che la convivenza con un cane simile possa essere l'ideale.
Durante una giornata di classi di socializzazione in Toscana, mi chiedono di vedere insieme due cagne che hanno convissuto per un anno. Sono due amiche che hanno affittato insieme un appartamento per il tempo del Master per Educatori della Facoltà di Pisa e che, alla fine di questo periodo, sono tornate a vivere nelle proprie città; da allora, le due cagne non si sono più incontrate.
Una delle due, una meticcia Pit Bull, l'ho già conosciuta, motivo per cui chiedo di poter usare un procedimento di sicurezza. Mentre la meticcia Pit Bull è in campo la Weimaraner si avvicina al cancello chiuso; non appena si vedono, la meticcia Pit Bull si irrigidisce: coda alta, testa alta, sguardo duro, pelo dritto sul garrese. La Weimaraner, al contrario, si accartoccia su se stessa: testa e coda basse, sguardo di paura. Eppure, nei mesi di convivenza, tra di loro non è mai successo niente di realmente drammatico, mai una rissa, per capirci.

Se adottiamo un cucciolo, e l'inserimento ha successo, questo non implica che non ci saranno problemi in futuro. I cucciolo cresce, e cambia lo stile con cui si relaziona, la sua forza caratteriale e fisica. Kandji, cucciolo di Pastore Tedesco, non osa ancora affrontare Puma per conquistare l'amata pallina.

Per garantire una buona convivenza occorre considerare con cura gli aspetti più a rischio.

1. Lo stato di salute. Un cane che ha dei problemi di salute può spaventarsi e provare dolore se anche solo un cucciolo cerca di giocare. Un cane anziano non ha la stessa resistenza e sicurezza di un cane giovane. Se il cane ha problemi di salute, è importante che il nuovo arrivato non rappresenti un pericolo, reale o percepito.

2. Il sesso. I cani sono animali che tendono a sviluppare legami di tipo familiare. Maschio e femmina si comportano come una coppia, un cane adulto può avere atteggiamenti di cura verso il cucciolo. Noi facciamo vivere insieme cani che non hanno legami di parentela e che quindi non possono inserirsi in uno schema familiare: è il caso, ad esempio, di due maschi o di due femmine non imparentate. Il rischio è maggiore con due maschi: perché un maschio dovrebbe trovare piacevole vivere con un altro maschio? Non potendo sviluppare una relazione di coppia, l'unica alternativa è una forte compatibilità caratteriale.
Due maschi possono anche starsi simpatici: bisogna però sempre porre molta attenzione al fattore età.
Kandji e Bajkal sono due fratelli che vivono in case diverse ma che si vedono ogni settimana. Hanno giocato per i primi mesi, con rari episodi di scontro ritualizzato; a 11 mesi di età si tollerano, ma non si può certo dire che siano uno la compagnia preferita dell'altro.
Anche se rari, esistono casi di conflitto anche tra

Kandji e Bajkal sono fratelli di cucciolata. La loro relazione è un misto di gioco e di competizione, che rischia nel tempo di sfociare in un aperto conflitto.

cani di sesso opposto. Una famiglia mi ha chiesto una consulenza per una coppia di Pastori dell'Anatolia dopo che il maschio di 2 anni ha aggredito e quasi ucciso la femmina di 5 anni.
Purtroppo le nostre case spesso non garantiscono ai cani spazi sufficienti per gestire i conflitti.

3. La personalità. Questo è l'elemento più interessante da scoprire, l'unico che può essere valutato in profondità solo da chi vive ogni giorno con il cane.
Chiedo spesso ai proprietari: che tipo di cane piace al tuo cane? Quando non mi riescono a rispondere, chiedo di descrivermi i cani con cui il loro cane è più sereno, quelli che è felice di incontrare di nuovo, con cui ha fatto amicizia. Si tratta spesso di cani conosciuti da cucciolo, che frequenta da tempo, ma è comunque possibile riuscire a individuare certe caratteristiche generali.
Brick non ama i maschi che corteggiano, soprattutto se insistenti, non ama i cani aggressivi e, adesso che ha 12 anni, è preoccupata anche dai cani che la possono travolgere o che sono troppo fisici nell'approccio e nel gioco.
Le piacciono i cuccioli, ma chiaramente nessun cane rimane cucciolo per sempre; quindi, se dovessi prendere un cane che piace a Brick, probabilmente sarebbe un cane gentile e poco competitivo, maschio o femmina non ha importanza. Non ha importanza neppure la taglia, perché non è impressionata dai cani più grandi di lei. Brick vive con altri quattro cani e nessuno corrisponde alla descrizione, ma tra lei e loro esistono due barriere: lei può restare in casa quando gli

Kandji è cresciuto ed è ormai in grado di sfidare Puma, afferrando una estremità del bastone e rifiutando di lasciarla.

altri sono fuori e io non permetto a nessuno degli altri cani di competere contro di lei, di travolgerla o di spingerla ai margini. Puma farebbe volentieri a meno degli altri cani, eccetto Brick, perché lei piace a tutti i cani.

4. L'età. La relazione può essere più semplice se abbiamo un cane adulto e adottiamo un cucciolo, perché si può innescare un rapporto genitore-figlio, con il cane adulto che si prende cura del cucciolo. Soprattutto alcune femmine possono avere atteggiamenti molto materni verso i cuccioli, anche se sono sterilizzate e non hanno mai avuto figli. Altre femmine, al contrario, sono intolleranti verso i cuccioli estranei, così come possono esserlo i maschi adulti; in questo caso, la situazione migliora quando il cucciolo ha 3-4 mesi e ha le competenze per evitare di scatenare una reazione nell'adulto. Gli adulti possono anche vedere lontano ed esagerare nelle reazioni verso il cucciolo perché percepiscono un futuro difficile; spesso, quando il cucciolo cresce, l'adulto può non essere più in grado di controllarlo e di mantenere i propri spazi fisici e sociali.

In molti casi, il cane adulto ha cambiato atteggiamento quando il cucciolo è diventato un compagno di giochi e, con la maturità, un possibile partner. Quando ho conosciuto Romeo, maschio di Pastore Tedesco, aveva quasi 2 anni e non era in grado di relazionarsi con gli altri cani; il suo primo incontro è stato con una giovane femmina di Pastore Tedesco, Arya, che aveva solo 5 mesi. Romeo ha scoperto che i cani possono essere interessanti e divertenti, soprattutto le femmine.
Malgrado i progressi, quando i proprietari hanno deciso di adottare una cucciola, Romeo ha inizialmente rifiutato Viola, ed è stato necessario tenerli divisi. Quando Viola è cresciuta, i due hanno cominciato a giocare insieme e quando Viola è diventata adulta, Romeo ha deciso che vivere con una femmina è qualcosa di decisamente positivo.
I due adesso vivono felicemente insieme e, grazie a Viola, la qualità di vita di Romeo è addirittura migliorata. Probabilmente Romeo avrebbe accettato con maggiore facilità una femmina adulta ma, con un po' di pazienza, i due hanno imparato ad accettarsi e la loro personalità si è rivelata sicuramente compatibile.

I due Chihuahua affrontano l'invasore: Flipper ha osato avvicinarsi al loro spazio familiare. Flipper rimane fermo, permettendo l'esplorazione ano-genitale, e allontana la testa in previsione di un possibile attacco.

Un gruppo di Jack Russel mette in fuga un Pointer.

5. La taglia. Se penso a cani di taglia diversa, mi viene sempre in mente una coppia di Chihuahua, la cui vita è cambiata dopo l'adozione di un enorme (soprattutto dalla loro prospettiva), cagnone di canile. Non solo i due Chihuaua non ne avevano alcuna paura, ma anzi, dall'arrivo del grosso maschio, si sentivano molto più sicuri ad affrontare il mondo.
La taglia è un elemento rilevante solo se tra i cani nascono dei conflitti, competizione, intolleranza, altrimenti cani di taglie molto differenti possono vivere felicemente insieme.

6. La razza. I cani sono razzisti? Riconoscono la propria razza o altre razze? È probabile che l'immagine della madre lasci un ricordo indelebile in un cane e che questo lo porti poi a **riconoscere certe caratteristiche tipiche della propria razza**. Sarebbe interessante capire se cuccioli cresciuti con una madre surrogata hanno una preferenza per la razza della madre adottiva.
Un altro elemento, forse ancora più rilevante, è la possibilità che **caratteristiche caratteriali simili portino i cani a capirsi più facilmente**.
È un fenomeno che ho osservato spesso nei Border Collie, che hanno un modo di interagire difficilmente comprensibile per gli altri cani: "giocano" a radunare gli altri cani come fossero pecore e agli altri cani in genere piace poco giocare nel ruolo della pecora da radunare.
A volte la simpatia nasce anche dalla tendenza dei proprietari a frequentare chi condivide la stessa passione e i cani sono più abituati a incontrare individui della stessa razza. Ma se avessero potuto, i cani avrebbero comunque scelto quel gruppo?
Ho valutato due Pit Bull, un maschio adulto e una giovane femmina. Il maschio era in palese difficoltà nel convivere con la femmina, che era molto più intensa e più competitiva. I proprietari avevano scelto una Pit Bull non tanto per la felicità del maschio (davano forse per scontato che a un maschio piacesse vivere con una femmina) quanto per una passione per la razza.
Oltre alle simpatie di razza, possono esistere anche antipatie legate a un certo aspetto fisico; si tratta spesso di associazioni nate da interazioni stressanti o dalla paura provata a causa di una aggressione. Altre volte si tratta di caratteristiche fisiche che rendono difficile al cane capire chi ha davanti, come il pelo lungo sul muso, il muso schiacciato, la taglia molto ridotta o gigante.
Un Cane Corso, Ivan, non sopportava i nordici e non abbiamo mai capito da cosa fosse nata questa antipatia. Ho perso il conto dei cani che detestano i Pastori Tedeschi, perché sono stati aggrediti da un cane di questa razza.
Certi cani non hanno un aspetto inquietante in sé, ma **possono spaventare per la propria personalità**.
Ho visto un gruppo di cani adulti in difficoltà a gestire un cucciolo di quattro mesi di Bull Terrier, e la stessa esperienza l'ho vissuta con un Akita Americano.

Chi piace al nostro cane di casa, e chi invece non gli piace?

Provate a segnare in questa tabella quali sono i gusti del vostro cane.

Nella categoria «piace» indicate i cani con cui è sereno, si diverte e sta bene, dimostra empatia e mette a proprio agio l'altro cane.

Nella categoria «non piace» i cani con cui si dimostra troppo intenso, rigido, minaccioso, insicuro, eccitato, che tende a ignorare e evitare o a respingere, provocare, controllare in modo minaccioso.

Tipo di cane	Piace	Non piace
Cani di taglia più grande		
Cani di taglia più piccola		
Maschi che corteggiano		
Maschi poco insistenti		
Maschi castrati		
Maschi non castrati		
Cani che abbaiano		
Cani che sono competitivi nel gioco		
Cani che giocano a correre		
Cani insicuri, che evitano il contatto		
Cani che tendono a imporsi		
Cani che ignorano gli altri cani		
Cani poco aggressivi		
Cani che possono diventare aggressivi		
Maschi poco insistenti		
Cani che possono diventare aggressivi		
Cani molto fisici nel gioco		
Cani con un grande equilibrio emotivo		
Cani capaci di dare spazio		
Cani estroversi e socievoli		
Cani reattivi		
Cani da pastore		
Molossoidi		
Cani nordici		

4·3 La famiglia multi-cane

Cosa succede se invece di essere uno, o due, i cani diventano tre, quattro o più? Molto dipende dagli spazi a disposizione, dal tempo a disposizione e dallo stile con cui scegliamo di relazionarci con i nostri cani.

Immaginate di avere un'ora al giorno da dedicare ai vostri cani per delle attività esclusive; non parlo della passeggiata igienica o della pappa, o di stare in casa con il cane, ma del momento in cui siamo lì per fare qualcosa insieme al nostro cane, per farlo stare bene.

Se il cane è uno solo, avrà un'ora tutta per sé; se sono due, e vogliamo dedicare del tempo individuale a ognuno di loro, saranno 30 minuti al giorno a cane.

Per ogni cane che si aggiunge, il tempo si riduce.

Ovviamente non è affatto scontato riuscire a ritagliare un'ora al giorno per delle attività individuali e, con un gruppo numeroso, può essere quasi impossibile trovare del tempo da dedicare a ogni cane in modo esclusivo e rischiamo di gestire i cani come gruppo e di non vederli più come individui.

Io cerco di dedicare delle **attenzioni esclusive** a ogni mio cane, ogni giorno: coccole alla sera sul divano, una sessione di gioco, una uscita individuale o a coppie. Quando ho meno tempo ed energie, facciamo una passeggiata tutti insieme nel bosco o i tuffi al lago.

Per ogni cane che si aggiunge aumentano i rischi di **conflitti nel gruppo**, perché il nuovo inserimento cambia gli equilibri.

Ci sono cani che sono felici di essere «figli unici» e non hanno affatto il bisogno di condividere quello che hanno con un altro cane; a volte, invece, essere in due per i cani è una situazione ottimale, anche perché è un numero che li rende gestibili fuori casa e che ci permette ancora di portarli con noi in vacanza o a fare una passeggiata.

Se amiamo i cani, può essere molto difficile resistere alla tentazione di adottarne un altro. E poi un altro. E un altro ancora. Oltre un certo numero diventa però molto difficile garantire attenzioni e soddisfare i bisogni di ogni individuo.

La gestione di un gruppo

Mi capita spesso di valutare gruppi familiari e di sentire i proprietari raccontare i problemi di uno dei loro cani, salvo trovarmi a decidere che il cane che ha più bisogno di aiuto è proprio quello che per loro non è causa di preoccupazioni: i cani che ricevono meno attenzione sono spesso i cani meno visibili, quelli che si adattano più facilmente, quelli che hanno meno richieste e apparentemente meno problemi. Garantire una corretta qualità di vita a un gruppo numeroso implica una grande disponibilità di tempo e di spazio e la volontà di dedicare le proprie energie a ogni singolo cane.

Ho valutato gruppi di sei-sette individui e conosco persone che vivono con un numero anche molto più elevato di cani; i cani non vengono sempre tenuti tutti insieme, possono essere divisi in sottogruppi compatibili o tenuti chiusi in box o nei trasportini.

Ho visto 23 cani della stessa razza chiusi in altrettanti trasportini, in casa; è impossibile che i cani gestiti in questo modo, durante una giornata, abbiano la corretta quantità di movimento, stimolazione mentale e contatto sociale. Sei cani chiusi nei trasportini o nei box, fatti uscire individualmente, avranno 10 minuti a testa di libertà: due uscite di 10 minuti al giorno implicano due ore di impegno per il proprietario.

Questa non è vita, per i cani.

Per ogni cane che si aggiunge aumentano le difficoltà a mantenere **un livello ottimale di tutela e di benessere per ogni cane**.

Da tre a cinque cani l'impegno è alto, ma se si hanno tempo e molta disponibilità e se si ha voglia di impegnare una parte della propria giornata e della propria vita per ognuno di loro, la situazione può essere gestibile.

Nella mia esperienza, la vita diventa davvero complicata oltre i cinque cani, perché diventa veramente difficile riuscire ad avere una relazione individuale con ognuno e trovare il tempo per i suoi bisogni. Con un gruppo numeroso diventa inoltre impegnativo organizzare le vacanze, le uscite con o senza cani, cambiare casa, cambiare abitudini di vita e avere una vita sociale.

Un elemento che si tende a sottovalutare è il **costo di mantenimento** di un gruppo di cani; calcolando una spesa minima di 2/3 euro al giorno a cane, cinque cani costeranno da 300 a 450 euro al mese, solo di cibo. A questo si aggiungono il costo degli accessori (cuccia, collare, guinzaglio, pettorina, giocattoli, ciotole) e le spese veterinarie.

parte seconda La vita in famiglia

La vita in famiglia si compone di tante tessere: gli spazi fisici, le relazioni sociali, il mondo esterno, i cambiamenti. Pensiamo alla relazione con il cane come a un blocco granitico, immutabile nel tempo e resistente a qualunque condizione esterna, ma non è così. Una relazione è mutevole, influenzata da ogni esperienza vissuta, da ogni stato emotivo provato nell'arco del giorno, delle settimane e dei mesi.

I cani non sono affatto così semplici e banali, sono creature straordinariamente complesse, stratificate, sensibili; quello che li rende così gestibili è la loro capacità di adattamento, l'essere riusciti a mettere da parte se stessi, per poter vivere con noi. Nessun ambiente naturale è complicato quanto quello umano e per un animale, vivere con noi è difficile, a volte impossibile.

L'aspetto migliore della vita con un cane è che è possibile riscoprire la ***capacità di sentire e comunicare senza barriere****, senza quelle convenzioni e quei paraventi che sono richiesti nelle relazioni umane.*

In tanti criticano la tendenza a antropomorfizzare *i cani e attribuire loro azioni, pensieri e bisogni umani; io vi chiederò di fare l'opposto:* cinomorfizzare *gli umani. Questo significa riscoprire dentro di noi quegli elementi che rendono semplice costruire* ***relazioni trasparenti****, oneste, e trovare insieme l'equilibrio che rende la convivenza con i cani così importante per il nostro benessere.*

5 Lo spazio

Fino a pochi mesi fa non avrei mai pensato di dedicare un intero capitolo allo spazio fisico che ha a disposizione un cane di famiglia, perché ho sempre creduto, come tutti, che non sono certo i metri quadri a dare la felicità.
La mia esperienza, però, si è rivelata diversa quando ho vissuto cinque anni in appartamento con un Lakeland, Rudy. Quando ci siamo trasferiti in campagna, in una casa con prato, è rinato; anche se trascorrevamo ogni giorno due ore al parco, anche se veniva con noi ovunque, e passava da solo davvero poche ore al giorno, per lui avere un grande giardino a disposizione è stato bellissimo. Non sto dicendo che per avere un cane bisogna avere un

I cani sono quasi sempre costretti entro spazi più piccoli di quelli che utilizzerebbero se potessero scegliere. Una gita in libertà è un bellissimo regalo per Fuego.

giardino, o che è lecito lasciare i cani in giardino senza mai farli entrare in casa o portarli fuori per una passeggiata insieme. Sto dicendo che il mio Lakeland, con un giardino, era un cane più felice.
Quello che mi ha fatto cambiare idea sull'importanza dello spazio nella vita dei cani è stato osservare cani liberi di usare uno spazio molto grande durante le classi di socializzazione.
Le classi, nel mio modo di vedere e operare, sono esperienze guidate in cui un gruppo familiare (il cane e le persone e gli altri cani con cui vive) incontra altri gruppi familiari, cani e persone estranee, in uno spazio aperto.
Quando mi sono trasferita nella nuova sede ho voluto costruire un recinto per i nostri incontri dedicati agli sport cinofili e per le valutazioni. Il recinto (40 x 40 metri) è troppo piccolo per organizzare le classi di socializzazione, ma si trova in uno spazio più ampio, due ettari interamente recintati. Ho iniziato così a fare classi fuori dal recinto e ho cominciato a osservare l'uso che i cani fanno dello spazio. Stimavo le distanze, disegnavo traiettorie, vedevo cani restare perimetrali e altri entrare dritti dentro allo spazio più sociale; analizzavo l'effetto delle interazioni sulla scelta di aumentare la distanza, di ridurla, di cambiare le traiettorie; guardavo i cani e osservavo quanto i proprietari fossero consapevoli (di solito non lo erano) degli spazi fisici e sociali durante quelle esperienze.
Insegno ai proprietari a gestire lo spazio durante le interazioni e sono proprio loro che piano piano cominciano a entrare in una dimensione in cui se là c'è un cane (o un umano) che per il loro cane è un problema, la soluzione può essere allontanarsi di 80-100 metri.
Ma se viviamo in città? Ci sono cani il cui unico mondo è quello a guinzaglio, tra strade e palazzi, fino al rettangolo di prato, all'area cani in terra battuta, se mai ci arrivano, cani che non conoscono la libertà e vivono compressi tra asfalto e cemento. Non sempre la vita di un cane di campagna è migliore; spesso, infatti, vengono ancora gestiti con catene, recinti, chiusi nei giardini e nei cortili, dentro ai capannoni a fare la guardia, anche nei pollai. In un agriturismo ho visto un Collie chiuso dentro a un recinto con le galline: «Tiene lontano le volpi» mi ha detto il proprietario, aggiungendo «Se quando lo libero, lui scappa?».
La libertà non è fatta solo di campi e boschi, ma è anche una misura della fiducia che abbiamo nel nostro cane, della paura di perderlo o di perderne il controllo.
L'elemento della fiducia introduce un aspetto importante dello spazio: la componente sociale. La presenza di individui, di odori, di barriere può cambiare del tutto la percezione del cane dello spazio che lo circonda. Il cane può essere influenzato anche dagli stati emotivi di un altro cane o del proprietario, dallo stato fisico o dalla presenza di acqua o di prede.

Ho costruito una mia teoria sull'uso delle barriere come spazi sicuri e ho cominciato a pensare che i cani di famiglia vivono praticamente sempre in spazi molto più ridotti di quelli che userebbero se fossero liberi di scegliere.
So che state pensando che per un cane è più importante vivere vicino al proprietario, che avere un grande giardino a disposizione, ma la condizione ideale, per un cane, è che in quel grande giardino ci sia anche il proprietario: i due elementi non sono mutualmente esclusivi.

5.1 Lo spazio familiare

5.1.1 In casa

Quando arriva un nuovo cucciolo, dobbiamo decidere dove dormirà, dove mangerà la pappa, a quali stanze avrà accesso e a quali no e se potrà salire sul divano e sul letto.
Molto spesso i nostri piani vengono infranti in pochi giorni e tutte le regole e i divieti crollano di fronte a un bisogno primitivo e reciproco: la condivisione.
Molti anni fa sentivo gli addestratori spiegare ai proprietari che il cane non deve salire sul divano e sul letto, che non deve passare per primo dalle porte, non deve mendicare cibo o mangiare prima di noi, non deve avere giocattoli a disposizione, e non deve ottenere attenzione, coccole e bocconi o gioco perché ce li chiede. Io giravo l'Italia come relatore a corsi e seminari e raccontavo che con i miei cani non seguivo nessuna di queste regole.
Ricordo bene un partecipante commentare che io, come esperta di cani, avevo la responsabilità di dare informazioni corrette e che quello che

Brick, Staffordshire Bull Terrier, pronta a lanciarsi dal divano per andare in passeggiata. Non è il mio divano, non è il suo divano, è il nostro divano.

raccontavo sui miei cani era sbagliato e dannoso. Le critiche mi lasciano raramente indifferente: se le critiche sono valide sono un buon elemento per valutarsi da una diversa prospettiva, se sono commenti che non modificano il mio modo di vivere il cane mi costringono comunque ad argomentare meglio le mie scelte.
Perché, in un mondo cinofilo in cui le regole della «dominanza» sembravano oro, io e i miei cani vivevamo nella totale anarchia? Ho cominciato a osservarci e in poco tempo ho avuto una intuizione: **le regole si basano su una relazione di competizione**. Noi e il cane saremmo in costante competizione sulle risorse e chi ne ha il controllo e il possesso vince.
In un qualche momento della mia vita con i cani, le risorse avevano perso valore e aveva iniziato ad averne sempre di più la comunicazione e le basi profonde di una relazione. Non solo non mettevo le mani nella ciotola dei miei cani, non li mettevo seduti prima della pappa, non mangiavano dopo di me ma, addirittura, insegnavo ai cuccioli a sdraiarsi vicino o sopra di me con un gustoso osso da rosicchiare e gli facevo le coccole e i complimenti. Il risultato è, da sempre, che i miei cani non provano alcuna ansia in presenza di risorse, perché io non sono in competizione con di loro; in casa nostra vigeva una legge diversa, la **condivisione**. Quel giorno di una ventina di anni fa ho capito che la risposta alle obiezioni mosse per la mia gestione dei cani era tutta in questo bellissimo concetto: condividere.
Io condivido lo spazio sul divano (a volte anche sul letto), condivido i giocattoli, condivido il cibo e insegno a tutti i miei cani a condividere con me le risorse. Per questo motivo, non troverete in questo libro nessuna di quelle regole, perché inducono una relazione basata sul conflitto, non sull'armonia.

5.1.2
Porte aperte?

Se abbiamo adottato un cucciolo, per me è importante che venga accolto nel cuore della casa.
Nei primi giorni può essere utile limitare i movimenti del cucciolo a una sola stanza quando non ci siamo o durante la notte, per aumentare il suo senso di sicurezza. Se il cucciolo piange quando viene lasciato da solo, possiamo andare a dormire in soggiorno o portarlo a dormire con noi in camera, sul letto o su una cuccia. Un cane abituato a dormire in

La nascita di un bambino corrisponde a un riadattamento degli spazi fisici e sociali del cane. Meglio prepararsi in tempo! Il Border Collie Six ha scoperto che i bambini hanno la piacevole tendenza a far cadere a terra cibo e giocattoli.

Spazio e relazione sociale

I miei cani, con l'eccezione di Brick, non entrano in camera da letto; quando partecipiamo ai seminari e pernottiamo fuori casa, dormiamo tutti nella stessa stanza e in albergo i cani dormono per terra, sulla loro coperta.
Io non utilizzo il trasportino in casa, ma lo uso in macchina e fuori, per riparare i cani dal fresco o dal caldo; ogni regola deve essere applicata al suo giusto contesto.
In soggiorno lascio che i cani dormano sui divani, che proteggo con i copri-divano; sul pavimento e in giardino ho messo anche dei tappeti per cani, perché cerco di evitare che si sdraino sul duro. Ai cani piace la comodità, ma non è solo questione di comfort: poter riposare in un ambiente asciutto e sul morbido aumenta anche la probabilità che non soffrano di problemi fisici o che eventuali problemi non peggiorino (avendo subito tre interventi ortopedici, ho ben chiaro l'effetto di freddo e umidità sulla salute, in pratica sono diventata un barometro vivente: non appena cambia il clima, la schiena o la caviglia lo sanno prima di me!).
Per ovvie ragioni, preferisco che i cani non entrino in cucina, con l'eccezione dei cuccioli.
I cuccioli godono di un periodo di libertà quasi assoluta, il tempo tra «non so chi sono, non so chi sei, non ho idea di come comportarmi» e «sono in grado di capire e accettare regole e barriere». Trovo normale che un cucciolo cerchi di prendere il mio cibo, di seguirmi ovunque, che rosicchi e "rubi" quando viene lasciato solo. Arj, da cucciola, raccoglieva tutto quello che aveva il mio odore e lo portava sulla sua coperta, poi ci si metteva sopra a dormire; sembrava uno di quei draghi delle favole, sdraiato sopra il tuo tesoro.
Molti proprietari non se ne rendono conto, ma rubare i nostri oggetti è un modo di dimostrare quanto ci tengono a noi, quanto sentono la nostra mancanza e quanto cerchino di recuperare sicurezza attraverso il nostro odore.
Anche rosicchiare è del tutto normale: in una condizione di stress, rosicchiare, masticare e distruggere sono tra le strategie più comuni e naturali per sentirsi meglio.

camera da letto o in soggiorno può comunque abituarsi in seguito a dormire in una stanza differente. Se adottiamo un cane adulto può essere utile, per i primi tempi, limitare i suoi movimenti a una sola stanza e cercare di tenerlo lontano dalla porta di ingresso, finché non si sente al sicuro in casa. La porta di ingresso è infatti una barriera fragile e viene costantemente tradita, facendo entrare persone che possono apparire minacciose al cane. Se il cane si sente vulnerabile, può diventare eccessivamente reattivo ai rumori oltre la porta, al campanello, all'entrata di estranei. Quali stanze lasciare a disposizione, dipende ovviamente dal cane e dalla nostra conoscenza del cane.
I cani possono cambiare il proprio comportamento come noi: esistono soltanto individui più adattabili e altri più in difficoltà.

5.1.3 Il divano e il letto

Il divano e il letto sono due spazi intensamente sociali, sono «il nostro posto». Il cane può salirci sopra perché è morbido, perché ha il nostro odore, per stare vicino a noi.
Un cane può diventare aggressivo perché sale sul divano o sul letto? La risposta è no; impedire al cane di salirci può essere una scelta personale, così come concedere al cane di dormire tra i cuscini, **ma se c'è un problema, impedire di salire elimina il contesto in cui emerge il conflitto, non il conflitto.** È come se io vi dicessi «Ho male alla caviglia se cammino» e la risposta fosse «Non camminare».
La domanda è: perché un cane dovrebbe dimostrare aggressività quando è sul letto o sul divano? Gli elementi sono due: lo spazio confortevole e privilegiato e la relazione sociale.
Un cane può dormire per 15 anni sul divano senza mai minacciare nessuno e i divani di certo non rendono i cani aggressivi (a volte gli umani). Se un

Io ho due divani: su uno dormono Arj e Puma, l'altro avrebbe dovuto essere il mio divano condiviso con Brick. Da quando Kandji è arrivato, per ragioni di spazio, dorme lui sul «mio» divano. La divisione non è gerarchica; Puma e Arj hanno un loro spazio per semplici motivi di pulizia.
Una sera, chiedo a Kandji se vuole salire sul divano; lui non sale, ma Arj coglie l'invito al balzo e viene a sdraiarsi vicino a me. Puma si avvicina e Arj le ringhia. Chiedo ad Arj di scendere e tutte e due le cagne vengono spedite sul «loro» divano.
«Vai sul divano!» a casa nostra equivale un po' a una punizione, per quanto possa sembrare strano.
Arj e Puma sono in competizione da sempre. Non è il divano che ha fatto ringhiare Arj, ma la relazione con Puma.

A molti cani piace stare in alto. È un modo per avere un contatto visivo e sociale più diretto (il nostro viso è molto più in alto del loro muso) e per avere un maggiore controllo su quello che succede. Luna reclama attenzioni.

cane esibisce aggressività sul divano, il problema esiste anche giù dal divano.

Fate salire il vostro cane sul divano e sul letto, se sono spazi che volete condividere. Se il cane manifesta un comportamento anomalo, chiedete aiuto per capire qual è la causa del problema e affrontate la causa invece di limitarvi a evitare il contesto in cui si manifestano i sintomi.

5.1.4 Accettare o respingere

I cani hanno una loro opinione sullo spazio familiare e su chi può occuparlo. Fare la guardia non è difendere un territorio, ma difendere una relazione ed è impedire a un potenziale pericolo di entrare dentro allo spazio sociale. Un cane deve difendersi solo se chi entra è considerato un pericolo.

Lo spazio assume importanza solo in virtù del legame che unisce i componenti del gruppo familiare.

Arj è una femmina di Pastore Tedesco aggressiva e insicura, 35 kg di cane nero e potenzialmente pericoloso. La sua capacità di accettare gli estranei è migliorata facendo insieme a lei attività che la fanno stare bene e grazie al senso di sicurezza che prova a casa. Al contrario di quanto succede nella maggior parte delle famiglie cinofile, quando è a casa Arj è molto più tollerante, addirittura socievole: gli ospiti possono entrare, possono muoversi liberamente, sedersi sul «suo» divano, toccarla e giocare con lei.

Ad Arj il senso di sicurezza è stato gradualmente trasmesso da me e dai cani che già vivevano in famiglia e si è dapprima rafforzato nello spazio domestico, per poi estendersi gradualmente anche al giardino e infine agli ospiti.

Il senso di sicurezza è un aspetto che trovo fondamentale nello sviluppo di un cucciolo o nell'adattamento di un cane a una nuova famiglia.

Un cane si può sentire al sicuro solo se le persone di famiglia non lo minacciano e lo aggrediscono con l'intenzione di educarlo, di correggerlo, di punirlo per comportamenti sgraditi, di sottometterlo.

Se la relazione è sicura, è sicuro anche lo spazio.

Nei primi mesi, quando arrivavano degli estranei, chiudevo Arj in casa o la lasciavo in giardino o in un recinto. Non volevo che si spaventasse che reagisse con paura e aggressività.

Se era libera in presenza di ospiti, le persone erano istruite a non cercare un contatto con lei, non potevano chiamarla o toccarla. Seguendo queste precauzioni, non ha mai aggredito nessuno, in casa; ha minacciato un paio di mie amiche ma non ha subito alcuna conseguenza.

Un giorno la mia amica Liviana si è seduta sul divano vicino ad Arj, che le ha chiesto di essere accarezzata; Liviana lo ha fatto e Arj si è dapprima rilassata, per poi irrigidirsi e fissare Liviana negli occhi, probabilmente perché vicino a loro c'era un giocattolo. Liviana è rimasta calma, si è fermata e si è spostata: nessun dramma.

Un altro episodio che mi ha rivelato i segni del cambiamento nella capacità di Arj di sopportare gli estranei è successo quando aveva 2 anni. Alcuni alberi posti lungo la recinzione del giardino erano morti e alcuni operai erano venuti a tagliarli; io avevo chiuso i cani in due box dietro a casa. Quando ho sentito abbaiare, ho pensato fosse perché gli operai stavano passando vicino ai box, ma l'abbaio però era più acuto, da frustrazione.

La giovane Maltese cerca di tenere Brick fuori dallo spazio sociale della propria famiglia. Brick impone la propria presenza, mantenendo però una postura laterale. Quando Brick si allontana, la Maltese cerca conferma del legame che la unisce ai proprietari.

Sono uscita e ho raggiunto gli operai; Arj era lì, in mezzo a quattro uomini sconosciuti. Ho chiesto loro perché le avessero aperto e da quanto tempo fosse lì con loro. Gli operai mi hanno risposto che Arj era uscita dal box da sola, arrampicandosi, ed era rimasta a giocare con loro per una buona mezz'ora.

Due ragioni, dunque, avevano spinto Arj all'interazione: il **senso di sicurezza** e il **benessere** legato al gioco, due elementi chiave del mio lavoro per i cani.

Oggi Arj accetta le persone sconosciute in casa, perché il patto tra di noi è che se io faccio entrare qualcuno non è un pericolo per lei e per noi. Si fida di me e, da bravo Pastore Tedesco, continua a fare la guardia e ad abbaiare contro chi passa sulla strada.

Fare la guardia è un modo normale e naturale per comunicare agli estranei che lo spazio è occupato da una famiglia e che quella famiglia è unita nel respingere gli intrusi.

Nelle relazioni con i vicini l'abbaio da guardia è sempre più spesso un problema, anche se per secoli è stato un comportamento gradito e persino ricercato nei cani, perché i cani hanno una capacità raffinata di percepire una presenza e possono agire sia da allarme sia da deterrenza. L'intensità dell'abbaio è più alta in certe razze, come i volpini e i cani di piccola taglia usati per attivare i guardiani, nei cani insicuri o lasciati per ore da soli in giardino e privi quindi di una adeguata stimolazione. Molti cani chiusi nei giardini hanno ben poco da vivere, oltre a fare la guardia o dare la caccia ai piccoli animali che capitano dentro alla recinzione.

5.2 Lo spazio sociale

Nei primi anni 2000 sono ad Arezzo per un seminario sulla comunicazione sociale dei cani; stiamo osservando due femmine di Australian Shepherd in un grande campo recintato e il mio compito è quello di analizzare il comportamento dei cani e di raccontarlo al pubblico.

Una delle due cagne cammina lungo il perimetro del campo, senza mai occupare lo spazio centrale, mentre l'altra è sdraiata sopra la proprietaria.

Credo sia stato in quel periodo che ho cominciato

a memorizzare le **traiettorie dei cani**, disegnando mappe nella mia mente. Di sicuro, è stato il momento in cui mi sono resa conto del significato di quel rimanere sul perimetro.
Alcuni cani hanno una personalità più forte, sono più competitivi, più aggressivi e tendono letteralmente a schiacciare ai margini gli altri cani di famiglia; la loro personalità potrebbe essere paragonata a una macchia di olio che si allarga a terra. Quelle due femmine non manifestavano apertamente un conflitto, non si minacciavano, non litigavano, non esprimevano un disagio evidente: una delle due aveva occupato lo spazio centrale e l'altra era stata spinta ai margini. La dinamica nella loro relazione si rifletteva nell'uso dello spazio fisico.
Da allora non ho mai smesso di osservare l'interazione tra le relazioni sociali e l'uso dello spazio, quale cane occupa uno spazio più centrale e quale è tagliato fuori.
La dinamica tra relazioni sociali e spazio può coinvolgere anche le persone di famiglia: un esempio abbastanza frequente è rappresentato dal cane che dorme sul letto in una posizione centrale.
Ai cani piace essere nel cuore dello spazio sociale: vicino alle persone e ai cani a cui sono più legati e negli spazi della casa più centrali, come il soggiorno e il divano, la camera da letto, la cucina. È il segno di quanto il cane sia intimamente connesso con la famiglia di adozione.
I problemi nascono solo da eventuali conflitti, dalla competizione e dall'assenza di comunicazione.
Proprio perché lo spazio sociale è così importante, è necessario imparare a riconoscerlo e a fare in modo che il cane, in questo spazio, si senta al sicuro, accettato e accolto.

5.3 Il giardino

Il giardino può essere uno spazio gradevole per il cane ma può anche rappresentare una condizione di isolamento sociale, perché se noi siamo in casa e il cane è fuori, magari da solo, tenderà a sentirsi escluso. Passare tutto il tempo da soli in giardino, privati di contatto sociale e di stimolazioni alternative, può causare danni anche gravi da un punto di vista del comportamento.
D'altra parte, esistono sono cani che, per natura o per motivazione propria, prediligono stare fuori: quelli che soffrono il caldo preferiscono le fredde notti invernali al caldo dei termosifoni; i cani da guardia del gregge spesso scelgono di restare in giardino per controllare meglio il territorio dall'incursione di intrusi. Inoltre, in giardino ci sono prede da cacciare, buche da scavare e passanti da minacciare.

Il Bovaro del Bernese si è avvicinato a un gruppo familiare, e viene fermato da uno dei due cani, che assume una postura frontale, e dichiara in modo non aggressivo qual'è il confine che non può essere superato.

Le dimensioni non sono l'unico elemento importante: un grande giardino può essere uno spazio vuoto, se non c'è niente di interessante per il cane. Giocattoli, una piscina anche piccola, compagnia, piante, dossi e avvallamenti: cani e bambini condividono le stesse idee su cosa è uno spazio vuoto e cos'è invece uno spazio stimolante e divertente.

Fare la guardia sembra un'attività normale e utile ma può diventare l'unica distrazione in una vita priva di attività piacevoli e di compagnia; mi è capitato di osservare cani le cui uniche attività erano dare la caccia agli insetti o alle lucertole, o fare la guardia lungo una recinzione. In questi casi non è il cane ad avere un comportamento patologico, ma è l'ambiente in cui vive ad essere inadeguato.

5.3.1 Come si abitua un cane a restare in giardino

Il giardino può essere una risorsa preziosa o uno spazio «vuoto» in cui al cane non rimane molto da fare se non la guardia o cacciare qualunque cosa somigli a una preda.

Per trasformarlo in una risorsa, è importante

Un giorno mi chiedono di valutare alcuni cani in un canile e, non volendo lasciare Brick da sola a casa tutto il giorno, la porto con me.
Poiché il canile è in aperta campagna, prima di iniziare io e Brick andiamo a fare una passeggiata. Mentre camminiamo lungo il torrente la osservo: corre alla ricerca di piccole prede, caccia le lucertole, i topi di campagna e le bisce.
Nell'attraversare il prato, invece, non sembra interessata a niente; se osservo la campagna intorno a noi con i suoi occhi, in effetti, mi rendo conto che la riva del ruscello e il bosco sono pieni di cose interessanti, mentre il campo è vuoto.
Tornate in canile, copro Brick con una coperta e inizio la valutazione di alcuni cani in un bel recinto, usato come area di sgambamento.
Guardo quel prato con gli stessi occhi di Brick e guardo i cani del canile: vanno verso la riva del torrente, urinano e defecano, poi chiedono di tornare in box, alcuni vengono verso il piccolo gruppo di umani in campo, o verso il volontario a cui sono più legati, ma nessuno va mai nel prato. La riva boscosa li attira per gli odori delle marcature, il gruppo di persone li attira o li respinge, il prato è un vuoto.
Chiedo ai responsabili del canile di usare dei copertoni, o altri attrezzi adeguati, per creare dei punti di interesse e, per aumentare l'interesse dei cani verso gli oggetti, nascondiamo del cibo: alcuni cani passano da pochi minuti a 15-20 minuti di attività nel prato.
Tornata a casa, ho osservato il mio prato: non c'è un torrente, ma una strada che passa su un lato del giardino; c'è un fico, che d'estate è una importante fonte di ombra; c'è anche una piccola piscina, che in estate è sempre piena di acqua; c'è una catasta di legna da ardere, ma a me piace lasciarla lì così, per gli insetti, gli uccelli e i rettili (Brick ogni tanto la usa per cacciare le lucertole e i ramarri); ci sono giocattoli, pezzi di legno, buche che paiono trincee.
Non fosse che andiamo a fare passeggiate nel bosco e tuffi al centro cinofilo quasi ogni giorno, penso che aggiungerei qualcosa in più, per rendere il nostro prato un posto «pieno».

che per il cane il giardino rappresenti uno spazio sicuro e piacevole. Molti cani abituati a vivere in casa si appiccicano alla porta di ingresso non appena vengono lasciati in giardino; il problema non è il giardino in sé, ma quanto per il cane anche quello spazio sia parte integrante del suo territorio familiare o non rappresenti piuttosto una condizione di isolamento sociale.

La strategia più comune per abituare un cane a restare in giardino è chiudere la porta e lasciare che si rassegni. I cani, come gli umani, sono creature molto adattabili e, se privati di un'alternativa, vivranno anche in condizioni del tutto inadeguate.

Esiste un modo migliore per abituare il cane a restare in giardino? Le parole d'ordine sono due: **sicurezza e socialità**.

Per il cucciolo il primo elemento di sicurezza è l'attaccamento a una figura sociale adulta che lo faccia sentire protetto, un umano o un altro cane; questo senso di sicurezza si può trasferire a uno spazio: «sono sicuro con te, sono sicuro nello spazio in cui io e te viviamo».

Per aiutare un cane a sentirsi a casa anche in giardino, la strategia migliore è quella di condividere anche questo spazio, come se il giardino fosse un'altra stanza della casa.

Dobbiamo vivere il giardino insieme al cane ed evitare che venga associato a una condizione di isolamento: possiamo rimanere in giardino con il nostro cane anche per un tempo limitato e divertirci con lui, in modo che impari ad associare il giardino a emozioni positive.

Possiamo anche rendere il giardino un posto positivo in nostra assenza, con spazi al fresco in estate e ben protetti per le giornate più fredde e piovose, dando al cane qualcosa da rosicchiare, nascondendo cibo e giocando a cercarlo insieme. Se ne abbiamo la possibilità, l'ideale è lasciare che il cucciolo entri ed esca da casa quando lo desidera, finché non lo vediamo restare fuori da solo senza stress anche se la porta è chiusa o se c'è una barriera che gli impedisce di rientrare. Nella mia esperienza, molto dipende dalla personalità del cucciolo: un individuo più confidente e indipendente può vivere il giardino con sicurezza già a 2 mesi, un soggetto più insicuro può richiedere 2-3 mesi prima di sopportare una barriera che ci divide senza subire uno stress che lo porta a guaire, abbaiare e graffiare la porta per rientrare.

Se il giardino confina con una proprietà in cui ci sono cani o persone che possono spaventarlo e farlo reagire, o una strada trafficata, si possono usare reti ombreggianti per creare una barriera visiva.

Uno dei problemi più frequenti è la tendenza (piuttosto naturale), dei cani ad abbaiare per guardia.

La sicurezza è un elemento fondamentale: la recinzione deve essere alta, con una rete robusta, e maglie abbastanza piccole da evitare che il cane possa infilare la testa.

5.3.2 Un cane può vivere in giardino?

Le domande sono due: un cane può vivere in giardino senza entrare in casa? Un cane può vivere in giardino senza mai uscirne? La risposta, se guardiamo alla realtà, è sì in entrambi i casi.

Ci sono cani che vivono in giardino senza mai varcare la soglia di casa e ci sono cani che vivono per tutta la vita in un cortile o in un giardino senza mai neppure indossare un guinzaglio.

Questo accade soprattutto se il proprietario delega al giardino la gestione del cane: in questo modo non c'è bisogno di portarlo fuori per sporcare, non c'è bisogno di lavorare per il richiamo e per la gestione al guinzaglio, non deve essere abituato ad ambienti e incontri con estranei.

Un paio di anni fa mi hanno chiesto di valutare un maschio di Pastore Tedesco che ha aggredito seriamente diverse persone; prima ancora di vedere il cane, al telefono, ho chiesto quali fossero le condizioni di salute del cane e ho consigliato di portare il cane a una visita di controllo. Il proprietario mi ha detto che il cane aveva una otite non curata e che nei quattro anni precedenti non era mai stato visitato da un veterinario. Il cane, che non aveva un collare e non era mai stato legato a un guinzaglio, viveva in un cortile e non veniva visitato dal veterinario perché inavvicinabile e non trasportabile in auto.
Per me la condizione ideale è che il cane possa stare in giardino di giorno e dormire in casa di notte. Dormire in casa è una condizione legata alla sicurezza del cane, al suo bisogno di condividere il riposo con il gruppo sociale e di poter avere accesso al cuore dello spazio familiare. Il cane, se in grado di farlo, deve avere la possibilità di uscire dal giardino e vivere una vita stimolante e attiva. Per un cane di campagna può essere difficile uscire dal giardino e andare a fare una passeggiata al centro commerciale, ma si può comunque andare a fare una gita in campagna, al torrente o al lago e condividere una giornata fuori dal recinto di casa. La cinofilia oggi offre un ventaglio incredibilmente ampio di attività che si possono condividere con il proprio cane, per chi si appassiona a questo mondo.

5.4 Il recinto, gli «Inadottabili»

Se avete in mano questo libro, è probabile che la vostra idea di cane sia la stessa che ho io: un componente della famiglia, qualcuno che vive insieme a noi senza barriere.
La responsabile di un canile una volta mi ha chiesto: «Pensi che per un cane problematico sia meglio vivere con una famiglia anche se per essere gestito è necessario usare un recinto, per motivi di sicurezza?». Da questa domanda, e dall'esperienza di valutazione dei cani in canile, è nata l'idea del progetto «Inadottabili», cioè quei cani che sono considerati pericolosi o ingestibili e che non possono quindi essere inseriti in una famiglia e in un contesto sociale senza precauzioni e condizioni specifiche nella gestione.
I due estremi sono i **cani fobici**, che hanno paura delle persone, dei rumori e degli ambienti sconosciuti, e che possono avere reazioni di fuga talmente intense da essere incontrollabili, e i **cani con un passato di aggressioni** a persone e cani, che possono rappresentare un pericolo per chi li adotta o nella gestione quotidiana.
Perché qualcuno dovrebbe adottare un cane pericoloso? Non sono in molti a osare, ma c'è chi riesce a conquistare la fiducia di questi cani e a guardare oltre l'aspetto e il comportamento minaccioso.

Un giardino non è una scusa per non portare mai il cane insieme a noi per una passeggiata. Arj e Kandji sfruttano il tetto della casetta per guardare cosa succede in casa.

Il recinto

Nel caso degli «Inadottabili», e in generale verso cani che possono essere pericolosi, un **recinto** può rappresentare l'unica possibilità di gestire il cane in sicurezza. Il problema dei recinti, spazi fuori dal mondo, non è tanto lo spazio disponibile quanto l'**isolamento sociale**.
Il cane è sicuro, è al sicuro, ma allo stesso tempo è in isolamento per gran parte della sua vita.
Gestire un cane in recinto implica una forte volontà di dare al cane un tempo e uno spazio per vivere al di fuori di quella griglia metallica, avere una relazione sociale, fare attività che lo impegnano fisicamente e mentalmente.
Se il cane è realmente pericoloso, la responsabilità della gestione ricade spesso su una sola persona o su poche persone e questo implica un impegno ancora più gravoso.
Esiste la possibilità di ricorrere ad alcune strategie per rendere il cane gestibile da altri in nostra assenza, ma è importante discutere di questi aspetti con chi ha una competenza specifica. In canile ci sono persone con una grande esperienza di gestione di cani problematici, e possiamo farci aiutare per capire come risolvere i problemi prima di ritrovarci in una situazione di emergenza.

A volte certe reazioni non sono visibili in canile, o vengono sottovalutate, e diventano evidenti solo dopo l'adozione. Ho conosciuto cani che hanno avuto una reazione amichevole e sociale verso il futuro adottante, salvo dimostrare la propria belligeranza non appena varcato il cancello del canile. Ricordo una femmina di Pastore Tedesco tutta nera, Ellie, che si è dimostrata tollerante verso il cane del potenziale adottante, l'unico cane che non ha cercato di aggredire.
Ho seguito Lara, una meticcia di Cane Corso x Dobermann di 35 kg, che è stata socievole verso l'adottante dal primo istante. Quando l'ho incontrata la prima volta, stavo mangiando un pezzo di cocco; la cagna aveva addosso un collare, una pettorina, due guinzagli e una museruola. Mentre salutavo la proprietaria, mi è caduto il pezzo di cocco, mi sono abbassata per raccoglierlo e, in un attimo, la cagna è saltata verso la mia faccia con un ruggito. In seguito, ho scoperto che Lara è stata amichevole verso l'adottante quel giorno in canile, e poi mai più.

5.5 Il guinzaglio, uno spazio sicuro

Da bambina vivevo in campagna, ero libera di uscire di casa e vagare nei dintorni e mi ero costruita una specie di territorio familiare, che aveva come confini due cascine ai lati di casa nostra e il torrente Grana. Quello era il mio regno e raramente osavo avventurarmi oltre.
Alle elementari a volte andavo a scuola a piedi; era

Rambo era un cane potenzialmente pericoloso, è stato adottato in canile, e grazie a Paolo ha potuto avere una famiglia. Paolo non ha rinunciato a Rambo neppure quando il Rottweiler ha reagito con aggressività in modo improvviso e imprevisto.

Il cucciolo di Border Collie, Cookie, si avvicina con un atteggiamento insicuro al Pinscher. Questa invasione dello spazio sociale potrebbe portare il Pinscher non solo a reagire, ma a perdere sicurezza e fiducia nel proprietario.

a due chilometri di distanza (a me sembravano 20) e un pezzo della strada era oltre gli spazi a me familiari. Per me, era come avventurarsi in luoghi sconosciuti e forse pericolosi.
Eppure quello non era certo tutto il mio mondo; seguivo i miei genitori in vacanza, nelle nostre escursioni domenicali, a volte accompagnavo mio padre, veterinario, nelle sue visite. Ma in quei casi la sensazione era diversa perché, anche se mi trovavo in luoghi mai visti prima, non ero persa nel mondo e mi sentivo sicura.
Le relazioni hanno il potere di farci sentire bene, a casa, ovunque siamo.
Di tutti gli animali domestici, i cani sono gli unici che hanno la naturale tendenza a seguirci, senza dover essere legati e costretti a farlo; per i cani, la relazione con una famiglia umana è più importante del territorio. Per questo motivo, il mondo esterno non è quello che c'è fuori dai confini dello spazio familiare, ma è quello che sta fuori dalla relazione con il proprietario.
Il mondo può essere un posto pericoloso; il nostro cane può rappresentare un problema per gli altri o può non essere in grado di gestire autonomamente certi stimoli e rischiare di “esplodere” emotivamente. Per tutti questi motivi, nel mondo esterno i cani vengono gestiti al guinzaglio, il peggior incubo dei cani.

6 Un guinzaglio per due

6.1 La camminata consapevole

Quando ho deciso di buttare il collare a strangolo ho iniziato a cercare un'alternativa per insegnare ai cani a camminare al guinzaglio e ho cominciato usando il cibo, per guidare il cane a restare vicino ai proprietari, a dar loro attenzione e a seguirli. Per molti motivi è stato un fallimento; se il cibo può funzionare con cani con una motivazione molto elevata, è anche vero che il cane più famelico può tirare al guinzaglio se è spaventato o se c'è qualcosa di più appetibile rispetto al bocconcino offerto dal proprietario.

Alla fine, usando il cibo, siamo noi stessi a introdurre come condizione un accordo commerciale: ti pago per rimanere vicino a me e tu puoi sempre decidere che la paga è inadeguata. È una dichiarazione implicita che il proprietario è irrilevante e che l'unico motivo che un cane ha di stare con noi è quello di ottenere cibo.

Il concetto è completamente sbagliato, perché il proprietario è la cosa più importante che un cane possa avere, non per un qualche ruolo gerarchico ma semplicemente perché è la sua famiglia.

I cani sono fortemente legati alla loro famiglia e non a caso sono gli unici animali capaci di seguirci da liberi ovunque noi andiamo.

La vita di città può mettere a dura prova i cani. La Rottweiler rescue Dora è allarmata ma non reagisce ai segnali di minaccia dei due cani di destra. Questione di personalità, esperienza e fiducia verso chi ha il guinzaglio in mano...

Noi siamo importanti, ma a volte siamo noi stessi a non crederci, a non darci un valore e a non sapere come usare questo legame per aiutare il cane a restare con noi.
Le persone si impegnano molto di più quando il cane è libero e delegano tutto a quel pezzo di corda quando il cane è al guinzaglio; tendono a ricordarsi del cane solo quando il cane è un problema. A quel punto, non volendo usare metodi violenti, scelgono di usare il cibo.
Ed è quello che ho fatto io, più di vent'anni fa, con miei allievi, anche se poi non lo facevo per gestire i miei cani al guinzaglio. Per questo, oltre alla scarsa efficacia del cibo nei momenti di reale necessità, ho iniziato a cercare altri metodi.
Leggendo in Internet i forum di educatori non coercitivi, ho scoperto due procedimenti: essere un albero e le *penalty yards*.

- **Essere un albero**. Ogni volta che il cane tira, ci si ferma; il procedimento si basa sull'idea «Non puoi andare avanti se tiri, se non tiri ci andiamo insieme».
  Questo procedimento non funziona, perché è incoerente e frustrante. Il corpo della persona trasmette al cane l'impulso ad andare in una certa direzione; il cane si adegua a questa informazione e procede. Nel momento in cui tira andando in quella direzione, il proprietario si ferma e di conseguenza anche il cane («Ok, hai cambiato idea, non andiamo in quella direzione, allora mi fermo anch'io (non posso fare altrimenti, finché sono legato a te dal guinzaglio)». Poi il proprietario riparte, mantenendo la stessa traiettoria e dando quindi al cane informazioni discordanti.
- **Penalty yards.** Il proprietario non solo si ferma ma arretra di diversi metri, per poi ripartire. In genere si mette a terra del cibo, si cammina verso il cibo e se il cane tira si torna indietro al punto di partenza: una versione un po' sadica di «Uno-due-tre… stella».
  I cani smettono di tirare in quel momento per rinuncia forzata, per disperazione o evitamento. In quel momento state dicendo al cane «Tutto quello che tu vuoi è raggiungere quella ciotola di cibo e io te lo concedo se non tiri e ti allontano da quello che vuoi se tiri al guinzaglio». Anche se può suonare logico, il problema è che noi diamo per scontato che quella ciotola di cibo sia più importante della relazione con noi e che il cane capisca il concetto che c'è alla base delle nostre azioni.

Tirare al guinzaglio esiste solo nella nostra immaginazione, perché nella realtà del cane esistono emozioni e motivazioni, esiste il guinzaglio come barriera, come relazione in cui usiamo questo strumento per aumentare i problemi del cane o per aiutarlo a risolverli.
Il guinzaglio usato per trascinare il cane indietro dice al cane che lo stiamo trattando come un sacco di patate, che stiamo usando la forza fisica per avere controllo.
Perché il cane, dunque, non dovrebbe fare lo stesso con noi?
I cani hanno come riferimento il nostro stile di relazione e se questa è basata sulla forza fisica non incentiva certo l'empatia e l'ascolto o la collaborazione.
Dato che si tratta di tecniche poco efficaci, la tentazione è quella di aumentare la pressione esercitata sul cane: usare il cibo se il cane è affamato, in modo da aumentare la sua efficacia, o dare colpetti di avvertimento col guinzaglio. Questi non sono metodi gentili. Negli ultimi anni, inoltre, si sono diffusi collari a cavezza e pettorine con aggancio anteriore che risolvono il problema forzando il cane a accettare un maggiore controllo fisico. In questo caso, tutto viene delegato allo strumento, azzerando invece l'impegno mentale, emotivo e sociale.

Quando ho deciso di insegnare ai cani a camminare al guinzaglio, ho dedicato due anni a osservarli, cercando di capire come si comporta i cani al guinzaglio, perché tirano, mordono il guinzaglio o si fermano ogni pochi metri per annusare e marcare.
Ho cercato poi di capire come si comportano i proprietari, perché i proprietari tirano i cani, li strattonano, li trattano come sacchi di patate, li ignorano, li portano verso qualcosa che per il cane è un pericolo. Due anni che mi hanno portata a sviluppare un insieme di esperienze che aiutano il cane e il proprietario a comunicare, a sentirsi al sicuro, il cane a fidarsi e affidarsi, il proprietario, a essere la soluzione a un problema, e non un altro problema.
Gli elementi rilevanti, per me, sono la comunicazione e lo stato emotivo del cane, la comunicazione e la consapevolezza del proprietario.

La pettorina deve essere scelta con molta attenzione, preferendo i modelli a Y e quelli a H, che permettono al cane di muoversi più liberamente. La Pit Bull indossa una pettorina a Y, la cucciola di Pastore Tedesco un collare a nastro.

6.2 Collare o pettorina

Esistono strumenti di ogni tipo; una prima categoria è rappresentata da collari che servono a inibire il cane, a punte e a strangolo.

Il **collare a punte** è formato da maglie metalliche con punte che si conficcano nel collo del cane; nella versione più violenta le punte vengono limate per renderle più aguzze.

L'obiettivo è causare dolore.

Il **collare a strangolo** è una catenella di metallo con due anelli alle estremità. Esistono collari a strangolo anche di corda e guinzagli con un cappio finale che si stringe sul collo del cane se il guinzaglio viene tirato. Lo strattone è un colpo secco dato con il guinzaglio, che ha come effetto una chiusura rapida del collare a strangolo e una botta sul collo. Per valutare l'impatto che uno strattone può avere sul cane, chiedete a qualcuno di tenere la maniglia, giratevi di schiena e tenete il moschettone in mano, vicino alla vostra gola; la persona deve prima allentare la tensione e quindi strappare indietro. Anche uno strattone di pochi centimetri può farvi perdere l'equilibrio.

Strattonare è un elemento di forte stress anche se il guinzaglio è legato a un collare a nastro o a una pettorina; nel caso del collare a strangolo, lo strattone è associato anche alla chiusura della catena sul collo. Strattoni e soffocamento possono non causare evidenti danni fisici ma hanno comunque un forte impatto emotivo sul cane: «Il bisogno urgente di aria, ovvero l'affanno respiratorio, è un esempio eclatante di sensazione impellente accompagnata da un'intenzione compulsiva: quella appunto di inspirare aria, una sensazione così violenta da far sentire una persona sul punto di morire»[1].

L'aspetto rilevante, oltre a fare del male, è anche avere il potere di farlo; il cane è consapevole di ciò che può causare un collare a strangolo ed è sufficiente senta l'aumento della pressione del collare sulla trachea per provare panico e paura (emozioni che diventano più violente se il collare viene spostato sulla parte alta del collo, dove le vie respiratorie sono meno protette da muscoli e pelo).

È lo strumento in sé a generare ansia, paura, inibizione e fuga, non tanto come lo usiamo; qualunque strumento di contenimento può causare stress se viene utilizzato per controllare il cane

[1] Derek Denton, *Le emozioni primordiali*, Bollati Boringhieri 2009.

La pettorina ad H permette un buon movimento delle zampe anteriori ed è difficile che il cane riesca a sfilarsela, può essere quindi una buona scelta con cani che possono avere improvvise reazioni di paura o aver imparato a divincolarsi per fuggire.

e, soprattutto, se non viene associato a uno spazio e a una relazione sicura. Nel caso del collare a strangolo, però, si aggiunge la paura di non poter respirare, una sensazione molto violenta.
L'alternativa a questi strumenti sono i collari a nastro e le pettorine.
Il **collare a nastro** può essere un unico anello da infilare o avere una fibbia o una clip di plastica o di metallo. Con cani di taglia medio-grande è meglio verificare che la chiusura non sia a rischio rottura. Il collare dovrebbe essere proporzionato alla taglia del cane, meglio un collare leggermente più alto di uno fine, che rischia di avere un effetto simile a un collare a strangolo. In alcune razze, in particolare nei levrieri, si usano collari molto alti perché il diametro del collo può essere più ampio del cranio e il cane rischia di perdere il collare abbassando la testa.
Se il cane si spaventa e cerca di liberarsi, la tecnica migliore consiste nell'avvicinare la mano al moschettone e tenere la mano bassa, sotto il mento del cane: in questo modo non può fare leva e sfilarselo.
Le **pettorine** sono sempre più diffuse ed esistono in diversi modelli. Il primo elemento a cui fare attenzione è che non sia troppo stretta sul corpo e che la fettuccia sul corpo non passi dietro ai gomiti, causando fastidio nel movimento. Le pettorine anti-fuga sono usate spesso con cani adottati da adulti in canile o dai rescue, che nel primo periodo di ambientazione possono sorprendere gli adottanti con reazioni di paura. Alcune pettorine sono più pesanti e coprenti e possono essere gradite ai cani, che le vivono proprio come una specie di corazza protettiva.
La scelta tra collare fisso e pettorina dipende dall'abitudine del cane, dal suo stile di vita e dai suoi gusti. Alcuni cani non sopportano di essere imbragati con una pettorina, altri esibiscono un comportamento più rilassato e sereno in passeggiata se indossano la pettorina e non il collare. Io uso sia la pettorina, soprattutto in situazioni specifiche nell'addestramento, sia il collare, che ha il vantaggio di essere meno ingombrante per il cane quando viene lasciato libero.
In casa e in giardino il cane può indossare soltanto il collare antiparassitario.

6.3 Il guinzaglio

Il guinzaglio non è una linea che unisce la nostra mano al cane, ma è lo spazio che il cane può occupare e che corrisponde alla lunghezza stessa del guinzaglio. Lo spazio è tanto più ampio quanto più

è lungo il guinzaglio e tanto più ridotto se il guinzaglio è corto; per questo motivo è nata l'idea di usare dei guinzagli lunghi due-tre metri per dare più libertà al cane.
La nuova regola sembra essere pettorina + guinzaglio di almeno due metri, anche se provo un senso di disagio verso questa tendenza: **un cane legato al guinzaglio non è libero e non lo è neppure con un guinzaglio molto lungo**, perché il suo spazio è comunque limitato da quella corda, che non ha un valore per forza negativo in quanto unisce me e il mio cane, non diversamente da due persone che si tengono per mano.
Il cane non sceglie di stare al guinzaglio e molti cani ne farebbero a meno: ma come posso convincere il cane che stare al guinzaglio non è così male, se io per prima lo vivo in modo negativo?
Cerchiamo di vedere i lati positivi e di capire come impostare la gestione del guinzaglio per rendere questa esperienza piacevole; per farlo, vi racconterò la storia dei cani che «tagliano» altri cani dai proprietari.

6.3.1 Lo spazio sociale

Quando ho cominciato a organizzare le classi di socializzazione, nel 2006, l'idea era quella di dare ai cani la possibilità di incontrare altri cani; in queste occasioni, l'attenzione era focalizzata sulle interazioni tra i cani, mentre i proprietari erano poco più che spettatori.
Nel 2009 ho deciso di rivoluzionare tutta la mia prospettiva in questa attività e ho cominciato a dare ai proprietari molta più importanza e a pensare a un unico flusso di comunicazione e di relazioni, che comprendesse tutti i cani e tutte le persone in campo.
Nelle classi di socializzazione ogni cane si muove nello spazio come un'unità sociale formata da lui, dal proprietario (o i proprietari) e da eventuali altri cani di famiglia. Non sono cani che interagiscono con altri cani, ma gruppi familiari che vivono l'esperienza di incontrare altri cani e altre persone.

Shani e Tex si affrontano minacciose, abbaiandosi contro. Il meticcio di Pastore Tedesco, Lupo, usa una strategia efficace e pacifica per dividerle: taglia la linea che unisce le due cagne.

Spostare l'attenzione sulla relazione tra cane e proprietario ha reso più evidenti i comportamenti di comunicazione, di connessione, di conflitto e di incomprensione all'interno del gruppo familiare e verso gli altri individui presenti.
Ho cominciato a osservare e studiare il comportamento dei cani in questo nuovo schema; il primo elemento interessante che è emerso è stata la linea che unisce il cane al proprietario, l'equivalente immateriale e invisibile di un guinzaglio, lunga quanto la distanza del cane dal proprietario.
A volte i cani si appoggiano con il corpo contro le gambe dei proprietari, impedendo a chiunque di interrompere questo legame, altre volte sono costretti ad accettare che un cane si intrufoli in questo spazio, che «tagli» questa linea. Ci sono cani che accolgono i propri simili e cani che li respingono, difendendo il loro spazio sociale.
Le aggressioni sono più frequenti vicino ai proprietari a causa dell'istinto naturale del cane di difendere lo spazio sociale; se il vostro cane mostra i denti e scaccia i cani che si avvicinano non è geloso, non è maleducato e non si sta comportando male. Quello che fa è del tutto naturale, e parla del legame che vi unisce. I proprietari violano spesso questo bisogno di uno spazio privato, chiamando cani estranei, usando cibo e giocattoli per farli avvicinare, salvo stupirsi se il proprio cane minaccia l'avversario o se cerca aiuto da qualche altro proprietario.
Il guinzaglio non solo rende questa linea visibile, ma vincola anche il cane a uno spazio definito: lo spazio tra il moschettone e la nostra mano.
Non è la lunghezza del guinzaglio, perché possiamo sempre scegliere di accorciare il guinzaglio, o di allungare il braccio. Non solo: possiamo seguire il cane, aumentando lo spazio disponibile, fermarci, ed è come se davanti al cane si materializzasse un muro impenetrabile, o trascinare il cane nella direzione opposta. Quando è al guinzaglio, il cane dipende interamente dalle nostre scelte.

6.3.2 Uno spazio sicuro

Tutti i cani che ho conosciuto, salvo poche eccezioni, erano più reattivi al guinzaglio che da liberi; è un fenomeno talmente frequente da essere considerato normale. È normale che un cane sia più aggressivo e più eccitabile quando è al guinzaglio, se è libero di esprimersi e non è stato inibito.
Ho adottato Grisou, il mio Border Collie bianco e rosso, a 2 mesi; l'ho portato a casa alla sera e, quando al mattino gli ho fatto conoscere gli altri cani di famiglia, ha aggredito ripetutamente Akiak, la mia Malamute adulta. Ho saputo in seguito che anche il padre aveva un comportamento molto aggressivo verso i cani.
In quegli anni avevo cominciato a organizzare le classi di socializzazione con frequenza settimanale e avevo quindi la possibilità di scegliere tra un notevole numero di cani, quelli più idonei a migliorare e a sviluppare le sue competenze sociali. Portavo Grisou con me al centro cinofilo e chiedevo ai proprietari se erano disposti a far incontrare il proprio cane con il mio cucciolo, avvertendo che avrebbe potuto esibire dei comportamenti aggressivi.
La buona notizia è che nessuno ha paura di un Border Collie cucciolo, la cattiva è che le interazioni, per quanto studiate, non sembravano avere alcun effetto positivo su di lui: femmine adulte sociali, altri cuccioli, maschi forti e competenti, niente e nessuno riusciva a fargli cambiare idea sui cani.
Ricordo molto bene il giorno in cui ho provato a fargli incontrare un maschio adulto di Terranova, un cane forte e gentile; Grisou, che aveva 7 mesi, lo ha minacciato, inseguito e costretto alla fuga. Da quel giorno ho deciso che le classi non lo avrebbero aiutato a stare meglio e ho smesso di chiedergli di incontrare altri cani.
Mi sono allora concentrata sulla nostra relazione: giochi, passeggiate, tuffi nel lago, sessioni di Obedience e ho deciso che non gli avrei più fatto incontrare cani estranei. Anche se questa mia scelta poteva sembrare il modo migliore per peggiorare il suo comportamento e confermargli che i cani erano un problema, era comunque dettata dal fatto che Grisou non aveva né la motivazione sociale né la capacità emotiva per reggere una interazione.
Eliminare dalla lista le interazioni con altri cani però non eliminava tutti i cani del pianeta ed eravamo comunque costretti ad affrontare la loro vista e la loro presenza. Da quando aveva 2 mesi, avevo deciso che per aiutarlo a stare meglio avrei usato un giocattolo durante le passeggiate; tra di

noi il patto era che io avrei tenuto i pericoli lontano da lui, dallo spazio che ci univa e che lo avrei aiutato a stare meglio quando c'erano cani a vista. Non ho mai cercato di impedirgli di reagire, di distrarlo, di cambiare strada; se vedeva un cane, alzava la testa, la coda, si irrigidiva, gonfiava il pelo trasformandosi in un riccio di rabbia. Io mi limitavo a guardare la sua trasformazione e cercavo il

Salma, meticcia di Pastore Tedesco, marca con le ghiandole perianali lo spazio occupato anche dalla proprietaria, ignorando l'approccio del maschio. Ettore, giovane Alano, è spaventato dall'avvicinamento di un cane estraneo ed è pronto a fuggire. Lo spazio del guinzaglio per lui non è sicuro.

problema misurando la distanza, il comportamento dell'altro cane, la reazione di Grisou e quanto tempo e spazio fossero necessari per riportarlo a una dimensione canina.

Abbiamo iniziato un percorso di apprendimento imparando gli esercizi dell'Obedience e non ha più incontrato cani estranei. Quando aveva circa 1 anno e mezzo, è venuto con me a una gara di Obedience; quando ho parcheggiato, mi sono guardata intorno e ho realizzato che, intorno a noi, c'erano auto e cani. Ho cercato una via di fuga e ho visto, oltre il centro cinofilo, una strada in mezzo alle vigne; ho aperto il portellone, ho agganciato il guinzaglio, ho fatto un bel respiro e l'ho fatto scendere. Ero pronta alla solita sceneggiata di minaccia e invece non ha alzato la coda, non è diventato rigido, non ha minacciato nessuno; ha semplicemente camminato con me sulla stradina e ha corso libero nei prati.

È stato in quel momento che ho cominciato a pensare a un mio procedimento per insegnare ai cani a stare bene al guinzaglio e a sentirsi al sicuro.

I segnali di stress

Ecco un elenco dei segnali di stress che può esibire un cane al guinzaglio.

- Tirare al guinzaglio
- Annusare insistentemente a terra e ignorare chi c'è intorno
- Abbaiare
- Piegare le orecchie indietro
- Coda alta, rigida
- Coda bassa, con la base contro il corpo
- Occhio tondo, si vede il bianco dell'occhio
- Pelo dritto sulle spalle, alla base della coda, o su tutta la schiena
- Toccare la gamba del proprietario con il naso
- Toccare il guinzaglio con il naso
- Toccare la mano del proprietario con il naso
- Saltare contro il proprietario
- Tirare in direzione diversa da quella della traiettoria del proprietario
- Incrociare davanti al proprietario
- Rallentare, fermarsi e esitare nel proseguire
- Camminata rigida, in punta di piedi
- Leccarsi il naso, sbadigliare
- Rotolarsi a terra davanti al proprietario
- Fermarsi e grattarsi
- Mangiare erba
- Mordere il guinzaglio
- Fissare qualcosa o qualcuno, con atteggiamento di allarme
- Ignorare qualcuno, cercare di allontanarsi
- Occupare lo spazio più esterno del guinzaglio
- Rannicchiarsi
- Dare la caccia alle automobili, i ciclisti, a chi corre...

Questi comportamenti vi dicono che il cane potrebbe essere a disagio, ma non vi dicono perché. Le cause possibili sono tre:

1. il proprietario;
2. l'ambiente fisico o sociale;
3. lo state fisico e/o emotivo del cane;

Il Pastore Tedesco Lazzaro fissa Cookie, che abbassa la testa e annusa a terra in segno di disagio.

6.3.3 Mettere e togliere il guinzaglio

Non servono istruzioni per agganciare il moschettone del guinzaglio al collare o alla pettorina; questo momento, in apparenza così banale, può però essere un'ottima occasione per costruire una comunicazione efficace e leale.

Il primo elemento da considerare è la tentazione di mostrare del cibo o un giocattolo per adescare il cane; se pensiamo che questo possa aiutarci, il problema non è il cane ma la nostra percezione del guinzaglio come di uno strumento di «tortura» e fino a quando per noi sarà qualcosa di negativo, non sarà diverso per il nostro cane. Ci vogliono coraggio e sincerità: se voglio legare il mio cane, gli dico che sto per legarlo, non che voglio dargli cibo o un giocare e, se il cane non si avvicina, capisco che il problema è più profondo del semplice agganciare il moschettone.

La mia regola è quella di non muovere i miei piedi, né per mettere il guinzaglio, né per toglierlo e liberare il cane: **insegno al cane a venire da me**.

Il modo più semplice per raggiungere questo risultato è iniziare in due contesti favorevoli.

- Stiamo per uscire in passeggiata, e mettere il guinzaglio significa quindi uscire e divertirsi. Ci dobbiamo posizionare a circa un metro dalla porta di casa, con in mano il collare o la pettorina e il guinzaglio. Il cane correrà verso la porta, cercando di affrettarci verso l'uscita. Rimaniamo fermi e con chiamiamo il cane con calma, senza indurire o alzare la voce e senza perdere la pazienza. Non appena viene da noi, con calma gli mettiamo il collare o la pettorina, già agganciate al guinzaglio, e quindi usciamo.
- Siamo arrivati al parco, e possiamo liberare il cane in uno spazio sicuro. Ci fermiamo, e invece di tirare a noi il cane come un pesce all'amo, o risalire con le mani lungo il guinzaglio fino al moschettone, teniamo la maniglia del guinzaglio e aspettiamo che il cane venga da noi, per essere liberato. È un modo originale, e funzionale, anche per allenare il richiamo.

Le prime volte sarà difficile ottenere la collaborazione del cane e dovremo avere pazienza e insistere; in pochi giorni il cane capirà che è nel suo interesse venire vicino a noi e darci la possibilità di mettergli o togliergli il guinzaglio.

6.3.4 La comunicazione del cane

La maggior parte dei segnali di disagio viene ignorata perché il cane è comunque costretto ad adattarsi alle scelte del proprietario. I cani che dichiarano in modo più visibile il proprio disagio sono i cani aggressivi: abbaiano, drizzano il pelo, si scagliano in avanti. Impossibile non accorgersi di aver superato il limite della loro capacità di fare fronte a una situazione. Benché la loro comunicazione sia così evidente, anche i cani aggressivi non vengono ascoltati e il senso di imbarazzo, la paura delle conseguenze, la frustrazione di aver perduto il controllo rendono i proprietari loro nemici. I cani aggressivi comunicano molto bene il loro disagio, ma spesso l'unica risposta che ottengono è l'isolamento sociale.

Tendiamo a pensare al comportamento come a qualcosa di direttamente collegato alla causa, ma non è sempre così e a volte è solo un pezzo della storia.

Durante un seminario a Perugia, mi chiedono di valutare un Pastore Tedesco maschio adulto. Il cane è al guinzaglio con la proprietaria; quando chiedo qual è il problema mi viene detto che è molto aggressivo con i cani. Al momento dell'incontro, ci troviamo dentro a un campo sportivo di calcetto, con una recinzione sicura. Chiedo di far passare un cane fuori dalla rete e il Pastore Tedesco impazzisce, abbaia furioso e si scaglia verso il cane. Provo con un cane differente e con un altro ancora, con femmine, cani di piccola taglia e cani tranquilli: attacca tutti con la stessa violenza.

Guardo il cane e percepisco la sua paura; questo

Cosa vuol dire comunicare?

Osservate il vostro cane al guinzaglio, in ogni passo, ogni atteggiamento del corpo, durante la passeggiata.
Sapete riconoscere i comportamenti di disagio?
Sapete cogliere quel momento in cui passa dall'essere sereno, all'essere preoccupato e stressato? Sapete come si comporta quando è sereno?

tipo di aggressività, così intensa e scatenata dalla sola vista di un cane, non può essere sociale, perché in questo caso dipenderebbe dalle informazioni sull'avversario, da una comunicazione. Un maschio può competere contro un altro maschio o reagire a una provocazione, ma un cane non può aggredire qualunque cane solo perché esiste. La causa, quindi, deve essere di tipo emotivo; chiedo informazioni sul cane e scopro che è al terzo proprietario e che quando la donna lo ha adottato era in pessime condizioni e aveva molta paura, soprattutto degli uomini. La mia ipotesi è che abbia subito dei maltrattamenti e, non potendo fermare le violenze del proprietario, abbia gettato quella paura e quella rabbia contro i cani, avversari più affrontabili.

Un'altra femmina di Pastore Tedesco, anche lei una killer con i cani, era stata addestrata con metodi violenti e, ogni volta che si distraeva durante l'addestramento, veniva punita. Non era una cagna socievole verso i cani ed era quindi già predisposta a una reazione di intolleranza; dover subire dolore ogni volta che guardava o minacciava un cane l'aveva definitivamente convinta che i cani dovevano morire, tutti. Quella cagna è stata adottata da una persona che viveva con un meticcio maschio, e curiosamente non ha mai avuto atteggiamenti di minaccia verso quell'unico cane: i cani sanno quando una persona è disponibile verso di loro, sanno chi siamo.

Ascoltare il cane significa capire cosa ci dice, cosa ci chiede, come si sente, di cosa ha bisogno. Una camminata al guinzaglio dovrebbe essere un momento di condivisione, in cui ci prendiamo cura del benessere del nostro cane e facciamo qualcosa che lo fa sentire bene: guardarlo è il primo passo in questa direzione.

Certo, non tutti i comportamenti possono essere comprensibili, all'inizio, ma possiamo farci aiutare nella traduzione e possiamo vedere come cambia il comportamento a seconda della nostra reazione. Abbiamo il cane al guinzaglio e, quando appare un altro cane, il nostro ci tocca la gamba con il naso; noi ci fermiamo e il cane si rilassa. In questo caso, abbiamo tradotto correttamente il segnale e le conseguenze della nostra scelta hanno aiutato il nostro cane a sentirsi meglio.

Ci sarà sempre la situazione in cui non possiamo evitare un problema, ma possiamo comunque essere più consapevoli e presenti.

Quando sono al guinzaglio i cani dipendono dalle nostre scelte, e cercano di capire cosa faremo dal nostro comportamento. Una corretta gestione al guinzaglio richiede la capacità di comunicare e condividere.

6.3.5 La comunicazione dell'umano

Gran parte dei procedimenti insegnati per gestire il cane al guinzaglio è di tipo meccanico: fai questo e il cane farà quello. Si perde così una straordinaria opportunità per sviluppare la nostra comunicazione e la nostra capacità di capire il cane.

Non esistono schemi preconfezionati; non esistono tecniche che garantiscono un risultato, e spesso alcuni cani rinunciano a reagire per paura delle conseguenze o perché non riescono a comunicare con il proprietario, per rinuncia.

Per molti proprietari e istruttori, un cane che cammina a fianco del proprietario e non reagisce a niente è educato, mentre per me è uno zombie, un cane a cui hanno chiuso l'anima in una scatola e hanno spento la voglia di vivere. È normale che un cucciolo sia indisciplinato, che non stia al fianco, che tiri, si metta a correre, pensi di poter avere tutto quello che vede e di poter fare tutto quello che vuole fare. Non imparerà certo a gestire gli spazi ridotti del guinzaglio e le nostre scelte in una settimana e alcuni cani non saranno mai perfetti al guinzaglio.

Tutti i cani riescono meglio a gestire il guinzaglio se sono in uno spazio e in una relazione che non li fa sentire vulnerabili, ansiosi, preoccupati, soli.

I cani non sono nella nostra testa e non hanno idea di quello che faremo nell'istante successivo, dipendono dalle informazioni che riescono a cogliere nel nostro linguaggio corporeo. Andiamo nella direzione in cui guardiamo; c'è qualcosa di bello, o di pericoloso, nella direzione in cui guardiamo. Se siamo sereni, tesi e spaventati questo si riflette sulla nostra espressione del viso, sulla tensione muscolare e sulla presa sul guinzaglio.

Quando vedo un proprietario tenere il guinzaglio con due mani, con una presa di forza, mi chiedo che problema ha il cane; si tratta spesso di cani aggressivi, gestiti con la forza, per la paura delle conseguenze della perdita di controllo.

Comunicare non è parlare, ma è prima di tutto essere consapevoli di quello che stiamo facendo, dalla prospettiva del cane. Se stiamo camminando verso un nostro amico e il cane è preoccupato dalle persone non familiari, stiamo portando il nostro cane verso un potenziale pericolo, perché per noi è un amico mentre per il cane è un estraneo, e ne è preoccupato.

La cucciola di Boxer Mira ha una forte motivazione a guardare un altro cane, e non riesce a dare attenzione al proprietario.

Il guinzaglio ci dà la possibilità di avere un certo controllo sul corpo del cane ed esistono anche tecniche, come dare cibo al cane quando ci guarda, per ottenere un certo controllo sulla sua mente: si può fare in modo che il cane non guardi, o non osi guardare, gli altri cani o le persone; non possiamo avere controllo sulle sue emozioni.
George Michael cantava «People, you can never change the way they feel», non puoi cambiare come si sentono le persone; invece, per qualche strano motivo, pensiamo di avere il diritto di cambiare le emozioni dei nostri cani o che le nostre emozioni e le nostre motivazioni siano più rilevanti di quelle del cane. È il nostro cane, ma è anche un individuo diverso da noi; ha una personalità differente, emozioni e motivazioni differenti.
Comunicare con il cane, per me, significa sapere chi siamo e chi è il nostro cane. Solo a quel punto siamo in grado di instaurare una vera comunicazione, uno scambio reciproco di informazioni che influenzano il comportamento del cane e il nostro.
Qualcuno anni fa mi ha detto: «Non puoi fare attenzione al tuo cane ogni secondo che è con te». La risposta è che con alcuni cani lo devi fare, mentre altri cani, socievoli e confidenti come Brick, ti lasciano molto più libero mentalmente, perché sono in grado di gestirsi in autonomia le situazioni che si incontrano durante una passeggiata.

6.3.6 Il *coping* al guinzaglio

La prima volta che ho pensato a un *coping* è stato con la mia Malinois, Matisse, nel 1996; avevo iniziato l'attività come educatore in modo autonomo e mi interessavano le interazioni sociali. Quando Matisse aveva circa 7 mesi, ho proposto a un allievo un incontro tra la sua giovane Rottweiler e Matisse. L'incontro si rivelò un disastro e mi chiesi perché Matisse fosse stata così intollerante e minacciosa e cosa potesse aiutarla; col tempo, ho scoperto che se Matisse aveva un giocattolo tra i denti la sua capacità di gestire la presenza di un altro cane migliorava.
Da allora, l'ho chiamata «strategia da Malinois» e l'ho proposta agli allievi per gestire i cani nei momenti di difficoltà.
Ricordo molto bene un Labrador che era troppo eccitato al rientro dei proprietari; a quei tempi si insegnava ai cani a sedersi, come comportamento per "calmare" il cane. Io allora ho pensato a me, a come mi sento quando sono in quello stato emotivo e ho deciso che per me stare seduta non avrebbe rappresentato una alternativa possibile. Così, ho suggerito ai proprietari di portare un giocattolo quando uscivano per andare a lavorare e di darlo al cane non appena aprivano la porta e questa tecnica ha funzionato.
Queste esperienze hanno avuto un nome da quando ho cominciato a leggere libri di psicologia umana: strategie di *coping*. Ai cani applico una mia interpretazione del concetto di *coping*, frutto del mio lavoro con loro; dall'uso iniziale di un giocattolo per aiutare un cane in difficoltà emotiva, sono passata a osservare e analizzare tutto quello che ha l'effetto di ridurre lo stress o accelerare il recupero da un evento stressante.

Quando il cane è al guinzaglio, le possibilità non sono molte. Ecco alcuni esempi di *coping* al guinzaglio.

- **Treccia o pallina con il filo.** Il cane può tenere il giocattolo in bocca o chiederci di partecipare. È utile legare il giocattolo con una corda, in modo da poterlo tenere e giocare con il cane a tira e molla, o dare al cane la sensazione di essere legato a noi di propria iniziativa, attraverso il giocattolo.
- **Bottiglia di plastica o altro oggetto da distruggere**. Masticare e distruggere sono due comportamenti molto comuni tra i cani stressati. Può andare bene qualunque cosa, purché non sia pericoloso per il cane e se il cane non tende a ingoiare i frammenti.
- **Bastone o altro oggetto da tenere tra i denti**. Afferrare o rubare qualcosa e correre tenendo l'oggetto in bocca è una strategia comune tra i Retriever. Può essere un giocattolo, o un pezzo di carne secca: l'importante è che il cane non lo usi per entrare in competizione contro qualcuno o contro il proprietario.
- **Contatto sociale**. Nel mondo cinofilo purtroppo c'è ancora che ha l'idea che rassicurare un cane spaventato possa aumentare la paura. Potete aumentare la paura in un cane in due modi: spaventandolo di più, o mostrandovi a vostra

In un mondo di cemento e metallo, i piccioni attivano la reazione di Roch (attenzione a non farglieli catturare!). L'acqua è un anti-stress naturale e può aiutare i cani anche durante le interazioni strutturate degli incontri di socializzazione.

volta spaventati. Se siamo dispiaciuti perché sentiamo che sta male, ma non siamo spaventati, rassicurare il cane è del tutto legittimo e può aiutare il cane a stare meglio.

- **Distanza**. I cani cercano di evitare guai, o di evitare un problema, allontanandosi. Se è al guinzaglio, possiamo seguire il cane, o possiamo noi stessi aumentare la distanza finché non si sente meglio. La percezione delle distanze cambia in presenza di barriere fisiche, motivo per cui quando accorciamo il guinzaglio, spostiamo il cane sul lato opposto.

- **Annusare e marcare con l'urina**. Ho sentito consigliare ai proprietari di impedire al cane di marcare con l'urina, o di annusare a terra. Un cane ha il diritto di esprimere il proprio stato emotivo, anche se con comportamenti che troviamo incomprensibili o inaccettabili. Il proprio odore rassicura un cane e annusare a terra è un modo per staccarsi da una situazione. È l'equivalente di leggere le istruzioni in un ascensore quando sale qualcuno che non conosciamo.

Perché un *coping* sia efficace (vedi anche oltre il capitolo Le strategie di *coping*) deve essere una scelta del cane, non possiamo essere noi a cercare di distrarlo o di impegnarlo su un'attività differente. Il cane però deve sapere che può avere quell'oggetto, avere la nostra attenzione e la nostra collaborazione, avere la possibilità di scegliere e di esibire quel comportamento.

Per aiutare il cane a usare questo strumento, possiamo introdurlo nella passeggiata quando il cane è rilassato e sereno. Se subisce uno stress, non dobbiamo chiedergli di guardare noi e non dobbiamo insistere fino a quando non accetta quello che gli offriamo. Aspettiamo che sia in grado di staccarsi visivamente dallo stimolo, si ricordi che siamo lì e ci chieda di aiutarlo. Quello è il momento e il modo giusto: sarà il cane stesso a scegliere se anticipare il momento in cui utilizza il *coping* o se preferire il *coping* alla reazione contro qualcuno. Se il cane si sente al sicuro con noi, e il *coping* lo aiuta a stare meglio, sarà uno strumento molto efficace per aiutarlo ad affrontare situazioni di difficoltà.

esercizio 1 Al centro di un cerchio

Mettete il guinzaglio al cane e fermatevi in un posto sicuro e confortevole per il cane: non deve avere freddo o caldo, non deve essere a disagio per il terreno o per la presenza di qualcuno o qualcosa.

Immaginate di essere il centro di un cerchio, di cui il guinzaglio è il raggio: visualizzate lo spazio compreso tra il moschettone e voi e i limiti di questo spazio. Quando il cane è dentro allo spazio, rilassate la mano, il braccio, le spalle, la schiena e fate attenzione a non avere tensioni.

Se il cane prova a uscire da questo spazio, bloccate la mano contro il corpo e non muovete i piedi, non allungate il braccio, non buttate in avanti le spalle, fate come se foste un palo di cemento, irremovibile. Appena il cane è di nuovo nello spazio interno, rilassatevi e, se riesce a uscire, non tiratelo indietro, ma bloccate la mano, fate un passo verso il cane e bloccate di nuovo mano e piedi. Se il cane tira con forza, tenete il guinzaglio con due mani contro il corpo, all'altezza dell'ombelico e i piedi leggermente aperti, con uno dei due piedi più avanti e l'altro

Claire e Lune, incrocio di Appenzeller, impegnate nell'esperienza della sintonizzazione al guinzaglio. Claire blocca se Lune cerca di uscire dallo spazio del guinzaglio, rilassa la muscolatura e ha un atteggiamento sereno e amichevole se Lune sceglie di occupare lo spazio interno.

più indietro, cercando di dare al cane una sensazione di stabilità.
Ogni volta che il cane è nello spazio del guinzaglio rilassate la muscolatura e non tirate, non alzate la mano per ridurre lo spazio utilizzabile dal cane e non arretrate, tirando indietro il cane. Questo esercizio ha due obiettivi: **eliminare le tensioni fisiche ed emotive** dentro allo spazio del guinzaglio e rendervi più **consapevoli delle dimensioni dello spazio a disposizione del cane**. Potete parlare con il cane, guardarlo, abbassarvi e fargli le coccole, cercate di non richiamarlo, di non obbligarlo a avvicinarsi a voi e sforzatevi di non usare la voce per fermarlo se prova a uscire dallo spazio disponibile. Siate gentili e, quando il cane è nello spazio interno, potete dirgli che è bravo (non per chiamarlo), abbassarvi e fargli le coccole.

Procedimento

- Cercate uno spazio tranquillo e confortevole per il cane.
- Tenete il cane al guinzaglio.
- Restate fermi.
- Rilassatevi se il cane occupa lo spazio interno.
- Bloccate se il cane cerca di uscire dallo spazio disponibile.
- Rilassatevi e allentate la tensione ogni volta che il cane è dentro allo spazio disponibile.

Obiettivi

- Visualizzare lo spazio che il cane può occupare rispetto alla lunghezza del guinzaglio.
- Eliminare la tensione fisica e emotiva dentro allo spazio del guinzaglio.
- Comunicare in modo chiaro i confini dello spazio a disposizione.

esercizio 2 Guidare o seguire?

Il secondo esercizio si compone di due parti.

1. La prima è la camminata da un punto a un altro, da A a B, senza cambiare direzione o velocità, come se stessimo camminando senza avere un cane. Fissate un punto a circa 20 metri da voi e cercate di raggiungere quel punto senza farvi influenzare dal cane. È un esercizio, un'esperienza, non la vita reale e serve solo per sviluppare consapevolezza riguardo la comunicazione.
2. La seconda parte è seguire il cane, come se foste un palloncino pieno di aria. Quando arrivate a B, seguite il cane. Se il cane non vuole andare da nessuna parte, è possibile che non riesca a capire che può scegliere la direzione. Orientate dunque il corpo nella direzione dello sguardo del cane, fate un passo e, se parte, seguitelo; se invece il cane si ferma ad annusare a terra, fermatevi. In questo momento è il cane che guida.
3. Questa esperienza va provata in uno spazio sicuro e non dimenticate che il cane è al guinzaglio: se siete a disagio con le sue scelte potete fermarvi e, se si mette a correre, non lo seguite. Ricordatevi inoltre che il cane potrebbe spaventarsi ed essere quindi troppo stressato o eccitato per porre attenzione al vostro intento di comunicare

Con questi due esercizi fissiamo i due estremi di una camminata al guinzaglio.
Nel primo, pesate 100 kg e il cane non può spostarvi, non può influenzare il vostro comportamento le vostre scelte. Nel secondo, pesate 10 grammi ed è il cane a scegliere dove andare, anche se è legato al guinzaglio.
L'obiettivo è rendervi più consapevoli di quanto vi fate influenzare e quanto combattete contro il cane quando è al guinzaglio.
A volte è necessario pesare 100 kg, altre volte è molto utile dare al cane più libertà di movimento, seguendo-

lo senza tensioni; nella vita reale, si può passare da un estremo all'altro in un solo passo. Possiamo bloccare il cane, fermandoci o continuando sulla nostra traiettoria, o cambiare idea e seguirlo.
Immaginate di dover tornare all'auto dopo una passeggiata; state camminando con il cane al guinzaglio quando rallenta e abbassa il naso a terra. Vuole annusare un odore? Deve fare l'ultima pipì? Sta per mangiare qualcosa che potrebbe fargli male?
È in questo momento che dovete scegliere quale informazione dare: bloccare o seguire, proprio perché le informazioni inconsistenti e incoerenti sono degli elementi di stress per i cani. Alcuni proprietari seguono il cane tirandolo o facendosi tirare, bloccano e si fanno spostare a forza dal cane, seguono il cane salvo tirarlo indietro quando è troppo tardi, accorciano il guinzaglio e tirano il cane o lo strattonano, invece di dare informazioni che aiutano il cane a fare la scelta giusta.
Provate a camminare chiedendovi se state intenzionalmente guidando il cane o lo state intenzionalmente seguendo: più sarete consapevoli e sensibili, più il cane avrà informazioni chiare e si adatterà alle vostre scelte.

Procedimento

- Fissate un riferimento a circa 20 metri da voi.
- Camminate verso quel punto senza farvi influenzare dal cane.
- Quando arrivate al vostro obiettivo, seguite il cane.
- Se il cane resta fermo, restate fermi.
- Orientate il corpo nella direzione dello sguardo del cane.
- Seguite il cane evitando tensioni sul guinzaglio.
- Se il cane corre, non correte.

Obiettivi

- Queste sono esperienze, non esercizi.
- L'obiettivo non è insegnare al cane a camminare al guinzaglio.
- L'obiettivo è acquisire consapevolezza sulla propria comunicazione.
- Quanto pesiamo sul cane attraverso il guinzaglio?

Il Border Collie mantiene una traiettoria parallela, nella fase in cui è il proprietario a decidere la direzione. Nella fase in cui siamo noi a seguire il cane, possiamo restare al fianco o dietro al cane. Spiego questa fase con una immagine: "fare il palloncino". Dobbiamo seguire il cane come se fossimo uno di quei palloncini volanti legati a un filo.

esercizio 3 La rinuncia

Arrivo al centro cinofilo, scendo dall'auto, apro il portellone e faccio scendere la mia Malamute Akiak al guinzaglio; mi accorgo di avere una scarpa slacciata, per cui mi siedo e mi chino per allacciare le stringhe. Sento che il guinzaglio si muove nella mia mano, ma non avverto tensione; quando rialzo lo sguardo vedo Akiak che sta saltando sul posto, eccitata alla vista di un altro cane. Non tirava in avanti, semplicemente saltellava vocalizzando e questo perché sapeva che, al guinzaglio, tirare non avrebbe funzionato, perché io non mi sarei mossa.

Ripenso spesso a quell'episodio, perché quando si parla di gestione di un cane al guinzaglio, spesso chi ha cani nordici giustifica il tirare con l'attitudine al traino delle slitte, come se i cani nordici dovessero per forza tirare perché selezionati per farlo. Tirare al guinzaglio però non dipende dalla razza e un nordico può camminare con noi come qualunque altro cane.

Il tirare dipende soprattutto dallo stato emotivo e dalla motivazione del cane: può tirare al guinzaglio perché è attratto da qualcosa, perché è preoccupato e in fuga, perché è eccitato o in uno stato di frustrazione. Tutti i procedimenti meccanici sulla gestione al guinzaglio, che siano più o meno gentili, in genere ignorano del tutto che tirare è il sintomo, non la causa. La soluzione richiede un'analisi delle cause del comportamento.

Molti cani subiscono stress dai proprietari a causa di strattonate e tensioni o perché vengono gestiti come dei sacchi di patate appesi a un guinzaglio, con totale assenza di comunicazione e di empatia. Se usate coercizione e strattonate, il cane tenta di allontanarsi da voi perché è spaventato e cercare di aumentare la distanza provoca per lui altre strattonate; per un cane al guinzaglio l'uso della coercizione è un vero e proprio inferno quotidiano.

Il cane può avere paura anche di qualcosa che è nell'ambiente, ad esempio un rumore improvviso, un cane sconosciuto o delle persone. In questo caso, se noi non siamo in grado di rendere sicuro lo spazio del guinzaglio, il cane tira per evitare ciò che lo preoccupa.

Il cane può tirare anche perché vuole raggiungere qualcosa che gli piace e che desidera e questo implica da parte nostra una scelta in due direzioni: il cane può avere quello che vuole o il cane non può avere quello che vuole.

La mia regola è che **ciò che è nello spazio del guinzaglio, ed è quindi raggiungibile dal cane senza tirare, è del cane.**

Se io non voglio che il mio cane salti addosso a qualcuno, mi fermo prima che quella persona sia dentro allo spazio del guinzaglio e cerco di comunicare al mio cane che non entrerà in contatto con quella persona. Se quello che il cane vuole è oltre la portata del guinzaglio e per me non è un problema che lo raggiunga, seguo il cane; se il cane vuole qualcosa che non deve prendere basta fermarsi e bloccarlo, o usare il guinzaglio per spostarlo e tirarlo via.

Quello che vi propongo è un procedimento più complesso e molto più efficace, perché si basa sulla scelta, la comunicazione e la sincronizzazione ed è un po' più complicato da capire e da applicare e perché ha due abilità che di solito non vengono esercitate con il cane al guinzaglio: la pazienza e la libertà di scelta del cane. Se avete qualcuno che può aiutarvi è più facile da eseguire, ma si può provare anche da soli.

1. Prendete una manciata di bocconi e tenetene alcuni nascosti in tasca, poi chiedete all'aiutante di posare a terra i bocconi; se invece siete da soli, tenete il cane vicino a voi con il guinzaglio mentre posate a terra i bocconi. Se il cane non è motivato dal cibo, potete usare due giocattoli, uno a terra e uno in tasca.
2. Spostatevi di circa un metro e mezzo/due metri dal cibo a terra e allungate il guinzaglio in modo che il cane possa andare verso il cibo a terra senza però riuscire a mangiarlo. Bloccate il guinzaglio senza strattonare o tirare indietro il cane e orientate il corpo in modo da avere il cibo a terra su un fianco e non di fronte; tenete il guinzaglio bloccato contro il corpo e aspettate.
3. Non dite e non fate niente e lasciate che il cane fissi il cibo, tiri verso il cibo, si sieda o si sdrai di fronte al cibo; se si gira a guardarvi non chiamatelo e non tiratelo via dal cibo.

Potete fargli i complimenti, dirgli che è bravo a guardare voi, ma non inducetelo con dei bocconi, la voce o il guinzaglio ad allontanarsi dal cibo a terra; se il cane vi guarda, o si avvicina a voi, provate a allontanarvi senza mai tirare al guinzaglio.

Il trucco (ed è difficile) è allungare il braccio verso il cane, invece di tirare il guinzaglio; è il cane che deve scegliere di seguirvi; se non vi segue, rimettetevi nella posizione di partenza.

È solo una questione di tempo: alcuni cani rimarranno fissi davanti al cibo a terra per minuti, anche per mezz'ora, mentre altri rinunceranno prima. La velocità con cui rinunciano dipende da quanto siete stati coerenti nella comunicazione e da quanto il cane è motivato e tenace nel volere qualcosa che è a terra. Se il cane rinuncia e vi segue, dopo pochi passi fategli tanti complimenti e dategli dei bocconi.

Potete ripetere alcune volte, in modo da fissare l'esperienza. Potete camminare in direzione parallela al cibo, fermarvi e aspettare la rinuncia se tira verso il cibo a terra.

Procedimento

- Posate del cibo o un giocattolo a terra.
- Tenete qualche boccone o un secondo giocattolo nascosti in tasca.
- Fermatevi a circa due metri, bloccando il guinzaglio in modo che il cane non possa raggiungere il cibo o il giocattolo a terra.
- Non strattonate, non tirate indietro, non usate la voce e non adescate il cane con bocconi, gesti, versi, o giocattoli.
- Aspettate finché il cane vi guarda, e provate quindi a allontanarvi.
- Se il cane vi segue, fategli i complimenti, dategli i bocconi o giocate.
- Se il cane non vi segue, ritornate al punto di partenza e aspettate ancora.

Obiettivi

- Imparare una comunicazione efficace: bloccare il guinzaglio significa «No, quella cosa non puoi averla».
- Insegnare al cane a ascoltare e affidarsi alle informazioni ricevute da noi.
- Dare al cane il tempo di scegliere.
- Insegnare al cane che quello che è fuori dalla portata del guinzaglio, non è raggiungibile tirando e ignorandoci.

Dimostro la tecnica dell'esercizio della rinuncia con la collaborazione di un giovane Golden Retriever. Non uso cibo per attirarlo, non lo chiamo, e non uso il guinzaglio per costringerlo a venire verso di me. Aspetto che mi guardi, allento il guinzaglio e gli propongo di seguirmi. Quando sceglie di seguirmi (sempre senza tensioni sul guinzaglio), gli faccio tanti complimenti e dopo qualche metro gli do anche dei bocconi di conferma.

esercizio 4 Guinzaglio corto/lato opposto

Da diversi anni si è diffusa l'idea che una gestione gentile del cane al guinzaglio preveda l'uso di una pettorina a H e di un "guinzaglione" di almeno due metri.
L'idea è che essere legato al guinzaglio sia una condizione stressante per il cane e il minimo che possiamo fare è rendergli questo evento accettabile.
La pettorina evita tensioni e strattoni sul collo e il guinzaglio lungo due metri concede al cane un minimo in più di libertà: in sé, quindi, è un'idea ottima.
Il problema, per me, è l'idea che il guinzaglio sia qualcosa di negativo e che allungare il guinzaglio sia la soluzione allo stress del cane. Il guinzaglio, come già abbiamo detto, ci unisce al cane e questa sensazione può essere di aiuto in ambienti sconosciuti o in presenza di qualcosa che preoccupa il cane.
Durante le classi di comunicazione i cani in genere arrivano liberi; i proprietari li liberano e loro si muovono come unità familiari nell'area in cui avvengono le interazioni. Per alcuni cani, affrontare anche solo un gruppo di persone sedute all'ombra è troppo e quindi di corsa, abbaiando al pericolo. In questi casi, io chiedo al proprietario di tenere il cane al guinzaglio e di arrivare insieme, uniti nell'affrontare la difficoltà.
Il guinzaglio per me è anche questo: qualcosa che ci unisce e che mi dà la possibilità di aiutare il cane, evitando che si «schianti» fisicamente ed emotivamente contro qualcu-

Ilaria prova la tecnica "guinzaglio corto, lato opposto" con Neera, Australian Shepherd. È importante accorciare il guinzaglio prima che il cane reagisca, e allungarlo non appena il cane si rilassa.

no. Per me il guinzaglio è uno spazio sociale e sicuro ed è la possibilità di evitare che il cane sia da solo a affrontare qualcosa che non è superiore alle sue capacità emotive. Se il guinzaglio è lungo due metri, il cane sarà a due metri da voi quando entra in contatto con qualcosa che gli causa uno stress emotivo; se è a mezzo metro da voi, è con voi, non da solo.

È chiaro che questo principio di condivisione funziona solo se sappiamo come si sente il cane, se stare vicino a noi lo aiuta e se siamo la soluzione al suo problema, e non il problema o un altro problema.

Conoscere il proprio cane permette di valutare quando il cane può avere più libertà e quando invece è utile accorciare il guinzaglio e rimanere uniti.

La maggior parte dei proprietari accorcia il guinzaglio solo per avere controllo fisico sul cane, e per allontanarlo o bloccarlo quando ormai ha reagito. Perché funzioni, questa tecnica deve essere applicata prima della reazione del cane. Mi guardo intorno e decido se lasciare al cane il massimo della libertà concessa dalla lunghezza del guinzaglio, o se è meglio tenere il guinzaglio più corto. Se stiamo per affrontare una potenziale difficoltà per il cane, accorcio molto il guinzaglio, e sposto il cane sul lato opposto al problema. In questo modo, io divento uno scudo, una barriera contro il pericolo. È importante che il cane venga tenuto sul fianco, senza farsi trascinare in avanti o verso lo stimolo, che il guinzaglio venga accorciato prima della reazione, e che il guinzaglio venga allungato non appena passato il pericolo.

- **Accorciare il guinzaglio prima della reazione**. Se lo accorciate quando il cane ha già reagito, questa azione non verrà associata a un senso di protezione, ma al contrario a un segnale di allarme.
- **Tenere il cane sul lato opposto**. Se allungate il braccio quando il cane tira, se vi fate spostare dal cane, o trascinare dal cane, non sarete mai credibili come riferimento nella difficoltà. Parte dell'uso del guinzaglio è ovviamente un controllo fisico. Il cane deve accettare che possiamo controllare il suo movimento, le sue traiettorie, la sua motivazione ad andare in una certa direzione. In caso di pericolo, la reazione del cane può essere così intensa da rendere molto difficile riuscirci. Per questo motivo è importante insegnare al cane a riconoscere il segnale di blocco, e il momento in cui siamo noi a definire le traiettorie, prima di trovarci in una situazione di emergenza.
- **Allungare il guinzaglio non appena si supera il pericolo**. L'elemento chiave è capire quando il cane riuscirà a non reagire più allo stimolo. Se allunghiamo il guinzaglio troppo presto, il cane si scaglierà indietro verso il potenziale nemico, se teniamo il guinzaglio corto troppo a lungo stiamo aumentando la percezione di pericolo, comportandoci come se fosse ancora necessario controllare la situazione. È una mancanza di fiducia e di capacità di lettura del cane che può portarci a un eccessivo controllo. Questa capacità di allungare il guinzaglio è la stessa che esercitiamo togliendo tensione quando il cane è dentro lo spazio del guinzaglio.

Procedimento

- Imparare a capire cosa preoccupa, spaventa o rende reattivo il nostro cane.
- Controllare l'ambiente e agire prima che il cane reagisca.
- Accorciare il guinzaglio e spostare il cane sul lato opposto al potenziale problema.
- Allungare il guinzaglio non appena si è superato il pericolo e il cane non è più reattivo.

Obiettivi

- Agire da barriera verso il problema.
- Essere al fianco del cane nell'affrontare il problema.
- Prendere "per mano" il cane e guidarlo nella difficoltà.
- Dimostrare al cane fiducia, riallungando il guinzaglio.

esercizio 5 Camminate verso un gruppo di persone

Ho introdotto questo esercizio molti anni fa, come esperienza per aumentare la consapevolezza dei proprietari. Il proprietario è fermo a circa 20 metri da un gruppo fermo di persone e gli chiedo di camminare verso il gruppo e di fermarsi e alzare una mano se il cane mostra segni di disagio. Avvicinarsi con traiettoria frontale a un gruppo di persone non conosciute è il tipo di situazione che può essere molto stressante per i cani, anche per quelli che vengono definiti molto socievoli. Il proprietario inizia a camminare e deve decidere quando fermarsi: se si ferma, chiedo al proprietario qual è il comportamento del cane che lo ha convinto a fermarsi. Se si ferma, dico al proprietario che da quel momento, deve seguire il cane.

Procedimento

- Legate il cane al guinzaglio.
- Camminate verso un gruppo di persone ferme, che possono guardare il cane ma non possono chiamarlo, o avvicinarsi.
- In alternativa, potete usare un altro stimolo che ritenete moderatamente negativo per il cane.
- Se avete la sensazione che il cane possa spaventarsi, partite da una distanza maggiore.
- Camminate con passo normale, verso le persone.
- Fermatevi non appena il cane esibisce un comportamento di stress.
- Seguite il cane.
- Se il cane può avere reazioni di minaccia o paura, non avvicinatevi comunque troppo alle persone/lo stimolo. Alcuni cani possono cercare di affrontare qualcosa che li spaventa, perché sono al guinzaglio.
- Se il luogo è sicuro, e il cane non rischia di farsi o fare del male, invece di seguire il cane, potete liberarlo.

Obiettivi

- Imparare a riconoscere i micro segnali del cane.
- Sviluppare una comunicazione efficace.
- Non essere un problema, per il cane, ma la soluzione a un problema.

Musti è una Malinois, e vive in Olanda. Durante le classi di socializzazione di agosto, ho chiesto alla proprietaria di camminare verso il gruppo, fermarsi e alzare il braccio al primo segno di disagio da parte della cagna. Questo esercizio aumenta la sensibilità dei proprietari verso i segnali più sottili del cane.

7 Un mondo di emozioni e di relazioni

Cosa vuol dire «trattare un cane da cane»? Immagino si riferisca alle immagini dei cani con cappottino, portati a spasso dentro a una carrozzina per bambini, festeggiati al compleanno con una torta, ripresi mentre dormono tra i cuscini.

Il cane che vive da cane sarebbe quindi quello che cammina sull'erba e nel fango, che può abbaiare, correre, incontrare altri cani, scavare buche nella terra, dare la caccia alle lucertole.

Il mondo dei cani è molto più complesso di questi due ipotetici estremi e riflette nel bene e nel male quelle che sono le nostre aspettative di vivere con un cane, e di un cane felice.

Il primo posto in cui voglio portarvi è quello dei bisogni di un cane, un mondo in cui non siamo noi a decidere cosa piace o no ai cani, cosa rende o no felici i cani, di cosa i cani hanno bisogno, ma sono loro a dircelo.

Come si chiede a un cane cosa gli piace? Non è difficile, basta **dare al cane la possibilità di vivere esperienze diverse e osservare le sue reazioni**. Se esibisce comportamenti di stress, se cerca di evitare o allontanarsi, se chiede aiuto, se esibisce aggressività o paura, dobbiamo credergli, se non sta bene dobbiamo aiutarlo.

Come educatore cinofilo, a un certo punto della mia vita ho capito che il mio primo compito è insegnare ai proprietari a essere felici se il loro cane è felice. Togliere tutta l'attenzione verso i comportamenti sbagliati, combattere l'idea che un cane educato è un cane che non è mai un problema per i proprietari. Esistono cani che non sono un problema per nessuno e che sono infelici perché hanno rinunciato a chiedere, a reagire, a esprimersi.

Il mio compito è guidare il proprietario nella scoperta del proprio cane. Cosa gli piace? Cosa non gli piace? Iniziamo proprio da qui.

Fare il bagno nell'acqua fangosa di un canale? Ci piace!

7.1 Le 10 cose che piacciono al mio cane

Scrivete le 10 cose che al vostro cane piacciono di più, in ordine decrescente, cioè con quella che gli piace di più in assoluto al primo posto. Vi consiglio di leggere il resto del capitolo solo dopo aver scritto la vostra lista; in questo modo potrete confrontare il vostro punto di vista con l'analisi che segue.

Ho introdotto le liste durante cinque giorni di vacanza cinofila, una vacanza di lavoro, per me e per i partecipanti. Ero a corto di argomenti e, volendo proporre un'attività interattiva, ho pensato a qualcosa che potesse essere un punto di partenza per capire il mondo dalla prospettiva del cane. Cosa piace al vostro cane? È curioso quanto spesso i proprietari non riescano a elencare quello che piace al loro cane. Ecco l'analisi della vostra lista.

1. **Siete nell'elenco?** Avreste potuto includervi come individui, o come partner per delle attività da fare insieme: «io» o «giocare a tira e molla insieme a me». Se non siete nell'elenco, perché pensate di non avere il diritto di occupare uno dei dieci posti della lista?
2. **Avete mai provato a scoprire cosa piace al vostro cane?** Se nella lista avete scritto «mangiare» o «il cibo», potreste immaginare una sotto-lista in cui elencate quali alimenti sono i preferiti. Questo implica aver dato al proprio cane cibi differenti, e aver verificato quali sono i più graditi. Capire la scelta del cane non è difficile, basta offrire due bocconi diversi e guardare quale attrae di più il cane. Tenete i due bocconi in mano, fateli annusare al cane, chiudete il pugno e guardate su quale si focalizza. I cani possono riservare molte sorprese, ho visto cani impazzire per i pomodori, per i piselli bolliti, le carote, il pane secco. Il cibo non deve essere, ovviamente, dannoso per il cane.
3. **Avete elencato i comportamenti che il vostro cane preferisce o solo quelli che per voi sono accettabili?** Se il vostro cane adora mangiare la cacca dei gatti, o rotolarsi sui animali morti in vari stadi di decomposizione, dovreste aggiungerli alla lista. Non è un elenco dei comportamenti che piacciono a voi, ma al vostro cane.
4. **Quanti dei comportamenti che sono nell'elenco vi coinvolgono?** Non mi riferisco solo a farsi fare le coccole o a giocare a tira e molla, che richiedono una partecipazione umana. A volte non abbiamo proprio idea di poter partecipare a qualcosa che al nostro cane piace, e, anzi, ci sentiamo esclusi. Ragionando su questo elemento, ho scoperto che ho la tendenza a usare un segnale per le cose che piacciono ai miei cani. Non so quando ho cominciato a usarlo, ma è diventata un'abitudine: in pratica, ho un segnale che dice al cane che in quel momento farà qualcosa di piacevole ed è come avere la chiave che apre la porta di un luna park. Al mio segnale... scatenate il divertimento! Ho un segnale per i

Al mio cane piace	
1	
2	
3	
4	
5	
6	
7	
8	
9	
10	

tuffi nel lago («Vai, tuffo!»), un segnale per il lancio della palla («Palla»), un segnale per l'inizio della passeggiata nel bosco, uno per inseguire i piccioni. Non sono favorevole a incentivare la predazione di animali nei cani; l'unico motivo per cui ho questo segnale è che ho portato Brick dal veterinario, ed era parecchio stressata. Fuori dalla clinica c'è un giardino, e ci sono spesso dei piccioni. Per aiutarla a recuperare, le ho fatto vedere i piccioni e lei è partita correndo e i piccioni sono volati via. Era decisamente più felice, dopo, e a noi è rimasto il segnale «Piccione!».

Grazie alla lista ho anche potuto osservare come ad alcuni cani piace essere con noi, mentre altri amano fare qualcosa con noi. Ci sono ovviamente anche cani che amano entrambe le situazioni.
Alcuni dei proprietari che hanno partecipato alla vacanza cinofila in cui ho ideato la lista sono tornati ai Laghi per un corso di formazione per educatori cinofili. Dato che l'idea delle liste mi era piaciuta, l'ho proposta anche agli studenti come percorso personale e come strumento per l'educazione dei proprietari. Chi aveva scritto la lista mesi prima, ha potuto confrontare la nuova lista con quella precedente, e scoprire che certi elementi erano cambiati, nel tempo.
La lista non è una valutazione definitiva, è la foto in un album, qualcosa che descrive la nostra conoscenza e i gusti del nostro cane oggi, ma che può cambiare nel tempo. Qualcuno ha tenuto la lista, e la aggiorna ogni tanto, valutando così cosa è cambiato.

7.1.1 Perché è così importante sapere cosa piace al cane?

I giocattoli per cani sono costruiti per piacere alle persone: il colore e la forma sono studiati per indurre i proprietari all'acquisto. Nessun produttore di giocattoli per cani chiede a un cane cosa gli piace, forse perché nessun proprietario sarebbe disposto a comprare un pezzo di legno a caro prezzo. Spendiamo molti soldi per comprare oggetti che piacciono a noi (collari, guinzagli,

Flick si fa travolgere da Kandji durante il gioco e Clara si impegna con Ruby in una sessione di apprendimento.

cuscini, giocattoli, ciotole, snack), mentre quello che vi chiedo è di spendere del tempo per capire cosa piace al cane.

I cani hanno bisogni che sono diversi da quelli dei proprietari e che spesso sono difficili da capire e da accettare.

Quello che li rende così simili a noi è che anche loro hanno bisogno di stare bene, di sentirsi al sicuro e di essere felici; la loro felicità dovrebbe essere una delle priorità di un proprietario. Nessuno ci obbliga ad avere un cane e il cane non può scegliere di andarsene e, anzi, dipende interamente dalle nostre scelte.

Vivere delle esperienze che lo fanno stare bene rende il cane più resistente allo stress, lo aiuta a mantenere un buon equilibrio emotivo, a tollerare meglio gli imprevisti e le sfide della vita, le relazioni sociali e la convivenza.

Puma ha inseguito un cinghiale nel bosco, il cinghiale si è difeso, lei è stata ferita e per tre mesi abbiamo dovuto evitare il gioco, gli allenamenti, i tuffi e le corse nel bosco. Quando era ormai guarita, ma ancora tutelata da sforzi eccessivi, si è scontrata con Arj in due risse (di una certa intensità) in venti giorni. Quando è successo, vivevano insieme da cinque anni e, per quanto possano essere un po' in competizione a volte, non c'erano mai state zuffe in precedenza. Per fortuna ero a casa e sono riuscita, anche se con difficoltà, a dividerle.

A quel punto però mi trovavo con due femmine di Pastore Tedesco che si erano aggredite e che fino a quel momento avevano vissuto insieme. Cosa fare? Avrei dovuto dividerle? Di sicuro non volevo inibirle e non volevo neppure farle vivere separate. I miei cani vivono insieme, di giorno in giardino, di notte in casa. Ragionando su quello che era successo, ho deciso che per risolvere la situazione avrei aumentato le opportunità di Puma di stare bene, di essere felice; probabilmente tre mesi di riposo forzato l'avevano esaurita mentalmente e resa emotivamente fragile. Così abbiamo ripreso le passeggiate nel bosco, il gioco, i tuffi e da allora – ormai è passato un anno – non ci sono stati altri episodi.

Lo stato di benessere è un elemento fondamentale per la capacità del cane di sopportare lo stress fisico, mentale, emotivo e sociale.

Quando valuto un cane considerato problematico, una delle prime domande che mi faccio è «Cosa lo fa stare bene?». Se valuto un cane con problemi di aggressività verso gli altri cani, non cerco di farlo reagire di fronte a un altro cane, ma cerco il cane che non lo farà reagire. Voglio avere gli strumenti e la capacità di farlo stare bene.

Ovviamente, questo approccio può risultare

Esistono attività che piacciono a tutti i cani. È il caso della ricerca di persone, che vede impegnato il Corgie. Altre dipendono invece da specifiche attitudini, come nel caso della difesa sportiva. Ruben, qui a 50 giorni, è un cucciolo di Pastore Tedesco e ha già le idee chiare su cosa gli piace.

incomprensibile per chi è abituato a ragionare in termini di «risolvere il problema» e di «eliminare il comportamento sgradito».

7.1.2
Come usare la lista

La lista può essere usata come punto di partenza per capire cosa piace e cosa fa stare bene il nostro cane. Può essere interessante, e utile, estendere la nostra conoscenza ad altri contesti e altri elementi. Arjuna, detta Arj, è una femmina di Pastore Tedesco di linee da lavoro, è una cagna insicura e aggressiva sia verso i cani sia verso le persone non familiari ed è così da quando l'ho adottata, a tre mesi. Non è stata separata dalla madre troppo presto, non ha subito traumi di nessun genere; è semplicemente così, fragile. Quando ha paura, minaccia e aggredisce, strategia abbastanza comune nel Pastore Tedesco (ormai ho perso il conto dei Pastori Tedeschi adolescenti che ho visto drizzare il pelo e mostrare i denti abbaiando furiosamente a qualcuno, che per loro è un terribile pericolo).

Arj, femmina di Pastore Tedesco, ha una curiosa passione per i ciuffi d'erba lanciati in aria. Negli anni ho scoperto che la condividono molti appartenenti alla razza.

La fortuna di Arj è che io vivo in campagna, in un ambiente che la tutela dal mondo e dai suoi fantasmi. Questo non significa affatto che io l'abbia isolata e chiusa in un giardino impedendole qualunque esperienza; le ho soltanto dato il tempo di crescere, di fidarsi di me e ho iniziato un percorso che la aiutasse a stare meglio. Adesso è felice di avere ospiti umani a casa ed è in grado di tollerare gli estranei anche al centro cinofilo.

Parte del mio percorso per aiutarla a stare meglio è stato cercare tutto quello che le piace; abbiamo provato con la difesa sportiva poiché è figlia di cani che hanno gareggiato in questo tipo di prove e di sicuro ha una selezione per questo tipo di attività. Non ha funzionato. Ha una incredibile forza nel morso ma ha paura del figurante e, non appena afferra la manica imbottita, cerca di allontanarsi e tornare in auto.

Ho provato con l'apprendimento ma, anche se le piace e si impegna, non è davvero qualcosa che la appassiona, perché ha una grande resistenza fisica ma una bassa resistenza mentale. È andata molto meglio con le attività di fiuto, adora la ricerca di persone disperse nel bosco (ovviamente, persone che non la preoccupano) e ha un grande talento nella ricerca su traccia. Le piace l'acqua, fare i tuffi, dare la caccia a ciuffi d'erba lanciati in aria, alle palle di neve e lo preferisce al gioco con una pallina o un altro giocattolo. Quando abbiamo organizzato un seminario di *disc dog*, ho provato a lanciarle un disco e le è piaciuto così tanto che durante un allenamento ha tollerato, senza dare alcun segno di tensione, persino la presenza di un gruppo di persone. Ricordo come le immagini al rallentatore di un film il momento in cui una persona ha visto una macchina fotografica a terra e si è chinata per spostarla. Arj era davanti a quella persona e io sono rimasta immobile, trattenendo il respiro, pronta a richiamarla; lei però era così felice che non ha smesso di scodinzolare. Purtroppo ho dovuto smettere di lanciarle dischi, perché pesa 35 kg e il rischio che si possa fare male è troppo alto ma non ho mai dimenticato l'effetto che i dischi hanno avuto sulla sua capacità di sopportare la presenza di persone estranee, l'importanza della felicità in un percorso di aiuto di un cane.

La lista può essere usata per misurare il nostro impegno nel rendere il nostro cane felice. Io cerco di fare ogni giorno qualcosa che so che renderà i miei cani felici anche se non ne ho voglia, anche se sono stanca, anche se potrei usare quel tempo in un altro modo. Il nostro livello base è una passeggiata nel bosco. A questo si aggiunge una sessione di gioco o di apprendimento e gioco, un gustoso pezzo di carne secca, un osso da rosicchiare, una gita al torrente o ai Laghi, esplorare un posto sconosciuto, incontrare persone che conoscono e a cui sono affezionati, guardare la televisione tutti insieme, coccole individuali. Cerco di fare in modo che mi guardino e i loro occhi dicano «Oggi ci siamo davvero divertiti, insieme».

La lista è un ottimo punto di partenza per ragionare di strategie di *coping* e capire quali sono le attività che il cane preferisce e sceglie spontaneamente per cercare sollievo da uno stato di stress.

7.2 Le 10 cose che non piacciono al mio cane

Scrivete le 10 cose che al vostro cane non piacciono proprio, in ordine decrescente – con il problema più grande al primo posto.

Vi consiglio di leggere il resto del capitolo solo dopo aver scritto la vostra lista. In questo modo potrete confrontare il vostro punto di vista con l'analisi che segue.

Al nostro cane ideale piacciono le stesse cose che piacciono a noi. A me piace l'Obedience e il mio cane ideale ama allenarsi in questa disciplina sportiva insieme a me; a me piace condividere la mia vita con i miei cani, e il mio cane ideale è in grado di seguirmi in ogni avventura.

Esiste l'idea che un cane debba adattarsi a noi e alle nostre aspettative, che debba amare quello che amiamo noi, perché questo rende la convivenza davvero piacevole.

Kandji, il mio Pastore Tedesco, adora l'Obedience; Brick, la mia Staffy, è il cane perfetto in ogni situazione. Ma se io dovessi invertire i termini, Kandji non sarebbe il cane ideale per ogni situazione e Brick è troppo sensibile per sopportare le richieste di un programma sportivo. I cani sono individui con una propria personalità e hanno gusti, preferenze, motivazioni che non dipendono da noi e dai nostri desideri.

Al mio cane non piace	
1	
2	
3	
4	
5	
6	
7	
8	
9	
10	

Ai cani succede quello che capita a me con la birra; sono per metà tedesca, spesso vengo confusa per una straniera e non mi piace la birra. Quando me ne offrono, declino e ogni volta mi guardano stupiti, quasi con disapprovazione: «Non ti piace la birra? A te, che sei mezza tedesca, non piace la birra?» Mentre io posso dire no, non mi piace, molto spesso ai cani non viene fatta la domanda o la risposta viene del tutto ignorata.
I miei cani mangiano cibo fresco dal 1998 e da allora ho imparato a capire cosa fa bene e cosa fa male a ognuno di loro, cosa piace e cosa non piace: non amano il coniglio, ad alcuni non piace il pesce, altri lo mangiano con gusto, qualcuno scansa le verdure e la frutta nella ciotola, Puma raccoglie i fichi caduti dall'albero e ne mangia così tanti da ingrassare.
Sapere cosa piace e cosa non piace al nostro cane è una forma mentale. Dobbiamo volere conoscere la risposta ed essere pronti ad accettarla. Ogni volta che qualcuno scrive: «Il mio cane non mangia volentieri le crocchette» io rispondo: «Perché non provi a cambiare dieta e a usare cibo fresco?». Ogni volta c'è qualcuno che risponde «Non devi cedere, o il tuo cane diventerà viziato e ti costringerà a comprare quello che gli piace». Perché io dovrei costringere il mio cane a mangiare ogni giorno qualcosa che non gli piace? Perché io non dovrei ascoltare il mio cane, quando mi dice che qualcosa non gli piace e perché non devo proporgli delle alternative, oggi che è possibile scegliere tra diete diverse e comprare carne e pesce di ogni tipo?
L'idea è che se cominciamo a dare al cane quello che gli piace, il cane prenderà il controllo su di noi; se permettiamo al cane di evitare quello che non gli piace, il cane non imparerà mai ad affrontare le difficoltà e non sarà mai in grado di adattarsi alle nostre richieste.
Io sono un istruttore cinofilo da 25 anni e quando ho iniziato, anch'io ero convinta che il controllo fosse un elemento chiave della relazione con il cane. Non mi piacevano i cuccioli, penso proprio per l'ansia di dover ottenere un certo tipo di risultato, quell'insicurezza su quando e come avrei avuto controllo su quel comportamento.
Non sono mai stata il tipo di istruttore che impedisce al cane di salire sul divano perché mi è sempre piaciuto troppo condividere la mia vita con i miei cani ma, di sicuro, ero molto focalizzata a

Valeria e Nash durante una passeggiata al parco. Nash è un Dobermann rescue – ha vissuto per anni chiuso in un piccolo recinto; non ha molta simpatia per gli altri cani, come si può osservare dall'atteggiamento minaccioso e dalla reazione del Setter, che abbassa la testa e annusa a terra in segno di stress.

imporre i miei obiettivi: se il mio cane non mangiava quello che era nella ciotola, ritrovava la stessa ciotola, con lo stesso cibo, al pasto successivo; se il mio cane voleva andare in una direzione e io in un'altra, si andava dove volevo io.
Di cucciolo in cucciolo, di anno in anno, tutta la mia insicurezza e la mia ansia di controllo sono evaporate e ho imparato a essere più rilassata, più disponibile, più aperta alla scoperta e alla ricerca di chi è il cane che ho davanti. I cuccioli arrivati dopo hanno potuto godere di una maggiore libertà, della possibilità di dire mi piace o non mi piace e di essere ascoltati. Posso essere la cameriera dei miei cani, e questo non mi crea alcun problema, perché sono sempre consapevole dello spazio sociale entro cui mi muovo.
Quando Kandji mi ha detto: «Non mi piace essere asciugato dopo aver fatto il bagno nel lago», io gli ho risposto: «Lo capisco, ma devo asciugarti lo stesso». Per mesi, ha cercato di sottrarsi al terribile asciugamano; quando era cucciolo, prima lo asciugavo poi gli facevo mordere l'asciugamano, così poteva "ucciderlo". Adesso quasi gradisce l'essere massaggiato con un panno di spugna.
Per quanto io ascolti i miei cani, non sono mai in balia degli eventi e sono sempre consapevole di quanto lascio a loro la possibilità di scelta, di quanto li aiuto in una situazione, e di quanto invece impongo la mia decisione. È un equilibrio basato sulla consapevolezza, la conoscenza, la comunicazione e la pazienza. **La paura di perdere il controllo e l'ansia portano i proprietari a chiudersi nelle proprie scelte e interrompere ogni dialogo.** Il cane diventa un nemico che non si adatta alle richieste e si può arrivare allo scontro o a erigere un muro che blocca ogni capacità empatica.
Il punto di partenza, in ogni caso, è essere consapevoli di cosa non piace al nostro cane.
I cani sono incredibilmente tolleranti e adattabili e cercano in ogni modo di fare la cosa giusta per noi e solo per noi ma, anche se possono o devono adattarsi, questo non implica che stiano bene o che non abbiano il diritto di esprimere la propria personalità, lo stato emotivo e la motivazione.
Durante un seminario vicino a Parigi, incontro un giovane maschio di Australian Shepherd, una razza conosciuta per il carattere forte e determinato, spesso visto come cane su cui imporsi per riuscire a ottenere da loro quello che si vuole. La loro determinazione e la loro forza sono anche la loro debolezza: sono cani sensibili, fragili e in difficoltà quando inascoltati e incompresi. Il loro modo per esprimere disagio è la tendenza a diventare ancora più disobbedienti e insofferenti, abbaiare, inseguire, a volte minacciare. Quel maschio a me è sembrato molto solo, invisibile nella parte più sensibile e gentile della sua anima; parlo di lui e spiego quello che vedo e che sento alla alla proprietaria, aggiungendo che io cercherei di evitare lo scontro e lavorerei per una migliore comunicazione, per trovare i contesti in cui dire al cane che è bravo, che sta facendo la cosa giusta. Durante la pausa pranzo, mentre tutti si affollano intorno al tavolo del buffet, sento abbaiare e il cane è lì, a guinzaglio, che urla il suo disagio di trovarsi in mezzo a tutte quelle persone sconosciute: nessuno lo ascolta.
Per qualche motivo prendiamo sul serio il «Non mi piace» solo nel momento in cui la reazione è così intensa da non poterla ignorare, quando il cane dimostra paura e aggressività. In molti casi si può evitare una reazione così intensa, lavorando su condivisione, comunicazione, ascolto e fiducia. Ed ora l'analisi della vostra lista.

1. **Nel vostro elenco c'è il veterinario?** I proprietari spesso dimenticano che per il cane può essere un evento molto stressante. Esistono cani che non hanno problemi ad affrontare un ambulatorio veterinario e altri che non hanno mai vissuto una esperienza così negativa da determinare una memoria di paura.
2. **Quali elementi avete considerato per decidere che al vostro cane non piace qualcosa?** Che cosa vi porta a dire «Al mio cane questo non piace»? Un elemento utile sono le risposte di paura. Cercate di ricordare tutte le volte in cui ha avuto paura, perché i comportamenti di paura sono molto definiti e riconoscibili e sono un forte indicatore del disagio del cane in un certo contesto. Per essere precisi nell'elenco, è importante aver ragionato su cosa, in quel contesto, ha causato la reazione di paura. Se siete in una stanza e il cane ha paura, guardatevi intorno ed esaminate ogni elemento presente: altre persone, altri cani, rumori, oggetti, odori, essere al chiuso, l'ambiente sconosciuto,

esperienze precedenti, lo stato di paura di un altro cane.

3. **Quando ho capito cosa non piace al mio cane, cosa devo fare? Non posso evitare tutto quello che non gli piace.** Se al mio cane non piace mangiare il pesce, posso evitare di dargli il pesce o posso provare a darglielo cotto invece di usarlo crudo, a cambiare tipo di pesce. Se al mio cane non piacciono i cani che non conosce, posso provare a fargli incontrare un cane che lo aiuta a stare bene, a sentirsi al sicuro e che ha una personalità compatibile. Posso fargli capire che se anche c'è un altro cane non è costretto a incontrarlo (ad esempio durante la passeggiata al guinzaglio). Posso frequentare delle classi di socializzazione, in cui incontra cani adeguati in un contesto che lo tutela e posso non fargli incontrare cani sconosciuti.
È chiaro che certe soluzioni sono più facili e più accessibili, ma qualunque percorso inizia con un'analisi delle motivazioni e delle cause. Non è così semplice capire da che cosa è causato un certo comportamento; ad esempio, l'intolleranza dimostrata verso altri cani può essere legata a una bassa motivazione pro sociale, a esperienze passate o traumi legati a aggressioni subite, a una socializzazione forzata che ha causato ansia, alla paura, al dolore, alla reazione del proprietario. Prima di muovere un qualunque passo per risolvere quello che per noi, e per il nostro cane, può essere un problema, dobbiamo capire il problema.
Non gli piacciono i cani, o non gli piacciono i cani dello stesso sesso? O i cani con un certo aspetto? O cani più grandi, o aggressivi? È importante capire che la nostra capacità di influenzare il nostro cane ha un limite; è giusto provare a aiutarlo ma è altrettanto giusto permettere al cane di esprimere le proprie motivazioni. Grisou, che non ama i cani, è in grado di incontrare delle femmine; Arj, che ha paura dei cani, non incontra cani che non conosce e Brick, che ama i cani, incontra centinaia di cani ogni anno, di sua scelta.

4. **Un cane può imparare ad apprezzare qualcosa che non gli piace?** Tutto dipende dal motivo per cui il nostro cane non apprezza qualcosa; un cane può non amare l'acqua perché ne ha paura. Alie, femmina di Malinois, è caduta nel lago quando era cucciola e da allora ha paura dell'acqua alta; Ryuk, maschio di Pastore Tedesco, è caduto nel lago alla stessa età e, appena è stato tirato fuori dall'acqua, si è scrollato e si è lanciato di corsa verso la riva per tornare in acqua. **Ogni cane è un individuo ed è diverso**

Melissa è una Maremmana adottata in canile; ha dimostrato subito difficoltà a tollerare le persone estranee. Per evitare ogni contatto, si sdraia dietro la proprietaria, dando la schiena al gruppo di persone.

nella capacità di affrontare gli stimoli, le relazioni, gli eventi.

Conoscere il nostro cane ci può aiutare a capire entro che grado possiamo influenzare il suo comportamento. A volte insistere può significare peggiorare il problema e molto spesso il modo giusto per aiutare il cane è affrontare il problema fuori dal problema. In altre parole, se il nostro cane non ama gli altri cani, la cosa migliore potrebbe essere lavorare alla nostra relazione, giocare, lavorare in apprendimento e in ricerca olfattiva, Obedience, dischi, passeggiate insieme, senza incontrare altri cani. In alcuni casi, il cane può migliorare le proprie capacità di controllo emotivo aumentando lo stato di benessere, la fiducia in se stesso e in noi, e crescendo e maturando a livello mentale, emotivo e sociale.
La strada più breve per arrivare al risultato può essere un intricato percorso di scoperta del nostro cane in ambiti molto diversi da quelli dello scenario originale.

7.2.1 Perché è così importante sapere cosa non piace al cane?

Per me la conoscenza di un individuo, di un cane, è come la scoperta di un mondo sconosciuto. Disegno una mappa mentale del cane, osservandolo in situazioni differenti e cercando di capire dal suo comportamento se sta bene, se sta male, cosa lo fa stare bene e cosa lo fa stare male.
In questa mappa ci sono disegnati gli elementi che influenzano il suo stato emotivo e il suo comportamento e c'è la linea che separa lo stare bene dallo stare male. L'obiettivo è vedere la linea prima che il cane la superi, prima di essere noi a forzarlo a superarla.
Mi chiedo da che lato ci troviamo rispetto a quella linea e a che distanza: se sono costretta a superare la linea, portando ad esempio il mio cane dal veterinario, mi chiedo come posso aiutarlo a stare meglio in quel contesto (i piccioni di Brick, per capirci). Questa mappa mi aiuta a fare buone previsioni su quello che siamo in grado di affrontare e condividere e a tutelare il mio cane dal rischio di un crollo emotivo.
Gli inglesi hanno un detto che amo particolarmente: «caring, sharing, considering», prendersi cura, condividere e considerare. Credo che voler vedere, e accettare, che il nostro cane possa non amare qualcosa, o stare male per qualcosa, sia un grande segno di rispetto per il cane.

7.2.2 Come usare la lista

Scrivere questa lista richiede consapevolezza e onestà, una conoscenza che non è solo del cane, ma è prima di tutto della nostra capacità di vedere e di voler vedere anche gli aspetti meno gradevoli e condivisibili della vita con il cane.
La lista è un ottimo punto di partenza per separare il cane da noi stessi, per riconoscere che è un individuo con proprie motivazioni, è il punto su una mappa da cui cominciare una esplorazione:

- verso il problema, per capirlo meglio;
- verso la soluzione, se esiste, analizzando cosa può aiutare il nostro cane a vivere meglio una certa situazione.

7.3 Io, il mio cane, la nostra lista

La lista di Sally, mix segugio

Sally ha 8 anni e mezzo ed è stata adottata a 2 mesi, sua madre è una Segugia Italiana, trovata vagante e incinta. È stata adottata da Caterina, titolare di un centro cinofilo, ed è lì che ho incontrato Sally.
«Ho visto i cuccioli e mi è stato suggerito di adottare una femmina da affiancare a Vasco, il mio cane. Ed è così che è arrivata Sally. Fin da piccola, quando la mia amica Flick arrivava sotto casa o in passeggiata, Sally la sentiva, le correva incontro; Flick apriva la portiera dell'auto e lei saliva a fare ispezione completa dell'auto. Una volta l'ha fatto con l'auto della polizia. Va in panico quando un cane le arriva da dietro correndo e, se poi la sfiora, apriti cielo. La prima volta che l'ho notato eravamo in passeggiata. Kes e Vasco correvano dietro a un legno. Le sono arrivati da dietro e lei per un buon quarto d'ora ha avuto bisogno di stare al guinzaglio (che è qualcosa che la rassicura). Odia la pettorina, si gratta in continuazione, tranne quando facciamo *mantrailing*. Ecco, avrei dovuto aggiungere i "lavori di naso"

nelle cose che le piacciono! Ma le piacciono solo quando ne ha voglia lei. Per il cibo, è merito della BARF sapere cosa le piace e cosa no. Io non le piaccio quando sono emotivamente instabile. Mi evita».

Piace a Sally
1. Io **2.** Cacciare con me **3.** Cacciare da sola **4.** Convincere le zie a farle i grattini **5.** Stare al sole **6.** Saltare dentro alle auto **7.** Camminare nei fiumi bassi **8.** Saltare da una roccia all'altra **9.** Le cosce di pollo **10.** I miei genitori

Non piace a Sally
1. Il veterinario **2.** Il vento **3.** I temporali **4.** I botti **5.** Gli aerei che fanno rumore **6.** Il fegato **7.** A volte, io **8.** I cani che corrono arrivando da dietro **9.** I cani che la corteggiano con insistenza **10.** La pettorina

La lista di Bell, Pastore Tedesco

«Bell, Pastore Tedesco, è arrivata a me per uno strano destino (prima era del mio fidanzato). A 11 anni ha scoperto che esisteva il *clicker*; i suoi occhi cambiavano, le orecchie dritte si avvicinavano e lei ha saputo di esistere ed essere qualcuno, finalmente».

Piace a Bell
1. Andare nel suo posto magico in montagna **2.** Andare in gelateria e mangiare biscotti **3.** Mangiare la testa del salmone **4.** Lavorare in apprendimento **5.** Andare a casa del mio papà a prendere biscotti di nascosto **6.** Guardare i movimenti in strada dal terrazzo **7.** Coccole serali sul letto **8.** Fare *grooming* al suo orsetto **9.** Mangiare l'uovo sodo **10.** Svuotare il *kong*

Non piace a Bell
1. Una cagna del quartiere **2.** Farsi spazzolare **3.** Farsi mettere la pomata sul tartufo **4.** Essere toccata in testa da estranei **5.** Farsi toccare la coda **6.** Risalire in auto dopo il bosco **7.** La verdura **8.** Il Jack Russell del vicino **9.** Andare oltre la piazzetta del paese **10.** La bilancia di casa

La lista di Zoe, Jack Russell

«Zoe è una femmina di Jack Russelll Terrier di 4 anni, presa in allevamento a 62 giorni, vive con me, il mio compagno e un altro Jack Russelll maschio, Rudy. Fin da quando è arrivata da noi ci siamo accorti che le piaceva dormire infilata dentro le federe dei cuscini, o sotto la pila di cuscini del divano. Spesso si addormentava ed era impossibile trovarla! Quando ha imparato a salire sul letto, abbiamo subito immaginato dove si sarebbe posizionata... tutta la notte sotto le lenzuola, senza uscire praticamente mai!»

Piace a Zoe
1. Giocare con la palla... Giocare in generale **2.** Andare nel bosco **3.** Andare sulla spiaggia **4.** Nuotare **5.** Ricerca olfattiva e piste **6.** Apprendimento **7.** Rosicchiare roba essiccata **8.** Dormire sotto le coperte **9.** Prendere il sole in terrazzo **10.** Andare al bar **11.** Farsi grattare l'attaccatura della coda

Non piace a Zoe
1. Farsi mettere lo spray antizanzare **2.** Farsi lavare **3.** Camminare sotto la pioggia forte **4.** Manipolazioni da chi conosce poco **5.** Essere presa in braccio **6.** Rumori forti e stridenti **7.** I giocattoli di gomma o plastica

La lista di Jethro, cane fantasia

«Jethro, 7 anni, è stato adottato a 60 giorni tramite annuncio di privato in un negozio per animali. Viveva in una stalla al buio insieme alla madre e ai 4 fratellini. Noi lo abbiamo preso il sabato e il lunedì la proprietaria li avrebbe venduti al mercato perché tutti gli anni la cagna le sfornava cuccioli. Così abbiamo preso Jethro e salvato un fratellino, che è stato preso da una conoscente con la quale non abbiamo però più contatti. Una delle cose che gli piacciono maggiormente è il fatto di dargli da mangiare alimenti cucinati da noi. Precedentemente la sua alimentazione era basata su prodotti secchi industriali. La prima volta che abbiamo cucinato riso verdure e pollo per lui quasi non ci credeva, i suoi occhi erano luminosi. Finito di mangiare si è rotolato sul letto facendo strani vocalizzi uditi da un'altra stanza, con le zampe si puliva occhi e baffi soddisfatto. Non contento, è passato dal letto al divano per finire la sua opera!

Non aveva mai fatto nessuno show con il secco. Ricordiamo bene quel momento e come lui ci era grato di avergli fatto assaggiare quelle cose buone, anche se all'età di 4 anni. È così che ci siamo rivolti ad un nutrizionista seguendo una dieta casalinga bilanciata. Tutt'ora è felice, e anche noi quando lo guardiamo finire il pasto; tutte le volte ci fa ricordare quella prima volta».

Piace a Jethro

1. Stare in acqua e fare tuffi **2.** Giocare con la pallina **3.** Stare sul letto con noi **4.** Contatto fisico e coccole **5.** Apprendimento **6.** Stare all'ombra **7.** Andare nei boschi **8.** Mangiare cucina casalinga e parmigiano **9.** Il nostro rientro a casa **10.** Correre all'impazzata

Non piace a Jethro

1. Farsi pettinare e cure di routine (bagno escluso) **2.** Essere toccato dagli estranei **3.** Incontri prolungati con altri cani **4.** Caldo e sole **5.** Acqua salata **6.** Biciclette o persone che corrono e passano vicine **7.** Rumori improvvisi o movimenti bruschi di cose e persone **8.** Bambini **9.** Luoghi affollati **10.** Le crocchette

7.4 Attenzione e coccole

Durante una lezione, mentre sto parlando a venti persone, Brick si ferma davanti a me e mi guarda; io la guardo come a dirle: «Cosa vuoi? Non possiamo andare a fare un giro intorno al lago, adesso. Devi aspettare la pausa». Poi, riprendo la lezione.
Anni fa leggevo che non bisogna dare attenzione ai cani se sono loro a richiederla, che non bisogna dare niente ai cani, se sono loro a volerlo. Dobbiamo ignorarli, non dobbiamo giocare, non devono avere cibo, non possono uscire, se lo chiedono. Non solo non devono avere niente se lo chiedono, ma non possono neppure avere niente gratuitamente; c'è persino chi è convinto che niente debba essere gratuito nella vita di un cane.
Non ricordo quando ho cominciato a rispondere sì alle richieste dei miei cani e a dare gratis attenzione, coccole, gioco, anche cibo. Però ricordo che non solo non sono stata uccisa nel sonno da un branco di cani assetati di potere, ma che ho anche migliorato la mia comunicazione e la mia relazione con i miei cani.
Uno degli effetti più incredibili di questo radicale cambiamento nella gestione dei cani è stato che i miei cani considerano del tutto normale chiedere, dire e persino pretendere qualcosa da me.
I cani non parlano, ma sono molto abili nel comunicare un bisogno o una richiesta. Ognuno di noi riconosce lo sguardo da «Giochiamo con la palla?» o «Mi dai cibo?»; lo fanno guardando prima noi poi quello che vogliono: fissarci, toccarci con una zampa o con il naso, saltarci addosso, produrre suoni e vocalizzare.
Abbaiare è spesso il loro modo di urlare quando nessun altro segnale è stato ascoltato.
Ricambiare una richiesta di attenzioni non significa essere subordinati o al servizio dei propri cani, è solo un modo molto sociale di confermare il legame affettivo, la naturale tendenza a prendersi cura e considerare un componente della famiglia.
I proprietari a volte non sembrano in grado di capire quello che sta comunicando il cane. Il problema non è tanto nella capacità di tradurre il comportamento del cane, quanto nel saperlo guardare. Parte del nostro comportamento non si inserisce in un dialogo, ma è un monologo, perché facciamo quello che ci piace e che ci fa stare bene senza chiederci cosa ci sta dicendo il cane, se ci sta chiedendo la pallina o se vuole che gli facciamo le coccole.

Due esempi pratici. Il primo riguarda una sessione di apprendimento. L'esercizio è insegnare al cane a toccare un cono di plastica con il naso. Il cane non dimostra motivazione verso il cibo, appare insicuro. Il proprietario non riesce a sintonizzarsi sul cane, e continua a restare focalizzato sull'obiettivo, invece di rassicurare il cane. Non appena il cane ottiene contatto sociale, il livello di stress si riduce e il cane recupera motivazione e interesse all'apprendimento. Il secondo riguarda la gestione al guinzaglio. Il cane esibisce segnali di disagio, come rallentare, toccare la gamba con il naso, annusare a terra. Questi segnali vengono ignorati, e viene dato valore unicamente al guardare in viso. Guardarci in viso è uno di quei comportamenti che fa stare bene noi, ma non aiuta il nostro cane e non si basa su una reale comunicazione.

Riuscire a sintonizzarsi con il cane richiede sensibilità e attenzione e la buona notizia è che abbiamo la naturale capacità di farlo; dobbiamo solo imparare a guardare il cane, cercare di capire cosa ci sta dicendo, rispondere e lasciare che sia il suo comportamento a dirci se abbiamo fatto la scelta corretta.
Uno dei rischi è quello di affidarsi a regole e schemi, invece di guardare il cane come individuo. Cosa c'è di più naturale e spontaneo del fare le coccole a un cane? Eppure, esiste uno schema su qual è la cosa giusta anche per questo: il disegno

di un cane con colori diversi che corrispondono ai punti graditi, quelli tollerati e quelli *off limits*. L'idea è che da qualche parte ci sia un Esperto che ci dice cosa fare ma, anche se esistesse, chi saprebbe meglio del nostro cane dove gli piace essere toccato, quando gli piace essere toccato e da chi.

In generale, i cani amano poco essere toccati quando sono concentrati o eccitati. Se si stanno impegnando in una sessione di apprendimento, o stanno giocando con la pallina, possono tollerare il contatto o cercare di evitarlo.

Durante i test ho valutato la reazione del cane al contatto fisico usando una mano finta: alcuni cani continuano a mangiare, qualcuno scodinzola in modo amichevole, altri si irrigidiscono, aumentano la frequenza delle boccate, appoggiano il naso sul bordo della ciotola più vicino a chi li sta infastidendo e possono chiaramente minacciare e mordere la mano. Per i cani è molto più grave se proviamo a spostarli dalla ciotola che se cerchiamo di spostare la ciotola e il massimo della reazione si ha quando la mano tocca l'area vicino alle labbra; non tutti i cani morderebbero in quella situazione.

Io insegno a tutti i cuccioli che arrivano a casa a condividere il cibo, sedendomi per terra e dando al cucciolo qualcosa di buono da sgranocchiare. Il cucciolo cerca un posto comodo per masticare la delizia e finisce prima o poi con l'accomodarsi su di me. A quel punto lo accarezzo sul corpo, con il palmo pieno e nel senso del pelo, imitando le leccate della mamma ai neonati, evitando di toccare la testa. In questo modo associo il contatto sociale al piacere del cibo e sviluppo nel cucciolo la tendenza a condividere.

I cani gradiscono il contatto fisico se c'è una relazione di fiducia, se il contatto è associato alla capacità di vedere il cane come individuo, le sue emozioni e le sue motivazioni.

Il contatto fisico dovrebbe essere gradito al cane ed esprimere affetto. Per sapere se al nostro cane piace, possiamo fargli qualche coccola, smettere e vedere se rimane vicino a noi e ci chiede di continuare; se invece si allontana, forse ha qualcos'altro da fare o dobbiamo perfezionare l'arte del fare le coccole.
Le persone a volte confondono una richiesta di informazioni, l'annusarci o una marcatura con la spalla e l'area perianale con una richiesta di coccole. Il cane può tollerare, reagire, fissarci sorpreso e allontanarsi; non era sbagliato il contatto, ma il tempismo, perché anche il piacere delle coccole varia in persone e cani.
I cani che sembrano non volere altro che coccole nascondono spesso uno stato ansioso; se il cane è eccessivo, il consiglio è quello di ignorarlo per non rinforzare il comportamento. Invece di ignorarlo, io credo che sia più sensato chiederci cosa ha portato il cane a vivere il contatto in modo ansioso. A volte una richiesta di contatto eccessiva riflette un bisogno del proprietario di conferme o una esposizione incontrollata al contatto con estranei.
Le coccole possono essere un bel momento da vivere insieme al proprio cane, e avere effetti positivi non solo dal punto di vista emotivo e sociale, ma persino fisico e fisiologico.
Toccare il proprio cane è anche un ottimo modo per controllare il suo stato fisico. I cani con molto pelo possono ingrassare o dimagrire molto e il modo migliore per controllare è toccarli e capire se si riescono a percepire le costole e quanto sono evidenti le creste iliache, le due sporgenze ossee ai lati della coda. Possiamo anche valutare la salute del pelo, la presenza di semi spinosi, nodi, parassiti. Dovremmo eseguire questo controllo ogni giorno e imparare a riconoscere il fisico del nostro cane in salute, in modo da essere in grado di riconoscere i sintomi di un possibile problema; se abbiamo un dubbio, l'unico a cui chiedere un parere è un veterinario.

8 Le strategie di *coping*

Ogni capitolo di questo libro per me è uno strumento che il proprietario può usare per capire, per guidare e per aiutare il proprio cane.
Il mio modo di vivere i cani, di lavorare per i cani, è cambiato molto nel tempo, e in modo così profondo che a volte fatico a capire chi non condivide la stessa visione. Nella relazione con il cane, per me, non c'è niente di costruito, di artificiale o di meccanico: è importante che le persone siano se stesse, oneste e siano consapevoli.
L'uso dei *coping* è nato così, dall'esperienza diretta con i miei cani e dal trasferimento degli questi elementi raccolti nella mia pratica di lavoro. Prima di usare i *coping* nel mio lavoro, non ho studiato sui libri il significato del termine e ho scoperto solo anni dopo che quello che facevo aveva un nome e che esistevano studi estesi e approfonditi sui *coping* nei testi di psicologia umana. Ho capito molto del mio lavoro per i cani quando ho iniziato a leggere libri di neurofisiologia del comportamento e di psicologia umana.
Coping è un termine inglese che indica la capacità o il tentativo di fare fronte a un evento stressante. Le strategie di *coping* sono definite come «lo specifico sforzo, sia nel comportamento sia a livello psicologico, che le persone sperimentano per affrontare, tollerare, ridurre o minimizzare gli eventi stressanti». Le strategie di *coping* sono significative anche perché moderano le conseguenze dell'esperienza di un evento stressante.
Nei testi di psicologia umana esistono molte definizioni e molte categorie descritte. Io trovo utile la divisione in tre categorie.

1. *Coping* di tipo emotivo. Si riferiscono allo

I cani amano giocare con i pezzi di legno, forse per la consistenza e la disponibilità.
Per Brick un pezzo di legno è anche un modo per ottenere attenzione, soprattutto quando ha queste dimensioni!

sforzo esercitato per regolare le conseguenze emotive di eventi stressanti.

1. ***Coping* di tipo cognitivo**. È l'impegno dedicato a identificare e seguire delle strategie attive per alleviare delle circostanze stressanti.
1. ***Coping* di evitamento.** Questi *coping* portano le persone ad attività, come l'abuso di alcol, o a stati mentali, come la rinuncia, che li portano a evitare di affrontare direttamente l'evento stressante.

L'evento stressante può essere affrontato o può essere evitato.

Un altro elemento importante delle strategie di *coping* è che possono dipendere dal contesto. Una strategia può essere accessibile ed efficace in un contesto e non esserlo in un altro. Occorre tenere sempre a mente anche il concetto di flessibilità, cioè la capacità di modificare la strategia di *coping* rispetto alle richieste di diverse situazioni stressanti.

Non esistono ad oggi degli studi sul *coping* nel cane e quello che riporterò è basato interamente sulla mia esperienza personale. Non è «il *coping* nel cane» ma la mia versione di cosa è una strategia di *coping* nei cani, come si usa e a cosa serve.

È importante ricordare che le strategie di *coping* sono un aiuto per il cane, non la soluzione a un problema. Un *coping* efficace può aiutare il cane a stare meglio, a recuperare più in fretta, ma il vero problema è lo stress causato da uno stimolo o un evento. Dobbiamo aiutare il cane a vivere in modo più neutrale o positivo quello stimolo e quell'evento, a farlo sentire più sicuro e al sicuro, se lo vogliamo aiutare.

8.1 Qualcosa di bello

Torniamo alla lista delle 10 cose che piacciono al nostro cane e ragioniamo sul fatto che un'attività piacevole e divertente è un potente antidoto allo stress. L'idea è quella di aiutare il cane a stare meglio, permettendogli di svolgere una di queste attività.

Il primo problema è che, nel momento di massimo stress, il cane può essere del tutto incapace di concentrarsi e fare altro: abbaia furiosamente ai cani chiusi nei giardini del vicinato ogni volta che usciamo di casa. Possiamo decidere di usare un giocattolo per distrarlo, per attirare la sua attenzione su di noi e passare indenni in quella strada; accade a volte che il nostro cane giri per un istante lo sguardo, veda la pallina e poi si lanci di nuovo contro i cani.

Nel momento di massimo stress, il cane non è emotivamente in grado di staccare gli occhi, le orecchie, il naso e la mente da quello che percepisce come pericolo: non è la pallina che non funziona, è come la stiamo usando che non funziona.

Immaginiamo ora l'intera sequenza degli eventi. Il nostro cane abbaia ai cani dei vicini ogni volta che usciamo di casa ed è probabile che non appena ci infiliamo le scarpe, prendiamo il guinzaglio e afferriamo le chiavi di casa, il nostro cane cominci già a cambiare il proprio stato emotivo. È eccitato per la passeggiata ed è quindi più reattivo e più ci avviciniamo al punto in cui è solito abbaiare contro gli altri cani più è pronto a esplodere, emotivamente. Tira al guinzaglio, la testa e la coda sono alte, è rigido, ha il pelo sulle spalle sollevato, il respiro è più profondo e affannoso.

In questo momento, noi non esistiamo e nemmeno la pallina esiste.

Nel momento di massimo stress è del tutto inutile provare a cambiare il comportamento del nostro cane. Quando usare la pallina, allora? Da un punto di vista logico, ci sembrerebbe una buona idea usarla quando ancora non ha reagito, all'uscita di casa, al portone del palazzo, al cancello che da sulla strada, cioè quando è eccitato ma riesce a vederci e sentirci. Sbagliato: se vogliamo usare un giocattolo come *coping*, il momento giusto per usarlo è quando siamo in passeggiata e il nostro cane è sereno. Questo gli darà l'informazione che noi abbiamo un giocattolo e siamo pronti a giocare. In quel pezzo di strada, in cui reagisce alla vista di altri cani, il momento giusto è quando è tutto finito, dopo che ha reagito e non prima.

Un *coping* non serve a impedire la reazione e a distrarre il cane, ma a aiutarlo a stare meglio quando subisce uno stress.

Passiamo lungo la strada tenendo il cane a guinzaglio corto e facendo da scudo contro i cani che lo preoccupano e, quando siamo fuori dalla «zona di guerra», allunghiamo il guinzaglio e gli diamo la pallina e giochiamo con lui. In questo momento, la pallina e il gioco lo aiuteranno a recuperare. Con un po' di lavoro sulla gestione al guinzaglio e la sensazione di sicurezza e di fiducia, è molto probabile che sia il cane ad anticipare il momento in cui ci chiede la pallina e che riesca a un certo punto a focalizzarsi sul giocattolo e su di noi, invece di reagire.

> La corretta sequenza è:
> **evento stressante → reazione emotiva → abbassamento del livello di stress → *coping***
>
> Nel tempo il cane può riuscire a cambiare questa sequenza in:
> **anticipazione di un evento stressante → *coping* → minima reazione emotiva**

8.2 Quali sono i *coping* naturali dei cani?

Che cosa fa stare bene i cani? Vi ho chiesto di scrivere l'elenco del vostro cane e ho riportato quelli di alcuni proprietari. Ma ho fatto anche di meglio: ho chiesto ad alcuni proprietari di descrivermi qual è il *coping* più efficace del proprio cane e ho analizzato le risposte. Non è uno studio scientifico, è più una indagine che mi ha aiutata a capire meglio il fenomeno.
Secondo questa ricerca, i *coping* più diffusi sono:

1. rosicchiare – fare a pezzi;
2. il contatto sociale;
3. la pallina – il gioco con la palla;
4. tenere qualcosa in bocca;
5. giocare con un giocattolo (tira e molla con la treccia, altro);
6. cacciare (lucertole, altro);
7. uno spazio sicuro.

Da questi elementi ho poi identificato 3 categorie differenti di *coping* naturali:

1. predazione;
2. contatto sociale;
3. movimento.

8.2.1 La predazione

Uso il termine in un senso più ampio della caccia a una preda; questa categoria infatti comprende

Valutazione di un Pastore Tedesco, qui nella reazione a un giovane meticcio maremmano. Il Pastore Tedesco riesce a staccarsi dalla recinzione, e riesce a tornare e a giocare con i proprietari.

cacciare, giocare con giocattoli, masticare, controllare delle risorse, tenere qualcosa in bocca, masticare, distruggere e inseguire.
Il primo esempio che mi viene in mente è una osservazione che deriva dalla mia vita con i miei cani. Quando Grisou, il mio Border, aveva circa 3 mesi, ero a Rimini per la docenza a un seminario. Alle cinque di mattina usciamo dall'albergo e ci dirigiamo verso la spiaggia; per strada non c'è quasi nessuno e Grisou è al guinzaglio e cammina sereno vicino a me. Arriviamo alle strisce, mi fermo per far passare un'auto e Grisou si scaglia in avanti e insegue le ruote dell'auto. Mi spavento, lo blocco e non succede niente. Lo osservo al passaggio dell'auto successiva e capisco che la sequenza è: timore/congelamento-inseguimento. Ci ho ripensato anni dopo, ragionando sui *coping*.
La mia idea è che l'inseguimento sia collegato all'effetto rimbalzo della paura. La paura provoca una produzione di adrenalina e lo scampato pericolo trasforma quella energia in predazione, perché poter predare qualcosa che lo ha spaventato aiuta il cane a stare meglio.
Ho ripensato a quella esperienza durante la recente valutazione di una femmina di Briard con l'unico enorme problema di predare le auto. Un educatore ha consigliato ai proprietari di restare fermi lungo una strada trafficata e di impedire alla cagna di inseguire le auto; una procedura che sembra logica, poiché in questo caso si tratta o di inibire o di portare la cagna a uno stato di assuefazione. Troppi stimoli portano il cane a smettere di reagire; è un po' come togliersi la voglia di mangiare una torta mangiandone fino a avere la nausea. Sembra una procedura logica, eppure non ha non funzionato.
Quella cagna per me aveva una gran paura delle auto ed era molto insicura anche con le persone; costringerla a stare al bordo di una strada trafficata non aveva fatto altro che farle perdere fiducia nei proprietari e renderla ancora più ansiosa e fragile.
Uno dei cani che mi ha insegnato qualcosa sui *coping* è stata Tracy, femmina di Bulldog Americano, uno dei cani del progetto Ex combattenti. Tracy, che aveva una vera e propria ossessione per le lucertole, passava tutto il tempo a cercarle, in qualunque stagione. Sembrava disinteressarsi agli umani, all'ambiente in cui si trovava, a tutto e l'unica cosa in grado di riportarla tra noi, per un istante, era darle un giocattolo: lo inseguiva, lo afferrava, si allontanava e sdraiava di schiena e cominciava a distruggerlo. Se qualcuno provava a portarle via il suo tesoro, non esitava a minacciare di mordere.
Per dare un senso a questo comportamento, ho guardato le foto del sequestro; i cani erano legati con delle catene pesanti e corte ed è probabile che le femmine fossero state legate a quella catena ogni giorno della loro vita, per anni. In una vita di totale deprivazione e in un ambiente così abusivo, è possibile che l'unica cosa bella per lei fossero le lucertole, l'unico sollievo a una vita rubata. Anche la possessività sui giocattoli si spiega in termini di deprivazione; non aver avuto niente dalla vita rendeva quei giocattoli qualcosa di straordinario. La sua aggressività era solo ansia di perdere qualcosa che per lei aveva un grande valore.
Altri comportamenti molto interessanti sono quelli in cima alla lista: masticare e distruggere. È interessante che qualcosa che aiuta un cane a stare bene sia anche uno dei comportamenti che fa stare peggio i proprietari. Ho perso il conto dei proprietari che si sono lamentati del cucciolo che rosicchiava in casa o del cane che soffriva la solitudine e distruggeva oggetti durante l'assenza dei proprietari.
Ricordate la cassetta della distruzione? Punire il

Una quaglia si è nascosta nell'erba, ma non le è bastato per passare inosservata.

cucciolo non fa altro che aumentare lo stress e innescare un ciclo vizioso di stress-distruzione come *coping*. Se un cucciolo rosicchia, chiuderlo in un trasportino può impedirgli di rovinare qualche oggetto che ci appartiene ma non lo farà certo stare meglio.

8.2.2 Il contatto sociale

Per anni ho sentito dire: «Non rassicurare il cane se ha paura, perché aumenti la sua insicurezza», ma non ci ho mai creduto fino in fondo; quando uno dei miei cani aveva paura io lo rassicuravo. Durante il rientro da un viaggio con una piccola Kelpie di 2 mesi, Kes, che eravamo andati a prendere ad Ascoli Piceno, ci fermavamo negli autogrill e lei scendeva dall'auto e si guardava intorno preoccupata. Io mi accucciavo vicino a lei e la rassicuravo: «Ci sono io con te, non hai bisogno di avere paura, ti difendo io». Lei, poco per volta, tornava ad essere più rilassata e curiosa e cominciava ad esplorare l'aiuola e io la seguivo, come un palloncino d'aria.
Quando prendiamo dei cuccioli, li portiamo via da tutto ciò che per loro è famiglia e sicurezza e quindi il minimo che possiamo fare è dare loro la nostra attenzione, il nostro conforto e la nostra protezione.
Ho cominciato a dire ai proprietari di rassicurare i cani senza sensi di colpa, perché non siamo cattivi proprietari se dimostriamo empatia e supporto. Il problema si presenta solo se il nostro stato emotivo è negativo e agiamo da cassa da risonanza, amplificando la reazione del cane. Per aiutare un cane dobbiamo sentirci sicuri, confidenti, emotivamente stabili.
Un elemento chiave del contatto sociale è la capacità di riconciliazione. Può capitare di essere in conflitto con il cane, di sgridarlo per il suo comportamento, diventando noi la causa di uno stato di stress. Ogni volta che abbiamo un atteggiamento minaccioso o che alziamo la voce, dobbiamo ricordare due elementi che per il cane sono fondamentali:

- dobbiamo ricordare che non ci piace il comportamento del cane, non il cane. Il cane ci piace, è il suo comportamento che è un problema; non sempre è scontato mantenere questa distinzione;
- subito dopo il conflitto, e il prima possibile, dobbiamo riconciliarci perché la riconciliazione rassicura il cane sul legame con noi e gli restituisce fiducia e sicurezza.

Il contatto sociale è un *coping* efficace solo se è il cane a chiederlo. Avvicinare un cane, farsi annusare la mano, guardarlo, chinarsi, toccarlo, abbracciarlo o baciarlo sono tutti comportamenti che per noi hanno un significato positivo. Ma è davvero così?
La realtà è che anche per noi sono positivi solo se li riceviamo da qualcuno che ci piace e nel momento in cui siamo disposti a accoglierli. Molti, invece, sono convinti che ai cani debba piacere il contatto con le persone. Nei cani la motivazione al contatto è diversa in individui differenti, è diversa se chi li avvicina è una persona familiare e se in quel momento desiderano davvero essere toccati.
Il modo migliore per capire cosa vuole il cane è chiederglielo; se un cane viene vicino a noi o si ferma dietro di noi, lo fa per sentire il nostro supporto e non necessariamente perché vuole essere toccato. Se è spaventato da qualcuno o da qualcosa, il contatto fisico può farlo sussultare di paura. Lo stress aumenta la sensibilità cutanea dei cani e questo si osserva bene nei cani che iniziano a reagire in modo molto marcato agli insetti che li sfiorano, quando sono stressati.
Un altro mito duro a morire è che dare attenzione a un cane che è vicino a noi, o tenere un cane in braccio, possa aumentare la sua tendenza ad aggredire. È normale che un cane voglia difendere il legame con il proprio gruppo familiare, soprattutto se è spaventato, ma l'aggressività è solo un segno del suo disagio: ignorarlo, allontanarsi e respingerlo lo farà sentire solo e abbandonato da chi dovrebbe invece aiutarlo e sostenerlo.
Durante le classi di socializzazione, ho deciso di contravvenire a ogni regola e di chiedere ai proprietari di sedersi a terra, o su una sedia e permettere al loro cane di piccola taglia di stare in braccio. Non solo; i proprietari dovevano anche respingere i cani estranei, usando il braccio come una barriera, come a comunicare: «io e il mio cane ci apparteniamo, e niente e nessuno può dividerci». Se è il cane a volersi allontanare, allora il proprietario non può impedirglielo. L'obiettivo non è mettere il cane sotto una campana di vetro, ma

Il Dalmata non sembra felice di entrare nell'area cani, e non appena si chiude il cancello, salta verso la proprietaria, un chiaro segnale del disagio causato dalla presenza di altri cani o dalla barriera che li separa.

insegnargli a chiedere e a ottenere aiuto quando è spaventato. Uno dei problemi dei cani di piccola taglia è che ogni cane che incontrano è più grande e sono fisicamente incapaci di difendersi dagli abusi.

8.2.3 Il movimento

Spesso guardiamo i cani come se non avessimo bisogno di osservarli meglio, come se fosse tutto chiaro e non ci fosse alcun bisogno di cercare altre spiegazioni.
Due cani si incontrano al parco. Dopo un iniziale momento di rigidità, uno dei due si inchina, l'altro risponde e inizia l'inseguimento. I proprietari guardano i due cani e sorridono divertiti, stanno giocando!
Trovandomi nel ruolo di responsabile delle interazioni tra i cani, ho imparato a non smettere mai di guardare e di farmi domande. Il cane sta bene? Si sta davvero divertendo? Nel caso del cane che corre e viene inseguito, ho cominciato a controllare se i due cani si scambiavano il ruolo di inseguito e inseguitore o se fosse solo uno dei due a scappare, se il cane che veniva inseguito fosse in grado di fermarsi e di fermare l'inseguitore. Quando non riescono a fermare l'inseguitore, vengono travolti o spinti a ricominciare a correre. Mi sono anche chiesta se tutto quel correre non potesse essere una strategia per gestire lo stress della interazione. La risposta, per me, è sì.
Alcuni cani corrono non tanto per gioco, quanto per stress e la prova è che, se hanno la possibilità di incontrare cani che non li preoccupano e non li inseguono, riducono la frequenza e l'intensità della corsa.
Correre può quindi essere un sintomo di disagio in una interazione, ma può anche essere un modo per stare meglio? L'attività fisica produce benessere soprattutto nei cani che hanno livelli di energia più elevati. La mia esperienza con la femmina di Pastore Tedesco, Puma, ferita dal cinghiale e costretta a stare ferma a lungo, mi aveva fatto capire che la mancanza di attività l'aveva resa più aggressiva.
Con cani che hanno un livello così alto di energie, il mio impegno è fare in modo che ogni giorno, o quasi, venga soddisfatto il loro bisogno di movimento. Il *coping* in questo caso non è legato a un evento stressante, quanto al possibile stress causato da una quantità non sufficiente di attività fisica.
Correre può essere pura gioia e i cani più espressivi, in questa accezione, sono di sicuro i levrieri. Ogni volta rimango incantata nel vedere un levriero che passa in un secondo dall'essere fermo al correre a una velocità incredibile. Purtroppo a causa della loro velocità rischiano facilmente di farsi del male e sono quindi pochi i proprietari che osano lasciarli

liberi di correre. Uno di loro è Anna, che ha adottato Bonnie, uno dei Galgo salvati dalle *perreras*.
Quando le ho conosciute, Bonnie era già un cane con molta libertà e una vita felice; Anna però sentiva il bisogno di conoscere meglio la sua compagna e, tra le varie attività, abbiamo inserito anche le classi di socializzazione. Bonnie sembrava avere difficoltà a relazionarsi con gli altri cani e, soprattutto, non cercava mai aiuto da Anna. Con il tempo ha iniziato ad aprirsi, ma ancora non c'era sintonia in quel contesto. Ci siamo confrontate e ho provato a cambiare prospettiva chiedendomi che cosa facesse stare meglio Bonnie. Ho trovato due risposte: la distanza e correre. Abbiamo introdotto questi due elementi, dando a Bonnie la possibilità di essere in campo ma a una distanza di 50-80 metri dagli altri cani o dentro a un recinto chiuso, in cui poteva sentirsi al sicuro.
Bonnie ha cominciato a scegliere quando e se avvicinarsi, le interazioni sono durate di più e lei si è dimostrata più sicura di sé e più legata a Anna. Quando per Bonnie la situazione era conclusa, Anna ha cominciato a chiederle di allontanarsi e le ha proposto di correre. La distanza e la corsa sono stati due elementi chiave nel loro percorso di comprensione e di condivisione. Bonnie ha cominciato a non cercare più il supporto da persone estranee e a fare sempre più affidamento su Anna.

Nel 2005, in occasione del seminario «Cinque passi nel futuro» (cinque giorni dedicati all'apprendimento basato sul rinforzo positivo e le capacità cognitive del cane), invito in Italia Kay Laurence, una personalità nell'ambito del *clicker training*. Durante quel seminario, Kay spiega l'uso dei cavalletti, cioè coni di plastica con dei fori e stecche che possono essere inserite a diversa altezza, formando una sequenza di ostacoli bassi e colorati.
Compro coni e stecche e decido di provare a usarli con i Pit Bull del progetto Ex combattenti, con l'idea di usare un movimento ritmato e ripetuto come elemento di benessere, contro lo stress. Alcuni dei Pit Bull si lanciavano sui cavalletti, scaraventando coni e stecche ovunque; uno dei principali problemi di questa attività era proprio il tempo che serviva per sistemare l'attrezzatura e per rimettere insieme i pezzi.
L'esperienza si è però rivelata positiva e nel tempo si è ulteriormente arricchita con cuscini, palloni, "fagioli" e altri attrezzi che sviluppano il senso dell'equilibrio del cane. I cani, passato il primo momento di timore o di eccitazione, imparano presto ad amare queste attività.
Il divertimento e il benessere possono essere così rilevanti che un cane può rinunciare a reagire a uno stimolo, per continuare ad esercitarsi.
È chiaro che queste attività vanno però organizzate sempre e solo in un contesto sicuro.

Due cucciole, la mix Maremmano Anarchia e la Border Collie Jungle, alle prese con piccoli esercizi di equilibrio e propriocezione.

8.2.4
L'acqua

Sappiamo tutti che l'acqua piace ai cani e sappiamo anche che l'acqua produce una sensazione di benessere. Quello che si tende a sottovalutare è quando l'acqua possa aiutare i cani in difficoltà. Durante le classi di socializzazione organizzate in estate, ho messo in campo una piccola vasca con dell'acqua per aiutare i cani a sopportare il caldo. I cani hanno gradito ma hanno anche iniziato a competere e a minacciare chi si avvicinava al loro tesoro.

Il mio modo di lavorare per i cani è completamente cambiato quando ho cambiato sede e ho avuto a disposizione grandi spazi, un recinto più piccolo e un piccolo lago; il passaggio da una bacinella a un intero laghetto mi ha aperto nuove orizzonti.

Qualche anno fa ho voluto provare una strategia basata proprio sull'acqua. La protagonista è Nike, femmina di Pit Bull ADBA che non ama particolarmente gli altri cani; la razza rende piuttosto complicato trovare cani adatti a un incontro. Poiché Nike adora l'acqua, ho chiesto a Martina ed Emanuele di arrivare per primi, di andare sul bordo del laghetto e di lanciare un giocattolo in acqua e giocare a tuffi e nuotate. Il secondo ad arrivare è stato Romeo, maschio di Pastore Tedesco che aveva partecipato l'anno precedente per la prima volta a questi incontri e che aveva migliorato molto la sua capacità di relazione con gli altri cani.

Quando Nike vede arrivare Romeo, si irrigidisce e sceglie di tornare verso la sponda del lago e continuare a giocare ai tuffi; può sembrare un piccolo risultato, ma è stata la prima volta che Nike non ha sentito il bisogno di minacciare o attaccare un altro cane, senza nessuna interferenza da parte nostra. L'acqua è qualcosa di talmente bello, per lei, da riuscire a competere contro lo stress causato dalla presenza di un altro cane.

Ho rivissuto la stessa esperienza con Arj, quando, dopo sei anni, le ho fatto incontrare per la prima volta un cane estraneo. Arj ha minacciato il maschio di Golden Retriever Satèn alla rete e al guinzaglio, ma quando l'ho liberata e le ho chiesto se voleva giocare ai tuffi, non ha avuto dubbi: meglio l'acqua. È riuscita a tuffarsi e a riportare il giocattolo senza mai minacciare Satèn, benché il Retriever fosse entrato in acqua e fosse molto vicino a lei.

Negli ultimi anni le piscine per cani si sono diffuse in molti centri cinofili e sono una buona alternativa a scampagnate al torrente, al lago o al mare, dove i rischi possono essere più alti, sia per la convivenza e le leggi che vietano ai cani di accedere a certe aree, sia per le correnti e i mulinelli.

Il problema delle piscine fuori terra è spesso la profondità dell'acqua: se la piscina è abbastanza grande per nuotare è anche così profonda da costringere il cane ad affrontare l'acqua alta. Alcuni cani dimostrano una immediata confidenza con l'acqua e il nuoto, mentre altri si sentono sicuri solo se le zampe toccano terra.

La tentazione di forzare il cane a nuotare può essere molto forte e di sicuro ci sono cani che, passato il primo momento di paura, iniziano a entrare e a nuotare di propria iniziativa. Esiste però il rischio che un cane sia fortemente stressato da una entrata forzata in acqua e che quella esperienza abbia poi una influenza negativa sia sul piacere dell'acqua, sia nella fiducia che il cane ha in noi e

Entrare in acqua può diventare una strategia per liberarsi di una presenza sgradita.

in persone estranee (nel caso in cui sia un istruttore ad afferrare il cane e a costringerlo a nuotare). **Un cane dovrebbe essere messo nella condizione di poter scegliere e di acquisire sicurezza con esperienze positive**.

8.3 Un *coping* efficace

Quando ho posto la domanda sui *coping*, ho compiuto due errori.

Il primo è stato quello di non specificare se mi riferivo a oggetti o ad azioni; se leggo che a un cane piace la pallina, non so se gli piace tenerla in bocca, distruggerla, inseguirla e catturarla, giocare a tira e molla, mostrarla a tutti come trofeo. Se al cane piace giocare insieme a me con la pallina, questa attività comprende tutte e tre le categorie: predazione (inseguire, catturare), contatto sociale (giocare insieme a me), movimento (correre). **Capire cosa aiuta il nostro cane significa analizzare in modo più preciso cosa gli piace**.

Il secondo errore è stato quello di non chiedere i due *coping* più efficaci: quello preferito all'esterno e quello utilizzato in casa. Uno dei problemi dei conflitti in casa è anche l'impossibilità di utilizzare alcuni *coping* molto efficaci ma possibili solo in ambiente esterno.

Sono riuscita però ad avere abbastanza risposte da fare una divisione rispetto alle razze rappresentate. Si tratta di dati preliminari, che identificano però delle differenze interessanti nei diversi gruppi; sarà interessante condurre uno studio più approfondito e scoprire quali sono i *coping* più efficaci rispetto alla selezione per certe attitudini.

Razze e *coping*

Cani da pastore

1. Pallina
2. Tira e molla con un giocattolo o il guinzaglio
3. Rosicchiare
4. Tenere qualcosa in bocca
5. Contatto sociale
6. Correre

Terrier di tipo bull

1. Cacciare le lucertole
2. Ciucciare la coperta
3. Tira e molla (guinzaglio, corda)
4. Strappare, distruggere
5. Pallina
6. Cura del corpo

Retriever
1. Rosicchiare (carta, legno)
2. Tenere qualcosa in bocca
3. Giocattoli
4. Contatto sociale
5. Annusare
6. Tira e molla con il guinzaglio

Molossoidi
1. Contatto sociale
2. Tira e molla
3. Pallina
4. Marcare con il corpo
5. Tenere un oggetto in bocca
6. Cacciare le lucertole

Cani da ferma
1. Tenere un oggetto in bocca
2. Cacciare (lucertole, altro)
3. Rosicchiare
4. Contatto sociale
5. Pallina
6. Marcatura con la spalla

Terrier
1. Correre
2. Masticare-distruggere
3. Pallina
4. Scavare buche

8.4 *Coping* o compulsione?

Quando ancora lavoravo in Tollara, un centro cinofilo nella pianura alessandrina, ho incontrato un meticcio Labrador, Shake, e la sua proprietaria, Caterina.

Shake era stato comprato come cucciolo di Labrador da una coppia che aveva maschio e femmina; si capisce però presto che, se *mater sempre certa est* il padre, nel suo caso, era decisamente ignoto!

Quando lo conosco, è un giovane maschio irruente, indisciplinato e intenso: non torna al richiamo, non si fa mettere il guinzaglio, con i cani è prepotente e incapace di fermarsi. Iniziamo un percorso e la relazione tra Shake e Caterina migliora. Quando ci trasferiamo ai Laghi, Shake scopre tutto il divertimento dell'acqua; la stessa intensità che prima riservava ai cani, e quella vena polemica nella relazione, si trasforma presto in una ossessione per l'acqua.

L'acqua lo fa stare bene, ma è impossibile o quasi farlo uscire o richiamarlo se comincia a correre verso un torrente o uno stagno. Questo suo comportamento per me è il segno di una fragilità emotiva, una incapacità di controllare le proprie motivazioni. Ne parlo con Caterina e le suggerisco una strada che richiede un certo coraggio: lasciare che Shake entri in acqua e che ci rimanga finché non è in grado di uscire da solo. Per ovvi motivi di sicurezza, abbiamo iniziato questo percorso in tarda primavera, con il caldo. Caterina non ha mai perso la pazienza e la fiducia, è rimasta sul bordo del lago ad aspettare, con una pallina in mano. Abbiamo scoperto che Shake riusciva a uscire dal lago se non c'erano altri cani presenti e se Caterina entrava nel recinto, chiudeva il cancello e giocava con lui con la pallina. Dopo un anno di incontri (circa uno al mese, esclusi i mesi invernali), Shake è stato in grado di arrivare al lago e di non lanciarsi dentro per dare la caccia agli spruzzi prodotti sbattendo le zampe sull'acqua.

In quell'anno Caterina ha lavorato duramente per capirne il lato più sensibile, più fragile, che nel primo anno era stato mascherato sotto una corazza da bullo sicuro di sé e prepotente.

Un *coping* può aiutare un cane in difficoltà, ma la sensazione di piacere, unita a quella di sollievo da uno stato di stress, può causare un meccanismo simile alla dipendenza. Il cane ha bisogno di quell'oggetto, di quel comportamento e non solo perché è stressato; non è in grado di rinunciare ed esibisce comportamenti di forte stress e frustrazione se gli viene impedito di avere quello che vuole.

Il caso più grave che io abbia mai incontrato è stato un Kurzhaar, Straccio, che aveva una vera e propria ossessione per le palline da tennis. Fin da quando era cucciolo, le persone di famiglia e gli amici lo avevano fatto giocare con le palline e, ogni volta che diventava insistente, qualcuno gliene tirava una. Se non otteneva quello che voleva iniziava ad abbaiare, con lo sguardo perso nel vuoto. Riusciva a percepire la presenza di una pallina con il fiuto e non si fermava finché non l'aveva trovata; una volta trovata, abbaiava finché qualcuno non gliela lanciava.

Ricordo anche una Flat Coated, con una ossessione simile verso le palline da tennis. Sono rimasta 40 minuti seduta su una sedia, con la pallina

La Dobermann e il meticcio Labrador producono spruzzi con le zampe e cercano di afferrarli con la bocca. Questa forma di gioco di predazione può essere così intensa da portare il cane a ignorare ogni richiamo.

in tasca e senza fare niente, prima che riuscisse a guardarmi in faccia e a chiedermi cosa avrebbe potuto fare per convincermi a darle la pallina. Per 40 minuti mi ha abbaiato contro, ha cercato di prendere la palla, senza mai relazionarsi con me.
Il motivo per cui si sviluppano comportamenti così intensi e fuori controllo dipende dal fatto che spesso i proprietari danno al cane qualcosa di molto piacevole e, quando si rendono conto di non riuscire più a controllare il cane, cercano di rimediare eliminando quell'oggetto o quella attività. Se il cane è fuori controllo alla sola vista di una pallina, non gli danno più la pallina: **creare un bisogno per poi deprivare è la strada più veloce per sviluppare una dipendenza**.
Come evitarlo?

1. Non deprivare.
2. Variare le attività piacevoli.
3. Apprendimento e autocontrollo.

È importante riconoscere i primi sintomi nel cucciolo o nel cane adulto, se è un'adozione in canile. In presenza di quello stimolo, il cane sembra incapace di vederci, di sentirci, di dare attenzione a qualcos'altro?
Una motivazione alta verso il gioco, l'acqua, gli animali selvatici e domestici è normale e gradita nella selezione dei cani «da lavoro».
In questi cani, motivazioni elevate, persistenza e intensità nella reazione sono elementi legati alla capacità di concentrazione e resistenza durante l'addestramento e la *performance*. È più facile trovare cani che tendono a perdere il controllo sugli stimoli in certe razze e nei cani con un'attitudine al lavoro, ma non è certo esclusivo di certe razze o presente in tutti i soggetti di certe razze.
Dei miei tre Pastori Tedeschi di linee da lavoro, solo Puma ha una vera e propria ossessione per la pallina. È difficile insegnarle degli esercizi di Obedience perché, se è vero che farebbe qualunque cosa per avere l'amatissima pallina, è anche vero che in ogni istante la sua mente è impegnata a capire quando la avrà. Se è sotto stress, il suo bisogno di averla cresce al punto da impedirle di concentrarsi su di me e su un compito.
Poiché con Puma volevo condividere la mia passione per l'Obedience, ho iniziato abbastanza presto ad allenarmi regolarmente. Fin dall'inizio ho sviluppato la sua capacità di staccare gli occhi e la mente dalla pallina per concentrarsi su di me e su un compito. Esistono due strade per ottenere questo risultato: l'inibizione e l'autocontrollo.
L'inibizione prevede gradi diversi di pressione sociale o coercizione; si può inibire il cane usando la voce, lo sguardo, un atteggiamento minaccioso o strumenti e metodi basati sulla forza e la paura. Il cane impara che anche solo guardare una pallina può avere conseguenze negative. L'alternativa è un lavoro lungo, faticoso, basato sulla comunicazione e dosi massicce di pazienza. In pratica, io dicevo a Puma: «Puoi prendere la pallina, oppure puoi ascoltarmi e fare qualcosa insieme a me. Se rinunci per un momento alla pallina, il vantaggio è che invece di avere solo la pallina, io giocherò con te».
Il mio Border Collie, Grisou, non ha solo una motivazione alta al gioco, ma ha un vero e proprio bisogno di impegnarsi mentalmente e fisicamente, ancora oggi che ha 10 anni; non per niente, mentre scrivo queste righe, gli lancio la pallina, riprendo a scrivere e gliela lancio di nuovo.
Ho sentito dire spesso che con i Border Collie è meglio non giocare con la pallina perché possono diventarne ossessionati. Con lui la mia strategia è stata farlo giocare fino a "saziarlo", fino al punto in cui era mentalmente soddisfatto e fisicamente stanco. Nel tempo il suo piacere e il suo bisogno di giocare, non sono mai aumentati e non ha mai perso il controllo. Con Grisou ho anche un segnale di fine gioco, gli dico "finito" e gli mostro le mani vuote.

Un elemento importante, nel mantenere un equilibrio, è **scoprire e sperimentare attività** ed esperienze diverse che fanno stare bene il nostro cane. Più è alto il numero, minore è la possibilità che il cane si fissi su un'unica strategia. Il mondo cinofilo oggi offre numerose possibilità tra seminari, sport, attività ludiche. Può essere interessante scoprire che cosa piace al nostro cane.
Conosco molti proprietari di cani da pastore, soprattutto Border Collie, che hanno scoperto il mondo della pastorizia per far felice il proprio cane. L'unico problema di queste attività è che in molti casi è necessario impegnarsi per mesi, per dare al cane la capacità di capire e divertirsi, nella disciplina. Anche se il cane è dotato in uno sport, per il principio della varietà, sarebbe utile dedicarsi almeno a una seconda attività.

8.5 Le strategie di evitamento

Evitare un problema è una strategia del tutto normale e naturale nei cani mentre, secondo gli umani, i cani non dovrebbero evitare quello che secondo loro non deve essere evitato.

Un buon esempio è il proprietario insicuro, ansioso, preoccupato o arrabbiato che richiama il cane: se il vostro stato emotivo è negativo, è normale che il cane cerchi di starvi lontano.

Per qualche strano motivo, ci sentiamo in obbligo di far toccare a degli estranei il nostro cane. Io cerco invece di far capire ai proprietari che essere toccati da un estraneo è strano e non solo dal punto di vista del cane, e quindi chiedo loro: «Faresti toccare la tua fidanzata?», «Faresti toccare tua figlia?».

L'evitamento diventa una strategia gradita ai proprietari se è l'alternativa a una reazione che ci spaventa o ci mette in imbarazzo, ad esempio il cane che appena vede un altro cane si mette ad abbaiare e a minacciare o tirare al guinzaglio fino a sollevarsi sulle due zampe posteriori. L'evitamento è considerato utile anche nello sport, dove il cane deve ignorare tutto e tutti e concentrarsi solo su di noi e sul compito che noi gli abbiamo assegnato.

L'evitamento come strategia naturale è diverso dall'evitamento insegnato, in modo più o meno gentile.

Nel primo caso, se un cane evita attivamente qualcuno o qualcosa, io posso capire dal suo comportamento che è in difficoltà. Tutti quelli che normalmente sono considerati comportamenti "negativi" per me sono utili strumenti per capire come si sente il cane, cosa vuole, di cosa ha bisogno.

Nel secondo caso, l'evitamento soddisfa un bisogno del proprietario, non del cane, perché non è lui che sceglie di evitare, ma siamo noi a trasformare una reazione naturale in un comportamento che ci gratifica, che ci fa sentire importanti e ci permette di avere controllo. Un evitamento forzato, o insegnato a forza di bocconi, non fa altro che nascondere la reale motivazione del cane, nascondendolo come individuo.

Silvia è arrivata da me da Lugano con Vasco, che era stato classificato un cane aggressivo; Silvia si era impegnata molto per migliorare il suo comportamento seguendo le istruzioni ricevute da un esperto. Il risultato era che Vasco camminava guardando il marsupio con i bocconi e Silvia in una muta richiesta di cibo: «Mi dai cibo? Mi dai cibo? Mi dai cibo?». Non riuscivo neppure a capire se Vasco fosse davvero aggressivo, perché gli altri cani non li guardava proprio.

Ho tolto il cibo e ho avvertito Silvia che sarebbero precipitati al punto di partenza, esattamente là da dove avevano iniziato il loro percorso con il cibo e il «Guardami», e che il comportamento di Vasco

«Watch me», «Guardami»

Molti anni fa, mentre stavo cercando valide alternative all'uso della coercizione, sono entrata in contatto con istruttori ed esperti che insegnavano ai cani il «Watch me», «Guardami».

Durante un seminario in Belgio, dedicato agli istruttori cinofili, con relatori europei e americani, una docente americana dimostra come è possibile cambiare il comportamento di un cane reattivo al guinzaglio. Il cane in questione è una femmina di Pastore Svizzero Bianco; cane e proprietaria salgono sul palco e inizia la dimostrazione. La docente prende un boccone, lo mostra al cane, porta la mano davanti alla propria bocca e dice al cane: «Watch me! Watch me!». Il cane guarda la mano con il boccone. «Good girl!» e la cagna ottiene il boccone. Ripete la dimostrazione con un secondo cane al guinzaglio, dimostrando che è possibile ottenere che il cane ignori l'altro cane.

È gentile e sembra efficace ma aiuta davvero il cane?

Se la domanda è: "Ti va di fare amicizia?", la risposta di questo cane è chiara: no. Il rifiuto può essere causato da insicurezza o paura.

sarebbe inevitabilmente peggiorato. Silvia non si è tirata indietro e Vasco ha continuato a seguire Silvia guardandola con quello sguardo da cibo, finché un cane non si è avvicinato. A quel punto ha sussultato, si è irrigidito, testa alta, coda a arco, pelo dritto e sguardo duro: eccola lì, l'aggressività.
Vasco era stato castrato, altro tentativo seguito da Silvia per eliminare i comportamenti sgraditi; fortunatamente, però, non aveva smesso di essere felice di incontrare femmine. Se Vasco era pronto ad attaccare alla prima reazione di paura e aggressività, si innescava poi una seconda reazione primitiva, il corteggiamento. Con le femmine, Vasco si irrigidiva ma non era pronto ad attaccare e questo mi ha fatto capire che era in grado di relazionarsi e di comunicare in modo normale. Abbiamo iniziato così un percorso per decondizionare Vasco dal processo di evitamento appreso; Vasco ha incontrato molti cani, maschi e femmine e non è mai stato un pericolo per nessuno.

8.6 Uno spazio sicuro

La paura dei temporali è così diffusa nel mondo canino da avere sicuramente una base atavica; è una paura antica che si manifesta nei cani con una maggiore sensibilità ai rumori. Il cane si spaventa per i tuoni, perché non c'è barriera che può fermare un rumore forte e improvviso, non si può fuggire.
A volte capita di trovare il cane in bagno, poiché le tubature creano un effetto gabbia di Faraday, isolando l'ambiente dal campo elettrostatico; anche l'automobile può avere un effetto simile, oltre ad essere un ambiente piccolo e protetto. Durante un temporale il cane può anche cercare di ripararsi sotto ai mobili o in spazi che ricordano una tana. Se sono presenti le persone di famiglia, può rannicchiarsi vicino alla persona che gli trasmette un senso di sicurezza e protezione.
Il cane dovrebbe avere a disposizione uno spazio che considera sicuro e questo è uno degli argomenti a favore dell'uso del trasportino in casa. Di sicuro, se lasciato aperto, può ricordare una tana. Ma dobbiamo sempre ricordarci che un cane può sentirsi al sicuro anche su un divano, sul letto o nella propria cuccia, non deve essere per forza uno spazio chiuso e di dimensioni ridotte. Nel caso del divano e del letto, è il nostro odore e l'aver condiviso quello spazio con noi a renderlo un luogo sicuro.
La sicurezza è il risultato delle esperienze vissute, non è un oggetto o un luogo specifico.
In quello spazio, il cane non dovrebbe subire esperienze negative, non dovrebbe essere sgridato, punito, spostato a forza, infastidito e stressato. Il cane che ringhia sulla cuccia o sul divano spesso ha perso quel senso di sicurezza ed è diventato sensibile a qualunque avvicinamento e tensione: non sta difendendo il divano, il letto o la cuccia, sta difendendo se stesso.
Dovremmo immaginare la cuccia come un territorio autonomo, una piccola repubblica di San Marino, uno Stato Vaticano in cui ci è permesso entrare ma in cui non siamo noi i padroni.
Se il cane si rifugia in quello spazio non dovrebbe subire niente di negativo: ma se ruba qualcosa e lo porta nella cuccia?
Io dividerei il problema nelle due componenti: perché ha rubato quell'oggetto? Perché si è rifugiato nella cuccia per difenderlo da noi? Inseguirlo e forzarlo non farà altro che aumentare il grado di conflitto e portare il cane a reazioni sempre più intense.
È chiaro che nel caso del divano o del letto questa regola non vale, perché è il nostro spazio. Ma se lo condividiamo con il cane allora "nostro" assume un valore più profondo di condivisione e lo stare vicino a noi aumenterà anche il senso di sicurezza e di comfort del nostro cane.

In casa c'è un estraneo e la piccola Shitzu Priscilla cerca rifugio sotto le sedie della cucina.

9 Il senso di appartenenza

Le classi di socializzazione sono vissute spesso come incontri tra cani, mentre per me sono incontri tra gruppi familiari, composti da cane e umani. Attraverso queste esperienze i proprietari imparano a capire i segnali del cane, i suoi stati emotivi, la sua comunicazione, a tradurre il comportamento del cane in parole e frasi, affermazioni, domande e a dare le giuste risposte. All'inizio è difficile perché i proprietari non sanno cosa fare e le uniche informazioni che ricevono è che non possono sgridare il cane o richiamarlo, non possono dire «No», «Basta» o «Guai a te!», non possono abbandonare il cane ed essere contro il proprio cane. Cos'altro possono fare? Non esistono istruzioni, né regole da seguire. Mi guardano perplessi: «Ma noi, cosa dobbiamo fare?».

La risposta, ma serve tempo per capirlo, è che non dobbiamo fare qualcosa ma essere qualcosa. Credo che la migliore definizione di appartenenza a cui io sia mai arrivata sia sentire che il nostro cane ci appartiene e che noi apparteniamo al nostro cane.

I cani non hanno convenzioni culturali, non hanno i nostri muri per proteggersi dagli altri, non fingono e non mentono. Se cerchiamo di sembrare sereni e non lo siamo, non solo la nostra finzione è destinata a fallire, ma è anche probabile che per il cane il nostro comportamento sia del tutto incomprensibile: capiscono meglio una persona arrabbiata e onesta di una che è arrabbiata e fa finta di non esserlo.

La relazione tra il cane e il proprietario è in cima alla mia lista di priorità: voler capire i cani, voler imparare a essere una famiglia, con una comunicazione efficace e un senso di appartenenza, è un viaggio prima di tutto dentro a noi stessi.

Durante le classi di socializzazione i cani non sono mai da soli: cani e proprietari vivono insieme questa esperienza. Per questo motivo è importante che i proprietari imparino a muoversi, a comunicare, ad agire nel modo migliore.

Psicologia e D.A.C:
Distanza, Appartenenza, *Coping*

Il mio desiderio di dare degli strumenti ai proprietari, in questo percorso di consapevolezza, è stato lungo e impegnativo. Poiché all'inizio non avevo punti di riferimento, ho provato più volte a collaborare con degli psicologi, invitandoli a parlare con gli istruttori cinofili; ancora non sono riuscita a trovare le risposte che stavo cercando.
Come spesso mi accade, ho cominciato a muovermi su un livello più superficiale e elementare: i comportamenti. Ho cominciato a dire ai proprietari di seguire il cane, fermarsi se il cane sta comunicando con un altro cane, di non abbandonarlo o essergli contro.
Orienta il corpo nella direzione in cui il tuo cane sta guardando. Cerca di capire se il tuo cane ti sta chiedendo la pallina, o attenzione e coccole, di avvicinarsi o allontanarsi. Da questa prima esperienza, ho sviluppato il programma D.A.C: Distanza, Appartenenza, *Coping*.

Questo percorso è un approccio inaspettato e non sempre gradito, perché spesso pensiamo che sia solo il cane il problema; ma quando un cane ha una famiglia, niente di quello che riguarda il cane esclude gli umani. Riversiamo sui cani le nostre aspettative, le frustrazioni, le insicurezze, i nostri specchi, i cani lo sentono e assorbono tutto e a volte la nostra mancanza di ascolto e di consapevolezza porta a conflitti che si possono risolvere solo partendo da noi.
Le classi di socializzazione non sono interazioni tra cani, sono esperienze che toccano, a volte molto in profondità, soprattutto i proprietari.

9.1 Aggressività e cani «morsicatori»

Grazie al progetto ENPA Ex combattenti hanno cominciato a rivolgersi a me per una valutazione e un percorso di riabilitazione i proprietari con cani considerati aggressivi. Lavorare per i cani aggressivi è stata una palestra di vita. L'esperienza con gli Ex combattenti mi aveva fornito come strumento i test di valutazione del comportamento, dove si definisce una certa situazione, che simula almeno in parte la realtà della convivenza uomo-cane, e si osserva e analizza il comportamento del cane.

Con i cani di famiglia «morsicatori» ho eseguito vari test.

- **Avvicinamento di un estraneo**. Il cane è tenuto al guinzaglio dal proprietario, il valutatore si avvicina con una traiettoria diretta, quindi si gira di lato e parla in modo gentile al cane.
- **Tre carezze**. Il valutatore prova a dare tre carezze al cane, con una mano finta.
- **Bambola**. Il valutatore si muove verso il cane parlando con la bambola e si ferma al limite del guinzaglio. Se il cane si avvicina, prova ad accarezzare il cane con la mano della bambola.
- **Test della ciotola 1**. Questo test viene ripetuto due volte, una con il valutatore e una con il proprietario. Al cane viene data una ciotola con del cibo appetibile e, mentre mangia, viene accarezzato con la mano finta; poi, la mano viene avvicinata alla ciotola e con la mano si prova a spostare il cane dalla ciotola.
- **Camminata con il cane al guinzaglio**. Il proprietario cammina con il cane al guinzaglio.
- **Controllo dei denti**. Il proprietario deve sollevare il labbro del cane e controllarne i denti.
- **Test della ciotola 2**.
- **Reazione alla vista di un altro cane**. Un secondo cane, al guinzaglio, viene fatto avvicinare al cane valutato a distanza di sicurezza.

L'idea dei test è quella di mettere tutti i cani nella stessa condizione e di valutare la reazione del singolo cane al test, le differenze tra un cane e l'altro nello stesso test e il diverso comportamento dello stesso cane nei diversi test.
Il test è uno strumento che aiuta a capire il cane dandogli la possibilità di raccontare la propria storia. È incredibile la quantità di informazioni che si possono ricavare da un test così semplice, se si hanno le competenze per analizzare ogni minimo segnale emesso dal cane.
In questi test, la mia prospettiva è quella dello spettatore: definisco il test, osservo il cane e analizzo il suo comportamento.
Quando ho cambiato sede e mi sono spostata ai Laghi, ho cambiato il procedimento di valutazione grazie alla presenza di uno spazio sicuro. Ho cominciato a chiedere ai proprietari di entrare nel recinto, chiudere il cancello e liberare il cane; a quel punto, io mi avvicino alla rete e parlo con i

proprietari. Non perdo mai di vista il cane e, se si avvicina per annusarmi, per entrare in contatto o per minacciarmi, parlo con il cane a due livelli: con la voce e con il corpo. Registro ogni reazione del cane al mio comportamento perché niente di quello che succede tra di noi è inconsapevole.

Questo cambiamento nello stile di valutazione ha significato uscire dal ruolo dello spettatore ed entrare direttamente in contatto con il cane.

Sono fuori dal cancello e devo capire se posso aprirlo e entrare; non uso protezioni, non ho maniche di cuoio ricoperte da una fodera imbottita, non ho un costume composto da giacca e pantaloni imbottiti, il cane non ha la museruola e non è al guinzaglio. Se entro, so che il cane potrebbe aggredirmi e mordermi. Mentre sono lì fuori, e sto decidendo se entrare, parte del mio dialogo non è con il cane, ma con me stessa: ho paura del cane? Mi sento in grado di essere così sicura da sopportare emotivamente una minaccia nel momento in cui entrerò in quel recinto?

I cani aggressivi mi hanno insegnato molto, soprattutto ad essere onesta con me stessa e con loro. L'isolamento sociale è una delle peggiori condanne di un cane aggressivo: sono cani disperatamente soli e quello stesso senso di isolamento, nato dal giudizio, lo vivono spesso anche i proprietari di quei cani. Il patto tra me e il cane è che può minacciarmi, può anche aggredirmi, ma io non smetterò di parlargli, non girerò lo sguardo, non cercherò di fermarlo, di inibirlo, di distrarlo. Può liberamente esprimere quello che prova e io lo ascolterò.

Vedere un cane, comunicare con un cane, richiede due capacità:

1. **la consapevolezza di chi siamo noi**, di quali emozioni proviamo, delle nostre aspettative e motivazioni;
2. **la capacità di accettare il cane per quello che è**, di ascoltarlo, e di non chiudere la porta quando quello che vediamo non ci piace.

Non tutti i cani sono in grado di accettare un contatto in questo contesto e alcuni sono in un tale pozzo nero di paura e disperazione da non essere in grado di sopportare neppure la presenza di una persona al di là della rete. Se il cane è in quello stato emotivo, io mi allontano e provo a vedere se la loro reazione è diversa con un cane. Ci sono cani che accettano il contatto con una persona, e non con un altro cane, e viceversa. L'aggressività è un argomento vasto e complesso, e non dovrebbe mai essere ridotto al giudizio verso un certo comportamento.

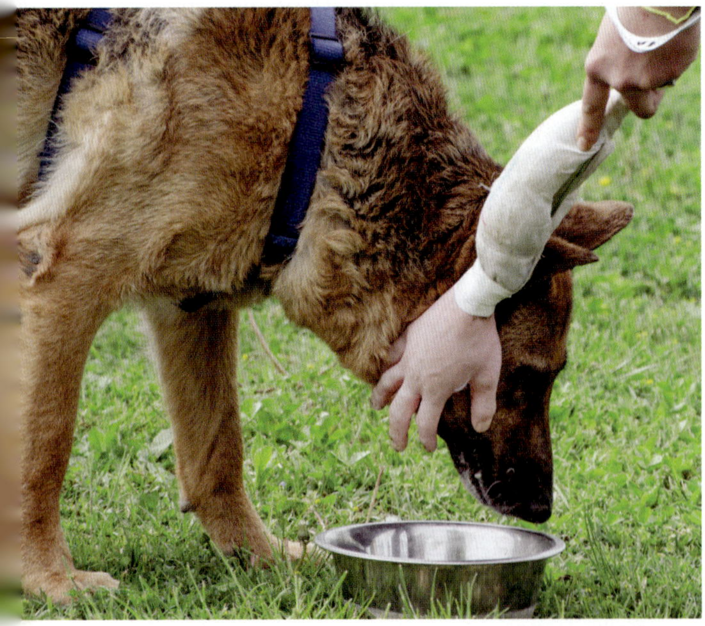

La mano finta è un pezzo di plastica, ma chi la muove è una persona. I cani reagiscono diversamente se la mano finta è utilizzata dal proprietario o da un estraneo, a dimostrazione che la reazione è modulata rispetto a chi la usa, e non allo strumento in se.

9.1.1 Zolty

Nei test ero passata da un ruolo passivo a un contatto diretto con il cane ed era cambiata la mia percezione del cane aggressivo. Se prima ero curiosa di capire chi era, e come aiutarlo, da quando avevo iniziato a valutarli nella loro capacità di relazione con me avevo cominciato a provare più empatia.

Non ci piace il comportamento aggressivo, a me dispiace che il cane sia aggressivo.

L'aggressività è un muro che intrappola il cane in una condizione di solitudine, a volte di abusi giustificati dalla volontà di cambiare il comportamento o aiutare il cane. Nessun cane, però, può essere aiutato con la violenza e questa diversa prospettiva ha comportato un totale

Una bambola non è un bambino!

Quando racconto e spiego i test di valutazione, c'è sempre la stessa obiezione: «Ma la bambola non è un bambino». Scherzando, replico che ancora non ho trovato un bambino disponibile per testare i cani aggressivi.
È vero, una bambola non è un bambino e, da un certo punto di vista, niente di quello che succede in un test è reale. I test sono per definizione delle situazioni costruite ad arte per valutare la reazione dei cani, devono essere standardizzati ed è importante ridurre il numero di variabili, per dare a tutti i cani la stessa possibilità di reagire agli stessi stimoli.
A cosa serve, allora, la bambola? Nella mia esperienza, la prima reazione di tutti i cani è sociale: i cani vengono ingannati dall'aspetto della bambola, si relazionano con lei come se fosse una persona viva ed è quella prima reazione che viene valutata.
Quando poi scoprono che non è altro che uno strano pezzo di plastica, la ignorano.
Quello che mi fa dire che si tratta di un test utile è che tutti i cani in canile che ho testato con la bambola, e hanno avuto una reazione di paura o di aggressività, hanno avuto una reazione uguale o simile con i bambini dopo l'adozione. Allo stesso modo, tutti i cani di famiglia che hanno esibito comportamenti di paura o di aggressività verso i bambini, hanno reagito anche alla bambola. Ho visto anche cani reagire a immagini televisive, statue e poster con raffigurati dei cani.
La mano finta viene usata per ovvie ragioni di sicurezza: da un lato c'è la necessità di osservare e valutare la reazione del cane, dall'altro c'è il rischio di essere aggrediti durante il test.
Le obiezioni al suo uso sono due: la mano finta non è altro che un oggetto e non può misurare la reazione del cane verso la persona, perché il cane sa che non è una mano; il cane ha ragione a reagire se qualcuno gli causa stress mentre sta mangiando e tutti i cani hanno una reazione in quella situazione.
Come nel caso della bambola, chi usa la mano finta nei test ha chiaro che è un pezzo di plastica e che il cane è in grado di capire la differenza. Si usa una mano finta per ridurre la probabilità che un cane abbia associato la presenza di un oggetto in mano a esperienze negative e traumatiche; molti cani che esibiscono aggressività sono stati sgridati, alcuni anche picchiati, e avere un oggetto in mano è sufficiente per causare reazioni di paura.
La mano finta è un oggetto che ha meno probabilità di essere associato a esperienze negative, anche se alcuni cani reagiscono comunque con paura, soprattutto nelle tre carezze, un test che misura anche la reazione del cane alla mano finta. Il cane sa che la mano è finta, ma sa anche chi sta tenendo e usando quel pezzo di plastica.
Nei miei test abbiamo dimostrato che la reazione dei cani è diversa nel test con l'estraneo e con il proprietario: chi sta usando la mano è più importante della mano stessa e la reazione del cane è più di tipo sociale che una pura reazione all'oggetto.
A nessun cane piace essere disturbato mentre mangia, ma questo non significa affatto che tutti i cani reagiscano con aggressività e, se tutti i cani manifestassero aggressività durante un test, allora si rivelerebbe inutile per valutare le differenze individuali.
Nel caso del test della ciotola, i cani esibiscono tutte le possibili reazioni: scodinzolare in modo amichevole, abbracciare la ciotola e mangiare velocemente, rinunciare al cibo, minacciare, allontanarsi con un atteggiamento di paura, attaccare e mordere. Questa reazione è più probabile nei cani che esibiscono comportamenti aggressivi verso le persone ed è esattamente l'obiettivo del test, scoprire chi sono e come si comportano.
Testare i cani non è un gioco, e deve essere fatto solo da persone con una formazione professionale specifica. Durante il test il cane deve essere tutelato e non bisogna mai insistere o provocare il cane per causare una reazione.
Effettuare dei test è del tutto inutile se non si è in grado di analizzare in modo accurato le risposte del cane e di confrontarle con le risposte di molti altri cani nello stesso contesto. Motivo per cui è inutile fare dei test sui cuccioli perché, se non ne avete testati decine o centinaia, non potete sapere se quel cucciolo in quella situazione ha avuto una reazione normale o anomala.

Ginevra, una bellissima pastorina ospite del canile Enpa ai tempi del progetto Ex-combattenti, alle prese con il test della bambola. L'atteggiamento della cagna è sociale, e amichevole, con una base di insicurezza che la porta a mantenere una postura frontale.

cambiamento nel percorso di aiuto del cane. Per me non era più questione di interrompere il comportamento, spiegare al cane che l'aggressività non funziona per ottenere quello che vuole, togliere al cane la responsabilità della situazione, non era neppure evitare tutte le situazioni di disagio.
Il mio primo obiettivo era diventato quello di lasciare che il cane esprimesse liberamente il proprio stato emotivo; volevo che il cane potesse minacciare, persino aggredire, senza essere richiamato, bloccato, distratto, inibito. Il secondo era quello di scoprire che cosa gli piacesse, cosa lo aiutasse a non crollare.
Ma mancava ancora un pezzo; ero passata dal guardare il cane a guardare il cane negli occhi, dovevo tornare ad alzare gli occhi per abbracciare un altro elemento con lo sguardo: il proprietario.
Nella mia vita con i cani, ci sono eventi che mi aprono la mente. Può essere una frase, una esperienza, un cane.
Molti anni fa sono stata invitata come docente per un seminario sull'apprendimento in Polonia: 12 partecipanti il primo anno, 50 il secondo e, per quanto il mio approccio sia considerato controverso (a me verrebbe da dire apocrifo), il terzo erano 100. Da allora, ogni anno, un numero impressionante di istruttori cinofili viene ad ascoltarmi e la curiosità di vedermi lavorare in campo ha spinto alcuni di loro a viaggiare attraverso tutta l'Europa, per partecipare alle classi di socializzazione di agosto.
Durante uno di questi seminari conosco Paulina, di origini polacche, e Zolty, il suo cane, un incrocio di Labrador di 5 anni, castrato che ha problemi di aggressività verso le persone e verso i cani.
Zolty riesce a ignorare le persone estranee all'aperto, ma con i cani esplode in una furia cieca e non è possibile fargli incontrare altri cani senza la protezione di una barriera.
Il primo anno in cui Paulina e suo marito partecipano alle classi, parlo di *coping*, di senso di sicurezza e di fiducia; quando tornano l'anno successivo Zolty è ancora aggressivo, ma riesce, in alcuni momenti, a comunicare. Cerco di dargli la possibilità di stare meglio, scegliendo cani che non lo mettano troppo in difficoltà e che riescano a provare a comunicare con lui anche se non è facile.
Nel lavoro delle classi, uno degli elementi che mi ha colpito è l'effetto del fallimento, che può ferire tanto quanto venire minacciati o inseguiti, eppure non viene quasi mai preso in considerazione. Un cane aggressivo può fallire se non riesce ad allontanare un avversario e in cani così fragili e così disperati come Zolty, fallire è anche non riuscire a comunicare. In molti cani aggressivi, c'è una parte di curiosità e di bisogno di contatto e il rifiuto che subiscono alimenta la loro frustrazione e la loro rabbia.
Per aiutare Zolty scelgo una cagnona tigrata, Zeta, un incrocio *oversize* di Pastore Tedesco; Elena segue Zeta, che prova ad avvicinarsi al recinto ma Zolty la aggredisce. Zeta si allontana ma non demorde e torna verso la rete, mostrando il suo fianco sinistro a distanza di sicurezza. Io sono vicino alla rete e dico a Zolty che è un bravo cane. Nessuno dice a un cane che sta minacciando un altro cane che è bravo, io sì, non per aumentare l'intensità

Questo è stato un momento indimenticabile, per me. Paulina raggiunge Zolty e si vedono e si sostengono nella difficoltà. Il mio compito è guidarli in questo percorso.

della sua reazione aggressiva, ma per dirgli che so che è in difficoltà e che non è da solo, che apprezzo lo sforzo che sta facendo per affrontare l'altro cane. Diamo un valore positivo solo alle reazioni dei cani che corrispondono alle nostre aspettative e alla nostra percezione. È bravo il cane che si comporta bene secondo la nostra idea di un cane che si comporta bene. Zolty, in quel momento, per me si sta comportando bene, sta provando a comunicare, anche se la sua comunicazione è ancora aggressiva. Se non altro, non reagisce più urlando e girando come una trottola su se stesso, come l'anno precedente: sono piccoli progressi, ma voglio che sappia che li vedo.

In quel momento, mentre gli sto dicendo che è un bravo cane, mi rendo conto che manca un pezzo e chiedo a Pauline di avvicinarsi e di dirgli che è un bravo cane. Pauline cerca di toccarlo, ma non è il momento giusto, quindi le dico di abbassarsi e di rimanere lì, parlando a Zolty in modo gentile, senza chiedergli niente. «Seguilo se ti chiede di allontanarsi», le dico. Zolty la ignora, è ancora rigido, con il respiro affannoso, e fissa minaccioso Zeta che rimane ferma, mostrandogli il fianco. Zolty sembra rilassarsi, si avvicina a Paulina e si lascia accarezzare; chiedo a Paulina di alzarsi e di seguirlo e Zolty riesce, per la prima volta, a staccarsi da una interazione aggressiva e allontanarsi. Questo, per me, era il pezzo mancante: l'appartenenza, la capacità di mettersi dalla parte del cane e non contro di lui, di vedere il mondo dalla sua prospettiva. È volergli bene nel momento in cui sarebbe facile barricarsi dietro a un muro di disagio e disapprovazione.

9.2 Gli elementi dell'appartenenza

In tanti anni di lavoro in campo ancora non ho trovato un modo efficace per descrivere e insegnare gli elementi dell'attaccamento. Credo che il problema sia perché l'attaccamento è qualcosa che si sente e non qualcosa che si può fare.

Può cambiare, nei contenuti più che nella forma, il legame con il nostro cane? Posso rispondere con assoluta certezza che sì, può cambiare.

Il cambiamento però può avvenire solo se siamo realmente consapevoli di noi stessi e di cosa riversiamo su quel legame e sul cane ed è processo raramente breve e indolore. Somiglia più a una continua ricerca di equilibrio e allo sforzo costante nel mantenersi aperti e disponibili verso l'altro. L'aspetto straordinario è che i cani riconoscono il cambiamento e possono rispondere in modo sorprendente. Ho visto cani riportare la pallina al proprietario dopo anni di conflitti, senza aver usato altre strategie per ottenere questo risultato che la mente umana. Una delle mie frasi è: «Dove è la tua mente, è il tuo cane» e a volte gli effetti sono così impressionanti da sembrare frutto di una magia.

Cosa succede se quando il cane si lancia verso una persona o un altro cane, lasciamo cadere il guinzaglio? Il Dobermann sceglie di rimanere con la famiglia umana. Questa esperienza deve essere vissuta in un contesto sicuro e con la guida di un esperto.

Ognuno di noi può sviluppare la propria relazione, diventare più consapevole e cambiare; l'importante è rimanere onesti, senza fingere e senza far finta di essere più gentili o più disponibili.
Il cambiamento richiede onestà verso se stessi e verso il cane; se mi arrabbio con il mio cane, non farò finta di non essere arrabbiata, e se la mia rabbia crea un conflitto, e voglio evitarlo, devo capire perché sono arrabbiata e trovare il modo di non provare rabbia. Se non riesco a cambiare il mio stato emotivo, posso comunque empatizzare con il cane e con lo stress che gli causa il mio comportamento; se invece non riesco a empatizzare con il cane perché sono arrabbiata, posso riconciliarmi quando smetto di esserlo.
Gran parte della rabbia evapora quando ci rendiamo conto che il cane è un cane e il suo comportamento è quello che in quel momento è in grado di essere e di fare; non è niente contro di noi. La prendiamo sempre terribilmente sul personale, ma un cane può adorarci e voler comunque rubare nella pattumiera, inseguire il gatto, abbaiare contro il postino. Anche se ci vogliono bene non tutto quello che fanno riguarda noi.

9.2.1 Essere la soluzione a un problema, non il problema

Se il cane è al guinzaglio e reagisce alla vista di un cane tirando e abbaiando, il proprietario, nel tentativo di zittirlo e controllarlo, lo sgrida. In quel momento il proprietario diventa un secondo problema e la prossima volta che il cane vedrà un cane saprà di dover affrontare non solo un possibile (e temibile) avversario, ma di dover anche subire la nostra aggressività.
Se il cane non osa affrontarci, è possibile che il timore suscitato dalla nostra reazione non faccia che alimentare il comportamento rivolto all'altro cane; anche noi, in certi momenti, sfoghiamo la nostra frustrazione verso avversari che possiamo affrontare e non verso l'origine dei nostri problemi.
Essere la soluzione implica sapere che il cane ha un problema, può non essere affatto scontato, se il comportamento del cane è sottile. Ho da poco visto uno di quei video di "addestramento" che eviterei volentieri di vedere: un barboncino bianco, un cagnolino di pochi chili, viene ripetutamente strattonato al guinzaglio dalla proprietaria e da un addestratore e immagino che l'obiettivo sia costringerlo a camminare al fianco della proprietaria. Il cagnolino cerca di fronteggiare la situazione, si spaventa ma cerca comunque di fare la cosa giusta; tira al guinzaglio per sfuggire all'addestratore ma il suo comportamento porta ad altre strattonate e l'addestratore gli dà anche un calcio nella pancia. Nei primi momenti del video, gli unici comportamenti di richiesta di aiuto del cagnolino verso la proprietaria sono sfiorarle la mano con il naso e toccare il guinzaglio con il naso; ma la proprietaria non lo vede e non lo sente.

9.2.2 Non tradire la fiducia

Vogliamo che i nostri cani ci guardino, ci ascoltino e ci seguano, che si affidino a noi e che siano pronti a fare quello che vogliamo.
I cani sono pronti a fare tutto questo, a un'unica condizione: la fiducia. Se chiediamo al cane di seguirci mentre è al guinzaglio, il patto tra di noi è che non lo porteremo verso un pericolo. Molti cani tirano al guinzaglio non perché vogliono andare più in fretta o verso qualcosa, ma perché cercano disperatamente di recuperare un minimo di controllo sulla traiettoria.
Gli istruttori di scuola guida usano auto con i doppi comandi e non si affidano a un ragazzo che sta imparando a guidare; se qualcosa va male, hanno la possibilità di riprendere i comandi dell'auto. Ricordo un'auto ferma in mezzo a un incrocio e un istruttore di scuola guida che sbraitava contro una ragazza, chiedendole perché avesse deciso di immettersi nel più grande e trafficato viale di Cuneo in contromano. Ecco, a volte i cani sono come quell'istruttore di scuola guida: ci stanno urlando che stiamo andando in contromano e stanno cercando di riprendere il controllo.
Durante i corsi i cani spesso non vogliono tornare in auto, si fermano e rifiutano di camminare verso il parcheggio. In quel momento possiamo prendere decisioni diverse: trascinare il cane con il guinzaglio verso l'auto, fermarci e cercare di convincerlo o cambiare direzione e andare prima a fare una passeggiata, usare del cibo o un giocattolo

La Labrador si avvicina al Golden che è dentro al recinto. Arrivata al cancello comunica però una diversa motivazione: avere il giocattolo e allontanarsi. La proprietaria asseconda le sue richieste, invece di forzare l'incontro.

per attirarlo verso l'auto. Di tutte queste strategie, le due che io preferisco sono fermarsi e dire al cane che so che non vuole tornare in auto, ma non ci sono alternative, o andare prima a fare una passeggiata. Non sempre è possibile, ma in certi casi è solo una questione di voglia, e di tempo e possibilità.

Tradire la fiducia, in questo contesto, non è trascinare il cane con il guinzaglio, ma tirare fuori il cibo o il giocattolo. Non è onesto, perché non vogliamo dargli cibo e non vogliamo giocare, ma semplicemente rimetterlo in auto. Anche la mancanza di onestà è tradire la fiducia.

9.2.3 Condividere esperienze piacevoli

Alcuni cani sono facili da rendere felici. Tutto quello che serve è un po' di tempo, ogni giorno, per qualche coccola prima di dormire o per dei giochi di apprendimento, per lanciare la pallina sul prato o per una passeggiata insieme, ma insieme veramente.

Condividere questi momenti è vivere un cane ed è anche un elemento importante nel creare un equilibrio che permette di sopportare le piccole tensioni quotidiane, legate alla gestione o alla convivenza.

Conoscere il proprio cane può voler dire provare esperienze che non avremmo mai immaginato di affrontare. Capita così di affrontare chilometri di strada nel proprio giorno libero, per permettere al nostro Border Collie di esprimere la propria natura di cane da conduzione del gregge.

Con altri cani è più difficile perché non sono così facili da capire e da motivare.
Per fare felice un cane da guardia del gregge, è necessario un gregge? Di sicuro sono cani più adatti a grandi spazi e a impegnarsi nella protezione, che a vivere in un appartamento. Un cane da guardia del gregge può avere più bisogno di esprimere la propria natura di protettore che di coccole ogni giorno, di giocare con una pallina o impegnarsi in esercizi di apprendimento.
Fare felice un cane è anche cercare di capire in quale contesto può esprimere le proprie attitudini. Molti proprietari hanno scoperto attività come la conduzione del gregge, la difesa sportiva, le prove di riporto, la ricerca su traccia, solo per dare al proprio cane la possibilità di esibire i comportamenti per cui quella razza è stata selezionata.

9.2.4 Fornire al cane degli strumenti

Adottare un cucciolo o adottare un cane adulto è la fine di un processo che implica la scelta della razza, della cucciolata, dell'individuo, è il momento in cui i giochi sono fatti e il cane ormai fa parte della famiglia.
Quello che molti non si aspettano è che, invece di essere la meta, è solo l'inizio; **con l'arrivo del cane in famiglia, inizia un percorso di reciproca conoscenza e di crescita**.
I cuccioli crescono, i cani adulti devono capire chi siamo e dobbiamo costruire fiducia e questo percorso spesso viene lasciato al caso. Si procede giorno dopo giorno, senza pianificare, basandosi sulla propria sensibilità e su quelli che sono considerati gli obiettivi più importanti da raggiungere.
Sappiamo cosa vogliamo, ma sappiamo come ottenerlo? Spesso proprio queste aspettative e la fretta nell'ottenere i risultati possono essere fonte di conflitti e di frustrazione. Ci siamo chiesti di cosa ha bisogno il cucciolo, nella sua crescita o di cosa ha bisogno un cane adulto, per imparare a vivere con noi?
Diversi anni fa ho cominciato a pensare allo sviluppo di un cucciolo in termini di competenze fisiche, mentali, emotive e sociali: non voglio chiedere al cane di fare qualcosa per me, voglio fare qualcosa che dia al cane gli strumenti per essere felice insieme a me.

Le competenze fisiche

Le competenze fisiche riguardano il movimento, l'equilibrio e la propriocezione. Si possono fare degli esercizi e dei giochi di movimento che ci permettono anche di capire come si muove il nostro cane e di evidenziare eventuali problemi fisici. Conoscere il proprio cane è anche conoscere il suo corpo, sapere se è magro, se è in sovrappeso, se si muove in modo normale o se ha segni di dolore.
Dovremmo imparare a osservare come si muove e

Ada è una Bouledogue, sequestrata da cucciola a un trasportatore abusivo. Sta imparando a affrontare un piccolo ostacolo.

abituarci a toccarlo per controllare il suo stato fisico. Spesso il cambiamento emotivo, un comportamento di paura, di ansia o aggressivo, ha origine in problemi fisici; molto spesso il dolore dei cani non viene riconosciuto dai proprietari, se non quando è ormai a livelli molto intensi.

Le competenze mentali

Le competenza mentali riguardano l'attenzione verso certi stimoli, la concentrazione, la capacità di imparare, la memoria, la motivazione, la curiosità e l'intraprendenza. Le competenze mentali si possono sviluppare attraverso attività come l'apprendimento, la ricerca olfattiva, le attività sportive, di utilità e di selezione. I cani sono molto più intelligenti di quanto si pensi e hanno una straordinaria capacità di imparare e di collaborare.

I cani considerati più intelligenti sono quelli che hanno una maggiore motivazione verso il cibo o il gioco e sono più confidenti, perché imparano più facilmente quello che vogliamo noi. Dovremmo però imparare a distinguere l'intelligenza dall'addestrabilità.

L'apprendimento può avere ben altri obiettivi del controllo. Può aiutare i cani a sviluppare e esprimere le proprie capacità cognitive, può essere stimolante, e divertente.

Le competenze emotive

Le competenze emotive riguardano il senso di sicurezza, la confidenza, il divertimento, l'eccitazione, l'autocontrollo, la frustrazione, l'insicurezza, l'aggressività.

L'apprendimento è un'ottima palestra per emozioni come l'eccitazione, la frustrazione, la sicurezza e la confidenza e, attraverso un programma specifico, si può aumentare l'autocontrollo del cane verso stimoli positivi che innescano reazioni di eccitazione e perdita di controllo.

Non possiamo pretendere che il nostro cane ci ascolti quando è eccitato da un gatto che corre se non siamo in grado di farci ascoltare quando abbiamo una pallina in mano ma possiamo sviluppare la sua capacità di collaborare, iniziando da situazioni abbastanza semplici in cui possiamo tutti e due avere successo.

Il controllo del cane è un aspetto importante per i proprietari; se possiamo controllare un cane fisicamente (basta un guinzaglio), possiamo entro un certo grado controllare la sua mente (attraverso abitudini, condizionamenti) ma non possiamo controllare le sue emozioni.

Dare al cane degli strumenti in questo ambito significa tutelarlo da emozioni negative o che lo portano a essere incapace di collaborare con noi e di ascoltarci.

Apprendimento significa anche imparare a sopportare il fallimento, ad aspettare per avere qualcosa di gradito, a gestire emozioni come la frustrazione, l'eccitazione, l'insicurezza. Anita usa la voce e il corpo per comunicare a Viola che il comportamento esibito non è corretto, mantenendo però un atteggiamento sereno e positivo.

Coockie è preoccupato dalla presenza di Tao, e si rifugia tra i piedi della proprietaria. Questo è un comportamento naturale e normale in un cane, e non dovrebbe venire ignorato, inibito o punito.

Le competenze sociali

Le competenze sociali riguardano la capacità del cane di utilizzare strategie differenti durante le interazioni, di avere reazioni proporzionate al contesto, di vivere in modo positivo o neutrale l'incontro con individui diversi, entro quelli che sono i limiti legati alla sua personalità, le esperienze e lo stato emotivo di quel momento.

Un cane socializzato e con buone competenze sociali non è un cane che gioca con tutti i cani, o che va d'accordo con tutti i cani, ma un cane che conosce se stesso e conosce gli altri e ha avuto la possibilità di imparare a scegliere tra diverse strategie di interazione (compreso l'evitamento).

Tutto questo è anche appartenenza, perché è un percorso che comporta una conoscenza del cane a 360°.

9.2.5 Riconoscere l'individualità del cane

Il cane non è più solo chi noi vogliamo che sia, ma è un individuo, che impariamo a conoscere in tutti gli aspetti, a rispettare e valorizzare.

Lo studioso Raymond Coppinger in un suo libro ha pubblicato una tabella con riportati i vari studi di sviluppo di un cucciolo di lupo: a ogni fase di sviluppo corrisponderebbero razze di cani differenti. Secondo l'ipotesi neotenica, i molossoidi come il Bulldog, il Carlino o il Dogue de Bordeaux sarebbero più simili al cucciolo di lupo appena nato, mentre i cani nordici e primitivi, come il Siberian Husky, sarebbero più simili al lupo adulto. Questa ipotesi non è mai stata dimostrata, ma è stata comunque accolta con entusiasmo nel mondo cinofilo.

La prima volta che ho portato Kandji a lavorare come cane da conduzione con delle pecore, è passato dall'essere il mio cucciolo, pronto a chiedere attenzione e coccole e a giocare con la pallina a un cane adulto che stava prendendo terribilmente sul serio quello che faceva. È passato dall'avere un anno e mezzo anagrafico, ma quattro mesi a livello di maturità emotiva, all'essere un cane adulto, consapevole di se stesso e delle sue capacità. Per un momento ho provato un senso di smarrimento, ma ho anche capito che per i cani, poter essere se stessi, è qualcosa che va oltre la relazione che hanno con noi.

Il cucciolo di Rottweiler ha già una personalità definita, ma è ancora permeabile a informazioni e esperienze. Questa finestra è aperta fino all'adolescenza, quando diventa più difficile modificare la percezione del cane.

Io credo che la ragione di tale entusiasmo sia nell'evidenza che i cani, anche da adulti, mantengano un rapporto infantile e filiale con gli umani. Il nostro cane ha bisogno di noi per nutrirsi, per essere curato, per avere affetto, per divertirsi. Questa relazione di dipendenza ci fa sentire importanti, ci permette di avere controllo ma allo stesso tempo rischia di ridurre la possibilità del cane di essere visto come un individuo e come un adulto.

9.2.6 Accettare il cane

Una coppia viene al centro per una valutazione con il loro giovane Boxer maschio e una delle prime cose che mi viene detta di quel cane è che «Non è come quello che avevamo prima», sottintendendo che quello di prima era meglio.
A volte i proprietari hanno buone ragioni ed esistono cani con cui io o voi non vorremmo vivere; dal primo momento in cui decidiamo di vivere con un cane, però, è necessario accettarlo, senza per forza avere un atteggiamento passivo e fatalista. Vale sempre la pena impegnarsi per dare al cane strumenti migliori ma dobbiamo anche accettare che il cane ha una propria personalità, proprie emozioni, proprie motivazioni. Viviamo in una società che ci richiede di corrispondere a uno standard ideale riguardo il nostro aspetto, il nostro comportamento, i risultati nella vita e nel lavoro e dedichiamo molto tempo a perfezionarci, a sentirci accettati dal nostro gruppo sociale: per i nostri cani non è diverso.
Gran parte dei nostri sforzi si concentra nel tentativo di rendere il nostro cane adeguato a un ideale «cane educato» che non abbaia, non salta addosso, non tira al guinzaglio, non minaccia nessuno, non ha paura di niente e non ha strani problemi di comportamento. Se il nostro cane non corrisponde a questo modello ideale, la nostra sensazione può essere di aver fallito come proprietari.
L'idea per cui non esistono cani cattivi ma solo cattivi proprietari è la condanna di chiunque viva con un «cane cattivo». Non esiste specie al mondo, se non forse la nostra, su cui vengano riversate tante aspettative.

Nella nostra vita incontreremo cani con cui proveremo immediata sintonia. Con altri, dovremo lavorare su di noi e sulla relazione, per costruire un equilibrio. La differenza è in quanto noi dobbiamo impegnarci, perché il cane non può scegliere. Francesca osserva i movimenti di Gemma in giardino.

Prima di agire contro il cane, proviamo a chiederci se il suo comportamento non è niente di diverso dal normale comportamento di un cane, o di un cucciolo, o di un cane in un certo stato emotivo, con certe esperienze, con un certo stile di vita. **Accettare un cane significa riuscire a capire e a rispettare le caratteristiche del singolo individuo, quello che è il suo modo di vedere la vita.** Vivere con un cane e accoglierlo in famiglia significa essere pronti a confrontarsi con un mondo diverso dal nostro, trovare i punti di contatto e accettare le differenze.

Vivere con un cane comprende anche la capacità al compromesso.

9.3 Sincronizzazione e sintonizzazione

Sincronizzare il comportamento significa fare quello che sta facendo un altro nello stesso momento. Ho una vera passione per i comportamenti sincronizzati; i cani possono urinare o defecare in modo sincronizzato ed è molto probabilmente l'odore di urina e feci a indurre una simile reazione in un altro individuo. Ma sono anche altri i comportamenti che possono essere esibiti insieme: rotolarsi, sbadigliare, abbaiare, inchinarsi, annusare.

Gli studi sullo sbadiglio hanno dimostrato che sbadigliare insieme è sintomo di un legame affettivo e empatico ed è possibile che anche altri comportamenti abbiano un significato nel legame tra due cani.

Nella relazione tra cane e umano, per me è importante che i proprietari imparino ad avere un **corretto tempismo** nel rispondere a un comportamento, nel dare una informazione al cane, anche solo un «comando». Tra il cane e la persona esistono un ritmo e un'armonia nella comunicazione che emergono chiaramente durante una sessione di apprendimento.

Andando più in profondità, oltre il comportamento e oltre la comunicazione, gli elementi fondamentali nella nostra capacità di essere in sintonia con il cane si chiamano **emozioni ed empatia**. I cani provano emozioni come noi e, come avviene

Valeria ha adottato Nash senza sapere chi fosse. I primi mesi sono stati impegnativi, ma il risultato è un legame forte, solido e basato su una grande empatia.

per noi, le emozioni guidano il loro comportamento. Dall'emozione più primitiva e semplice, che distingue «mi piace» da «non mi piace» a quelle più complesse, che lo studioso Ekman identifica come sorpresa, paura, rabbia, tristezza, rabbia, disgusto, gioia, eccitazione, sollievo, soddisfazione, piacere sensoriale. Si tratta di emozioni studiate in origine nell'uomo e che solo adesso stiamo imparando a conoscere negli animali.

Il comportamento del cane è anche l'espressione fisica di uno stato fisiologico e di uno stato emotivo e possiamo imparare a tradurre il comportamento del cane nell'emozione associata. Molti pensano che i cani siano creature così semplici da poter provare un solo stato emotivo, mentre nei cani le emozioni si intrecciano e mutano in un istante, non diversamente da quello che succede a noi. Una vita emotiva così complessa, emozioni così simili alle nostre possono portarci a entrare in risonanza con il nostro cane. Questa capacità di rispondere a una emozione con una emozione ha un nome, come ho scoperto leggendo il bel libro di Daniel Goleman *Intelligenza emotiva*: «Stern (Daniel Stern, psichiatra all'Università in Medicina di Cornell, n.d.A.) è affascinato da piccoli scambi ripetuti, che avvengono tra figlio e genitore; egli crede che gli insegnamenti più di base della vita emotiva abbiano radici in questi momenti di intimità. Di tutti questi momenti, i più critici sono quelli che dicono al bambino che le sue emozioni incontrano empatia, sono accettate, e reciprocate, in un processo che Stern chiama sintonizzazione».

Esiste un processo di **sintonizzazione** tra cane e umano? Sappiamo dalla ricerca scientifica che la relazione uomo-cane ha basi del tutto simili all'attaccamento tra bambino e genitore ed è quindi probabile che la sintonizzazione sia un elemento della relazione.

Quando io e Brick andiamo a fare una passeggiata, lei cammina davanti a me, annusa, esplora, si gira a guardarmi negli occhi e io rispondo a quel contatto visivo, guardandola negli occhi. Non ho bisogno di darle un premio in cibo perché mi guardi, perché mi guarda non per ottenerlo, ma per capire in che direzione andremo, se sono con lei, per sentire la mia presenza al di là della pura presenza fisica.

Reciproco ogni richiesta di contatto sociale da qualunque cane provenga, posso decidere di interrompere un momento di coccole o di gioco o di non iniziare proprio a giocare, ma se un cane mi chiede un contatto lo ottiene. Mantengo anche un livello alto di attenzione verso i segnali che un cane emette, registrando ogni cambiamento di stato emotivo.

9.4 Imparare a restare da solo

L'attaccamento ha un'anima nera, il bisogno dell'altro, un bisogno a volte così forte da non sopportarne la distanza. Capita ai cuccioli che piangono disperati non appena usciamo dalla stanza e capita ai cani adottati adulti, che non sopportano di perdere una cosa così bella come una persona che appartiene solo a loro e può capitare anche dopo un periodo di convalescenza, quando il cane ha ricevuto cure per 24 ore al giorno, dopo un distacco che il cane non è riuscito a capire e sopportare o un viaggio con il cane che ci aspetta in una pensione.

Crediamo che la paura di restare solo dipenda da un attaccamento eccessivo; il cane ha così bisogno di noi e sta così bene con noi da non poterci lasciare andare, neppure per poche ore. In questi casi, ci spiegano che dobbiamo ignorare il cane quando torniamo a casa e ignorarlo prima di uscire, in modo da non caricare quei momenti di tensione emotiva, che dobbiamo ignorare il cane quando siamo in casa e fargli accettare una separazione fisica, usando un cancello o chiudendo una porta.

Studi recenti hanno però dimostrato che gran parte dei problemi di separazione sono legati a un **attaccamento insicuro**: non è il troppo amore che causa la dipendenza ma l'instabilità che causa ansia e incertezza.

I cani vivono una relazione altalenante, con alti e bassi imprevedibili e staccata da una logica comprensibile; sono la spugna che assorbe ogni emozione, ogni tensione familiare. Immaginate un ambiente chiuso, un appartamento, uno spazio da cui il cane non può allontanarsi e fuggire: in questo spazio ci sono persone che gli danno attenzione e che a volte lo ignorano, che lo sgridano e urlano e che, di nuovo, lo abbracciano, lo accarezzano, gli danno dei bocconi gustosi. È una situazione già abbastanza complessa, alla quale si aggiunge un livello ancora più profondo; esistono persone che, attraverso il cane, nutrono il proprio bisogno di

Ho avuto la fortuna di avere due balie incredibili: Bullet e Brick, due Staffy. La presenza di un cane con le loro capacità rende tutto più facile, nella gestione del cucciolo.

affetto e a volte neppure si chiedono se il cane sta bene e se quel sentimento è reciproco.

Penso sia perché i cani ci danno affetto a prescindere da chi siamo, dal nostro aspetto, da come siamo vestiti, se siamo o meno simpatici e brillanti e diamo quindi per scontato che un cane ci voglia bene.

Se il nostro affetto però non è reale, se è solo un bisogno e non un legame, il cane subirà tutto questo come una aspettativa e si creerà un'altalena emotiva, causando forti stati di ansia.

Voler aiutare un cane che non sa restare da solo significa chiedere al proprietario se è disposto a staccarsi dal bisogno di dipendenza del cane. Questo meccanismo porta spesso i proprietari a competere per l'attenzione del cane e a impedire al cane di formare altre relazioni, per la paura di perdere il ruolo che hanno nella vita del cane.

Ogni comportamento del cane deve essere valutato con attenzione, prima di provare a cambiarlo: abbaiare e piangere, urinare e defecare, rosicchiare e distruggere sono comportamenti tipici della «sindrome da abbandono».

Per un cucciolo è normale sentirsi disperato se rimane da solo. I cani sono animali familiari e a 2 mesi i cuccioli non sono pronti a restare da soli, a quella età sono troppo immaturi e troppo vulnerabili, per sopravvivere senza la famiglia e per questo motivo piangono.

Non ha senso adottare un cucciolo e lasciarlo da solo per otto ore al giorno, quindi dobbiamo organizzarci con parenti, amici e dog sitter. Io ho avuto la fortuna di avere due fantastiche dog sitter, negli ultimi anni: Bullet e Brick, due Staffordshire Bull

Per tutti i cani è importante fare attività fisica e non parliamo di un'uscita di venti minuti al guinzaglio; uscire per sporcare e tornare subito a casa non è abbastanza e, anzi, può causare uno stato di eccitazione mentale ed emotiva che il cane non è in grado di risolvere quando poi viene lasciato a casa da solo. Immaginate di voler andare al cinema e, una volta usciti, dopo poche centinaia di metri, siete costretti a tornare a casa; proverete frustrazione e rabbia. A un cane succede lo stesso: esce di casa pieno di aspettative e magari deve tornare a casa senza aver fatto niente che lo soddisfa davvero.

Terrier con un'incredibile attitudine alle cure verso i cuccioli.

Non si deve abituare un cucciolo alla solitudine, ma dargli strumenti affinché sopporti la solitudine senza disperarsi.

La solitudine può essere tollerata meglio se il cucciolo ha la possibilità di soddisfare il suo bisogno di attività, di gioco, di esplorazione, di contatto. In una condizione ideale, non siamo noi a intrattenere il cucciolo, ma piuttosto siamo noi a dargli la possibilità di intrattenersi e divertirsi.

Un cane giovane e in salute scoppia di energie e l'inattività fisica e mentale possono causare un forte stress (il cane può ad esempio rosicchiare e distruggere semplicemente perché è l'unica cosa che può fare in casa).

9.5 Il richiamo

Durante le classi di socializzazione, gruppi composti da un cane e le persone di famiglia si incontrano in uno spazio molto grande e completamente recintato. Il fatto che sia un luogo sicuro (il cane non può scappare e farsi del male) mi permette di lavorare a quello che per me è il principio del richiamo: non perdere il proprio gruppo familiare.

I cani sono gli unici animali che ci seguono di propria volontà, senza bisogno di corde per obbligarli; usiamo i guinzagli solo perché il mondo moderno è troppo pericoloso per un cane libero. Esistono culture in cui i cani sono ancora liberi e, in molte zone rurali, i cani «padronali» vagano liberamente nel territorio.

Il cucciolo impara anche dai cani adulti, nel bene e nel male! Il cucciolo di Border Collie Cheek segue gli adulti, che accorrono al richiamo.

Da bambina i miei genitori ci portavano a fare delle gite alla domenica e a volte avevamo con noi i cani di famiglia: una femmina di Pastore Tedesco a pelo lungo, Kira, e una Bassotta a pelo duro, Uta. Kira e Uta fuori dal giardino venivano sempre tenute legate al guinzaglio e quindi sono cresciuta così con l'idea che i cani dovessero essere tenuti legati. Un giorno sono tornata a casa con un cane fantasia, Toby, che viveva in giardino e mi seguiva nel mio vagare per la campagna, rigorosamente legato a uno di quei cordini che si usavano per imballare la paglia.
Un giorno si avvicina un cacciatore, mi chiede del mio cane e, con mio sommo orrore, slega il cordino; io mi aspetto una tragedia e invece il mio cane rimane lì e mi guarda, non scappa e non se ne va. Da quel giorno ho imparato che i cani possono essere liberi ed è una lezione che non ho mai dimenticato.

Se passeggiamo con il cane libero, senza richiamarlo, il cane ci segue; non resta al nostro fianco, o dietro di noi, ma corre ed esplora intorno a noi, in uno spazio che può variare da pochi metri a centinaia di metri.
I cani che hanno la tendenza a rimanere in uno spazio più contenuto sono in genere quelli con un'attitudine a una più forte vicinanza e collaborazione con l'uomo: se sono cani di razza possono essere cani da pastore, Molossi, Spaniel e cani da compagnia.
I cani che hanno più la tendenza a spaziare sono spesso quelli con una spiccata attitudine e una selezione per la caccia: Setter e i Pointer, i Segugi, i Levrieri.
Poiché la caccia e reazioni emotive di paura sono gli elementi che possono portare un cane a allontanarsi da noi, è più facile per me introdurre il concetto di richiamo sociale in uno spazio recintato.
I cani hanno la capacità di non perderci, ma questa capacità deve essere esercitata fin da cuccioli. Il cucciolo dipende da noi per la propria sopravvivenza, non può allontanarsi troppo da noi e non può smettere di seguirci. Quando ho un cucciolo, appena è in grado di seguirmi su un piccolo circuito lo porto con me nel bosco, lo libero e cammino. Non lo chiamo, non lo controllo e non mi nascondo (nascondersi è un ottimo modo per indurre stati di ansia nella separazione).
Alcune tecniche utilizzate ancora oggi nei centri cinofili si basano proprio sul senso di abbandono, a volte con effetti del tutto inaspettati.
Una giovane Bassethound viene trattenuta dall'istruttore, che chiede ai proprietari di correre via e nascondersi. La cagna viene lasciata libera di raggiungere la propria famiglia solo quando abbaia disperata. L'idea è quella di creare una motivazione per il richiamo. Il risultato? La cagna inizia a abbaiare ogni volta che qualcuno della famiglia esce dalla porta di casa. "Te ne vai, non ti vedo più" è diventato il segnale per abbaiare e riuscire a riunire la famiglia. È stato necessario un lungo lavoro per modificare la percezione della bassethound e il suo comportamento.
Camminare in silenzio insegna al cucciolo a fare attenzione a dove siamo e a dove stiamo andando: lasciamo che sia lui a scegliere di seguirci e di non perderci.
Alle classi di socializzazione chiedo ai proprietari di tornare verso il parcheggio senza chiamare il cane, di girarsi e andarsene, per vedere se il cane ha imparato questa abilità e se si assume la responsabilità di non perderli. È sempre divertente vedere i proprietari che rallentano, si voltano, aspettano il cane, vacillano quando il cane non li segue immediatamente; ho molti filmati di proprietari che paiono camminare verso il patibolo e di cani che li guardano perplessi aspettando di venire richiamati.
È chiaro che in questi momenti non c'è alcun pericolo e nessuna urgenza nel richiamare il cane, ma

Chi vogliamo essere, per il nostro cane?
Quando ci relazioniamo con una persona adulta, siamo consapevoli che ogni nostra parola e comportamento saranno sottoposti a una valutazione. Impariamo, da adulti, a valutare il peso delle nostre scelte. I cani non parlano, non possono andarsene, sanno chi siamo e la loro vita dipende interamente da chi noi decidiamo di essere, nella relazione con loro. Un cane felice dice molto della persona che se ne prende cura.

Vorremmo essere al posto del nostro cane?
I cani sono diversi da noi, ma come noi hanno emozioni, formano relazioni basate sull'attaccamento e l'affetto, amano divertirsi, essere liberi di correre e giocare. Come noi soffrono l'assenza di comunicazione, di condivisione, di empatia, venire isolati, ignorati, minacciati, maltrattati. Vorremmo vivere la vita del nostro cane?

è anche vero che la maggior parte dei proprietari richiama il cane quando non è necessario, per la sola paura di perderne il controllo, senza una ragione reale e comprensibile. Se il cane non reagisce, la voce cambia tono, diventa più alta, più dura e più minacciosa; in questi casi il cane reagisce aumentando le distanze, per evitare un conflitto.

Come si insegna il richiamo? Per me il primo passo è proprio quella passeggiata nel bosco, imparare a usare il linguaggio del corpo senza attirare o intimare al cane con la voce di venire da noi. I passi successivi richiedono più lavoro e il risultato finale dipende dal cane e da quanto siamo disposti a impegnarci.

esercizio 6 Richiamo positivo

Il richiamo è percepito come un esercizio di autorità e di controllo: il cane deve venire da noi, perché noi lo vogliamo. **In questo esercizio dovete pensare al richiamo da una prospettiva capovolta e dovete richiamare il cane per dargli qualcosa di bello o quando vedete che è felice di venire da voi.** Attenzione a non usare cibo o giocattoli a vista per richiamarlo, perché in questo caso state "comprando" il richiamo.

Chiamate il cane con tono allegro e, quando arriva, dategli qualcosa di molto gradito: cibo, gioco, un tuffo in acqua, incontrare qualcuno che gli piace. Invece di chiamarlo per togliergli qualcosa, lo chiamate per dargli qualcosa di gradito. Nel secondo caso, usate la parola che avete scelto per il richiamo mentre il cane sta già correndo felice verso di voi. Io, ad esempio, con Brick uso «Corri corri!» e il risultato è garantito.

Procedimento

- Chiamate il cane con un tono di voce allegro.
- Non usate cibo o giocattoli per indurlo a venire da voi.
- Quando arriva, dategli qualcosa di molto gradito.
- Usate l'espressione «Vieni» quando il cane sta già correndo verso di voi.

Obiettivi

- Associare il richiamo a qualcosa di piacevole.
- Associare il richiamo all'intenzione a venire da noi.

Per essere davvero piacevole, il richiamo deve dare qualcosa al cane, non toglierlo. cosa può essere più gradito di un bagno nel laghetto? (Risposta: mantenere contatto con il gruppo familiare!).

esercizio 7 Richiamo con distrazione

La più grande paura di un proprietario è che il cane non torni al richiamo perché distratto da qualcosa; questo può capitare a qualunque cane, perché non esiste cane con un richiamo al 100%. **La probabilità che il cane non venga al richiamo è più alta se il cane ha una reazione emotiva intensa**: uno stato di eccitazione alla percezione di una preda, la presenza di cibo, l'incontro con un altro cane, una reazione di paura, un conflitto con il proprietario.
Parte della motivazione al richiamo dipende unicamente dal cane: ci sono cani che naturalmente tornano appena chiamati e altri che possono diventare selettivamente sordi alla richiesta di rinunciare a quello che per loro è rilevante in quel momento.
Molto, però, dipende anche da noi; il grado di libertà deve basarsi sulla nostra conoscenza del cane e sulla sua capacità di relazionarsi con gli stimoli in quell'ambiente.
Il richiamo con una distrazione è un modo per allenare il cane ad ascoltarci quando la sua mente è impegnata a elaborare altri stimoli. È un esercizio che può essere fatto solo se siete pronti a non crollare emotivamente se il cane non vi considera, riversando addosso al cane frustrazione, insicurezza e rabbia; deve essere fatto in sicurezza, perché è fondamentale rimanere calmi e positivi e viverlo come un gioco.
Chiedete a un amico di tenere in mano del cibo o un giocattolo e tenete in tasca lo stesso cibo o un giocattolo di pari valore. Dite al vostro amico di mostrare il cibo o il gioco al cane senza darglieli, mantenendo verso il cane un atteggiamento amichevole: può guardarlo e parlargli ma non può dargli niente.
Chiamate il cane senza usare cibo o giochi per attirarlo verso di voi e aspettate: se vi guarda, sorridete, fategli i complimenti e chiamatelo con tono allegro e gentile. Non potete andare vicino e fargli vedere che anche voi avete cibo e giocattoli, non potete chiedere all'amico di nascondere cibo e giocattoli dalla vista del vostro cane, non potete correre via, nascondervi né abbandonare il cane con il vostro amico.
Smettete di sentirvi in competizione con il mondo: il cane vuole il cibo o il giocattolo, non vi sta abbandonando. Rilassatevi, sorridete e aspettate; non appena il cane viene da voi, fategli tonnellate di complimenti, dategli cibo e giocate insieme a lungo, divertendovi.

Procedimento

- Il cane è libero, in uno spazio sicuro.
- Un amico mostra al cane cibo o un gioco, senza dargli niente.
- L'amico ha un atteggiamento amichevole verso il cane.
- Chiamate il cane, con tono allegro.
- Non mostrate al cane cibo o giochi, non allontanatevi.
- Quando il cane viene da voi, premiate con cibo gustoso o giocando insieme a lungo.

Obiettivi

- Il cane scopre che non tutto ciò che vuole lo avrà.
- Quando è distratto da qualcosa, venire da voi è comunque una scelta vincente.

Richiamo con distrazione per Kandji. Il giovane Pastore Tedesco ignora del tutto la seconda persona e la pallina, per correre dritto alla meta. Ottiene l'amato giocattolo e tanti complimenti.

esercizio 8 Richiamo negativo

Non è un vero e proprio esercizio, per il semplice motivo che non metterei mai il cane nella condizione di provare stress intenzionalmente: si tratta più di una forma mentale nell'imporre al cane qualcosa di sgradevole attraverso il richiamo.
Se un richiamo implica qualcosa di spiacevole non dovremmo fingere che sia altro: se voglio mettere il guinzaglio al mio cane gli mostro il guinzaglio e se voglio che torni in auto gli dico che deve tornare in auto. Il cane può cercare di temporeggiare, può rifiutarsi, può persino allontanarsi.
Io cerco di introdurre questo tipo di richiamo quando lo stato emotivo del cane non è così intenso da non potermi ascoltare. Non mi aspetto che un cucciolo sia in grado di accettarlo e neppure un cane che è in uno stato di stress e a volte i cani non tornano al richiamo perché non possono farlo. Ricordo un cane che non voleva salire in auto; ragionando sulle cause, il problema è risultato essere la temperatura dell'auto. Il cane aveva caldo e in quel caso forzarlo avrebbe significato esporlo a uno stress ingiustificabile.
Immaginando una scala da 0 a 10:

0 è nessun conflitto nel tornare,
10 è massimo conflitto al richiamo;
cerco di introdurre il richiamo «costoso», a un livello molto basso della scala.

Chiedo al cane di venire da me per farsi mettere il guinzaglio prima di uscire in passeggiata, mi fermo a due metri dalla porta, il cane deve allontanarsi di due metri da dove vuole essere e farsi mettere il guinzaglio per uscire. Quella piccola rinuncia comporta comunque qualcosa di molto piacevole.
Chiedo al cane di venire fuori dalla cucina e, se non accade nulla, difficilmente verrà al richiamo in un contesto molto più complicato come una passeggiata in libertà con mille stimoli che lo attirano.
Ho insegnato ai miei cani a tornare all'auto senza guinzaglio quando abbiamo finito una passeggiata o un allenamento.
Kandji a 7 mesi si è buttato nel lago e ha nuotato fino al centro dello specchio d'acqua, con lo sguardo che diceva: «No, io in auto non ci torno». Anche se ero irritata, perché avrei dovuto ricominciare a lavorare, mi scappava da ridere, perché aveva sviluppato una strategia geniale per impedirmi di riportarlo in auto. A 1 anno di età, mi segue sereno verso l'auto; è normale pensare a un anno di duro lavoro prima di poter dire a un mio cane che deve venire da me, che deve andare in auto o deve farsi mettere il guinzaglio.
Il richiamo è uno specchio della nostra relazione.

Tutti i cani tornano se in cambio ottengono qualcosa di più piacevole di quello che c'è intorno a loro; se il cane deve tornare quando non siamo di buon umore, deve veramente fidarsi di noi.
Pochi mesi dopo l'intervento alla caviglia, quando ancora usavo la stampella, Puma ha deciso che non sarebbe risalita in auto ma che invece sarebbe scappata sulla riva del lago. L'ho seguita stampellando per tre giri di lago e al terzo giro non ero certo di buon umore; quando ha capito che non era un gioco, si è fermata, l'ho raggiunta, le ho detto che ero arrabbiata con lei e che doveva seguirmi fino all'auto. Non le ho messo un guinzaglio, mi sono limitata a girarmi e ad avviarmi verso l'auto; a quel punto lei mi ha seguita, è salita in auto e io le ho fatto un sacco di complimenti.
Essere onesti, seri e determinati non significa essere violenti; significa non avere paura del conflitto e sapere esattamente chi siamo e cosa stiamo chiedendo al cane in quel momento, significa usare la comunicazione e non strumenti per il controllo o che causano paura.
Non farei niente del genere con un cucciolo, con un cane giovane o con un cane con cui non ho costruito una solida relazione e una comunicazione efficace e non pretendo che un cane torni se non è in grado di farlo.
Il patto di fiducia è che il cane non subirà mai niente di negativo se si avvicina a noi, deve poter credere che non gli faremo del male. Punire il cane quando riusciamo a prenderlo è solo una dimostrazione di quanto in quel momento siamo preda delle nostre emozioni più negative e di quanto ci sentiamo legittimati a usare violenza perché è un cane, e non può raccontarlo.

I cani possono essere molto chiari nel dire no. Dakota, Boxer, non ha nessuna intenzione di smettere di divertirsi e tornare verso l'automobile.

parte terza

L'etogramma e la comunicazione sociale

L'etogramma è l'elenco dei comportamenti di una specie animale. *Quando vogliamo studiare un animale selvatico, una specie che non è mai stata studiata prima, il primo passo è sedersi e osservare, cominciare a notare certi comportamenti e a dare a questi un nome, descriverli in modo che altri li possano riconoscere. Quei comportamenti vengono esibiti in certe situazioni e hanno una certa funzione o un certo esito; ci saranno dei comportamenti tipici della relazione tra madre e figli, del corteggiamento o esibiti negli scontri o nella caccia.*

Ogni specie ha il proprio etogramma, compresa la nostra. Quando ho cominciato a studiare un gruppo di cavalli liberati nel parco alla foce dell'Isonzo, il professor Giuseppe Bogliani mi ha dato un etogramma: ogni cinque minuti dovevo segnare il comportamento delle 4 femmine e dei 4 maschi.

Durante il mio lavoro al progetto Ex combattenti, ho scelto di iniziare con dei test di valutazione; ho filmato i test e ho cominciato ad analizzarli. Mi sono resa subito conto che, per poter valutare in modo oggettivo i cani, avevo bisogno di un etogramma del cane ma, nel 2004, ancora non esisteva. Si trovano gli etogrammi pubblicati negli articoli scientifici, quello del cane cantante della Nuova Guinea e del lupo, ma non l'etogramma completo del cane.

La maggior parte dei comportamenti (se non tutti) elencati nei diversi etogrammi non è mai stata validata e nessuno ha mai verificato che quel comportamento appartenga davvero a quella specifica categoria.

Un esempio pratico è il comportamento di inchino: il cane piega le zampe anteriori fino a toccare terra, mentre la parte posteriore del corpo rimane sollevata. Questo comportamento viene descritto come un meta-segnale, usato nel gioco per comunicare al partner che niente di quello che è stato fatto, o verrà fatto, è serio. Viene considerato un tipico comportamento di gioco e, di conseguenza, se un cane si inchina si dà per scontato che quel cane stia giocando.
Quando ho cominciato a studiare il comportamento sociale dei cani, soprattutto durante le classi di socializzazione, li ho osservati esibire l'inchino per spostare un altro cane: questo è un comportamento di imposizione. I cani esibiscono un movimento simile all'inchino anche prima di un attacco frontale; quindi, quello che per l'etologia ufficiale era un comportamento di gioco, per me era un comportamento anche di imposizione e di attacco.
Il bello della scienza è che non è importante essere famosi o avere ragione, ma è importante la capacità di studiare un fenomeno e dimostrare con dei dati oggettivi la propria ipotesi. Negli anni l'idea che l'inchino non sia solo un comportamento di gioco è stata considerata e accettata in molti ambiti scientifici e cinofili.
Il primo passo per avere uno strumento da usare nelle analisi è stato impegnarmi a trovare gli etogrammi pubblicati nei testi scientifici e a raccoglierli per avere uno strumento per valutare il comportamento dei cani durante il test.
Valutare un cane in canile implica una grande responsabilità verso chi adotterà quel cane; dobbiamo dare informazioni utili e fare in modo che quel cane non sia un pericolo per la famiglia e la società. La parte più grande di responsabilità è sempre verso il cane perché, dal momento in cui gli mettiamo un'etichetta, cambiamo il suo destino. Per questo motivo mi sono sempre imposta di non farmi condizionare dall'aspetto fisico di un cane; se un Pit Bull esibisce un certo comportamento, il suo aspetto può portarci a valutarlo in modo più negativo rispetto allo stesso comportamento esibito da un cane biondo con le frange.
L'etogramma è uno strumento che va oltre i pregiudizi e le opinioni personali.
Perché un proprietario, che non ha le esigenze di un ricercatore scientifico, dovrebbe conoscere e imparare l'etogramma del cane? Non basta l'affetto che proviamo verso il cane, per renderci buoni proprietari? Non esiste forse la naturale capacità di vivere insieme, dopotutto lo facciamo da migliaia di anni, senza il bisogno di studiare il cane come se fosse un animale selvatico sconosciuto? Ho cominciato a occuparmi di cani di famiglia nel 1993; gran parte dei problemi, dei conflitti e delle difficoltà che ho visto in questi vent'anni si sarebbe potuta prevenire e risolvere se solo gli umani avessero dedicato più tempo a osservare il proprio cane, a capirlo, a comunicare in modo efficace.
***La base della comunicazione è riconoscere un comportamento, un segnale, una informazione.** Se il cane mi tocca delicatamente la gamba con il naso, io so tradurre quel comportamento (e lo sapete tradurre anche voi, se avete letto tutto il testo del capitolo precedente!). Non sono nata con la*

capacità di farlo, ho dovuto osservare i cani per anni, filmarli, analizzare il loro comportamento prima di riuscire a dare un significato a quel comportamento. Imparare a capire i cani è un po' come imparare una lingua straniera; possiamo capire frammenti di una conversazione con uno straniero attraverso i suoi gesti ma non siamo in grado di comunicare in modo davvero efficace se non parliamo la stessa lingua.
I cani «parlano» tanto, sono dei gran chiacchieroni e imparare a capire cosa dicono, non solo è utile per prevenire problemi, per una gestione efficace e una buona relazione, ma è anche molto interessante e divertente. È anche qualcosa che chiunque può imparare.

10 Le categorie

A seconda della funzione, o dell'effetto, i comportamenti del cane sono divisi in diverse categorie. Lo stesso comportamento può però comparire in categorie differenti e non è quindi affatto scontato interpretarlo correttamente, se non si prende in considerazione anche il contesto in cui viene esibito. Un conto è sapere cosa il cane sta facendo, un conto è capire perché il cane sta esibendo un certo comportamento, quali sono le cause e le motivazioni sottostanti. Il primo passo è comunque riuscire a vedere, riconoscere e dare un nome al comportamento.

10.1 Comportamenti per il contatto sociale

Quali sono i comportamenti che ci dicono se un cane è amichevole o almeno tollerante? È incredibile quante poche persone siano in grado di descrivere i comportamenti di un cane amichevole.
Spesso si confonde l'assenza di manifestazioni di paura e aggressività per amicizia o ci si affida a un unico segnale, lo scodinzolare. I cani, però, possono scodinzolare per eccitazione e possono scodinzolare anche in situazioni di conflitto.
Se guardiamo quello che succede come se fossero strati diversi, nel comportamento amichevole a un livello più profondo dobbiamo riconoscere una motivazione a ricercare attivamente un contatto; il cane si avvicina a noi o a un altro cane, comunica e cerca un contatto con quell'individuo.
A un livello più superficiale, i comportamenti che vedremo possono appartenere a diverse sotto-categorie:

- fare conoscenza;
- sottomissione e pacificazione;
- corteggiamento;
- giocare;
- condividere;
- cura dei cuccioli.

Nel **fare conoscenza**, i cani si avvicinano dando e ricevendo informazioni, in una comunicazione che è sia visiva sia olfattiva. Marcare con l'urina e annusare la testa, le spalle, l'area ano-genitale sono una parte importante della conoscenza. C'è la tendenza a trasferire le conoscenze che abbiamo di psicologia umana al comportamento del cane, secondo le regole della prossemica; si vedono così immagini di un cane con indicate le diverse distanze sociali. Quello che colpisce me, in

Fare conoscenza: esplorazione olfattiva.

Marcatura con l'urina: la femmina marca con la zampa sollevata.

Raspare.

Marcatura con la spalla.

quei disegni, è che nella realtà i cani fanno la conoscenza reciproca annusandosi l'area ano-genitale ed è difficile immaginare un uso più intimo dello spazio.
Altri segnali di amicizia che i cani possono rivolgere a noi o a un altro cane sono: piegare le orecchie indietro; mostrare la parte interna della pinna (orecchie "a elefantino"); addolcire lo sguardo; allungare il muso; abbassare il cranio, in modo da avere gli occhi più in basso dei nostri; mostrare il fianco; scodinzolare con la coda orizzontale o bassa. Se il cane è più preoccupato, la maggiore tensione emotiva può manifestarsi con due opposte strategie: cercare di farsi più grande, con corpo rigido, testa e coda alte, o cercare di farsi più piccolo.

Fare conoscenza: il saluto.

La **sottomissione** è un insieme di comportamenti: si definisce **attiva** se il cane che li esibisce cerca attivamente il contatto con l'altro individuo (se è, quindi, offerta); si definisce **passiva** se è la risposta all'avvicinamento e l'imposizione di un altro individuo. Nella sottomissione il cane può essere in piedi, seduto, accucciato, sdraiato e sdraiato a pancia in su, le orecchie sono piegate indietro, lo sguardo non è mai duro, la coda scodinzola bassa, il muso si allunga verso la testa e c'è l'intenzione a leccare. È una richiesta di contatto e di amicizia che può essere più intensa, fino alla «sottomissione sgradevole», o avere una componente maggiore di timore. Nella sottomissione sgradevole, chi la riceve può essere così infastidito da spostare la testa o allontanarsi per tentare di sottrarsi alle attenzioni del cucciolo. I comportamenti di sottomissione non sono esclusivi dei cuccioli e vengono esibiti solo in presenza di tolleranza e a condizione di non subire niente di negativo o di essere in pericolo.

Nel **corteggiamento** il cane si muove come in un balletto, impettito e a saltelli, con le orecchie spinte in alto sul cranio e la coda che spazza l'aria con movimenti ampi e vigorosi.
Se il cane sceglie come strategia di farsi piccolo,

Sottomissione attiva.

Sottomissione passiva.

Corteggiamento.

Salto in avanti a zampe divaricate.

il corpo è abbassato, la base della coda è bassa e può coprire l'area anale, il cane mostra il fianco o si butta a terra mostrando la pancia.

Il **gioco** è un contesto particolare, perché durante l'azione i cani possono esibire comportamenti di altre categorie, come la caccia, l'imposizione, o la lotta.
Se il gioco è più competitivo vedremo di più comportamenti come l'inchino, il salto in avanti a zampe divaricate, il travolgere, la corsa in parallelo con contatto fisico, l'inseguimento e il tira e molla per conquistare un trofeo.
Se il gioco è più bilanciato nelle parti, compare un comportamento molto tipico, il buttarsi a terra di propria iniziativa. Può essere la strategia di un cane più forte per convincere un altro cane a giocare (*self-handicapping*), di sicuro è un segno di confidenza e di fiducia. Secondo alcuni autori buttarsi a terra e usare le zampe per respingere l'avversario sono anche comportamenti di auto difesa.
Il gioco può trasformarsi in qualcosa di diverso, possono emergere comportamenti sessuali, come la monta o può degenerare in rissa. Uno dei comportamenti a cui fare più attenzione è l'abbraccio, con i due cani in piedi che si abbracciano con le zampe anteriori. Spesso vengono pubblicate foto di cani che esibiscono questo comportamento e didascalie mielose sul volersi bene; nel mondo dei cani questo atteggiamento è tipico delle risse.
Per l'inchino e l'abbraccio vedi le immagini nel box.

Travolgere.

Terra volontario.

L'inchino e l'abbraccio

Mentre due cani stanno giocando, uno dei due si inchina davanti all'altro, scarta di lato e inizia l'inseguimento. Corrono lungo una traiettoria circolare, fino a quando l'inseguito non si ferma e si gira a fronteggiare l'inseguitore. I due cani iniziano un corpo a corpo, impennandosi e abbracciandosi.

L'inchino e l'abbraccio sono due comportamenti facili da osservare nel gioco. L'inchino viene considerato da molti esperti un «metasegnale» che modifica il significato dei comportamenti che lo precedono e lo seguono: «Tutto quello che ho fatto e che farò non è serio, sto giocando!». Durante gli incontri di socializzazione, il mio compito è analizzare il comportamento dei cani e decidere istante per istante se l'interazione tra i cani è nel limite del legittimo e se fa bene ai cani. Se io affidassi il mio cane a un esperto, vorrei ne avesse cura come se fosse il suo cane, vorrei si impegnasse per il benessere del mio cane e di tutti i cani coinvolti. Ho imparato, ed è diventata una abitudine, a analizzare il comportamento dei cani, e prendere decisioni per il loro benessere. Dover imparare a riconoscere ogni comportamento e usare i comportamenti per prevedere le successive interazioni tra i cani mi ha portata a costruire una mia esperienza in campo; invece di pensare che un cane che esibisce l'inchino sta giocando, ho cominciato a chiedermi quale fosse il significato di quel comportamento, quali gli effetti sull'altro cane.

Inchino.

La mia interpretazione dell'inchino è diversa da quella che si trova nei libri, perché ho osservato il comportamento anche al di fuori di un contesto di gioco bilanciato. Per me, l'inchino ha 4 diversi significati: «Fermati»; «Spostati»; «Inseguimi»; «Corri (così ti inseguo)».

L'inchino compare nel gioco competitivo, in cui uno dei due cerca di dimostrare all'altro di essere più forte, e viene esibito anche in contesti non di gioco, e persino di conflitto.

Non è raro vedere un cane esibire l'inchino per fermare un altro cane, e associarlo a sguardo fisso e duro, piega agonistica, ringhio. I cani possono esibire un comportamento simile all'inchino (abbassare la parte anteriore del corpo), anche prima di una aggressione, quando si caricano a molla prima di lanciarsi contro l'avversario.

Abbraccio.

Anche l'abbraccio compare in contesti molto diversi: il corteggiamento, il gioco, il gioco competitivo, la lotta. Per me l'abbraccio è un campanello di allarme nel gioco, perché indica un grado più elevato di competizione, e il rischio che dal gioco si passi a un confronto serio, e alla lotta. Se durante il gioco vedo i cani esibire l'abbraccio, comincio a chiedermi se è necessario interromperli e dividerli.

Condivisione delle risorse.

La **condivisione** è un elemento trasversale. Riguarda lo stare insieme, il ripetere il comportamento di un altro individuo, sincronizzare le attività, usare gli stessi spazi e le stesse risorse.
Lo sbadiglio è un buon esempio di un comportamento che può dare informazioni sul legame tra due individui. Gli studiosi hanno dimostrato che sentire di dover sbadigliare perché qualcun altro ha sbadigliato è un esempio di «contagio emotivo».
Non è solo il comportamento a indurci a fare la stessa cosa, ma il legame profondo che ci lega a quell'individuo e questo vale probabilmente per molti altri comportamenti che possono essere esibiti insieme.

Condivisione degli spazi.

Comportamento sincronizzato.

10.2 Comportamenti di imposizione

Nel mondo cinofilo il concetto di dominanza soffre di una doppia personalità:

1. per alcuni il cane deve avere un ruolo subordinato e capire che chi comanda. Questo implica che il proprietario debba avere un comportamento dominante e reprimere ogni tentativo del cane di scalata sociale;
2. non esistono dominanti, né esistono subordinati; esiste una famiglia, esistono legami basati sull'affetto e il rispetto.

L'assenza di una gerarchia tra i cani sarebbe stata dimostrata dagli studi di un etologo americano che ha studiato i lupi in libertà, smentendo le ricerche condotte su gruppi di lupi in cattività, che provavano l'esistenza di una rigida gerarchia di dominanza.
La realtà è, come spesso accade, più complessa di così. Tanto i lupi quanto i cani esibiscono comportamenti di imposizione: comportamenti usati per dichiarare il proprio status sociale e per influenzare il comportamento di altri individui. La distribuzione di questi comportamenti, il fatto che l'individuo A li esibisca verso B, e B non li esibisca verso A, e il loro effetto sull'interazione, sono i due parametri usati per studiare l'esistenza di differenze di status tra due o più individui.

Marcare sopra: il Pastore Tedesco marca sulll'urina del giovane Staffy.

Zampa su rete.

Mento sopra.

La dominanza

Una definizione scientifica di dominanza è: «l'asimmetria nella distribuzione dei comportamenti, tra almeno due individui». Se analizziamo i comportamenti usati dai cani nelle loro relazioni sociali, possiamo vedere che ne esistono alcuni che non sono esibiti da tutti i componenti del gruppo nello stesso modo. Lo studio delle relazioni gerarchiche si basa proprio su questi comportamenti sociali.

Il comportamento deve essere **lineare**:

- A lo esibisce verso B;
- B lo esibisce verso C.

Il comportamento deve anche essere **unidirezionale**:

- A lo esibisce verso B e C;
- B non lo esibisce verso A;
- C non lo esibisce verso A e B.

Questo comportamento può essere usato per definire la relazione di dominanza se i cani lo esibiscono, con le stesse regole, in diversi contesti. Non si parla solo di comportamenti per dichiarare la propria forza; per analizzare la relazione vengono presi in considerazione tutti i comportamenti, compresi quelli di sottomissione.

Un cane può essere riconosciuto come il più forte perché assume una postura eretta, coda alta e testa alta, oppure perché riceve dall'altro cane dei comportamenti di sottomissione. La postura eretta e il mordere il muso sono segnali esibiti solo dai cani di rango più elevato; la postura bassa, lo scodinzolare a coda basse e il leccare il muso sono segnali esibiti solo verso i cani di rango più elevato. Questi segnali identificano una «**dominanza formale**», uno scambio di informazioni relative allo status attraverso segnali ritualizzati e/o di saluto che sono indipendenti dal contesto.

La dominanza viene definita anche attraverso l'**esito di una interazione**: i soggetti che vincono in modo costante sono i dominanti e i soggetti che perdono i subordinati. Secondo questa definizione, è dominante chi vince in contesti agonistici. Nei cani di famiglia gli scontri vengono impediti o interrotti ed è quindi infrequente che si possano sviluppare delle relazioni sulla base di scontri fisici.

Un'ultima definizione si basa sulla priorità di accesso al cibo o all'acqua o altre risorse. L'abilità nella competizione si basa però anche sulla motivazione nell'ottenere o possedere quella risorsa. Le tre forme di **dominanza, formale**, **agonistica** e **competitiva** possono non essere in accordo, anche se sono solitamente correlate.

Presa del muso.

Postura bassa.

Scodinzolare a coda bassa e leccare il muso.

Postura eretta.

Posizione a T.

Non è una questione di credere a una ipotesi più che all'altra, è la pura osservazione di quello che i cani comunicano con il loro comportamento. L'uso che possiamo fare di queste informazioni, dipende da chi siamo e da chi vogliamo essere nella relazione con il nostro cane. Non esiste un modo giusto e uno sbagliato di essere e di relazionarsi. Esiste la capacità di vedere e capire e prendere decisioni che tutelano il benessere del cane.
Prima di seguire delle regole decise da altri, o di attribuire un certo significato a un comportamento, dovremmo **imparare a vedere e capire i segnali del cane nella relazione con altri cani e con noi**.
L'imposizione e la competizione possono sembrare l'antitesi degli elementi del contatto sociale ma hanno un ruolo altrettanto importante, per la costruzioni delle relazioni. Possono servire per aumentare le distanze, definire chi ha il possesso e il controllo di quali risorse, ed evitare così conflitti più gravi. Il problema nasce quando queste strategie non possono funzionare, quando gli spazi sono ridotti, quando i cani sono costretti a condividere, quando uno dei due è spinto ai margini.
I comportamenti di imposizione servono per dare e ottenere informazioni, per definire chi ha il diritto di influenzare il comportamento dell'altro ed evitare risse. L'imposizione può essere usata per proprio vantaggio, ma i cani hanno anche l'incredibile capacità di aiutare gli altri. È il tipo di ruolo che ha la madre con i figli o un adulto con dei giovani. Sono una parte normale e naturale del comportamento e delle relazioni, non sono né giusti né sbagliati e molto spesso sono ignorati o fraintesi.

10.3 Comportamenti agonistici

Per molti proprietari il cane è aggressivo se tenta di mordere o morde qualcuno e un cane che esprime aggressività è considerato problematico, squilibrato, pericoloso. Qualunque segno di aggressività viene vissuto come un problema da risolvere da parte dei proprietari.
La comunicazione sociale del cane, però, comprende un lungo elenco di comportamenti di avvertimento e di minaccia. Non si tratta di atteggiamenti anormali o sbagliati, fanno parte del normale e naturale repertorio di comportamenti tipici dei cani. Anche le persone possono assumere atteggiamenti minacciosi, senza per questo voler fare del male al prossimo.
Per i cani sembra invece essere vietato, e moralmente sbagliato, esprimere frustrazione, rabbia, paura, dolore attraverso una comunicazione aggressiva. Paura e aggressività sono due facce della stessa medaglia: il comportamento aggressivo compare in un contesto di conflitto, di difficoltà del cane, esprime uno stato emotivo e una

Sguardo di minaccia.

Piloerezione

Piega agonistica.

Coda ad arco.

Bocca aperta.

Minaccia difensiva.

I combattimenti tra cani

Cosa spinge un cane a lottare contro un altro cane fino a ucciderlo? Me lo sono chiesta spesso negli anni in cui ho seguito il progetto Ex combattenti e ho cercato informazioni che mi aiutassero a capire i Pit Bull, entrare nella loro dimensione per poterli aiutare. Anche se ho vissuto con questi cani ogni settimana per molti anni, in un certo senso ho scoperto chi sono solo anni dopo.

Mentre preparavo un seminario sui Pit Bull per i responsabili e i volontari di un canile, mi è capitato sotto agli occhi un breve servizio giornalistico prodotto in Russia contro i combattimenti. Nel video si vedeva il momento in cui due Pit Bull venivano liberati dentro all'arena e si lanciavano l'uno contro l'altro. In un istante dovevano raggiungere il massimo livello di aggressività o sarebbero stati uccisi; non c'era comunicazione, perché non c'era niente che avesse a che fare con la relazione sociale.

La mia idea, riguardo ai combattimenti, è che si tratti di una vera e propria caccia. Quando combattono, per i Pit Bull l'avversario è una preda pericolosa e potenzialmente mortale. Ancora oggi, chi seleziona Pit Bull con caratteristiche psicofisiche ritenute ideali in un cane da combattimento, valuta la motivazione ad affrontare un altro cane senza paura, in uno stato di eccitazione che nei cani è presente solo durante la caccia a una preda.

Un Pit Bull è perfettamente capace di comunicare in modo sociale con un altro cane, fino a quando la relazione rimane sociale. Quello che li fa scattare è una reazione di eccitazione o di pericolo e non c'è sfida che non siano pronti a accettare; sono cani selezionati per morire piuttosto che rinunciare.

Nella mia esperienza, i Pit Bull sono gli unici cani che sono potenzialmente pericolosi quando sono eccitati mentre sono capaci di sopportare grandi stress in una relazione sociale, una capacità legata al mondo dei combattimenti. In quel mondo, i cani sono in genere tenuti legati con catene corte e pesanti (con l'idea di sviluppare la muscolatura del collo per i combattimenti), deprivati da ogni contatto sociale, inibiti nelle reazioni di eccitazione quando non sono funzionali al risultato che si vuole raggiungere.

Niente di tutto questo è una responsabilità dei cani: in un celebre film d'animazione Jessica Rabbit diceva: «Non sono cattiva, mi disegnano così». Per i Pit Bull non c'è differenza: «Non sono cattivo, mi selezionano così».

I Pit Bull sono spesso cani con grandi difficoltà a sopportare anche stimoli di bassa intensità, con una tendenza a sovraeccitarsi, fino a diventare difficili da gestire in un contesto del tutto normale ma sono anche individui e, prima di giudicarli dovremmo conoscerli come tali. Nel progetto Ex combattenti, molti di quei cani erano in grado di vivere una vita in famiglia e alcuni erano in grado di tollerare la presenza di qualunque altro individuo, bambini, gatti e cani compresi.

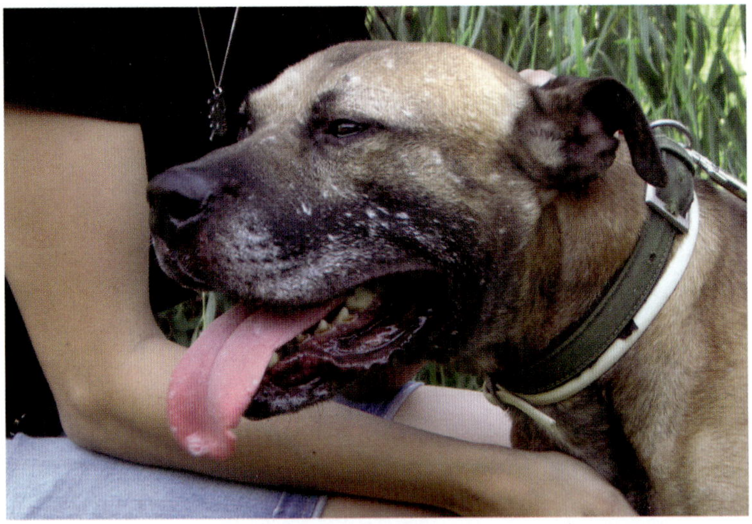

Bimbo, uno dei Pit Bull del progetto Enpa "Ex combattenti". Sono evidenti i segni lasciati sulla pelle dalle ferite. È più difficile riconoscere le cicatrici interiori.

motivazione a difendersi o attaccare. Sgridare il cane, punirlo e imporsi su di lui hanno come unico effetto quello di creare ansia e insicurezza nella relazione con il proprietario, creando nuovi elementi di conflitto, e peggiorando spesso la reazione del cane.

Inibire il cane non cambia le cause che lo hanno portato a esprimere quelle emozioni e di sicuro non lo aiuta a stare meglio e fare meglio.

L'aggressività non è una forma di possessione demoniaca da esorcizzare con l'uso della forza o di formule magiche che liberano il cane dal problema; un cane aggressivo è un cane in difficoltà, un animale che mette in atto una strategia di sopravvivenza, che usa le armi che ha a disposizione per difendersi da un pericolo reale o percepito. Tanto più è intensa la reazione emotiva, tanto più la risposta aggressiva può essere scollegata dal contesto: un cane che prova un dolore acuto può mordere se viene toccato da chi vuole aiutarlo, uno terrorizzato può provare a mordere chi si avvicina o a lanciarsi su chi considera un pericolo.

L'aggressività ha una forma più comunicativa se espressa in una interazione sociale: due cani che si affrontano, un cane che difende una risorsa, il cane che fa la guardia e cerca di allontanare un intruso. I cani che esprimono comportamenti aggressivi verso altri cani e, soprattutto, verso le persone, vengono spesso isolati socialmente e possono venire chiusi in un recinto o uccisi. Un cane aggressivo è spesso un cane solo, con cui nessuno vuole comunicare. Un cane di piccola taglia, la cui aggressività è spesso ignorata, può aumentarne l'intensità per via della frustrazione.

I comportamenti aggressivi possono essere esibiti in associazione a comportamenti di contatto sociale, come lo scodinzolare, a comportamenti di imposizione o a comportamenti di paura.

L'espressione dell'aggressività non segue una scala di **intensità**; i cani non esprimono l'aggressività prima a una intensità più bassa, per aumentare gradatamente di intensità fino alla minaccia di morso e al morso. L'intensità dipende dal contesto e dalla motivazione espressa dal cane.

Se motivato ad aggredire, un cane può dare un breve avvertimento, come fissare negli occhi con sguardo duro, prima di attaccare. Insegnare al cucciolo a «controllare il morso» non implica l'acquisizione dell'inibizione dell'aggressività, perché anche un cane che morde controlla il morso. Il controllo implica unicamente che il cane è consapevole di dove sono i suoi denti e di quanta pressione sta esercitando.

L'inibizione è legata alla relazione, un cane cercherà di non fare del male a un altro individuo a cui è legato da una relazione di amicizia e di affetto ed è legata alla capacità del cane di controllarsi emotivamente.

10.4 Comportamenti di stress

Lo stress è un concetto molto ampio e poco definito, variabile non solo tra individui diversi, ma nello stesso individuo. Possiamo definire lo stress in base a ciò che lo causa, i cosiddetti **stressori**, o in base alla **reazione** dell'individuo, il comportamento che esprime questo stato o che viene messo in atto per gestire la situazione, per affrontarla o risolverla.

Se l'individuo è in grado di affrontare in modo efficace la situazione di stress, lo stress ha una funzione positiva, perché induce un processo di cambiamento e di adattamento. Avere sete è il segno che il nostro corpo ha bisogno di liquidi, cercare acqua e bere sono i comportamenti che risolvono lo stato di stress: non è avere sete che è positivo, ma bere e smettere di avere sete.

Lo stress è sempre indice di un disagio a livello fisico, fisiologico, mentale, emotivo o sociale. La vita dei nostri cani è stressante quanto la nostra ed è importante imparare a riconoscere i segnali dello stress perché sono la nostra guida per identificare le cause. Se il nostro cane non vuole salire sul divano, invece di pensare che non ne ha voglia possiamo chiederci se prova dolore.

Quando descrivo il comportamento di un cane, e spiego quali segnali sono associati allo stress, spesso mi viene detto «Ma è sempre stressato!» oppure «Come faccio a riconoscere se il mio cane è stressato?». La seconda domanda implica il desiderio di capire lo stato emotivo del cane, anche quando significa dover accettare che non sia positivo. I cani possono cambiare stato emotivo in un istante, come noi, e possono passare dallo stare bene, all'essere stressati (o frustrati, impauriti, ansiosi, insicuri, minacciosi). Inoltre, lo stress può durare un istante, ed essere di bassa intensità, o può diventare cronico e causare danni anche gravi alla salute fisica e mentale di un cane. I cani che sono quasi morti di fame, per abusi o per abbandono, spesso continuano per tutta la vita a cercare cibo in modo quasi compulsivo, anche se hanno una famiglia che si prende cura di loro e garantisce loro cibo ogni giorno.

Ogni cane è diverso, in come affronta lo stress, nel tipo di reazione e di stressori a cui reagisce. Per questo è importante osservare il nostro cane,

Annusare a terra.

Orecchie indietro.

Leccarsi il naso.

Distruggere.

Grattarsi.

imparare a conoscerlo e a riconoscere i suoi comportamenti di stress, perché questo ci aiuta a costruire una mappa di quello che lo fa stare bene e del momento in cui oltrepassiamo il confine tra stare bene e stare male.
Alcuni segnali sono più facili da riconoscere, altri richiedono più attenzione e sensibilità; annusare per terra può essere un comportamento legato a uno stimolo, un odore da esplorare, ma può anche essere un modo per evitare una situazione, un po' come quando noi entriamo in ascensore e ci mettiamo a leggere le istruzioni sul carico massimo e i numeri di emergenza.
Non basta quindi sapere che annusare a terra può essere un segnale di stress, dobbiamo anche capire se in quel momento sta davvero solo annusando un odore o se annusare è causato dallo stress.

Comportamento di paura: occhio «tondo», pupilla dilatata.

Se il nostro cane esibisce un comportamento di stress, dobbiamo guardarci intorno e chiederci cosa lo ha causato. Il passo successivo è chiederci come possiamo aiutare il nostro cane, sia in quel momento, sia in futuro. Non possiamo certo impedire che il nostro cane provi qualunque tipo di stress ma dobbiamo capire se è stressato, quanto è stressato e da cosa.

Comportamento di paura: si vede la parte bianca dell'occhio.

10.5 Comportamenti di paura

Avere paura significa temere qualcosa o qualcuno; nella paura è ben visibile una reazione verso un elemento specifico che sia una persona, un rumore, un altro cane o un sacco di plastica.
La paura è la naturale reazione a un pericolo, reale o percepito e tutti i cani possono spaventarsi per qualcosa o qualcuno.
Alcuni cani sono più fragili e più sensibili e tendono più facilmente a reagire a certi stimoli. Un cane pauroso può avere una vita normale, se riesce a sentirsi al sicuro nell'ambiente in cui vive, ma può avere grosse difficoltà ad accettare i cambiamenti o ad affrontare contesti a cui non è abituato.
Un forte stress può provocare un apprendimento indelebile: una volta che si è spaventato, il cane può non dimenticare più cosa lo ha spaventato. Questo meccanismo di apprendimento può causare non pochi problemi se il cane, quando

Comportamento di paura: coda tra le zampe posteriori.

Comportamento di paura: schiena ingobbita.

Comportamento di paura: schiacciarsi a terra.

Comportamento di paura: orecchie schiacciate indietro.

Comportamento di paura: chiudere gli occhi.

Comportamento di paura: orecchie schiacciate indietro.

Comportamento di paura: scarto laterale.

Comportamento di paura: fuga.

Comportamento di paura: rifugiarsi dietro o sotto a barriere fisiche.

Comportamento di paura: abbaio acuto.

Comportamento di paura: guaito, grido.

Comportamento di paura: "aggrapparsi" al proprietario.

si spaventa, associa lo stimolo che ha causato la paura a altri stimoli presenti.
Ho vissuto con una cagna che in una occasione si è spaventata per dei botti, mentre eravamo a passeggio in paese. Settimane dopo, ho rivisto la stessa reazione e non c'erano stati rumori forti. Mi sono guardata intorno ed eravamo davanti a una macelleria: quando erano esplosi i botti eravamo davanti a una macelleria. Ugualmente, da quel giorno, ha iniziato ad avere paura dei lampioni: davanti alla macelleria c'era un lampione e, da quel giorno, ha iniziato ad avere paura anche di questi.
Alcuni stimoli, come i rumori forti, gli oggetti voluminosi in avvicinamento (come un'auto), estranei che si avvicinano in modo minaccioso hanno una maggiore probabilità di provocare reazioni di paura. Altri stimoli possono suscitare una reazione di allarme, a cui segue un adattamento o un aumento della risposta di paura: in questo caso si parla di **sensibilizzazione a uno stimolo**. Se il cane è solo insicuro, o allarmato, è più facile evitare che si sensibilizzi allo stimolo, sviluppando una risposta di paura.
La paura e l'aggressività sono importanti meccanismi di sopravvivenza che esprimono due strategie differenti: nell'aggressività il cane dichiara di essere pronto a difendersi e a usare le proprie armi; nella paura il cane cerca attivamente di evitare il pericolo e di allontanarsi.
Proprio perché aggressività e paura sono due facce della stessa medaglia, un cane può manifestare sia comportamenti aggressivi sia di paura e, in questo caso, parliamo di **aggressività difensiva**. Se il cane invece non ha atteggiamenti di paura ma, al contrario, tende ad avvicinarsi e ad avere una postura eretta, di imposizione, si parla di **aggressività offensiva**.

10.6 Cattivi comportamenti

L'etogramma è l'elenco dei comportamenti tipici di una specie. I comportamenti sono l'espressione fisica di un individuo, di chi è, di come si sente, delle sue motivazioni, delle sue esperienze, delle sue relazioni in quello specifico momento e non vanno divisi in «buoni» e «cattivi».
Abbiamo la tendenza a credere che il cane abbia il diritto a esprimere certi comportamenti, e altri no, perché tendiamo a credere che la nostra percezione del mondo sia l'unica reale e corretta. Se il cane non si comporta nel modo gradito, quel comportamento è «sbagliato», ma **il valore dl comportamento dipende dal contesto in cui il cane vive**. I miei cani abbaiano per fare la guardia e io sono ben felice che lo facciano (sarebbe un problema, invece, se vivessi in un appartamento). Abbaiare per fare la guardia può avere quindi un valore positivo o negativo.
L'incredibile generosità dei cani li porta a cercare

Quando un cane ha un comportamento sgradito, o problematico, la prima domanda non è "come posso farlo smettere o fargli cambiare comportamento?", ma "quale è la causa di questo comportamento?".

di assecondare il più possibile le nostre aspettative, ma persino i cani hanno un limite: per loro è impossibile capire concetti come «comportamento sbagliato». Quello che capiscono è che certi comportamenti possono provocare reazioni negative, anche vere e proprie aggressioni, da parte degli umani con cui vivono.

La nostra cultura si è allontanata da quella degli animali e uno degli elementi critici è la nostra capacità di controllare o reprimere la risposta fisica a uno stato emotivo, perché impariamo fin da bambini a non mostrare le nostre emozioni. Questo implica anche un certo grado di finzione e l'aspettativa che gli altri si comportino nello stesso modo verso di noi. Chiediamo: «Come stai?» sapendo che la risposta sarà un convenzionale «Bene», molto lontano dalla realtà vissuta da quella persona.

Questa nostra capacità di modulare la risposta emotiva ci porta a credere che i cani, vivendo con noi, dentro alle nostre stesse regole e convenzioni, debbano fare altrettanto. I proprietari provano spesso un senso di smarrimento, di sfiducia e di frustrazione quando non riescono a impedire al cane di manifestare le proprie emozioni. Questo spiega anche perché per molti proprietari, e purtroppo molti istruttori, l'educazione del cane è basata sull'inibizione della risposta fisica, ignorando lo stato emotivo che l'ha provocata. Non è importante se il cane sta male, se vorrebbe allontanarsi o difendersi da un pericolo percepito, l'importante è che non lo dimostri, che non esibisca un comportamento «sbagliato» che causa imbarazzo al proprietario.

I cani, nella nostra società, non hanno diritto a esprimere se stessi e i cani considerati educati sono quelli che non causano problemi ai proprietari, che sono calmi, obbedienti e socievoli.

Nei primi anni in cui mi occupavo di educazione, cercavo, come tutti, di insegnare ai cani a comportarsi bene e a soddisfare le aspettative dei proprietari: non deve tirare al guinzaglio, non deve saltare addosso, non deve abbaiare, non deve scavare buche in giardino, non deve scappare, non deve minacciare gli altri cani. Sono stati gli Ex combattenti i cani con cui per la prima volta ho potuto guardare veramente oltre.

I Pit Bull del progetto erano ospitati in due canili, non c'erano proprietari con delle aspettative e l'Enpa mi aveva dato piena fiducia e autonomia. Seguendo le informazioni ricavate da pubblicazioni scientifiche, avevo iniziato anche io a insegnare a quei cani dei comportamenti che potessero aiutarli nell'inserimento in famiglia. Erano gli anni della legge Sirchia sui cani pericolosi, così i nostri Pit Bull imparavano a infilare il muso in una museruola, farsi mettere e togliere il collare o la pettorina e agganciare il guinzaglio, a rilassarsi vicino a noi se eravamo seduti. Tutto questo lavorando unicamente in modo positivo, senza mai forzare il cane oltre le proprie capacità.

Alcuni cani, segnati profondamente da anni di abusi, erano terribilmente in difficoltà, incapaci di mangiare in nostra presenza, di rilassarsi, di imparare. Durante questo percorso, ho iniziato a vedere i «cattivi» comportamenti come una risorsa preziosa per capire lo stato emotivo del cane e le sue motivazioni.

I cattivi comportamenti mi guidavano nella capacità di vedere il cane, di sentire le sue emozioni, di sintonizzarmi sui suoi bisogni. I cattivi comportamenti sono buone informazioni per capire un cane e per valutare se il percorso seguito per aiutarlo sta dando dei risultati. Da allora, non sono mai più stata preda dell'ansia di modificare il comportamento di un cane, per quanto «cattivo». L'obiettivo non è quello di cambiare un cane, ma di capirlo.

Quando ho trasferito questo principio ai cani di famiglia, ho dovuto estenderlo: non si può cambiare il comportamento di un cane se il proprietario non è disposto a riconoscere il proprio ruolo e a cambiare percezione e approccio. Quando ho raccontato a mia madre del mio impegno per i cani, mi ha guardata e mi ha detto: "Sei la persona che aiuta i cani con proprietari problematici".

10.6.1
Rinuncia, inibizione, impotenza appresa

L'idea che esista un modello ideale di cane educato, socializzato, calmo e capace di adattarsi a ogni contesto è probabilmente responsabile della gran parte dei danni che i cani subiscono a causa di proprietari responsabili, istruiti dai bravi educatori su come si deve comportare il bravo cane.

Questo tipo di insegnamento avviene sia con l'uso

di tecniche basate sulla forza e la paura sia in scuole in cui, in teoria, si dovrebbe curare il benessere del cane, salvo poi considerare un successo il fatto che il cane non reagisca, o non reagisca più, a certi stimoli: per intenderci, il cane che prima abbaiava furiosamente agli altri cani durante la passeggiata al guinzaglio e che dopo il percorso con l'esperto cammina educatamente al guinzaglio senza reagire. Questo risultato può essere il prodotto di percorsi molto diversi, che hanno un differente impatto sul benessere di quel cane.

10.6.2
Controllo

Il controllo è parte della vita di un cane di famiglia: usiamo barriere e usiamo strumenti che ci permettono di avere un controllo di tipo fisico per impedire al cane di allontanarsi, costringerlo a seguirci, bloccarlo nell'intenzione di esibire un comportamento sgradito, impedirgli di mordere.

Il controllo è la strategia a più basso impatto mentale, e intendo la mente del proprietario. Il controllo fisico non richiede altro che strumenti adeguati: un collare, un guinzaglio, un cancello o una porta, un recinto, un balcone, una museruola, un box in un canile. Per poter influenzare il comportamento di un cane, gli strumenti di controllo fisico sono spesso i primi che vengono in mente.

Il controllo diventa tanto più forte quanto più si ha paura del cane. Ricordo un cane tipo Labrador chiuso in un terrazzo, con addosso una museruola, per paura che il suo abbaiare scatenasse le ire dei vicini; ricordo anche un cane che, prima di incontrare altri cani, veniva bardato con gli occhi bendati, un guinzaglio lungo alcuni metri legato alla pettorina e la museruola (un collega commentò che a quel punto tanto valeva infilargli le zampe dentro a dei secchi con del cemento a presa rapida!).

Il controllo fa parte dell'esperienza di vita dei cani di famiglia fin da quando sono cuccioli, perché anche prendere un cucciolo in braccio è controllo; siamo più forti di lui e non può decidere quando scendere.

Il controllo fisico viene introdotto soprattutto con i cuccioli di razze considerate impegnative. I cani, però, sanno benissimo chi siamo e averli schiacciati a terra quando avevano 3 mesi non ci dà alcun vantaggio rispetto a quando avranno 3 anni, anzi è molto probabile che quel cane ricordi molto bene di aver dovuto subire da quella persona un atto di puro bullismo.

Il controllo si basa sull'impossibilità del cane di fuggire, di ribellarsi, di contrastare la nostra forza. La parte negativa del controllo è che può essere usato per gestire il cane da un punto di vista

La comunicazione tra i due cani viene influenzata dalla gestione dei proprietari e la motivazione dei due cani è subordinata al controllo esercitato dai proprietari.

fisico, ignorando del tutto il suo stato emotivo, le sue motivazioni, i suoi bisogni e il suo benessere. Molti cani vengono tenuti chiusi in recinti, legati a catena, chiusi in stanze, anche dentro a minuscole gabbie, deprivandoli di libertà di movimento, di stimolazioni mentali e di contatto sociale. Non succede solo a chi abusa dei cani; succede ogni giorno anche a molti cani che in apparenza hanno una felice vita di famiglia o negli allevamenti in cui i cani passano la vita dentro ai box di un canile.

Alcuni cani si ribellano e usano la forza fisica per contrastare le azioni del proprietario; possono dichiarare il loro disagio in modo evidente, ma più spesso usano segnali che non vengono riconosciuti dai proprietari:

- toccare la mano con il naso;
- toccare la gamba con il naso;
- toccare il guinzaglio con il naso;
- fermarsi davanti al proprietario, bloccandolo;
- tirare in una direzione diversa da quella del proprietario;

Segnali di stress al guinzaglio: il cane tira in una direzione diversa.

Segnali di stress al guinzaglio: il cane si ferma davanti al proprietario.

Segnali di stress al guinzaglio: il cane si ferma.

Segnali di stress al guinzaglio: il cane si rotola a terra.

Segnali di stress al guinzaglio: il cane salta sul proprietario.

- fermarsi e rifiutare di avanzare;
- rallentare, restare indietro;
- rotolarsi a terra;
- saltare contro il proprietario;
- afferrare il guinzaglio e scuotere.

Non tutto quello che riguarda il controllo fisico è puramente negativo: avere controllo è necessario durante una visita veterinaria e ci rende più coerenti e credibili quando siamo noi a decidere dove andare durante una passeggiata al guinzaglio.

La capacità del cane di accettare il nostro controllo dipende da quanto il cane si fida di noi e non da quanto siamo forti. La paura e la forza possono congelare il cane, inibire la sua reazione e distruggere la fiducia in noi e quel legame che rende così speciale la nostra convivenza. Il controllo, nel suo valore positivo, dovrebbe avere la forma di un genitore che prende per mano un figlio e lo guida attraverso le avversità. Il controllo funziona solo se la barriera è efficace e funziona solo per bloccare fisicamente il cane, mentre non cambia la sua risposta mentale e emotiva. Può, anzi, peggiorare lo stato emotivo causando frustrazione che, a sua volta, può portare a reazioni di tipo aggressivo.

10.6.6
Inibizione

L'obiettivo dell'inibizione è quello di bloccare la reazione fisica di un cane, impedendo che esibisca un certo comportamento, ignorando però cosa prova e come si sente. Il cane viene messo nella condizione di esibire il comportamento «sbagliato» e la sua reazione viene associata a una conseguenza negativa. Può essere sufficiente aggredire il cane con la voce e una postura minacciosa, ma spesso si ricorre all'uso del collare a strangolo, usato per strattonare il cane sul collo o per soffocarlo.

L'inibizione non agisce sulle cause ma unicamente sul sintomo, sul comportamento esibito dal cane, che impara che certi comportamenti provocano una reazione violenta da parte della persona che ha il guinzaglio in mano. Un cane inibito non esprime alcuna reazione fisica e, se è forte caratterialmente, può non manifestare paura e apparire neutrale.

L'inibizione funziona solo finché il cane ha paura delle conseguenze e finché l'intensità dello stimolo non è così alta da disinibire la reazione. Il cane a guinzaglio non reagisce con la persona che ha causato l'inibizione, ma può farlo con una persona diversa e può reagire se è un altro cane a avvicinarsi. La reazione dei cani inibiti può essere più intensa e improvvisa, proprio perché vengono a mancare tutti i segnali che la precedono.

Il grado di inibizione dipende da quanto il cane riesce ad adattare il proprio comportamento alle aspettative del proprietario, da quanto riesce a indovinare quali comportamenti portano a conseguenze negative e a reprimerli.

In un sistema coercitivo, **l'inibizione è una componente fondamentale nel mantenere il cane in una costante condizione di timore**. L'inibizione, a differenza del controllo, non è unicamente fisica, ma agisce a un livello più profondo, spostando di fatto l'attenzione del cane dallo stimolo alla relazione con il proprietario e non è una conseguenza meccanica (come può esserlo la lunghezza di un guinzaglio), ma il prodotto

Tutti i cani che vivono in famiglia, e forse tutti i cani che vivono con l'uomo, sono inibiti, entro un certo grado. Il cucciolo impara molto presto cosa non può fare da informazioni negative, che coinvolgono la sua relazione con le persone con cui vive; viene sgridato perché fa la pipì in casa può venire inibito al punto da non osare più fare la pipì in presenza dei proprietari. Alcuni cani molto sensibili, pur di evitare conflitti, cercano disperatamente di capire l'informazione ricevuta e di adattarsi. Il cucciolo che prende in bocca una scarpa viene inibito e ho visto cani che non osavano giocare perché avevano capito molto, troppo bene, che qualcosa che è nelle mani di una persona non può essere preso tra i denti.
I proprietari afferrano un oggetto e lo mettono vicino alla bocca del cane, sgridandolo: questa è inibizione.
Quello che i proprietari non capiscono è che se un cane ha paura di un altro cane e gli abbaia contro questo non li riguarda; se io, che non ho paura di ragni, vespe e serpenti, mi trovo vicino a qualcuno che comincia a urlare per la paura di un ragno non lo afferro e non lo strattono per farlo smettere. Il nostro mondo percepito non è il mondo percepito da altri e non abbiamo alcun diritto di dire a un altro individuo cosa gli deve piacere e cosa no, cosa può provare e qual è la sua realtà vissuta.
C'è qualcosa di profondamente sbagliato e sleale nel fare intenzionalmente male a un cane perché quello che fa non ci piace, senza neppure considerare le sue percezioni e le sue motivazioni.

Non agire, non reagire, non è "comportarsi bene". È solo la condizione più facile da gestire per i proprietari.

A me è capitato di inibire i miei cani, sia in situazioni di vita quotidiana (non rubare la mia cena dal vassoio) sia in determinati contesti sociali. Quando porto a casa un cucciolo, dico ai miei cani: «Questo è il MIO cucciolo» e gli creo intorno una barriera protettiva, rendendo chiaro che sarò io a proteggerlo da eventuali reazioni di intolleranza. Anche Brick, la mia Staffy, gode di questa protezione; i miei cani sanno che Brick può andare dove vuole, fare quello che vuole, perché ci sono io a garantire la sua incolumità. Nessuno dei miei cani può dire a Brick che deve scendere dal divano e, se uno di loro ci prova, lo guardo negli occhi e gli dico di smetterla e di allontanarsi. Non ho problemi neppure a inibire le persone che la mettono in difficoltà.

di una comunicazione e di una relazione sociale. L'inibizione è sicuramente una strada pericolosa da percorrere, che richiede molta sensibilità e onestà.
L'inibizione sociale non è un apprendimento. Un cane che viene inibito non rimane inibito per il resto della propria vita; l'inibizione dura il tempo del timore delle conseguenze. Dato che la motivazione sottostante non cambia, il cane tenderà sempre a tornare alla reazione naturale "dimenticando" l'inibizione. Poiché non produce un cambiamento nelle motivazioni, è una strategia che ha costi elevati in termini emotivi e sociali e una efficacia molto limitata.

10.6.4 Evitamento

Esistono strumenti che ci permettono di associare a un comportamento una conseguenza negativa e, di conseguenza, di controllare il corpo del cane. Se la paura di noi e di quello che possiamo fare supera un certo grado possiamo riuscire ad avere un certo controllo sulla sua mente.
L'evitamento è un processo di apprendimento legato alla sopravvivenza; il cane non solo non osa reagire, ma non osa neppure più guardare o avvicinarsi a qualcosa/qualcuno e fa di tutto per evitare anche un semplice contatto visivo con lo stimolo.
Quando guardiamo un film dell'orrore, o con scene violente, ci copriamo gli occhi o cambiamo canale, perché non riusciamo a guardare, anche se è solo un film, anche se non siamo davvero in pericolo. Il meccanismo è lo stesso: l'evitamento viene indotto associando lo stimolo a una conseguenza traumatica e l'evento negativo è così intenso da scatenare un forte stato di paura alla vista di quello stimolo.
Immaginiamo un cane che manifesta comportamenti sgraditi quando incontra altri cani durante la passeggiata; il cane viene violentemente sgridato ogni volta che reagisce e inizia quindi a girare la testa dall'altra parte non appena vede un cane o a tentare di allontanarsi. Il cane è passato dal lanciarsi abbaiando verso un cane, a congelarsi, girare la testa e cercare di allontanarsi. Il motivo per cui la seconda reazione, legata a uno stato intenso di paura e di ansia, è considerata migliore, è solo dettato dalla nostra ossessione per il controllo. È molto difficile, a volte è impossibile, impedire a un cane di manifestare le proprie emozioni; un cane che è aggressivo verso gli altri cani è fuori controllo e riuscire a bloccare la risposta aggressiva ci dà una sensazione di aver ristabilito l'ordine, di essere di nuovo in grado di influenzare il suo comportamento.
Se ci fermiamo ad analizzare questo avvenimento, scopriamo che ci sono vari passaggi:

- il cane ha paura di un altro cane, lo minaccia per tenerlo lontano;
- il cane ha paura di noi, evita l'altro cane per non subire una nostra reazione violenta.

L'evitamento non cancella la risposta emotiva allo stimolo, ma la maschera con una

Durante un seminario, mi viene chiesto di valutare un Boxer maschio di 3 anni rispetto alla sua motivazione sociale verso gli altri cani. Il cane arriva al guinzaglio e ignora del tutto i cani presenti, come se non esistessero. Dico al proprietario che ha sicuramente fatto un bel lavoro nell'inibirlo ("bel lavoro" è chiaramente ironico) e che, tutto sommato, il cane riesce a reggere emotivamente l'inibizione. Quando mi chiede se è il caso di cambiare strategia ed eliminare l'inibizione, rispondo che tutto dipende dallo stile di vita del cane e dalle aspettative che deve subire. Non ha alcun senso disinibire se non si è pronti ad accettare una reazione uguale o peggiore di quella originale.

Durante le classi di socializzazione, i cani imparano a usare differenti strategie per relazionarsi con i propri simili e con l'uomo, compreso evitare una interazione. Il cane fulvo rimane fermo, in postura laterale, un comportamento che può nascere dall'insicurezza e l'evitamento come da una sensibilità sociale: il cane evita di suscitare reazioni di timore associate a un approccio e allo stesso tempo permettere l'esplorazione ano-genitale.

strategia di sopravvivenza, con la conseguenza che quel cane avrà ancora paura e proverà ancora rabbia alla vista di un altro cane e, in più, avrà paura del proprietario e di quello che il proprietario gli potrebbe fare in quel contesto. È come se aveste paura dei ragni, e non appena gridate e cercate di uccidere un pericolosissimo ragno, il vostro compagno vi aggredisca e vi facesse così male da farvi dimenticare che quel ragno esiste. Cosa farete, la prossima volta che vedrete un ragno?
Un elemento che non viene mai dichiarato, nell'inibizione e nell'evitamento, è che i cani che subiscono queste esperienze smettono di dichiarare in modo comprensibile come si sentono in presenza di certi stimoli. Non vedete che il cane è minaccioso verso altri cani o verso persone, perché quel cane ha imparato che dimostrare le proprie emozioni è pericoloso; questo espone gli altri al pericolo, perché non possiamo prevedere ed evitare una reazione, non ne abbiamo il tempo.

10.6.5 Impotenza appresa

Quando ho accettato di partecipare prima, e quindi di guidare, il progetto Ex combattenti, avevo un certo grado di pregiudizi rispetto ai cani che avrei incontrato. Immaginavo, credo come tutti, che il problema principale fosse l'aggressività verso gli altri cani, ma sbagliavo. Per quei cani il più grande problema erano le persone.
L'aggressività verso gli altri cani sarebbe stato un problema del futuro adottante, mentre avere paura delle persone era un problema dei cani.
Nei Pit Bull spesso la paura si mostra in modo meno evidente rispetto a altre razze, perché sono in grado di sopportare abusi che distruggerebbero nell'animo qualunque cane. La paura si riconosceva dall'incapacità di restare vicino a noi, di guardarci negli occhi, la caccia ossessiva alle lucertole, da quella corazza che sembravano indossare come una seconda pelle. Le femmine

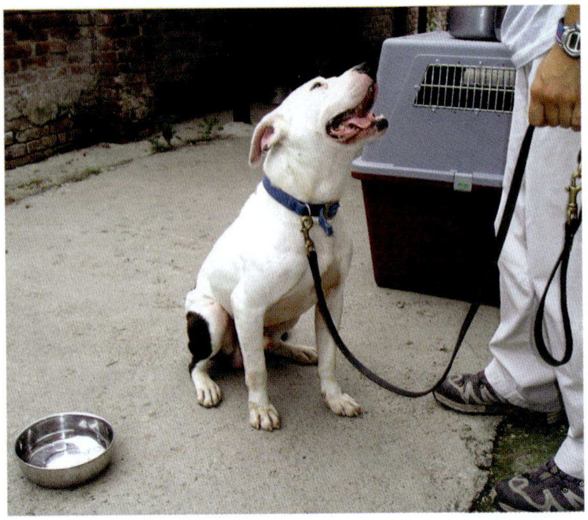

Zeb, Pit Bull del progetto Enpa "Ex combattenti", fotografato durante una sessione del percorso di riabilitazione. Nella fotografia a sinistra ha un atteggiamento tipico di pacificazione associata a un forte stato ansioso. Nell'immagine a destra, la ciotola che mi ha permesso di usare il cibo durante le sessioni.

mostravano più comportamenti di ansia e timore, mentre i maschi erano più chiusi, rigidi, quasi indifferenti.
Uno dei cani, Zeb, non aveva mai causato problemi nella gestione, non sembrava pauroso, non era aggressivo, al guinzaglio era gestibile e si faceva toccare. Zeb, però, non mangiava. Durante le sessioni con i Pit Bull, usavamo bocconi e *clicker* per l'apprendimento e, con molta pazienza, eravamo riusciti a creare una buona intesa con la maggior parte dei cani; Zeb continuava a non mangiare, nonostante avessimo cambiato cibo, orario, e avessimo anche provato a lanciare il cibo per terra. Un giorno, mentre parlo con le ragazze che si prendono cura dei cani del canile, ho scopro che Zeb, quando era chiuso nel box, divorava tutto in un attimo. Allora, ho pensato alla vita dei cani di canile, a quello che per loro rappresentavano la ciotola e il pasto; ho preso una ciotola e l'ho portata nell'area in cui liberavamo i cani e ho provato a buttare dei bocconi dentro alla ciotola e Zeb ha cominciato a mangiare: quella ciotola di metallo aveva creato, per la prima volta, un ponte tra noi e Zeb.
Dopo quell'episodio, ho cominciato ad osservare Zeb, per capirlo meglio; sembrava ansioso di volere un contatto con chiunque fosse presente, si avvicinava, si appoggiava con il fianco, si faceva accarezzare, eppure non sembrava felice. Il suo era un atteggiamento più di ricerca di una conferma: «Non mi farai del male. Se mi comporto bene, non mi farai del male». Sembrava un guscio vuoto, incapace di fuggire e di difendersi.
Cercando informazioni, ho trovato «impotenza appresa», un concetto sviluppato da un esperimento fatto sui ratti. Il ratto sente un allarme, il pavimento della gabbia trasmette una scossa elettrica e il ratto impara a scappare su una pedana rialzata per evitare la scossa. Questo è evitamento. Nella seconda parte dell'esperimento, tolgono la pedana rialzata e, dopo l'allarme, il ratto non può salvarsi, perché è chiuso in gabbia. A un certo punto smette di reagire alla sirena, non prova a scappare né a difendersi. Questa è impotenza appresa e questo era Zeb.
L'impotenza appresa è la forma più violenta di annichilazione di un individuo. In apparenza i cani che ne soffrono sono socievoli, amici di tutti, ma è solo il disperato tentativo di evitare altre violenze.
La storia di Zeb ha un lieto fine, è stato adottato da una famiglia e ha vissuto felice per molti anni. Quando l'ho rivisto durante un congresso Gentle Team, correva nel prato come un cucciolo, malgrado tutti i problemi fisici e i traumi subiti nella vita precedente. Zeb ha dimostrato una volta in più che la riabilitazione è la possibilità per un cane di tornare a essere felice.

La prima Pit Bull del progetto "Ex combattenti" ad essere stata adottata: Sole. Pochi giorni dopo l'adozione, era già perfettamente ambientata nella nuova famiglia e felice come solo i cani sanno esserlo.

10.7 Buoni comportamenti

È capitato anche a noi, a scuola, di essere messi a confronto con qualcuno che era più bravo, più simpatico, più popolare, più educato. Alle elementari ero costretta a indossare un grembiule; avrebbe dovuto essere nero ma era grigio, perché lo avevo ereditato dalle sorelle e si era stinto. Il mio gesto di ribellione era quello di non abbottonarlo e, da allora, ho sempre odiato le divise, l'idea di dover ambire a diventare uguale a un qualche modello ideale di perfetto bambino bravo a scuola e bene educato. Alla fine è stata proprio questa mia vena anarchica a guidare il mio percorso con i cani.
Non ricordo quando, ma a un certo punto mi sono ribellata anche all'idea che il ruolo di un educatore è quello di trasformare un cane in un cane educato, calmo, obbediente, che non è mai un problema per nessuno, un cane che se rispecchia le aspettative del proprietario viene ricompensato con bocconi, attenzioni e coccole.
Negli anni in cui si inauguravano centri cinofili aperti a cani di tutte le razze, io giravo l'Italia dicendo che i miei cani passavano prima di me dalle porte, dormivano sul divano in soggiorno, mangiavano prima di me (e pure cibo fresco, non industriale), saltavano addosso, tiravano al guinzaglio se era quello che in quel momento volevano fare, avevano giocattoli a disposizione, ottenevano attenzione ogni volta che la chiedevano. Non solo odio i modelli idealizzati, odio anche le regole della dominanza. «Fai danni ai cani e ai proprietari», mi dicevano e io, invece stavo solo raccontando la mia vita con i miei cani, una vita in cui le regole sono quelle di una relazione reale, basata su un punto di incontro, di condivisione, la capacità di capire emozioni e bisogni di un altro.
Le regole della dominanza, di tradizione coercitiva, nel tempo sono state sostituite da un nuovo dogma: il cane calmo. Il cane calmo riesce a essere invisibile, non tira al guinzaglio, non abbaia, non salta addosso, non urla istericamente mentre si sta per uscire in passeggiata, non minaccia di

morte gli altri cani quando li incontra, accetta con una serena compostezza qualunque evento la vita gli ponga davanti e che può accompagnarci ovunque, sempre. Brick, la mia Staffy, è così ed è in grado di passare dalla folle felicità di una corsa nei boschi a camminare vicino a me in città. Lei, però, è così, non le ho insegnato io ad esserlo.
Da qualche parte ci hanno fatto credere che i cani non hanno una forma e che il nostro compito è prendere un cucciolo e dargli la forma che ci piace. Alcuni cani cercano disperatamente di adattarsi a quella forma, altri non ce la fanno. Negli ultimi anni ho visto cani che sembravano anestetizzati, soprattutto al guinzaglio.
Ricordo bene un Alano maschio di 80 chilogrammi che camminava al guinzaglio senza reagire a niente e nessuno, che seguiva al guinzaglio come se fosse un palloncino d'aria. Tolto il guinzaglio, quel cane è letteralmente esploso. Lo ricordo bene perché quando mi sono messa sulla sua traiettoria, fermandolo, è saltato contro di me con un abbaio-ringhio che mi ha fatto vibrare fino al midollo.
Perché un cane dovrebbe essere calmo? La risposta magica è nell'omeostasi, un concetto della fisiologia traslato al comportamento. La cinofilia ama molto prendere termini scientifici a prestito e applicarli al comportamento del cane per far apparire un concetto logico e autorevole. Secondo questo principio, il benessere del cane dipenderebbe dalla capacità di mantenere la reazione al di sotto di un certo livello di eccitazione emotiva. La reazione emotiva sarebbe quindi il sintomo di una perdita di equilibrio e il nostro compito sarebbe riportare il cane a quell'equilibrio, quella calma. Le emozioni hanno un costo e sicuramente modificano l'equilibrio fisico e psichico di un cane ma sono l'espressione della vita di un individuo e della sua esistenza. Tra non reagire e avere un reale problema che comporta un malessere mentale o fisico, in mezzo c'è semplicemente il vivere.

Invece di considerare come positivi i comportamenti che rendono felici noi, dovremmo cominciare a pensare che i comportamenti positivi sono quelli che parlano di un cane che si sente al sicuro, che sta bene fisicamente e emotivamente, che si fida di noi, che è riconosciuto come individuo con bisogni specifici e i cui bisogni vengono soddisfatti. Un cane che si comporta bene è un cane che sta bene.

Se vogliamo che il nostro cane sia calmo, dovremmo cercare un cane che ha naturalmente questa tendenza; se invece abbiamo un cane eccitabile, reprimere le sue reazioni o rinforzare i comportamenti di calma non cambieranno la sua natura; se vogliamo un cane socievole, dovremmo cercare un cane che ha naturalmente una motivazione alta al contatto con l'uomo. Socializzare il cucciolo, facendogli incontrare decine o centinaia di persone, non creerà quella motivazione. Un cane può essere un «bravo» cane anche se è eccitabile e ha una bassa motivazione a incontrare degli estranei.

10.8 La coperta di Snoopy

Nei Peanuts, celebre fumetto americano, uno dei protagonisti, Linus, si aggrappa a una coperta per sentirsi al sicuro. Di questa coperta esiste anche la versione cinofila; l'idea è che un cane impari a sentirsi bene e restare tranquillo nella propria cuccia e, quando il cane ha superato questo primo step, si può usare la coperta della cuccia per trasferire quel senso di benessere ad altri luoghi e contesti.
Come molte altre procedure in cinofilia suona sensato; il problema è che il senso di sicurezza non deriva da una coperta, non si trasmette da una persona a un cane, da un cane a un cane o da un oggetto a un cane.
Il senso di sicurezza dipende dal grado di confidenza del cane, dal suo stato emotivo, dal contesto e dalle esperienze passate.
Il proprio odore, così come il nostro odore, può aiutare il cane a sentirsi più sicuro ed è per questo motivo che i cani maschi, quando sono stressati, possono marcare con l'urina o raspare con maggiore frequenza; i cani in generale possono marcare persone e oggetti con l'odore del proprio corpo e possono annusare la propria area ano-genitale.
Un oggetto con il proprio odore può dare al cane un senso di sicurezza ma non è la garanzia che il cane si sentirà al sicuro. Non basta la coperta perché uno spazio sia realmente sicuro; ciò che lo rende sicuro è l'assenza di pericoli percepiti, la presenza di barriere affidabili o di qualcuno che è in grado di garantire l'inviolabilità di quello spazio.
Quando un mio cane è con me, io sono la barriera contro i pericoli ed è nella relazione con me che

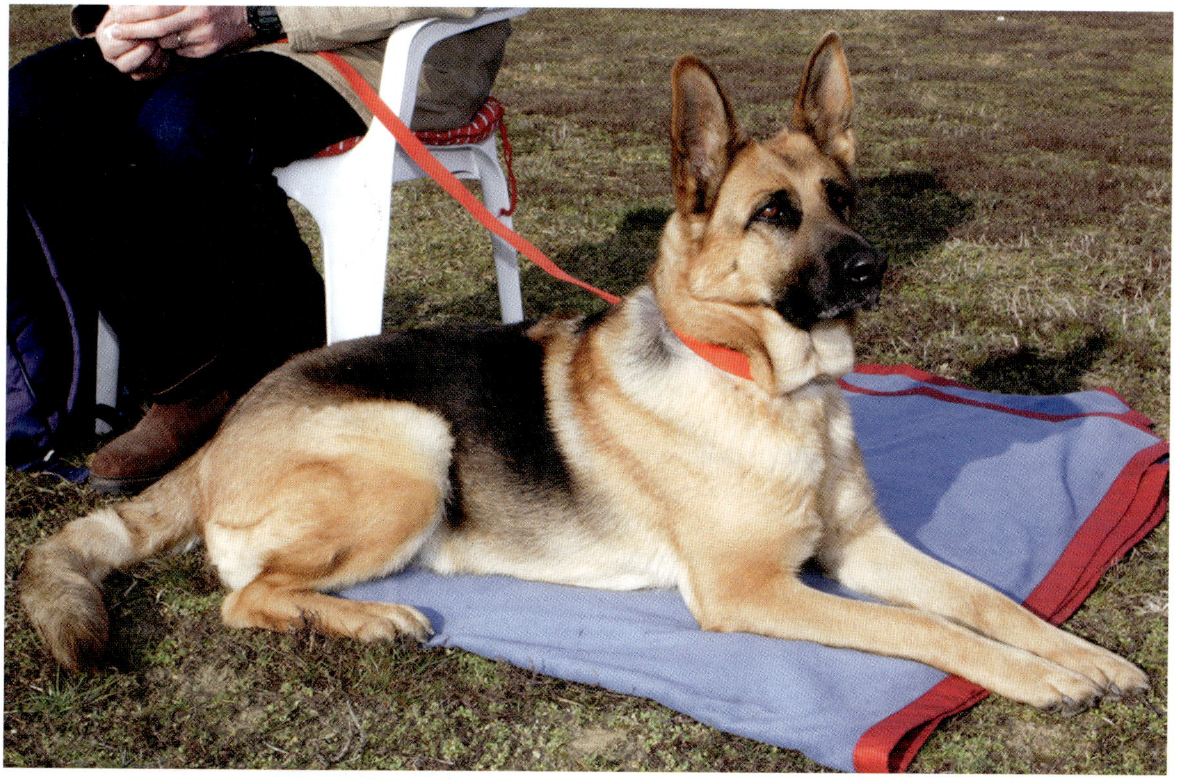

Una coperta è uno spazio confortevole e può essere molto gradita al cane, se è il cane a scegliere di usarla. Il Pastore Tedesco è sdraiato sulla coperta, è in allerta e non è affatto calmo.

il mio cane trae sicurezza. Anche io uso le coperte con i miei cani, perché sono un tipo ansioso e ho sempre paura che patiscano il freddo, l'umidità o anche solo lo stare sdraiati su una superficie troppo dura. I cani amano il comfort, come noi, non dormono sui divani per dimostrare di essere dominanti, ma perché i divani sono confortevoli e hanno il loro odore e il nostro, sanno di famiglia.
La coperta rimane quindi un ottimo strumento per dare al cane un luogo confortevole in cui rilassarsi.
Insegnare al cane a sdraiarsi sulla coperta può funzionare come controllo fisico sul cane. Se al cane viene chiesto di sdraiarsi sulla coperta e gli viene chiesto di tornarci e di sdraiarsi ogni volta che prova a alzarsi, alla fine è semplicemente costretto a rinunciare a fare altro che stare su quella coperta. È un esercizio di rinuncia, non di calma, perché un cane può essere sdraiato su una coperta e non vedere l'ora di potersi alzare e fare altro.
Se il cane trova la coperta di suo gradimento la userà e se ha voglia si rilassarsi sopra la copertina lo farà. In questo modo non rischiamo di perdere informazioni preziose riguardo al reale stato emotivo del cane, alle sue reali motivazioni. Non rischiamo di confondere un cane sdraiato, con un cane calmo.

10.9 La vita sociale di un cane castrato

In Italia, fino a dieci anni fa, i cani castrati erano l'eccezione; in seguito l'obbligo di castrazione per i cani adottati in canile e l'aumento di veterinari che suggeriscono la castrazione per i cani di famiglia hanno sensibilmente aumentato il numero di maschi castrati.
Negli ultimi anni, nelle classi, ho avuto fino al 50-60% di maschi castrati in lista ed è proprio durante le classi che ho avuto la possibilità di osservare il comportamento dei maschi castrati nella relazione con gli altri cani.
Non è insolito che un maschio castrato abbia comportamenti di corteggiamento verso le femmine, di

competizione per le femmine e di sfida verso i maschi. La castrazione può essere stata fatta quando ormai il cane aveva acquisito una strategia di tipo sessuale nelle interazioni e comunque, con la castrazione, un cane non smette di essere un maschio. Il cervello dei cuccioli viene mascolinizzato in utero e si possono vedere cuccioli di 2-3 mesi esibire comportamenti sessuali, come la monta.
Bandit, di Warren e Aleksandra, è un meticcio di cane da caccia castrato; il primo giorno l'ho valutato con una femmina e il suo approccio è stato molto diretto, tipico di un maschio in corteggiamento. Quando provo a farlo interagire con April, una femmina più aggressiva, Bandit viene aggredito, ma riesce a fermarla con un'ottima comunicazione.
Una comunicazione di tipo sessuale, un maschio che corteggia una femmina, funziona solo se il maschio è intero; una femmina può comunque cercare di interrompere gli approcci del maschio o di allontanarsi; femmine con una personalità più forte possono apprezzare molto l'interazione con un maschio adulto intero, e aggredire invece i maschi castrati.
Negli stessi giorni in cui definivo un percorso per Bandit, Rosemary, femmina di Pit Bull, ha gradito l'incontro con ogni maschio, escluso Rosch, castrato, che è stato minacciato quando ha tentato un approccio. Ogni volta che devo decidere l'incontro tra una femmina e un maschio, chiedo se il maschio è castrato perché, con alcune femmine, i maschi castrati sono a rischio aggressione.
Osservando Bandit e la sua difficoltà a essere accettato da certe femmine, ho ipotizzato che le relazioni sociali dei maschi castrati dipendano dall'uso di una strategia di interazione non sessuale.
L'approccio di un maschio a una femmina può essere:

Rover è un cane di canile, che ha trovato una splendida famiglia. È castrato, eppure è uno dei cani che usa più spesso il corteggiamento come biglietto da visita nell'incontro con cani estranei. Un cane con una personalità meravigliosa (i fratelli di cucciolata sono ancora in canile...)

- solo **sessuale** (corteggiamento, tentativi di monta);
- comprendere il corteggiamento ma mantenere una componente di interazione **sociale** (il maschio adatta il proprio comportamento al comportamento della femmina, interrompe il corteggiamento se la femmina lo respinge);
- non comprendere il corteggiamento e spaziare nell'intero spettro delle relazioni sociali (tolleranza, condivisione, gioco, evitamento, paura, aggressività).

Nel corteggiamento, il maschio approccia la femmina con una postura alta, saltellante, scodinzolando in modo energico con ampi movimenti laterali e tenta l'esplorazione ano-genitale, marca con l'urina e spesso raspa.
Un approccio sociale implica l'uso di un set completamente differente di informazioni, date e ricevute perché non è femmina = corteggiare, ma è individuo sconosciuto = acquisisco informazioni riguardo alla sua età, personalità, stato emotivo, motivazione, aggressività, dimensioni. In questo caso, l'approccio viene modulato rispetto all'individuo e alle informazioni riguardo l'individuo.
Per un maschio castrato un approccio sicuro implica la capacità di vivere l'interazione in termini sociali e non unicamente sessuali. Solo in questo modo un maschio castrato può evitare di venire aggredito da una femmina o di attivare una reazione di eccitazione, e comportamenti sessuali e di monta, da parte dei maschi. Un approccio più sociale implica una migliore capacità di valutazione e un più ampio spettro di strategie nella relazione, compreso evitare del tutto l'incontro.
Come sviluppare questa capacità di valutazione e di interazione? Ogni cane è diverso ed è quindi importante definire un percorso che rispetti le necessità di un individuo. Nel caso di Bandit, parte del lavoro è stato dargli la capacità di evitare l'interazione, di sentirsi al sicuro e di chiedere aiuto in una condizione di sicurezza. Nel tempo in cui la sua strategia resterà il corteggiamento, deve comunque avere degli strumenti che lo aiutano a gestire eventuali situazioni di stress.

11 Come usare l'etogramma

In un mondo ideale, i futuri proprietari dedicherebbero del tempo a capire chi sono i cani, che cane possono rendere felice e imparare il linguaggio dei cani; all'arrivo del cucciolo avrebbero così degli strumenti per fare delle scelte consapevoli e ragionate. Spesso questo non succede, perché le persone adottano i cani pensando che, per vivere insieme, non serva niente più di una cuccia, una ciotola, un collare e un guinzaglio. Salvo poi trovarsi un piccolo alieno che li guarda e che non riesce a comunicare con loro.

Il comportamento dei cani non è giusto o sbagliato, è un dialogo; i cani parlano con il corpo e imparare a riconoscere i segnali, capire a quale categoria appartengono, e quindi quale emozione e motivazione esprimono, significa avere la possibilità di tradurre correttamente quello che il cane sta dicendo. Non toglie spontaneità al rapporto ma, anzi, apre un dialogo diretto e onesto.

Il primo passo è sapere che questi segnali esistono e che il vocabolario dei segnali visivi del cane

Il comportamento di un cane è influenzato dalle caratteristiche della razza di appartenenza. È più difficile riconoscere questi elementi negli incroci. Gemma è figlia di un Dogo Argentino e un American Staffordshire.

comprende circa 400 atteggiamenti, espressioni, posture, azioni. La comunicazione acustica è meno utilizzata e articolata di quella visiva e purtroppo non siamo in grado di leggere la loro comunicazione olfattiva, possiamo solo vedere i comportamenti che sono associati al mondo degli odori.

1. **Il primo passo è guardare il cane**. Sembra semplice ma richiede una certa forma mentale, perché dobbiamo guardare cosa sta facendo, ogni comportamento. All'inizio non è affatto facile perché non sappiamo cosa guardare e cosa stiamo guardando. Il mio consiglio è cominciare a riconoscere alcuni comportamenti e gradatamente estendere questa conoscenza a altri. Servono anni di allenamento, per riuscire a riconoscerli tutti!
2. **Il secondo passo è vedere quali comportamenti non vengono esibiti**. Un cane che si avvicina a noi e ci annusa esprime curiosità e interesse, non necessariamente amicizia. Se non vediamo anche dei segnali di contatto amichevole, non dovremmo pensare che vuole essere toccato e accarezzato. Un cane può anche esibire comportamenti in apparente contraddizione o cambiare stato emotivo e motivazione in una frazione di secondo.

I comportamenti sono l'espressione fisica di uno stato emotivo, fisiologico, psicologico, della motivazione del cane, di una comunicazione. L'aspetto fantastico dei cani è che non mentono. e tutto quello che dichiarano attraverso la comunicazione del corpo corrisponde esattamente a chi sono, come si sentono e cosa vogliono.
Possiamo avere il dubbio di aver visto un comportamento e possiamo non sentirci sicuri nella sua interpretazione, ma non dobbiamo mai chiederci se quel comportamento corrisponde realmente alle intenzioni del cane.
Possiamo dare un valore diverso allo stesso comportamento se esibito da un cane che ci appare più pericoloso o se al contrario ci sembra inoffensivo. Un cucciolo, un cane di una razza considerata «buona», un cane di piccola taglia possono portarci a ignorare certi segnali perché il nostro

Cino e Bonnie esibiscono un inchino a zampe divaricate simultaneo. Questo comportamento può essere utilizzato per indurre un cane a correre via, e poterlo così inseguire.

cervello ci dice che non siamo a rischio e non attiva i nostri sensori di pericolo. Se succede, dobbiamo educare il nostro cervello a interpretare il comportamento del cane non dalla nostra prospettiva ma da quella del cane. Stiamo osservando il suo comportamento per capire la sua percezione e il suo mondo; un piccolo cane che ci ringhia può farci ridere solo se in quel momento non siamo in grado di capire che quel comportamento è il sintomo di un forte disagio.

11.1 Osservare, analizzare, interpretare

Nel processo di traduzione dei segnali del cane in parole e frasi, è implicito un passaggio fondamentale: l'interpretazione del comportamento. Se guardiamo il filmato di due cani che interagiscono, ognuno di noi vede gli stessi cani fare le stesse cose e, se poi dovessimo fare un elenco dei comportamenti esibiti dai due cani, questo dovrebbe essere uguale. Già in questa fase, però, è facile ci siano delle differenze perché ognuno di noi tenderà a dare più attenzione a certi dettagli, o a dare nomi diversi a comportamenti simili.
Se usiamo un etogramma di riferimento, l'elenco dovrebbe essere quasi uguale, soprattutto se stiamo solo elencando quello che abbiamo visto. Il passaggio successivo è quello di attribuire un significato a quei comportamenti.
Molti comportamenti devono essere analizzati in base al contesto in cui vengono espressi. Anche nel linguaggio umano la stessa parola può avere significati diversi a seconda della frase, del tono di voce, del tipo di relazione, dell'espressione del viso, dei gesti e del dialogo tra le persone.
Il risultato del processo di analisi è lo smistamento dei comportamenti nelle diverse categorie e, fino a questo punto, siamo ancora nell'ambito di una analisi che è prevalentemente oggettiva e due persone che analizzano lo stesso filmato dovrebbero essere d'accordo sui comportamenti esibiti e le categorie espresse.
Inizia poi la parte difficile, quella che io chiamo «il regno dell'invisibile»: cercare di capire le motivazioni, le emozioni, la personalità, le cause dei comportamenti implica una analisi che dipende fortemente dalla competenza, dalla sensibilità e dall'esperienza individuale.
Interpretare il comportamento del cane non significa dichiarare la realtà dei fatti ma dichiarare la propria interpretazione in forma di ipotesi.
Poiché noi non siamo gli altri e non sappiamo cosa sia vivere la vita degli altri, possiamo solo intuirlo dalle informazioni che ci vengono trasmesse dal comportamento. Possiamo ipotizzare una serie di elementi e possiamo provare a dimostrare che la nostra ipotesi è valida modificando qualche elemento. Per questo motivo, l'analisi viene fatta osservando il cane in diversi contesti o cani differenti nello stesso contesto.
Gli elementi che voglio evidenziare sono due:

1. non smettere mai di osservare il proprio cane, e i cani in generale;
2. non dare per scontato che la nostra spiegazione sia l'unica o la migliore.

Nella fase di **interpretazione del comportamento** – la fase «Ha fatto questo perché…» – il nostro cervello sarà influenzato da informazioni ricevute, da convinzioni personali, da pregiudizi, dall'abitudine, da esperienze precedenti; il nostro cervello tenderà a dirci che la nostra spiegazione è quella giusta, più logica e sensata.
Se un cane tira al guinzaglio siamo portati a dire che lo fa perché è dominante, anche se questa è soltanto un'ipotesi. Su quali comportamenti si basa questa interpretazione? Tirare al guinzaglio ha altre possibili spiegazioni? Un cane potrebbe tirare al guinzaglio perché è eccitato, perché ha paura, perché è stressato dal comportamento di chi ha il guinzaglio in mano, perché è attirato da qualcosa.
La nostra mente crea realtà immaginarie o si modula sulla realtà immaginaria di altri; dobbiamo imparare a chiedere al cane chi è, come si sente, cosa vuole.

11.2 Segnali di allarme

Il mondo è pieno di proprietari distratti, persone che non vedono il proprio cane o non vedono i cani degli altri, persone che non si curano realmente del benessere del proprio cane o dei cani degli altri.

Immaginate di avere il vostro cane al guinzaglio e di dover passare davanti a un giardino recintato dove dentro c'è un altro cane. Dato che il vostro cane è al guinzaglio, e dato che tra i due cani c'è una solida recinzione, penserete di poter ignorare le loro reazioni. Sbagliato. La questione non è solo quanto i cani sono in pericolo ma quanto quell'esperienza li carica di energie negative. Il vostro cane penserà che non siete in grado di tutelarlo da un pericolo mentre il cane dentro al giardino penserà di doversi difendere da un invasore. Per evitare il tutto, potrebbe essere sufficiente cambiare marciapiede o tenere il vostro cane sul lato opposto alla recinzione.

Parlare di segnali di allarme non è parlare di situazioni che mettono in pericolo voi, altre persone o il vostro cane ma è la capacità di riconoscere la linea che, nel vostro cane, separa lo stare bene dallo stare male, di capire se il vostro cane sta causando stress a un altro cane.

Come cinofili e proprietari responsabili non dobbiamo avere cura solo del nostro cane ma dei cani in generale: i cani hanno raramente la possibilità di scegliere e sta a noi fare scelte che li tutelano.

Tra i segnali che indicano il passaggio da uno stato di confidenza, di rilassamento e di serenità a uno stato di maggiore tensione emotiva troviamo:

- la coda smette per un istante di muoversi, anche se il cane sta scodinzolando;
- la coda viene sollevata e tenuta verticale o a arco;
- il cane si muove con un movimento rigido, come fosse un robot;
- la salivazione è densa, spessa;
- il cane improvvisamente si mette a annusare a terra, e tiene la testa bassa;
- la coda viene abbassata e la base è contro il corpo;
- le orecchie sono piegate indietro;
- il cane salta addosso al proprietario o a una persona;
- il cane morde il guinzaglio;
- il cane cerca di rifugiarsi dietro al proprietario, dietro o sotto una barriera;
- il cane abbaia;
- il pelo è dritto sulle spalle, la schiena e/o vicino alla base della coda;
- la respirazione diventa profonda, il cane emette un suono roco;

Il Border Collie bianco e rosso si avvicina con passo rigido alla femmina Blue Merle.

- produzione di forfora, grattarsi;
- durante il gioco o un incontro, i due cani si abbracciano.

Nell'incontro con un altro cane non vale la regola «se è cucciolo non gli faranno del male» e neppure «i maschi possono incontrare qualunque femmina», perché dobbiamo pensare ai cani come individui e non come categorie generiche.
La prima domanda da farsi è se i cani vogliono incontrarsi: se sono al guinzaglio, e non hanno la possibilità di scegliere in che tempi e spazi gestire l'interazione, è meglio evitare; se possono essere liberati possiamo chiedere al nostro cane se vuole incontrare un altro cane guardando la sua prima reazione. Se è incuriosito e amichevole allora cerca un contatto visivo, esprime motivazione sociale e vuole comunicare con l'altro cane; se è rigido, eccitato, minaccioso, insicuro o evita persino di guardare l'altro cane, meglio evitare l'incontro. A volte un incontro inizia bene, e finisce male, a volte inizia male e finisce bene, proprio come succede alle persone.
Anche i cani possono cambiare motivazioni, stato emotivo, può cambiare il contesto o ci possono essere interferenze esterne. Per questo motivo, durante l'incontro dobbiamo continuare a osservare i cani e chiederci se stanno bene, se stanno vivendo una bella esperienza, utile e piacevole. **I cattivi comportamenti sono spesso il prodotto di una socializzazione fatta senza criterio, senza un chiaro obiettivo e senza tutelare il cane.**
La socializzazione non trasforma qualunque cane in un cane socievole e tollerante, perché non è esponendo il cucciolo al contatto con molti altri cani che sviluppiamo la sua capacità di fare amicizia e di giocare con qualunque altro cane.
Nei cani è perfettamente normale un certo grado di intolleranza: i maschi possono diventare intolleranti verso gli altri maschi con l'adolescenza, le femmine possono non accettare i cuccioli, reagire in modo minaccioso al corteggiamento troppo intenso di un maschio o possono non accettare altre femmine, soprattutto in corrispondenza del periodo del calore.
Dobbiamo tenere sempre presente che esperienze negative possono lasciare tracce indelebili; ad esempio, un cane può reagire negativamente alla vista di un soggetto che ha caratteristiche simili

Le orecchie piegate indietro possono esprimere insicurezza, stress e paura.

a quelle di un cane che lo ha inseguito o spaventato. Kandji quando aveva 4 mesi è stato inseguito e spaventato da un maschio di Bovaro del Bernese e, dieci mesi più tardi, ha reagito in modo minaccioso a una femmina di colore scuro che lo ha inseguito.

Nell'incontro con persone estranee è importante capire quanto la persona è in grado di capire cosa comunica il cane e quanto sa adattarsi e rispondere in modo adeguato. Un cane può avvicinarsi a un estraneo per annusargli i piedi, le gambe, le mani, senza che questo implichi una richiesta di amicizia e di contatto fisico. Le persone tendono a porsi in modo frontale, a chinarsi e allungare le mani, comportamenti che possono risultare eccessivi per un cane che non ci conosce e ancora non ci ha concesso fiducia.

I cani sanno che non siamo cani, che non ci comportiamo da cani e non attribuiscono ai nostri gesti un valore simile a quello di altri cani. Se non siamo aggressivi, guardare un cane non è una minaccia e, se non vogliamo imporci, toccare il cane sulla testa o sul collo non è un gesto di imposizione.

Quello che i cani patiscono non è la nostra comunicazione, quanto la sua assenza. Ci avviciniamo ai cani, li tocchiamo senza aver realmente cercato di capire chi sono, come si sentono, cosa vogliono., come se fosse scontato che un cane trovi piacevole il contatto con un umano. Alcuni cani lo gradiscono, alcuni lo tollerano, altri non hanno un solo buon motivo per farsi toccare da un estraneo.

L'abbraccio indica spesso un aumento dell'intensità e del conflitto nell'interazione.

12 La comunicazione

12.1 Quello che noi diciamo ai cani

Dai primi anni Duemila l'interesse verso la comunicazione sociale dei cani è aumentata e, di conseguenza, si sono diffusi eventi legati alla comprensione del linguaggio canino: classi di socializzazione, seminari dedicati alla «lettura» del cane, la consapevolezza dell'esistenza dell'etogramma, corsi su elementi specifici, come l'aggressività, lo stress, la paura. A volte mi chiedo che formazione abbiano i docenti di questi eventi, ma è comunque innegabile un forte interesse verso la comunicazione del cane.
In questo percorso di conoscenza l'ultima frontiera è guardare nella direzione opposta: non da noi al cane, ma dal cane a noi. Cosa diciamo, realmente, ai cani?
Cercare di cambiare la prospettiva e guardare le persone con gli occhi dei cani è stata la mia missione negli ultimi anni; i cani ci guardano, cercano di capire cosa vogliamo, come evitare di farci arrabbiare, cercano di comunicare con noi.
I cani non capiscono l'italiano ma hanno una straordinaria capacità di osservare il nostro sguardo, l'espressione del viso, la postura del corpo, il movimento delle mani, la tensione muscolare e ricevono informazioni anche dal nostro odore, sono in grado di riconoscere le nostre emozioni. Non fanno caso a quello che diciamo ma riconoscono tutte le sfumature emotive della voce. Inoltre, poiché i cani non sono in grado di capire la finzione,

Il Rough Collie Roy si ferma a osservare i proprietari: i cani dipendono in gran parte dalla nostra comunicazione corporea, per capire le nostre intenzioni. Baku, Pastore Tedesco, ha il tipico sguardo da "mi lanci la pallina?" e aspetta che Stefania risponda nel modo gradito.

faranno sempre riferimento alle nostre reali motivazioni e emozioni.
Nel percorso con il proprietario, i miei obiettivi sono due:

- insegnare al proprietario a vedere il cane;
- insegnare al proprietario a essere consapevole di chi è nella relazione con il cane.

In questo percorso non funziona ignorare il cane se ci salta addosso o se ha paura, se quello che vorremmo davvero è sgridarlo o consolarlo, non funziona dirgli di scendere dal divano se quello che vogliamo davvero è averlo vicino a noi. Se vogliamo costruire una relazione onesta, consapevole, leale, dobbiamo essere pronti a metterci in gioco, proprio come se fosse un **percorso di autoanalisi**.
I cani assorbono ogni nostra energia, positiva e negativa che sia e alcuni sono pronti a ributtarci addosso quello che siamo. Durante le classi di socializzazione, spesso i cani cercano aiuto da perfetti estranei e non dai proprietari, soprattutto se questi sono in un cattivo stato emotivo. In questo caso, stare lontani è una normale e naturale strategia per evitare un conflitto in una relazione.
I cani sanno come ci sentiamo ma possono non avere idea del perché proviamo quel certo stato emotivo; stare lontano da qualcuno che sta male non è mancanza di affetto, è solo sensibilità. Allo stesso modo, il cane che rimane da solo e ruba e rosicchia oggetti che noi abbiamo toccato, non ci sta facendo un dispetto ma ci sta solo dicendo che sente la nostra mancanza.
Spesso la nostra interpretazione del comportamento del cane è legata unicamente a quello che ci fa stare bene, alla nostra zona di comfort, mentre non è scontato che la nostra visione e quella del cane coincidano.

12.1.1 La voce

La voce è uno strumento potentissimo nella comunicazione con il cane, che le dimostrano grande attenzione nonostante la loro comunicazione sia raramente acustica: abbaiano, ringhiano, guaiscono, ululano, mugolano ma questi suoni sono poco frequenti nella comunicazione, rispetto ai segnali visivi e olfattivi.
La nostra voce suscita immediata attenzione e apre un canale di comunicazione efficace e privo di rischi; non solo i cani danno attenzione alla nostra voce, è mia opinione che riconoscano il significato di una risata, l'intonazione di una domanda («Dov'è la pallina?»), la motivazione a un dialogo e il nostro stato di attenzione, che acquisiscano informazioni rilevanti riguardo al nostro stato emotivo e le nostre motivazioni.
Io ho imparato a parlare molto con i cani e insegno ai miei allievi a parlare con un cane sconosciuto, prima di anche solo pensare a toccarlo. Un tono di voce gentile, associato al contatto visivo, dice al cane che siamo amichevoli e pronti a un contatto sociale. Non è necessario usare il tono di voce che si usa con i bambini anche se a volte è spontaneo farlo, soprattutto con i cuccioli e con i cani con cui proviamo un legame affettivo e di cura.
Quando valutavo i cani del progetto Ex combattenti, le studentesse dovevano parlare con tono gentile al cane durante le fasi di contatto sociale. La tentazione di tutti era quella di usare il nome del cane e di chiamarlo, mentre parlare con tono gentile è diverso, perché stiamo dicendo chi siamo, stiamo comunicando la nostra disponibilità a un contatto sociale: «Ciao, cagnone, sei davvero bello, sai?».
La voce non trasmette solo emozioni positive e molti proprietari la usano in una comunicazione di tipo imperativo: «Vieni qui!»; «Basta!» «Giù!» «Lascia!». La motivazione prevalente è il controllo e, se il cane non obbedisce, lo stato emotivo è di frustrazione, di insicurezza o di rabbia. Capita a tutti di arrabbiarsi con il cane e il problema è per cosa ci arrabbiamo, che vie di fuga ha il cane dal conflitto e come viene risolto.
Nella vita con i miei cani non voglio che abbiano paura di me, non voglio che non si sentano al sicuro con me e non voglio che il mio stato emotivo comporti uno stato di malessere e una perdita di fiducia nei miei cani. Se mi arrabbio, e a volte capita, subito dopo cerco la riconciliazione, facciamo pace, mi avvicino e faccio le coccole al cane con cui mi sono arrabbiata. C'è da dire che spesso il tono di voce arrabbiato non viene preso sul serio, altre volte invece, se sono davvero arrabbiata, bastano lo sguardo e il tono di voce per essere presa in considerazione.
Durante l'apprendimento, se devo ripetere il segnale

Il nostro spazio ideale di comunicazione è frontale ed è entro circa un metro da noi. Dato che il cane è più in basso, tendiamo a volte a chinarci in avanti, come faremmo con un bambino.

o mi accorgo che sto aumentando il volume o indurendo la voce, interrompo la sessione e torno indietro nel percorso fatto per ridare al cane motivazione e sicurezza.

> Se alzate la voce, se la usate per controllare il cane, per sgridarlo, il problema non è la voce ma la relazione con il cane e la percezione del cane. Dovremmo riuscire a vedere il bello dei cani e dar loro la possibilità di essere visti per le loro doti e qualità.

12.1.2
Lo sguardo

La cinofilia vive di serene contraddizioni e capita che ci sia chi insegna a non guardare i cani negli occhi perché lo sguardo diretto sarebbe una minaccia e chi, al contempo, insegna intenzionalmente ai cani a fissare le persone in viso per ottenere dei bocconi.
Guardare un cane negli occhi non è una minaccia se non stiamo minacciando quel cane, i cani insicuri e paurosi possono reagire al contatto visivo diretto perché hanno paura di noi, non del nostro sguardo. Non sono gli occhi il problema, ma lo è il contatto sociale.
Il nostro sguardo dice che in quel momento la nostra attenzione è sul cane, e questo può causare la reazione.
Chi insegna a fissare il proprietario in viso lo fa per ottenere la totale attenzione da parte del cane, che deve ignorare il cibo, i giocattoli e qualunque altro stimolo e non guardare altro che il proprietario. Il problema, in questo caso, è che può capitare che il cane voglia il cibo, provi a prenderlo, fallisca e, per la frustrazione fissi minaccioso il proprietario negli occhi. A questo sguardo di minaccia il proprietario, erroneamente, risponde con elogi e complimenti e bocconi.
Fissare in viso è un comportamento ma l'attenzione è uno stato mentale, ben più di un contatto visivo.
Nei cani, come negli umani, lo sguardo dice molto sulle intenzioni; tendiamo a guardare quello a cui stiamo pensando, guardiamo di più chi e cosa ci piace ed evitiamo di guardare quello che ci mette in difficoltà. Nell'insegnare ai proprietari a sintonizzarsi sul proprio cane, un passaggio è quello di imparare a guardare cosa guarda il cane e a orientarsi secondo lo sguardo del cane. Il cane è al guinzaglio e vogliamo sapere dove vuole andare? Proviamo allora a orientare il corpo nella direzione del suo sguardo

Una delle esperienze che mi ha colpita è stato assistere al lavoro dei cani da conduzione del gregge. Un giorno io e Daniele andiamo a filmare dei meticci di media taglia, di colore grigio marmorizzato, che conducono un gregge di centinaia di pecore. Mentre stiamo parlando con il pastore, chiedendo informazioni e il permesso di filmare e fare foto, un cane è fermo vicino al pastore. A un tratto, il pastore si accorge che alcune pecore sono uscite e alza lo sguardo, il cane percepisce il cambiamento nel suo atteggiamento corporeo, lo guarda in viso, guarda nella direzione in cui sta guardando e parte di corsa a recuperare le pecore.

In questi ultimi anni ho insegnato a molti proprietari a controllare il proprio sguardo, a capire a cosa danno attenzione e a come la loro attenzione può influenzare il comportamento del cane.
Come per la voce, anche nel caso dello sguardo i nostri occhi possono veicolare una informazione negativa: fissare, indurire lo sguardo, distogliere lo sguardo, ignorare. Io ho imparato a controllare le emozioni che modificano la mia comunicazione, compreso indurire lo sguardo se un cane mi sta minacciando.
Nell'affrontare un cane aggressivo, viene spesso consigliato di distogliere lo sguardo, di guardare le nuvole e fare finta di essere un elemento neutrale del paesaggio. Può funzionare perché interrompe ogni interazione diretta con il cane, può non funzionare se il cane esprime la motivazione di allontanarci, di minacciarci o di mordere. A me capita di fermare un cane che mi aggredisce usando una strategia di confronto diretto, stando ferma, frontale e fissandolo, le mani in tasca. Questo atteggiamento funziona solo se siamo davvero sicuri di poter fermare il cane, se ci sentiamo confidenti e sicuri di rappresentare un avversario troppo forte da affrontare.
Un altro elemento importante è che, anche se il cane è minaccioso, la strategia è quella di entrare direttamente in comunicazione con il cane. Ricordo molto bene una femmina di Pastore Tedesco, di quaranta chilogrammi, che mi ha aggredita quando ho osato toccare un suo giocattolo (non senza aver prima chiesto alla proprietaria se sarebbe stato un problema). Per minuti ho evitato di venire morsa, restando frontale e fissandola negli occhi. Non è niente che io insegni a fare, perché è ovviamente un contesto che comporta dei rischi.

Guardare non è minacciare. Minacciare è minacciare. Se il cane è insicuro e stressato, il solo contatto visivo e sociale può però portarlo a crollare emotivamente, e reagire. Arj, femmina di Pastore Tedesco, appare tesa e preoccupata nel contatto con una persona estranea.

12.1.3 Le mani

Le nostre mani sono come la lingua della mamma che pulisce i cuccioli: carezze lunghe, nel senso del pelo, sulla schiena, lungo il fianco, sulla spalla e, se il cane è molto rilassato, anche sulla testa simulano proprio questo contatto.
Le nostre mani sono come gli incisivi che curano il pelo con delicatezza e il cane può ricambiare, ma possono anche essere canini, possono minacciare, afferrare, colpire e fare del male.
La percezione che il cane ha delle nostre mani non riguarda solo quello che stiamo facendo in quel momento ma anche le esperienze passate; mani e

piedi vengono usati per aggredire i cani ed è comprensibile che alcuni cani diventino così sensibili verso queste parti del corpo.

Quando valuto un cane aggressivo tendo a tenere le mani in tasca o comunque ferme, vicino al corpo. In uno dei casi di aggressività che mi ha colpita di più, un incrocio Cocker non reagiva in maniera intensa alle mani ma aggrediva quando qualcuno prendeva un oggetto in mano. La prima aggressione dopo l'adozione è avvenuta quando il proprietario ha afferrato una pala mentre faceva dei lavori in giardino; il cane, che era a venti metri di distanza, ha iniziato a correre e lo ha morso nella pancia, lasciandogli l'impronta dei denti. Malgrado l'episodio, la famiglia ha deciso di tenere il cane e ha imparato a evitare le situazioni che facevano riemergere emozioni così intense e negative.

Le nostre mani invadono lo spazio del cane, imponendo un contatto fisico: pacche sulla testa, abbracci, carezze, mani che afferrano il collare o trattengono il cane, manipolazioni associate alle cure mediche, alla toelettatura del pelo e i cani devono sopportare da noi più di quanto sopportino dagli altri cani.

Una buona regola è non toccare un cane fino a quando non ha comunicato una motivazione al contatto fisico. Non è difficile capire se un cane ha voglia di contatto fisico; può fermarsi vicino a noi mostrandoci il fianco, può salutarci e saltarci addosso o in braccio, può sdraiarsi davanti a noi o girarsi e mostrarci la parte posteriore del corpo. Per essere proprio sicuri che il cane gradisca il contatto, possiamo accarezzarlo per alcuni secondi e quindi interrompere e spostarci leggermente; se rimane vicino o torna da noi, possiamo continuare.

Alcuni cani rimangono letteralmente intrappolati in un contatto sociale così diretto e intenso, da non riuscire ad allontanarsi anche se non lo gradiscono. Possiamo accertarci che il cane stia gradendo il contatto osservando i segnali: la coda sarà rilassata, la muscolatura non sarà rigida, il cane scodinzolerà o terrà la coda ferma, lo sguardo sarà dolce. I momenti di rigidità, la volontà di evitare il contatto visivo o il guardare le vie di fuga, arretrare o cercare di allontanarsi saranno invece tutti sintomi di disagio. La rigidità si può osservare bene se il cane sta scodinzolando: la coda si muove, si muove, si muove, si immobilizza e poi si muove di nuovo.

12.1.4 Il corpo

Siamo così abituati a parlare, per comunicare, che spesso dimentichiamo quanto è importante quello che dice di noi il nostro corpo: la postura, la tensione muscolare, l'orientamento del corpo, lo stato di attività e di passività, il movimento, l'odore che emaniamo. I cani sono incredibilmente abili a riconoscere ogni dettaglio.

Due diversi abbracci: quello virtuale a braccia aperte, e quello reale, con le braccia che avvolgono il cane. Il livello di gradimento del cane dipende dal contesto, quanto è confidente, sociale e dalla relazione che lo unisce alla persona che lo esibisce.

Nella foto a sinistra, Elisa orienta il corpo verso Shira per controllare le sue reazioni.
Nella foto di destra, la proprietaria usa il corpo per dare una informazione: non andiamo verso il gruppo di persone, ma da quest'altra parte.

Molti anni fa, durante un seminario, ho davanti a me un partecipante che ha al guinzaglio la sua femmina di Pastore Tedesco. La cagna è alla massima distanza consentita dal guinzaglio e fissa l'orizzonte; l'uomo non può usare il guinzaglio per costringerla a dargli attenzione e avvicinarsi, non può parlare e non può muoversi, perché stiamo aspettando che sia la cagna a scegliere di entrare in contatto con lui. Non succede nulla. Ho un'intuizione e dico al proprietario di rilassare i muscoli delle spalle; l'uomo abbassa le spalle, scioglie la tensione e la cagna si gira, lo guarda, si avvicina. Ogni volta, provo una intensa emozione, nel riconoscere e dimostrare il grado di sensibilità e complessità dei cani.
Negli ultimi anni c'è chi ha iniziato a proporre corsi per aumentare la consapevolezza delle persone riguardo la propria comunicazione non verbale ma il rischio, per me, è che si punti troppo l'attenzione sul comportamento invece di insegnare a riconoscere le motivazioni sottostanti. Quando ho chiesto al proprietario di rilassare i muscoli delle spalle, non gli ho detto che il cane avrebbe sentito meno tensione, perché il mio obiettivo era unicamente aumentare l'attenzione dell'uomo rispetto al proprio stato emotivo.
È fondamentale che la comunicazione sia e rimanga onesta e preferisco un proprietario che fa e dice la cosa sbagliata a chi assume atteggiamenti manipolativi verso il cane. Per questo motivo, raramente spiego le conseguenze quando chiedo di modificare un proprio atteggiamento e lascio che siano i proprietari a scoprire quanto sia importante essere auto consapevoli, il diretto collegamento tra i propri pensieri e le proprie emozioni e il proprio corpo.
Tutto il mio lavoro è improntato sulla libertà di scegliere e di esprimersi e questo riguarda, con ovvi limiti riguardo l'uso della forza e della violenza, anche i proprietari.

12.1.5
La prossemica

Lo studio delle distanze sociali è stato condotto dall'antropologo americano E.T. Hall nel 1960, analizzando il significato e il valore della

distanza in gruppi culturalmente e socialmente diversi. Hall ha studiato la distanza di fuga negli animali, di una distanza critica e di una distanza individuale e sociale, che riguardano membri della stessa specie. Non esistono ad oggi studi sull'uso delle distanze tra individui di specie differenti.
Hall identifica nell'uomo diverse distanze.

1. **Distanza intima**. In fase di vicinanza c'è un alto grado di coinvolgimento corporeo diretto, che attiva i recettori dell'odore e del calore, mentre è impedita una visione chiara e distinta. In fase di lontananza, tra 15 e 45 cm, sono ridotti i contatti intimi, ma le mani possono ancora avvicinare e afferrare l'altro, la visione dell'altro è ancora ridotta e deformata.
2. **Distanza personale**. Da 45 a 75 cm nella fase di vicinanza. È lo spazio che può occupare una coppia, con una visione meno distorta, e una certa intimità di coinvolgimento. Nella fase di lontananza, da 75 a 120 cm, la visione è più nitida, e non si avverte più il calore corporeo.
3. **Distanza sociale**. Nella fase di vicinanza (da 120 cm a 2,10 m), si trattano gli affari impersonali. La fase di lontananza (2,10/3,60 m) è usata negli incontri molto formali.
4. **Distanza pubblica**. È quella usata ad esempio da un relatore che si rivolge a un pubblico ridotto. Nella fase di lontananza (da 7,50 m in poi), c'è una esaltazione della mimica, della postura e della modulazione vocale.

I cani non hanno lo stesso uso delle distanze e la loro comunicazione sociale è in prevalenza olfattiva e visiva, non acustica; questo implica la possibilità di una comunicazione a maggiore distanza. I cani possono iniziare una comunicazione a decine di metri di distanza usando segnali visivi, informazioni e marcature olfattive; dimostrano attenzione ai segnali del corpo di altri cani e usano una comunicazione visiva non appena l'altro cane entra nel loro campo visivo, anche se a decine di metri. Alla stessa distanza, una persona sarebbe costretta a urlare o a usare una comunicazione visiva enfatizzata e del tutto inefficace.
Se nell'uomo la percezione dell'odore individuale è limitata a un contatto intimo, nei cani le marcature con l'urina e con il corpo (raspando, rotolandosi, strusciando) rappresentano uno strumento comune e molto efficace di analisi dell'odore individuale. Un cane può entrare in contatto con l'odore individuale di un altro cane anche quando non è presente.
Durante le classi di agosto, una femmina di Malinois in calore ha evitato l'interazione e l'avvicinamento a un gruppo di femmine e si è

Benché li separino 30 metri in linea d'aria, un laghetto e un guinzaglio, la Rottweiler sta già acquisendo e trasmettendo informazioni.

Quando due cani estranei si incontrano, l'approccio comprende l'esplorazione ano-genitale. Per i cani è del tutto naturale entrare nello "spazio intimo" di perfetti estranei...

immediatamente avvicinata al cancello non appena ha percepito la presenza di un maschio, a 30 metri di distanza.
L'approccio può avvenire con una traiettoria diretta, circolare, approcciando il cane di fronte o sulla parte posteriore del corpo. Trovo sinceramente ridicolo applicare lo stesso concetto di distanza intima ai cani, quando in molti approcci i cani esibiscono l'esplorazione olfattiva ano-genitale, anche quando i due cani sono dei perfetti estranei. I cani raggiungono una distanza intima molto più velocemente e frequentemente di qualunque umano e senza mostrare alcun imbarazzo.
Il valore positivo o negativo della distanza dipende dalla percezione individuale e dalla motivazione espressa. Un maschio in corteggiamento vive con frustrazione non poter entrare in contatto intimo con la femmina e la femmina può reagire con fuga e/o minaccia all'approccio del maschio. La distanza non è un valore assoluto ma dipende dalla personalità, l'esperienza, lo stato ormonale, lo stato emotivo, l'età, le relazioni, le motivazioni e non può essere ridotta a una serie di cerchi concentrici.
Se vogliamo avvicinare un cane che non conosciamo, invece di contare i metri e i centimetri, proviamo a guardare il cane e chiedergli se possiamo avvicinarci, traducendo il suo comportamento in uno stato emotivo e in una motivazione espressa nell'interazione. Il cane potrà dirci di avere paura, di non aver alcun interesse verso di noi, di volerci avvicinare senza però essere toccato; è necessario imparare a chiedere e ad ascoltare le risposta del cane, comunicando con loro e rispettandoli.

12.1.6 La mente

Possiamo controllare il corpo di una persona dicendo a quella persona cosa può o non può fare e, entro un certo limite, possiamo controllare la sua mente chiedendole di concentrarsi su elementi specifici. Non possiamo, però, controllare le emozioni degli altri anche perché siamo spesso inefficaci nel controllare le nostre stesse emozioni.
Il controllo della mente è la mia ultima frontiera e non è nulla di così trascendentale.
Durante le classi, i cani possono arrivare in campo liberi o al guinzaglio. Anche se per me è fondamentale che i cani possano scegliere, per alcuni cani rimanere al guinzaglio significa sentirsi più al sicuro, è come avere una cintura di sicurezza o avere qualcuno che ti prende per mano.
Se il cane è insicuro, il guinzaglio è il primo strumento per prevenire eventuali reazioni verso le persone presenti in campo. Non è l'unico strumento che il proprietario ha a disposizione: è importante che il proprietario si concentri sulla scelta tra due direzioni, verso il gruppo di partecipanti, o verso il recinto che viene utilizzato come spazio sicuro durante le valutazioni e le classi. Il recinto

Come ci sentiamo, cosa vogliamo, chi siamo, sono elementi chiave per capire il nostro comportamento, e come questo influenza e determina le reazioni del nostro cane. Se vogliamo che il nostro cane incontri un altro cane, il nostro sguardo, l'orientamento del corpo, i movimenti, tutto dirà al nostro cane che deve andare verso quel cancello. Un proprietario consapevole, come Michele, sa controllare questi elementi nella comunicazione con la Labrador Dama.

è vuoto, la rete e il cancello chiuso separano il cane dal mondo esterno. Dico ai proprietari di concentrarsi sul cancello che dà accesso a un recinto. Devono ignorare le persone, pensare che non c'è nessuno e che si stanno dirigendo dentro al recinto. Se pensiamo davvero che stiamo per entrare in quel recinto, tutto il nostro corpo esprimerà questa intenzione. Il cane dipende dai nostri segnali corporei per capire cosa stiamo facendo e cosa faremo e se il cane è reattivo verso le persone, comunicare che non dovrà affrontare un gruppo di estranei, può fare la differenza.

Anche se impariamo a essere pienamente consapevoli della nostra comunicazione, di chi siamo per il cane, di come ci sentiamo e di quali sono le nostre reali motivazioni, tutto questo non implica un adattamento automatico da parte del cane, che può capire la nostra comunicazione ma non essere comunque in grado di reagire nel modo che vorremmo, perché non ne ha motivo o perché è incapace di farlo.

La comunicazione ha due protagonisti, la persona e il cane: sviluppare una comunicazione efficace non significa riuscire a ottenere che il cane capisca ed esegua quello che gli chiediamo ma essere consapevoli di cosa comunica il cane e di come i suoi segnali possono influenzare il nostro comportamento e viceversa.

La comunicazione è uno scambio e si sviluppa in condizioni di reciprocità, di empatia, di rispetto.

12.2 Il cane sordo, cieco, sordo-cieco

Non ho mai capito perché i **cani sordi** vengono considerati come diversi, «speciali», perché nella mia vita ne ho conosciuti molti e tutti avevano una vita perfettamente normale. Tendiamo a credere che gli handicap fisici siano un impedimento e che limitino le possibilità di un individuo; certo, esistono problemi fisici che influenzano la vita di un individuo e il dolore in particolare può cambiare la percezione di un individuo.

Se l'handicap non comporta un grave limite fisico o dolore, e l'individuo ha una personalità confidente, la qualità della vita è del tutto uguale a quella di un cane «normale». Valuto cani da molti anni e, nella mia esperienza, traumi emotivi, una personalità fragile o una mancata socializzazione e una forzata convivenza con l'uomo hanno un impatto molto più forte sul benessere del cane della sordità o della perdita di una zampa.

Uno dei cani sordi che ho frequentato per più anni è Lucy, meticcia di Dalmata x Pointer. Quando lei e la proprietaria, Flick, sono entrate dal cancello, nessuno di noi si è accorto che Lucy fosse sorda; ha incontrato molti cani, molte persone, è stata senza guinzaglio e non è mai sembrata diversa. Ci si accorgeva della differenza solo osservando Flick; quando Lucy la guardava Flick faceva dei gesti, gli stessi movimenti che fanno tutti i proprietari dei cani, senza parlare. Se doveva richiamare Lucy, e Lucy non la stava guardando, si spostava in un punto in cui sapeva che la cagna l'avrebbe vista.

Io non mi sono mai veramente abituata a considerarla sorda e, quando Lucy faceva qualcosa di bello, nelle classi o nell'apprendimento, le dicevo che era brava. Dire «Brava» è pensare che il cane in quel momento stia facendo qualcosa di speciale e pensarlo cambia tutta la nostra comunicazione, non solo l'uso delle parole.

Possiamo trasmettere emozioni positive anche se il cane non sente la nostra voce.

La comunicazione con i cani sordi è ovviamente visiva e, rispetto ai cani che possono sentirci anche se non ci stanno guardando, con i cani sordi è più importante insegnare dei *check* visivi. Il cane deve guardarci per avere informazioni da noi e l'apprendimento, come vedremo, è un ottimo contesto per insegnare questo tipo di attenzione visiva.

La scelta dei gesti è arbitraria e personale ma è comunque importante una certa coerenza e consistenza nella scelta dei movimenti. Come nel linguaggio dei segni, ogni gesto può (a volte deve) avere un preciso significato: un gesto per il richiamo, uno per dire bravo, un gesto per dire al cane di salire in auto.

Per un cane sordo, il pericolo è rappresentato dalla mancata percezione dell'avvicinamento di altri cani, di persone, o di automobili, ciclisti, oggetti in movimento, sulla base del suono prodotto e possono essere presi di sorpresa senza riuscire a reagire in tempo.

Il mondo dei **cani ciechi** è un mondo di suoni e odori; possono non percepire subito la presenza di un altro cane e, a differenza dei cani sordi, che possono vedere un altro cane a distanza, i cani ciechi possono non accorgersi della presenza di un altro cane fino a quando non è veramente vicino a seconda di come l'odore dell'altro cane viene trasportato dal vento.

A differenza dei cani sordi, i cani ciechi hanno una tendenza a essere più sensibili, più reattivi e più fragili e la loro capacità di adattarsi a un contesto dipende molto da quanto si sentono al sicuro. Rispetto agli altri cani, è quindi fondamentale tutelare il senso di sicurezza e fiducia, aiutarli a prevedere gli eventi usando la voce e a gestire le barriere fisiche usando il guinzaglio. Al contrario dei cani sordi, dobbiamo arricchire la comunicazione acustica, introducendo informazioni che riguardano l'ambiente fisico e sociale, dicendo al nostro cane «C'è un cane» o «Gradino».

Nella mia esperienza professionale e personale,

Billy è un Barbone rescue, cieco. Grazie all'impegno di Anna, ha una vita ricca e felice.
Qui è impegnato nella ricerca di una persona.

Liviana e Morgan, durante la conferenza dedicata a "I cani allo specchio".

l'incontro con dei **cani sordo-ciechi** è stato fondamentale.
Ricordo molto bene il mio primo incontro con Morgan, un cucciolo di Australiano Doppio Merle di 4 mesi. Nelle razze con il mantello color marmorizzato, *merle*, è fondamentale evitare cucciolate in cui entrambi i genitori abbiano il mantello di questo colore perché si rischia la morte dei cuccioli o la nascita di cuccioli con problemi di vista, cecità, sordità. Questi cuccioli però nascono e vengono spesso abbandonati o riscattati da associazioni e dati in adozione.
Morgan era stato abbandonato in canile ad Aosta. Sylvie, che vive in Val d'Aosta lo aveva conosciuto e ne aveva parlato a Liviana, di Bolzano, che aveva deciso di adottarlo. Io le conoscevo tutte e due ed è così che un cucciolo sordo-cieco di Aosta, adottato a Bolzano, è arrivato ad Asti. La prima volta che l'ho visto era un concentrato di disperazione; in canile continuava a girare su se stesso e anche dopo l'adozione aveva mantenuto la tendenza a farlo non appena entrava in uno stato di stress.
Io chiamo i sordo-ciechi i cani senza pelle: cani con una enorme vulnerabilità e frequenti segni di un crollo emotivo. Quando ho visto Morgan, il mio primo pensiero è stato: «Come possiamo riuscire a comunicare con lui?».
Da anni usavo *Anna dei miracoli* come esempio per la comunicazione tra uomini e cani; il film parla di una ragazzina sordo-cieca e dell'istitutrice che riesce a insegnarle il linguaggio dei segni. Raccontavo della scena in cui la ragazzina ha le mani sotto l'acqua di una fontana e capisce che c'è un gesto che significa «acqua».
Improvvisamente, con Morgan, mi trovavo in quella situazione. Liviana mi dice: «La mia sensazione è che si perda e che a un certo punto non sappia più dov'è, e che cominci a girare su se stesso.Le rispondo "io cercherei di sviluppare il senso dello spazio, di dargli più controllo sulla sua vita, e lo farei attraverso l'apprendimento"; da allora ha insegnato a Morgan dei giochi, come sedersi, toccare un cono con il naso, toccare un tappeto con i piedi anteriori, sdraiarsi e, quando li ho rivisti, Morgan era un cane diverso. Nel frattempo Liviana aveva costruito anche un linguaggio attraverso l'uso del guinzaglio: una tensione verso l'alto indica la presenza di un gradino, bloccare il guinzaglio segnala una barriera che non può essere superata.
Il secondo elemento che abbiamo introdotto è stata la ricerca olfattiva. La cosa più divertente, nel lavorare con Morgan, è che quando abbiamo chiesto a Morgan di cercare una persona nascosta, io ero in mezzo a un prato e non ferma e zitta o nascosta in un bosco come capitava con i cani che possono vederci e sentirci. Con Morgan potevo stare in un prato e parlare con Liviana. Morgan, che è uno studente entusiasta nelle sessioni di apprendimento,e adora la ricerca, dopo mesi di lavoro segue Liviana anche in luoghi sconosciuti. Non solo non si perde più, la cosa incredibile è che spesso la gente non si accorge che è diverso; quando è con Liviana al guinzaglio è un cane del tutto normale.
Ho conosciuto altri cani sordo-ciechi. Uno di loro, Dexter, è in grado di seguire la proprietaria in passeggiata senza guinzaglio, usa l'olfatto per seguire la proprietaria e per rimanere sul sentiero e i peli sensoriali per percepire oggetti e individui a breve distanza; fare la stessa passeggiata ha creato una memoria sulle distanze e una traccia olfattiva sul percorso.
In casa, i cani ciechi e sordo-ciechi riescono a muoversi in modo normale perché costruiscono una mappa mentale degli spazi familiari.

12.3 La comunicazione uomo-cane

Quando ci alleniamo, ripeto spesso ai miei allievi che l'Obedience è al 99% comunicazione. Può sembrare una disciplina in cui tutto si limita a dare dei comandi, ai quali il cane reagisce in modo quasi meccanico, ma basta vivere in prima persona una sessione di allenamento per capire quanta energia viene impegnata per costruire una comunicazione efficace. Insegnare al cane degli esercizi ci obbliga a trovare il modo per farci capire e a dargli una valida motivazione per guardarci, per ascoltarci e per dare un valore alle informazioni che riceve da noi.

La comunicazione è la capacità di codificare dei segnali che siano comprensibili e condivisi e di decodificare i segnali emessi dal nostro cane. Non si limita all'uso di comandi, che sono solo il nome che diamo a dei comportamenti appresi.

La comunicazione è la parte di noi che è visibile agli altri, parla di noi, di chi siamo, di come ci sentiamo e di cosa vogliamo realmente; per il cane può essere più importante sapere se siamo felici,

Barbara e Gray, guardarsi è condividere se c'è attenzione verso l'altro e non unicamente verso se stessi.

Anita e Viola, in un momento di gioco e di perfetta comunicazione.

insicuri, arrabbiati, piuttosto che ottenere un boccone dopo aver eseguito un comportamento associato a un comando.
Gran parte della comunicazione è spontanea e, per renderla efficace, dobbiamo fare un passo avanti e diventare consapevoli di cosa stiamo comunicando. Inoltre, dobbiamo guardare il cane e capire in che modo i nostri segnali corporei e la nostra voce influenzano il suo comportamento.
La comunicazione non è un monologo, non è dire al cane cosa fare, è un dialogo, in cui anche noi dobbiamo essere pronti a guardare, a vedere e «ascoltare» i segnali del cane con onestà e consapevolezza.
Un ultimo elemento da inserire nella comunicazione è la capacità di modificare il nostro comportamento in reazione ai segnali emessi dal cane, non per ottenere un risultato o raggiungere un obiettivo ma per incentivare nel cane l'attitudine a comunicare con noi, per rendere la sua comunicazione uno strumento efficace nella relazione. Il cane che ha successo nell'allontanare un altro cane con uno sguardo non ha bisogno di minacciare di mordere o di mordere.
Tanto più la comunicazione è efficace, tanto più la relazione si baserà sullo scambio di informazioni e sul dialogo.

12.3.1 Dare voce ai cani

a un certo punto ho cominciato a tradurre il comportamento dei cani in parole e frasi: i cani sono dei gran chiacchieroni e il loro linguaggio del corpo è un flusso continuo di informazioni.
Tradurre il cane non è attribuirgli pensieri e azioni umane, non è antropomorfizzare, è solo un modo per rendere più immediata la comprensione della comunicazione del cane, per far capire ai proprietari quante informazioni si possono ottenere tramite la semplice osservazione.
Il rischio, in questa traduzione, è ovviamente quello di produrre una finzione, frasi divertenti che non corrispondono però al reale comportamento del cane. Se volete provarci, dovete essere in grado di giustificare ogni parola e ogni frase con l'analisi del comportamento del cane ed essere in grado di spiegare perché, secondo voi, il cane userebbe quelle parole se potesse parlare.

Il cane che si irrigidisce e guarda il proprietario viene tradotto con: «Hai visto? C'è un cane che non conosciamo, laggiù. E mi fa un po' paura, vero che non ci avviciniamo?».
Il cane che si gratta con insistenza in una situazione di disagio diventa: «Stress stress stress stress».
Il cane che abbaia a un altro cane gli sta dicendo: «Non mi piaci! Vattene! Vattene o ti faccio scappare io!».

Il bello di questa tecnica è che diventa subito evidente se siamo in grado di interpretare il comportamento del cane in un senso logico, attribuirgli una motivazione, delle emozioni. È anche un modo per sviluppare la comunicazione tra cane e proprietario, in un dialogo in cui le parole sono l'elemento meno importante. Il miglior prodotto di questa tecnica sono la nostra attenzione, la nostra disponibilità all'ascolto, la volontà di capire e di rispondere nel modo corretto.

12.4 Gli incontri di socializzazione «Gentle Team»

In origine erano le *puppy class*, incontri in cui i cuccioli venivano lasciati liberi di incontrare altri cuccioli. Se ben strutturate, erano una bella opportunità per i cuccioli per poter giocare, un'attività che fino a 2 mesi possono esercitare con i fratelli di cucciolata. Giocare, però, è divertente solo se risulta tale, mentre a volte gli incontri si trasformavano in un piccolo incubo per il cucciolo che veniva bulleggiato, inseguito e spaventato, senza ottenere aiuto e protezione da nessuno.
A fine anni Novanta, la mia idea era che i cuccioli avessero bisogno di incontrare anche cani adulti per imparare le corrette competenze sociali. Uno dei cani migliori che ho avuto, nel ruolo di maestra, è stata la mia Dogue de Bordeaux, Jura, che aveva la stessa gentilezza e capacità che ho poi ritrovato nelle mie due Staffy, Bullet e Brick.
Dal 2005 ho esteso questo tipo di incontri a cani adulti e cani problematici e la prima esperienza è stata molto simile alle classi per cuccioli; un gruppo più o meno numeroso di cani lasciati liberi di interagire e i proprietari, presenti ma passivi.
Nel 2009 mi sono staccata da questo stile di lavoro, ho cominciato a cercare la mia strada, mi sono

Gli incontri di socializzazione richiedono spazi e strumenti adeguati. Ai Laghi le classi avvengono fuori da un campo recintato, non dentro.

detta che non avrei mai lasciato solo un mio cane in mezzo a cani estranei e ho cominciato a dare un ruolo più attivo e importante ai proprietari. Guardando una classe condotta da altri, ho pensato che non avrei più permesso la presenza in campo di cani invisibili, quelli che in apparenza non hanno problemi e possono quindi essere presenti. Proprio perché non rappresentano un problema, nessuno si occupa realmente di loro.

Il terzo punto è che per me non esistono cani speciali: non esistono cani più dotati e competenti che insegnano e cani problematici che imparano. Per me tutti i cani sono uguali, tutti i cani imparano, tutti i cani insegnano e in molti casi un cane considerato problematico ha aiutato altri cani.

Nel tempo, il numero di cani in campo nelle mie classi si è molto ridotto, posso avere anche un solo cane in campo, o due, fino a 6/7 cani; è raro che io abbia un numero più elevato di cani da seguire. Il motivo è che tanto più è elevato il numero di cani, tanto più il contesto è complesso e il rischio che un cane stia male, che non sia in grado di trovare un equilibrio e una strategia efficace, è elevato. Un numero più basso implica però una minore possibilità di scegliere con chi interagire.

Per risolvere il dilemma, ho dovuto trasferirmi in una nuova sede e ho costruito un recinto più piccolo (40 × 40 metri) dentro a un recinto molto grosso (2 ettari). Ho cominciato a lavorare alle interazioni fuori da un recinto e, per chiedere ai cani se vogliono incontrarsi: chiudo un cane dentro al recinto più piccolo e aspetto che i cani vadano al cancello chiedendoci di aprirlo. Voglio che i cani insicuri, spaventati o con bassa motivazione non debbano per forza incontrare altri cani. Questo perché per me non sono cani che incontrano altri cani ma gruppi familiari che si muovono in uno spazio fisico e che hanno la possibilità di incontrare altri gruppi familiari.

Il gruppo familiare è composto dal cane e dalle persone della famiglia e, in un mondo ideale, non esistono barriere tra cani e persone. Gli incontri sono un'occasione per sviluppare la comunicazione e la relazione tra cane e proprietario, per insegnare al proprietario a usare lo spazio, i *coping*, ascoltare il cane ed essere la soluzione al problema.

L'uso del recinto, a volte del guinzaglio, mi permette di gestire situazioni anche complesse senza dover richiamare il cane, fermarlo o inibirlo in ogni modo e la mia filosofia di base è che non faccio ai cani di altri quello che non permetterei ad altri di fare ai miei.

Negli ultimi anni gli incontri hanno assunto una dimensione internazionale e ogni estate arrivano persone (e cani!) da tutta Europa. Capita così che una cagna olandese incontri una cagna polacca e che le due cagne siano sorelle adottate nello stesso canile che si ritrovano dopo anni di separazione. Poiché la comunicazione dei cani è universale, è anche grazie a loro se persone di Paesi diversi trovano un linguaggio comune.

parte quarta Giocare e imparare

Gioco e apprendimento ci fanno venire in mente i giorni di scuola, quando, seduti in classe per dovere fino all'intervallo, non vedevamo l'ora di uscire fuori. Dal momento che ci hanno convinto che non si può imparare qualcosa di importante se non siamo seri e concentrati, quando vogliamo che il nostro cane impari qualcosa non ci divertiamo e non vogliamo che si diverta.
L'idea che imparare sia qualcosa di incompatibile con il gioco e con il piacere è così forte da portare alcuni a credere che anche l'uso della forza, dell'intimidazione e della violenza siano legittime.
Il cane non si deve divertire, deve fare quello che gli viene detto senza opporre resistenza; per questo l'apprendimento è un contesto fortemente legato al controllo. Gran parte dell'educazione dei cani si basa ancora oggi su una manciata di esercizi di obbedienza, usati per controllare il cane: seduto, terra, condotta "al piede", resta, richiamo. Ho visto pochi mesi fa una lezione di educazione in cui un gruppo di cani giovani, legati al guinzaglio, venivano trascinati sul campo a strattonate nell'inutile tentativo di ottenere una perfetta obbedienza.
***Per me, l'apprendimento è un gioco e il gioco è lo specchio della relazione tra cane e proprietario.** L'apprendimento non serve per avere controllo sul cane, per chiedere o pretendere che il cane faccia qualcosa per noi, ma serve a dare al cane la possibilità di esprimere le proprie capacità e sviluppare competenze in quattro ambiti: fisico, mentale, emotivo e sociale.*
Dato che nell'apprendimento possiamo usare il gioco come rinforzo, vediamo prima quanto è bello, complesso e incredibilmente utile giocare insieme.

13 Il gioco

13.1 Tira-e-molla

Molti pensano che giocare a tira-e-molla possa aumentare la competizione e l'aggressività del cane e c'è chi addirittura lo sconsiglia. È sicuramente possibile che un cane durante il gioco si ecciti al punto da perdere il controllo, che si metta a ringhiare e che possa smettere di giocare e aumentare l'intensità fino allo scontro; io stessa sono stata aggredita più durante il gioco che durante qualunque altra interazione sociale.

Se un cane durante il gioco esprime aggressività o competizione reale, il gioco è solo la frattura attraverso la quale possiamo intravedere un conflitto latente. Nessun cane aggredisce un altro cane o una persona per un pezzo di plastica e non esiste giocattolo così ambito da giustificare un'aggressione. Chi sconsiglia il gioco di tira-e-molla non vede altro che la parte più "cattiva" della competizione e la interpreta in questo modo: io ho un giocattolo in mano, il cane ha lo stesso giocattolo tra i denti e tiriamo finché uno dei due vince; se perdo, il cane si convince di essere più forte di me, quindi, se proprio vogliamo fare questo gioco, dobbiamo vincere sempre.

Giusto? Sbagliato. Se questo è il nostro stile di gioco, quello che stiamo implicitamente dichiarando è che per noi la parte importante è vincere, conquistare il giocattolo, non stiamo giocando, stiamo lottando per la vittoria e quello che non riusciamo a vedere, ed è il cuore, bellissimo, di questo gioco, è che il divertimento sta nel **condividere** lo stesso giocattolo.

Quello che non riusciamo a vedere, ed è la parte bellissima di questo gioco, è che per divertirci dobbiamo prima condividere lo stesso giocattolo: devo lasciare che il cane prenda un gioco che è nelle mie mani (e questo è relativamente facile) e il cane deve accettare che io prenda un giocattolo che è tra i suoi denti o tra le sue zampe.

La parte divertente è proprio il tira-e-molla, il momento in cui stiamo condividendo il giocattolo; se riuscite a vederlo da questa prospettiva, diventa evidente che in questo gioco lasciare il giocattolo al cane non significa perdere qualcosa di valore ma, al contrario, far perdere al cane la parte più

Uno studio ha analizzato l'espressione dei proprietari durante il gioco. Anche voi sorridete e vi divertite quanto Monica e Possenzio?

divertente, quella in cui anche noi lo teniamo con le mani.

Il **corretto schema di gioco** quindi è:

prendere un giocattolo → lasciarlo afferrare al cane → giocare a tira-e-molla → lasciare la presa e dare il giocattolo al cane.

Se il cane vuole ricominciare a giocare deve tornare da noi e farci afferrare il giocattolo oppure deve lasciarlo a terra e darci la possibilità di recuperarlo e ricominciare.

Certo, nel tempo possiamo insegnare al cane a lasciare la presa mentre noi stiamo tenendo il giocattolo con le mani, interrompere brevemente il gioco e usare un segnale per ricominciare.

Questa parte del gioco non riguarda unicamente la capacità di controllare il cane, è anche un modo per sviluppare autocontrollo emotivo e comunicazione con il cane in un momento in cui è eccitato.

È molto importante, in questo gioco, fare attenzione alla salute del cane e alla nostra; il cane può subire tensioni e strappi pericolosi e di sicuro, se il cane è pesante, le nostre spalle e la nostra schiena possono soffrirne. Se è molto eccitato, inoltre, il cane può afferrare la nostra mano o altre parti del nostro corpo, travolgerci. Giocare a tira-e-molla con un cane sconosciuto può far emergere un conflitto latente e andrebbe fatto solo da persone che ne hanno la competenza.

I giochi da condividere

Che tipo di giocattoli usare per il tira-e-molla?

Le **trecce di stoffa** sono le più diffuse ed economiche e hanno il vantaggio di essere morbide, di lunghezza variabile e lavabili in lavatrice.

Il problema di questo tipo di giocattoli è che per il cane non c'è differenza tra afferrare la treccia lontano dalla nostra mano o risalire verso la mano. Se muoviamo la treccia velocemente, per il cane è istintivo afferrare dove il movimento è meno rapido; poiché questo punto si trova vicino alla nostra mano, è facile rischiare un colpo di denti, che può risultare parecchio doloroso anche se non provoca ferite.

Altri giocattoli hanno un punto di presa, che può essere una maniglia, e una parte che il cane può afferrare. La prima cosa da capire è se al cane piace quel tipo di materiale; a volte il cane cerca di afferrare la maniglia o la corda perché il giocattolo è troppo grande, duro o di un materiale sgradito.

Esistono giocattoli con pelle sintetica, o con pelle o pelliccia di animale, per innescare una risposta di predazione in cani che hanno un istinto più forte per la caccia. Wanda, una Bassotta Nana, ha cominciato a giocare solo quando le hanno proposto un giocattolo di pelliccia di coniglio. Sempre per innescare una risposta predatoria, esistono giocattoli che si possono aprire e imbottire con del cibo. Levante, Galgo salvato dalle *perreras* spagnole, non ha mai inseguito niente finché non mi è venuto in mente di provare con un *prey-dummy* imbottito di würstel.

Anche le palline possono essere condivise, se sono legate a una corda; in questo caso, è importante che il cane afferri la palla e non la corda, perché la corda può ferire la bocca.

Un gioco che piace molto ai cani è inseguire e catturare una "preda" che scappa. Per simulare la fuga dobbiamo tenere il giocattolo con una mano, e correre via. Attenzione a non venire travolti!

13.1.1 Competizione o predazione?

Nel gioco di tira-e-molla, gran parte dei proprietari sviluppa un unico stile di gioco: afferrano il giocattolo, lo tengono con una o due mani, nello spazio frontale, fanno afferrare al cane il giocattolo e muovono le mani in orizzontale o in verticale, testando la presa del cane, che deve letteralmente stringere i denti e rimanere in presa.

Questo modo di giocare è basato sulla competizione sociale, con il cane costretto a stare nello spazio frontale, molto vicino a noi e a sopportare le tensioni causate dalla forza delle nostre braccia. Qualcuno arriva a sollevare il cane da terra o a colpirlo sul fianco per aumentare la combattività del cane, un modo di giocare derivato dall'addestramento dei cani da utilità e difesa, nelle prove che testano le loro attitudini e la loro preparazione.

Questi cani, come i Pastori Tedeschi, i Pastori Belga, il Boxer, il Dobermann, lo Schnauzer, sono di taglia medio/grande, selezionati per sopportare lo stress e per essere competitivi e fortemente motivati nella presa. Non tutti i cani, neppure se di queste razze, amano un contatto sociale così intenso e competitivo.

È possibile giocare a tira-e-molla anche senza giocare a rugby in squadre avversarie. L'alternativa è quella di immaginare di essere semplicemente un meccanismo che rende vivo il giocattolo. Possiamo prendere la treccia di stoffa, legarla a una corda e muoverla come se fosse una preda che scappa e che quando viene catturata si divincola e cerca di fuggire di nuovo. Con alcuni cani è utile usare una corda piuttosto lunga, anche un paio di metri, in modo da rendere molto evidente l'assenza di competizione sociale.

Tra un gioco di pura competizione sociale e uno di pura predazione, esistono infinite sfumature intermedie. Possiamo provare a usare giocattoli diversi, legati a una corda o tenuti direttamente in mano, tenere il giocattolo vicino a noi, di fronte, di lato, correre con il giocattolo che pende dalle nostre mani come se fossimo una preda in fuga, correre insieme al cane mentre lo stiamo condividendo, possiamo farci tirare dal cane o usare due giocattoli.

In questi giochi è importante non solo guardare il cane, capire se si sta divertendo, se patisce

Ogni cane è diverso, e sta a noi esplorare e imparare a bilanciare il gioco nei diversi elementi. Il rischio è quello di cadere dentro a una routine, che soddisfa più il nostro bisogno di uno schema, che i criteri del divertimento. Rischio che non corrono certo Marilena e Jethro.

una eccessiva pressione sociale (il cane lo segnala spesso attraverso il ringhio) o se sta perdendo la capacità di controllarsi, ma guardare anche chi siamo noi nel gioco e quali sono le nostre reali motivazioni. Vogliamo condividere o vogliamo vincere? Ci stiamo divertendo o stiamo mettendo alla prova il nostro cane? Ho visto sessioni di gioco che sembravano esercitazioni di guerra.

13.1.2
Il «lascia»

Quando due cani giocano tira-e-molla, se uno dei due si immobilizza il gioco è finito e restare immobili dice all'altro cane: «Voglio il giocattolo, non sto più giocando»: è quello che io chiamo il "lascia sociale". Se mi immobilizzo e tengo le mani ferme in presa sul giocattolo, sto usando una comunicazione che riconosce e che ha come significato che io voglio il giocattolo ma questo non significa che il cane voglia lasciarmelo. Al contrario, i cani più competitivi possono aumentare l'intensità e tirare indietro con tutte le loro forze.

Il gioco si interrompe: Augusta blocca la presa, ma Wega tenta comunque di conquistare il giocattolo.

I cani veramente competitivi possono non riuscire proprio a lasciare e, in questo caso, può essere utile usare un secondo giocattolo: mollate la presa sul primo e concentrate la vostra attenzione su quello che avete voi. Ignorate il cane e ricominciate a giocare se sputa quello che ha conquistato.

Avere due spalle operate alla cuffia dei rotatori mi ha costretta a trovare alternative al restare immobile e a contare sulla mia determinazione. Il trucco è semplice e consiste nel fermarsi, tenete con una mano il giocattolo e con l'altra afferrare il collare del cane in basso (in alto rischiate di soffocarlo): in questo modo il cane non può usare il corpo per tirare. A questo punto, occorre restare immobili; se tiriamo il giocattolo verso di noi, infatti, rischiamo di innescare un'altra competizione. Restare immobili e passivi è come premere un interruttore che spegne tutto; non appena il cane scopre che non è divertente e che non può riprendersi il giocattolo, cercherà di spostarsi sul lato, inizierà a masticare e infine mollerà la presa. Anche se a questo punto la tentazione è quella di tirare via il giocattolo, è necessario restare ancora fermi, lasciare la presa sul collare, aspettare che il cane rilassi la muscolatura, chiedergli di fare qualcosa che gli avete insegnato o dare il segnale di inizio per un nuovo gioco. Alcuni cani capiscono molto in fretta che non è utile continuare a tirare se state usando questi segnali di fine gioco e a lasciare, altri no.

13.1.3
Le emozioni in gioco

Nel gioco del tira-e-molla la competizione è il carburante di questa attività: che sia gioco di mischia o una predazione simulata, il cane deve essere attivato da questo gioco. Cani molto sensibili, o che hanno avuto brutte esperienze, possono avere bisogno di incoraggiamento e di vincere il giocattolo e i cani che amano la competizione saranno felici di poter sfogare le energie fisiche in una attività così eccitante e impegnativa.

Il cane può essere così coinvolto da aumentare l'intensità delle proprie reazioni fino ad apparire fuori controllo e, in questo caso, il problema non è la relazione sociale. Spesso è la selezione per la caccia a prede pericolose a provocare un aumento

Quali sono i segnali a cui fare attenzione?

- il cane indurisce lo sguardo;
- il cane si irrigidisce e ringhia;
- il cane risale verso la mano e afferra il giocattolo verso la mano, scuotendo;
- il cane sembra incapace di sentirci e completamente focalizzato sulla presa;
- l'eccitazione aumenta e il cane non cambia atteggiamento se interrompiamo il gioco;
- il cane usa la bocca o il corpo contro di noi;
- il cane è ossessionato dal giocattolo;
- abbiamo paura che il cane ci faccia del male.

Anche per i cani giocare può diventare una questione terribilmente seria. Alla richiesta di lasciare il giocattolo, la reazione è un aumento della tensione emotiva, che trapela dalla rigidità dello sguardo e del corpo.

Regan, giovane Pit Bull, è allo stesso tempo incuriosita e preoccupata dalla presenza di una persona estranea. Lo sguardo è intenso e più teso rispetto a un approccio più amichevole.

Siamo sicuri che tutti i cani durante il gioco si divertono e basta? Nelle razze con una selezione alla presa, afferrare e tenere stretto un oggetto può avere più l'aspetto di una missione da compiere, che di un gioco.

della reattività, della confidenza, del coraggio, della combattività, della possessività e della determinazione ad affrontare la preda. Questo significa avere davanti un cane che si accende facilmente e che rischia di essere fuori controllo.
Quali cani hanno una subito questa selezione? Di sicuro i cani da caccia che entrano a contatto con prede pericolose, come i Terrier, i Terrier di tipo bull e i Pit Bull, razza nella quale la preda può essere un altro cane. Esiste anche una selezione convergente per i cani da difesa, come il Pastore Tedesco e il Pastore Belga Malinois.
Per questi cani, la preda non è un animale ma un finto «malvivente», protetto da una manica o da un costume imbottito. La reazione predatoria ha il vantaggio di sfruttare le caratteristiche che ho elencato prima evitando una risposta di aggressività sociale. In alcune razze in particolare, ma in generale in ogni cane, la competizione può far emergere elementi più marcati di aggressività sociale e in tutti i cani una reazione intensa ha come effetti collaterali lo stato di eccitazione, una maggiore reattività e uno stato di frustrazione se il cane non ottiene subito ciò che vuole.

Giocare e tenere un giocattolo tra i denti sono comportamenti che possono essere associati allo stress. Molti cani faticano di più a lasciare se sono stressati da qualcosa o da qualcuno. Annie rifiuta di lasciare la pallina, quando Lola gliela chiede.

Il Piccolo Levriero Italiano è un campione di *coursing*: gare in cui i levrieri inseguono uno zimbello trascinato da una corda su un percorso a zig-zag. La vista del giocattolo innesca una reazione di gioco o di predazione? Usare una corda così lunga per muovere il giocattolo può essere una bella strategia per aiutare un cane più insicuro e sensibile a giocare con noi.

Il gioco ha due target: il giocattolo, e il compagno umano o canino. Se vogliamo che la parte sociale sia rilevante, sta a noi dare importanza alla comunicazione e la condivisione, impegnarci per essere parte attiva del divertimento.

Predazione, eccitazione, frustrazione e aggressività sociale sono gli elementi da tenere sotto controllo. Possiamo riconoscere la diversa tendenza nel gioco già nel cucciolo ma è chiaro che l'esperienza e la relazione con il compagno di giochi avranno un grosso peso sullo stile di gioco e la capacità del cane di mantenere un contatto sociale.

Cosa fare se il nostro cane è troppo intenso nel gioco? La scelta peggiore è cercare di inibire il cane, punirlo, spaventarlo o usare forza fisica per imporsi. Primo passo per imparare a giocare meglio è legare il giocattolo a una corda e insegnare al cane a afferrare solo il giocattolo. Se afferra la corda, ci immobilizziamo e gli chiediamo di prendere il giocattolo e, non appena lo afferra, ricominciamo a giocare. Iniziamo a giocare con il cane a una certa distanza e, se il cane esagera, gli lasciamo il giocattolo e interrompiamo la sessione. Non dobbiamo volere a tutti i costi che torni da noi e giochi con noi, perché, se non riesce, non ha senso chiederglielo.

Per sviluppare nel cane la capacità di mantenere un buon controllo emotivo possiamo insegnare il lascia e lavorare in autocontrollo, usando dei comportamenti appresi per riportarlo a comunicare e ascoltarci. Se in questo gioco abbiamo paura che possa farci del male, meglio rivolgersi a un educatore che ci possa guidare in questo percorso.

13.2 La pallina

Il primo elemento che voglio mettere in risalto parlando del gioco con la pallina è che è pericoloso per la salute del cane; le pallina troppo piccole possono incastrarsi in gola e soffocare il cane, la pallina rimbalza in modo imprevedibile e il cane può saltare per afferrarla, facendosi male atterrando «a candela» sulle zampe posteriori o sforzando le articolazioni nel tentativo di afferrarla in corsa.
Alcuni cani non sono in grado di smettere di giocare e possono soffrire per un eccessivo aumento della temperatura del corpo. L'attività di inseguire e catturare una pallina, infine, attiva il cane emotivamente e fisicamente, ma non mentalmente.
Detto tutto questo, giocare con una pallina può essere divertente e può aiutare il cane a sfogare almeno in parte le proprie energie fisiche.
I cani fanno in media meno attività fisica di quanto dovrebbero; ad esempio, un cane di 1 anno in salute ha bisogno di muoversi, di esplorare, correre e giocare. Tutto questo può essere difficile in città e persino in aperta campagna, se il cane non ha nessuno con cui giocare. La passione per la pallina può aiutare noi a stancare il cane fisicamente in tempi relativamente brevi: tutto quello che ci serve è uno spazio sicuro e un po' di lavoro per costruire tutti gli elementi che servono in questi giochi.
Il gioco con la pallina nella prima fase è basato su una pura predazione simulata: il lancio è la fuga e l'inseguimento porta alla cattura. Da questo momento in poi, entra in gioco la capacità del cane di condividere, e riportare quindi indietro la palla, o l'abilità del cane nell'addestrare il proprio umano a lanciare di nuovo la pallina, e ricominciare quindi il ciclo fuga/cattura.
Alcuni cani inseguono la palla, la afferrano e se la tengono e, in questo caso, è utile averne due uguali. Lanciamo la prima al cane, gli facciamo i complimenti quando la cattura, smettiamo di guardare il cane e ci concentriamo sulla pallina che abbiamo noi. Dobbiamo ripetere un mantra: la mia palla è quella che ha un valore, la mia palla è quella che ha un valore; se volete che il cane torni per avere la seconda pallina, concentratevi su voi stessi e la vostra palla perché, se guardate il cane, lui capirà che state barando e quello che volete è la sua pallina.

Il Parson Russel Terrier è pronto a scattare. Quando Lenka ritarda il lancio, Tarísek la guarda negli occhi, dimostrando quanto è importante la comunicazione sociale anche nel gioco.

Altri cani inseguono la palla, la afferrano, tornano e non la lasciano, oppure la lasciano ma se la riprendono non appena proviamo a raccoglierla; in questi casi è utile scambiare la pallina con del cibo o aspettare che lascino cadere la palla prima di lanciare la seconda.

È anche possibile usare una palla legata a una corda e giocare a tira-e-molla, insegnando così al cane a riportare il giocattolo e condividerlo. Se vogliamo che il cane torni da noi senza conflitti, la regola più importante è essere felici che abbia preso la palla, perché dobbiamo imparare

Palline e palloni

Il mercato degli accessori per cani è incredibilmente ricco di giocattoli di ogni tipo e vale la pena provare con giocattoli diversi per forma, consistenza, utilizzo, tipo di materiale usato e dimensioni.

La palla deve essere abbastanza grande da essere afferrata e trattenuta in bocca dal nostro cane, senza rischiare che possa ingoiarla.

Alcuni cani gradiscono un materiale più morbido, da deformare e masticare in presa; per quanto riguarda la tendenza a rimbalzare, una palla che rimbalza in alto è più pericolosa se il cane ha la tendenza a saltare per afferrarla. Dobbiamo perciò allenarci a lanciare la pallina in modo che atterri lontano dal cane e non rimbalzi in alto vicino al cane (è più facile lanciare lontano una pallina leggermente più pesante e legata a una corda).

Per il cane il colore è del tutto indifferente perché se la perde la ritrova con il fiuto, mentre per noi un colore che si stacca dal fondo può voler dire riuscire a trovarla nell'erba; il giallo e il rosso, ad esempio, si notano di più sul verde e sul marrone di un prato.

Le palline da tennis non sono la scelta migliore perché il materiale di cui è fatto il rivestimento può limare i denti e la palla può rompersi a metà, rischiando di soffocare il cane.

Oltre alle palline, il cane può amare giocare con palloni, anche se raramente un pallone regge l'impatto con i denti di un cane.

Negli ultimi anni si è diffuso anche in Italia uno sport che prevede il lancio di dischi, che il cane afferra in volo; come per le palline, anche i dischi possono essere molto pericolosi per la salute del cane ed è fondamentale imparare prima a lanciare in modo sicuro. Cani di peso superiore ai 20/25 kg sono più a rischio nei salti ed è importante verificare il loro stato di salute prima di impegnarli in questa attività, facendoli visitare periodicamente da un veterinario esperto o da un osteopata.

Contendere significa far credere al cane che vogliamo davvero conquistare il possesso della palla, anche se alla fine sarà proprio il cane a vincere. Il Pumi Pepe si impegna al massimo nel tira e molla.

Se il nostro cane ama inseguire e catturare un giocattolo, può essere forte la tentazione di usare i dischi. Attenzione però a usare solo dischi adatti ai cani, più morbidi, e a rivolgerci a un esperto per imparare a lanciare ed evitare incidenti anche gravi. Chantal e Highlight si esibiscono in una routine di freestyle.

a giocare nella sua squadra e non come avversari. Se il cane prende la palla, vi guarda o viene verso di voi fategli i complimenti, evitate di pensare che volete la palla e lasciate che il cane sia felice di averla conquistata; a quel punto il cane comincerà a chiedervi di prenderla per ricominciare il gioco.
Gran parte dei cani riporta e lascia la palla al proprietario se è seduto perché, quando siamo seduti siamo passivi. Il cane cerca di attivarci e di farci giocare portandoci la palla e chiedendoci di prenderla e lanciarla; dal momento che noi non vogliamo la palla, non inneschiamo né competizione né conflitto.

13.3 Giochi solitari

Per i cani giocare è divertente, non il giocattolo in sé; per aumentare l'interesse verso il giocattolo, sono stati disegnati oggetti che possono contenere cibo, facendo in modo che il cane debba impegnarsi per ottenerlo. I giocattoli che contengono cibo possono però innescare la competizione tra cani che vivono insieme ed è quindi importante valutare i rischi prima di utilizzarli.
Nel progetto Ex-combattenti con i cani che vivevano soli nei box abbiamo usato dei giocattoli cavi, che venivano imbottiti con biscotti per cani e cibo umido, messi in congelatore alla sera e dati ai cani il giorno dopo.
In alternativa possiamo usare della carne secca (orecchie, trippa, tendini) o ossa del femore tagliate in modo da permettere al cane di estrarre il midollo senza rischi.
In generale, è meglio evitare prodotti che hanno subito trattamenti chimici per renderli di un colore e di una forma gradita ai nostri occhi.
Se viviamo con più di un cane, può essere utile lasciare giocattoli diversi a disposizione, che i cani possono usare per giocare insieme o come *coping* nei momenti di stress e di conflitto.
I cani che amano tenere qualcosa tra i denti possono usare una pallina come un «ciuccio», masticandola mentre sono sdraiati sulla cuccia o sul divano. Queste attività li aiutano a rilassarsi e, se non hanno a disposizione qualcosa su cui orientare questo comportamento orale, possono mordicchiarsi le zampe anteriori o i piedi. I cani che si leccano le zampe si riconoscono dal pelo reso rossiccio dalla saliva e, in certi casi, questo comportamento diventa così intenso da provocare lesioni cutanee. Anche il dolore fisico può causare comportamenti simili: Puma, ad esempio, si è strappata con i denti il pelo sulla schiena per le conseguenze di una caduta.

Sonny, uno dei Pit Bull del progetto Enpa "Ex combattenti" e un giocattolo imbottito di cibo per cani congelato. Ho introdotto questi giocattoli come forma di arricchimento ambientale, utile soprattutto con cani che devono essere gestiti in box singoli.

Il cibo viene nascosto non solo nei giocattoli, ma anche in attrezzi che si trovano in commercio o che possono essere costruiti in casa: i «**giochi di attivazione mentale**». Per risolvere questi rompicapo, il cane deve usare i denti e le zampe e, soprattutto, le proprie capacità cognitive per scoprire come raggiungere un boccone. Si inizia da giochi semplici e si aumenta gradatamente la complessità: se il grado di difficoltà non è superiore alle loro capacità e se sono motivati dal cibo per i cani si rivela un'attività divertente,

Il problema è piuttosto la tendenza di alcuni cani di sfruttare queste nuove abilità per aprire porte, cancelli, cassetti e sportelli, per raggiungere quello che vogliono. Alla fine, quello che stanno imparando è la capacità di manipolare oggetti per ottenere qualcosa di gradito e questa capacità è più sviluppata in certi individui, come il Cane Lupo Cecoslovacco.

Durante una valutazione, ero dentro a un campo da calcetto e fuori dal cancello c'erano i due proprietari con il loro Cane Lupo Cecoslovacco, maschio. Apro il cancello e vedo che mi sta osservando; entrano, parliamo e, non appena riesce a raggiungere il cancello, il Cane Lupo si alza sulle zampe, afferra con i denti il chiavistello, apre il

Giochi pericolosi

Il gioco è un potente anti-stress per i cani che vengono lasciati da soli per ore, che non vengono considerati o che non hanno una vita ricca e felice; con il gioco, possono cercare di provare sollievo attraverso attività di predazione o di caccia.

Tra i casi più incredibili che ho incontrato, ricordo un Pastore Belga nero che inseguiva gli uccelli. All'inizio, quando la proprietaria si è rivolta a me per un aiuto, ho pensato che fosse strano che venisse vissuto come un problema, perché molti cani accennano un inseguimento salvo rinunciare quando il volatile è irraggiungibile. Quando ho incontrato la Groenandel, in un parco cittadino a Torino, l'ho osservata molto attentamente e ho notato che, mentre io e la sua proprietaria parlavamo, lei fissava il cielo e, non appena sopra di noi passava uno stormo di piccioni, lanciava un urlo e tentava di inseguirli.

Mentre ero impegnata con il progetto Ex-combattenti, ci avvertono che al gruppo iniziale di cani si aggiungerà un Pit Bull sequestrato durante un combattimento all'estero e portato in Italia da un benefattore. Un giorno Pasha è arrivato, e con lui sei mattoni; anni di deprivazione e di abusi, legato a una corta catena, avevano portato quel cane sull'orlo della pazzia e, non avendo altro da fare, Pasha aveva iniziato a "giocare" con i sassi, afferrandoli e masticandoli come fossero palline. I sei mattoni servivano a spostarlo e ad attirare la sua attenzione, come un'esca.

Anche cani che in apparenza hanno una vita del tutto normale possono riservare sorprese se solo ci fermiamo a osservarli. Alcuni cani trattano i propri simili come giocattoli e in genere si tratta di cani che amano inseguire e che spingono in ogni modo gli altri cani a correre. Se il vostro cane gioca sempre nel ruolo dell'inseguitore qualcosa non va, soprattutto se tende a pinzare la parte posteriore dell'inseguito, a travolgere o a insistere fino a scatenare una reazione difensiva in chi subisce le sue attenzioni.

Kim, giovane Boxer, tiene stretto tra le zampe il suo tesssoro.

cancello e tenta la fuga. I proprietari, che non avevano certo una espressione felice, mi hanno poi raccontato della difficoltà di evitare fughe e furti in casa.

13.4 Giochi di naso

Molti anni fa ho partecipato a un seminario sulle attività olfattive e il primo giorno era dedicato alla ricerca nel bosco: una persona trascinava a terra un'aletta di pollo legata con uno spago, si nascondeva e il cane doveva usare il naso per trovare il figurante e il cibo. Tornata a casa, ho deciso di inserire questa esperienza nel mio lavoro. Non si tratta della formazione di cani per la ricerca di dispersi, ma di una attività ludica che può coinvolgere qualunque cane e qualunque proprietario.
Tutto quello che serve è un'area accessibile in auto e sicura, un amico, alette di pollo, cibo o giocattoli, uno spago e un guinzaglio di tre metri, se non ce la sentiamo di lasciare il cane libero.
La regola, per me, è che il cane non debba mai cercare il proprietario, perché la ricerca è una esperienza che cane e proprietario vivono insieme e non una motivazione vissuta come ansia di essere stato abbandonato o di aver perso contatto con il gruppo famigliare. L'aspetto straordinario è che in questo contesto è il cane che sa dove andare, che ci guida verso il successo.
La seconda regola è che dobbiate sempre seguire il cane: anche se sapete dove si è nascosto il figurante, se pensate che il cane si sia perso, dovete comunque seguirlo.
È interessante iniziare una ricerca senza sapere dove è nascosto il nostro amico, e affidarsi davvero al cane per trovarlo.

13.5 Nascondi e cerca

Il gioco "Nascondi e cerca" si basa su un principio molto semplice: i cani non sono solo bravi a cercare con il naso qualcosa che è invisibile agli occhi, ma adorano farlo! Nella versione più semplice possiamo nascondere qualcosa che al nostro cane piace molto (cibo, giocattoli) e possiamo giocare in giardino, in uno spazio sicuro e anche in casa.
Per aiutare il cane a capire cosa fare, le prime volte possiamo farci vedere mentre nascondiamo il tesoro, oppure chiamarlo e avvicinarci insieme al nascondiglio. In questa fase, se il cane sta cercando, possiamo associare questa attività a un segnale come: «Cerca!». Dobbiamo usare un tono di voce che inciti il cane, che lo incoraggi e lo motivi.
In una fase successiva possiamo prima nascondere qualcosa senza farci vedere e quindi chiedere al cane di cercare.
La versione più avanzata del gioco prevede la ricerca di un oggetto o di un odore, qualcosa che non piace al cane come il cibo o i suoi giocattoli: tutto sta a fargli capire che quell'oggetto, o quell'odore, sono associati a qualcosa che gli piace.
Gli elementi importanti sono due:

- l'associazione tra l'oggetto/l'odore e una conseguenza positiva (rinforzo = cibo o gioco);
- la scelta di un comportamento naturale o appreso di segnalazione.

Quando nascondiamo cibo o giocattoli, il comportamento di segnalazione non serve perché, quando li trova, il cane mangerà il cibo o prenderà il giocattolo per giocare. Se il cane sta cercando un oggetto o un odore, il comportamento di segnalazione ci dice che li ha trovati.
La segnalazione può sembrare un elemento meno importante della ricerca, ma è ciò che ci dice che il cane ha trovato quello che stava cercando, anche se noi non siamo in grado di vederlo o di percepirlo; inoltre, ci dà il tempo di avvicinarci al cane e di dargli qualcosa di gradito in cambio del suo impegno, e per confermare il suo successo.
I cani possono segnalare in modo naturale, toccando con il naso, usando le zampe per raspare (se quello che hanno trovato è chiuso in un contenitore) o abbaiando. Tra i comportamenti di segnalazione appresi i più comuni sono sedersi o restare immobile con il naso puntato nella direzione del ritrovamento.

esercizio 9 Una ricerca nel bosco

La prima volta che il cane vive questa esperienza, il problema non è insegnargli a cercare con il fiuto, perché lo sa fare benissimo anche senza ricevere istruzioni da noi, ma insegnargli cosa cercare. Per questo motivo le prime ricerche avvengono con il figurante che si allontana a vista. Il procedimento è il seguente:

- legate un'aletta di pollo con uno spago. Se non volete usarla come premio quando il cane trova la persona nascosta, date al figurante del cibo gustoso. Si può usare anche un giocattolo come premio, se il cane non ha problemi a giocare con un'altra persona;
- chiedete al vostro amico di prendere l'aletta, il cibo e un suo oggetto personale;
- scegliete un bosco o uno spazio in campagna in cui ci siano dei nascondigli naturali;
- il figurante deve attirare l'attenzione del cane verso l'aletta, muovendola a terra (senza fargliela afferrare!);
- non appena il cane guarda l'aletta, il figurante si gira, dopo alcuni passi posa a terra l'oggetto personale e continua a camminare trascinando l'aletta dietro di sé;
- quando il figurante si è allontanato di 15-20 passi, nascondetevi dietro all'auto, in modo da non far vedere al cane il percorso seguito dal figurante;
- il figurante deve sollevare l'aletta da terra dopo 15-20 passi e continuare a camminare per circa 40-50 metri, fare una svolta a destra o sinistra, proseguire per circa 20 metri e nascondersi;
- non appena il figurante è nascosto, camminate con il cane verso l'oggetto personale, slegate il cane o iniziate a seguirlo. Non cercate di indurre il cane a andare nella direzione corretta;
- il figurante non può fare rumore, o il cane userà orecchie e occhi invece del naso;
- non appena il cane vede il figurante (anche a distanza), il nostro amico deve comportarsi normalmente, parlare al cane e fargli i complimenti;
- quando il cane è vicino al figurante, ottiene il cibo.

Se il cane sembra non capire cosa fare, o si perde, possiamo provare a tornare al punto di partenza, all'oggetto individuale e, se non riesce a riprendere la ricerca, camminiamo fino al figurante, facciamogli comunque molti complimenti, come se lo avesse trovato, e ripartiamo da quel punto per una ricerca più corta e semplice con lo stesso procedimento. Con alcuni cani può essere utile trascinare il pollo per tutta la traccia o lasciare dei bocconi lungo la traccia.

L'obiettivo però è che il cane segua la traccia della persona e non del cibo, il cui odore, in questa fase iniziale, aumenta la motivazione del cane nella ricerca. Alcuni cani perdono la traccia quando arrivano nel punto in cui l'aletta di pollo viene sollevata da terra: stavano seguendo l'odore del cibo e improvvisamente non c'è più.

Tornare indietro permette al cane di associare l'odore della persona a quello del cibo e di riprendere la ricerca usando l'odore della persona come riferimento; per insegnare al cane a seguire l'odore della persona servono poche esperienze di ricerca.

Il passaggio successivo è quello di non far vedere al cane il figurante in allontanamento; il cane verrà accompagnato fino all'oggetto personale (che dice al cane chi cercare) e l'odore del pollo gli ricorderà che cosa state facendo. Quando il cane è sicuro in questa fase, si può passare a toccare il terreno con il pollo solo vicino all'oggetto personale, fino a togliere del tutto l'odore di cibo dalla traccia. Se vi appassionate alla ricerca, e il cane diventa sempre più esperto, potete aumentare la distanza, la complessità del percorso o l'invecchiamento della traccia.

In questo tipo di ricerca, il cane sta imparando a cercare una persona specifica, quella che ha l'odore dell'oggetto lasciato a terra e lo fa scegliendo la modalità che preferisce: alcuni cani seguono la traccia odorosa lasciata a terra dal figurante in movimento, altri alzano il naso e usano il vento per risalire alla sorgente di odore del figurante nascosto, la maggior parte usa tutte e due le strategie in modo da ottimizzare la ricerca.

Il compito del proprietario non è solo seguire il cane, ma imparare a osservare e capire i comportamenti del proprio cane durante la ricerca. Sta cercando la pista o la sta seguendo? Ha perso la traccia? Le prime volte, per aiutarci, possiamo metterci d'accordo sul percorso seguito dal figurante e usare questa informazione non per guidare il

Se abbiamo un buon contatto con il nostro cane, e siamo in un luogo sicuro, possiamo lasciare il cane libero. In alternativa possiamo usare un guinzaglio lungo circa 5 metri. Se il cane è motivato nella ricerca, come questo golden, sarà impossibile stargli dietro!

cane, ma per capire cosa sta facendo. Più il cane è libero di esprimersi, più questa esperienza avrà un valore positivo e formativo.

Ho insegnato a centinaia di cani e di persone questo gioco fantastico e ho visto cercare una persona nascosta cani entusiasti di ogni età e razza.

esercizio 10 Giochiamo a Pollicino

Cosa fare se non abbiamo un amico disponibile a nascondersi e a farsi trovare dal nostro cane? L'alternativa può essere una ricerca su traccia, in cui il cane impara a seguire delle orme. L'orma è l'impronta del nostro piede, è facile vederla sulla sabbia, nella neve o su un prato con l'erba bassa e morbida, che si piega sotto il peso del nostro corpo.

Questo stile di ricerca nasce come allenamento dei cani poliziotti e come test di valutazione dei cani da difesa: il cane viene posizionato davanti al punto di partenza, identificato da un paletto, e inizia a seguire la traccia, fiutando orma per orma.

Viene dato un particolare valore alla capacità del cane di rimanere sempre concentrato nella ricerca e la precisione con cui segue la traccia e la difficoltà del compito dipende da molti fattori, come la copertura vegetale, la lunghezza della traccia, l'invecchiamento, i cambi di direzione, il tipo e i cambi di terreno, l'umidità del terreno, la temperatura e il vento.

Il vantaggio in questa attività è che il cane può seguire la traccia restando legato a un guinzaglio di alcuni metri e possiamo utilizzare un prato o un campo per allenarci, cercando di trovare dei terreni incolti o comunque di non infastidire il legittimo proprietario del fondo. Tutto quello che ci serve sono due oggetti visibili (coppette colorate, bottigliette d'acqua), molti bocconi gustosi, delle dimensioni circa di un'unghia, un guinzaglio di un paio di metri, un prato.

esercizio 11 Orma su orma

La regola generale quando vogliamo insegnare al nostro cane un nuovo esercizio è fare qualcosa di semplice. In questo caso, la nostra prima traccia sarà dritta, lunga circa 20-30 metri e tracciata su un prato con erba bassa. Il cibo da usare deve essere gustoso e scuro, come del cuore bollito e tagliato a pezzetti. Occorre fare attenzione a vespe e formiche in estate e in autunno, perché vengono attirate dal cibo e possono infastidire o pungere il cane quando si avvicina per mangiare.

- Lasciamo il cane in auto, spostiamoci alcuni metri dalla strada, e posiamo a terra il nostro oggetto di riferimento. Per tradizione, la pista si inizia a tracciare posando l'oggetto di partenza a sinistra.
- Iniziamo a camminare, cercando di mantenere una traiettoria diritta. Il trucco è definire una direzione usando un riferimento a distanza, e mantenere quella traiettoria fissado un obiettivo a circa due metri da noi.
- Dobbiamo posare un bocconcino in ogni orma. Se l'erba è corta, possiamo posare il boccone davanti a noi e quindi calpestarlo per formare l'orma; se l'erba è più alta, possiamo posare il piede, spostarlo leggermente e posare il boccone, per evitare che si conficchi troppo in profondità nel prato.
- Continuiamo a camminare dritto e posare un boccone in ogni orma, posando i piedi sulla stessa linea, e facendo passi corti. Dopo circa 40-50 passi, posiamo il secondo oggetto e una manciata di bocconi.
- Allontaniamoci dalla traccia prima di tornare all'auto.
- Aspettiamo circa 15 minuti, quindi facciamo scendere il nostro cane dall'auto e leghiamolo con il guinzaglio al collare o alla pettorina.
- Avviciniamoci all'oggetto di partenza e fermiamoci a circa un metro e mezzo dalla traccia.
- Guardiamo in direzione della traccia e, se il cane conosce il segnale, incitiamolo a cercare.
- Raggiungiamo l'oggetto di partenza, cercando di rimanere concentrati sulla traccia, fermiamoci quando il cane raggiunge l'oggetto e lasciamolo avanzare non appena abbassa la testa e inizia a cercare e mangiare i bocconi.
- Immaginiamo che il cane sia dentro un canale, la traccia: i due argini sono il moschettone, e la nostra mano.
- Se il cane tende a allontanarsi dalla traccia, rimaniamo fermi senza seguirlo.
- Se alza la testa e smette di cercare, rimaniamo fermi. Possiamo aiutarlo a ricominciare mostrandogli il boccone e incitandolo gentilmente a cercare i successivi.
- Se cerca di tornare indietro, rimaniamo fermi.
- Se ha la testa bassa e sta cercando i bocconi, dobbiamo seguirlo senza alcuna tensione sul guinzaglio.
- Se il cane salta dei bocconi ma continua a cercare in traccia, seguiamolo. Sta imparando a seguire una traccia, non a mangiare cibo!
- Quando arriviamo alla fine, facciamogli mangiare il mucchio di bocconi finale, facciamogli tanti complimenti e allontaniamoci.

Le attività di fiuto possono aiutare il cane a stare meglio, ed essere una parte rilevante di un percorso di riabilitazione. Il Bulldog Americano Possenzio alla sua prima esperienza di fiuto su traccia.

I passaggi successivi comprendono tracce più lunghe, curve e angoli e la progressiva riduzione del numero di bocconi sulla traccia. Alcuni cani non sono motivati dai bocconi ma possono essere attirati e seguire l'odore di un pezzo di carne trascinato a terra, mentre altri preferiscono l'odore della traccia al cibo! Per questi cani, il cibo in traccia può addirittura essere un fastidio, perché l'odore più forte dei bocconi rende più difficile rimanere concentrati sull'odore più debole dell'orma.

In alternativa ai bocconi, alcuni insegnano al cane a segnalare la presenza di un oggetto sulla traccia e usano gli oggetti come obiettivi da raggiungere e punti di rinforzo.

Questa attività è molto faticosa per il cane, richiede molta energia fisica e mentale e dovrebbe essere fatta in orari in cui non fa caldo, rispettando sempre la motivazione del cane, le sue capacità naturali e quelle sviluppate con l'allenamento.

esercizio 12 Nascondi e cerca

In tutti gli esercizi la regola generale è di aumentare gradatamente la difficoltà e di iniziare con qualcosa di semplice; possiamo fare qualcosa di più difficile solo quando il cane è sicuro e ha successo in una fase precedente.

- Prepariamo dei bocconi o prendiamo uno dei giocattoli preferiti dal nostro cane.
- Nascondiamo i bocconi/il giocattolo in casa o in giardino mentre il cane non ci vede
- Chiamiamo il cane e usiamo la voce e lo sguardo per attirare la sua attenzione verso l'ambiente.
- Avviciniamoci al punto in cui abbiamo nascosto cibo o giocattolo, come se fossimo noi a cercarli.
- Non appena il cane trova i bocconi o il giocattolo, facciamogli molti complimenti e giochiamo insieme.
- Quando il cane ha capito il gioco, nascondiamo il cibo o il giocattolo, chiamiamo il cane e diamo il segnale: «Cerca!», lasciandolo libero di muoversi e cercare.
- Iniziamo con ricerche a pochi metri di distanza da noi, usando nascondigli facili da trovare e aumentiamo gradatamente la difficoltà.
- Oltre a aumentare la distanza e la difficoltà del nascondiglio, possiamo creare più punti di ricerca, nascondere il cibo in diversi luoghi e proseguire più a lungo la ricerca.
- Se il cane non capisce, o non riesce a trovare niente, avviciniamoci al punto in cui abbiamo nascosto cibo o giocattoli (questo significa ricordarsi dove li abbiamo nascosti!).

"Vieni, guarda cosa ho trovato!". Invece di usare il richiamo per togliere al nostro cane qualcosa di gradito, possiamo usarlo per richiamarlo verso qualcosa di gradito!

esercizio 13 Un barattolo e della cannella

I cani possono imparare a cercare qualunque tipo di odore; sono stati addestrati a cercare e segnalare fughe di gas nei gasdotti, tracce e animali selvatici di specie a rischio di estinzione, sostanze stupefacenti, soldi, tartufi, componenti usate nella preparazione di esplosivi, cellule tumorali. I cani da ricerca fanno affidamento unicamente sull'olfatto. Se per noi una banconota ha una forma, un colore, una certa consistenza, per un cane è odore di carta e inchiostro. Ma come spiegare al cane quale odore cercare? Il trucco è associare l'odore "target" con qualcosa che al cane piace tanto, un rinforzo. Il cane deve capire che se cerca e trova quell'odore ottiene in cambio qualcosa che gli piace. La tecnica che vi spiego non è l'unica e ha come vantaggio di essere semplice da applicare. Ricordate: è solo un gioco!

- Prendete una stecca di cannella e mettetela in un contenitore non troppo ampio e profondo (l'ideale è un barattolo per il sale e il pepe, apribile e con dei buchi sul coperchio) e mettete nello stesso barattolo un boccone di cibo gustoso.
- Mostrate il barattolo al cane, che sentirà l'odore del cibo e avvicinerà il naso per raggiungere il boccone. Fategli i complimenti, aprite il coperchio e dategli il boccone.
- Ripetete l'operazione alcune volte.
- Mettete solo la stecca di cannella nel barattolo, non fatelo annusare al cane e, mentre il cane vi guarda, posate il barattolo poco lontano dal cane. Se il cane va verso il barattolo e avvicina il naso al barattolo, fategli i complimenti e dategli del cibo in premio.
- Chiedete a qualcuno di tenere il cane (o legatelo o chiedetegli di restare fermo), fate finta di nascondere il barattolo in tre punti diversi, quindi tornate dal cane e chiedetegli di cercare. Non appena trova, fategli i complimenti e dategli cibo. Se non trova il barattolo, andate voi verso il punto corretto, come se foste voi a cercarlo. Se proprio non lo trova, "trovatelo" voi e fatevi un sacco di complimenti per quanto siete stati bravi (non sto scherzando, funziona davvero!).
- Se volete aggiungere alla ricerca un comportamento di segnalazione, riprendete il contenitore, la cannella e il cibo, tenete il contenitore davanti al cane, finché non usa un comportamento per convincervi a aprire il coperchio: toccare con il naso, toccare con la zampa, sedersi, abbaiare.. Non appena esibisce un comportamento che può funzionare per la segnalazione, aprite il coperchio facendogli i complimenti e dategli il cibo.
- Quando il cane esibisce il comportamento di segnalazione in modo consistente, tornate a nascondere il barattolo (senza cibo, solo con la cannella) e aspettate che il cane esibisca il comportamento di segnalazione prima di dargli il cibo o giocare insieme.

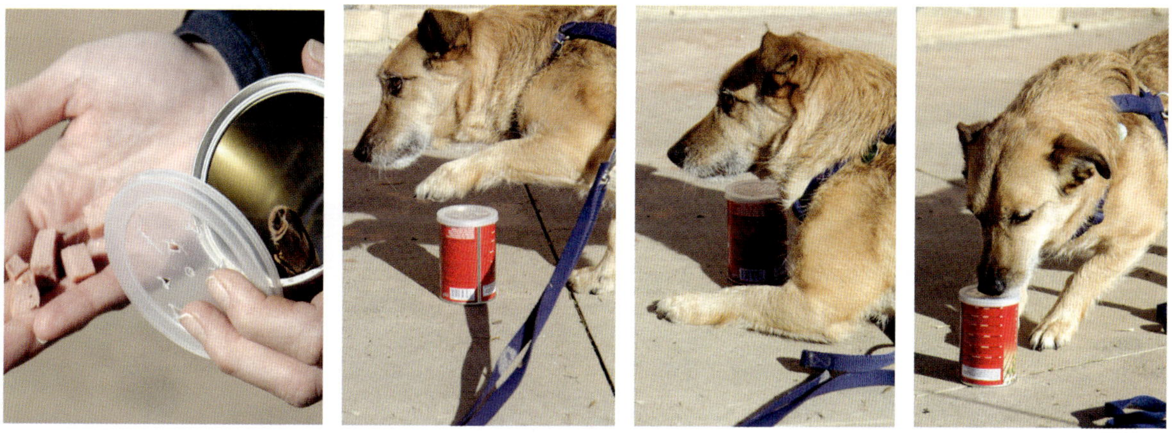

Un barattolo con il coperchio bucato, un pezzo di cannella, dei bocconi. Siamo pronti. Il cane identifica l'odore, e prova tre comportamenti di segnalazione, l'inchino, l'uso della zampa e appoggiare il naso sul barattolo. Sta a noi decidere quale sarà il comportamento di segnalazione che viene fissato.

14 L'apprendimento

Se foste entrati in un centro cinofilo vent'anni fa, vi avrebbero proposto un corso di educazione basato su una versione semplificata dell'obbedienza sportiva: dieci lezioni per insegnare al cane a sedersi, sdraiarsi, camminare al piede, restare fermo e tornare al richiamo. L'idea è che attraverso questi cinque comandi di base sia possibile risolvere qualunque problema di gestione e avere controllo sul cane.

Ricordo molto bene i tempi in cui i cani venivano impiccati con il collare e spinti con una mano per il seduto, i tempi in cui si metteva un piede sul moschettone del guinzaglio e si forzava il cane a terra, si usava un guinzaglione di 10 metri per costringere il cane a tornare (o gli si lanciava contro qualcosa) e le condotte erano un'infinita serie di cambi di direzione e di strattonate.

Tutto questo dovrebbe appartenere a un lontano passato; invece, ancora oggi c'è chi propone l'educazione in questi termini e riduce l'apprendimento a un mero strumento di controllo.

L'avvento dei **metodi gentili** deve essere stata una bella rivoluzione per i cani. Il primo tentativo di non usare coercizione ha portato all'uso di cibo per influenzare il comportamento del cane nella direzione gradita: tornare al richiamo, camminare al guinzaglio, salire in auto, farsi spazzolare. Non è strano che chi, ancora oggi, è focalizzato sul controllo guardi con disapprovazione chi cerca di convincere un cane a sedersi usando del cibo, perché sono mondi inconciliabili. A che serve insegnare al cane a sedersi, se poi può ottenere il comportamento solo se ne ha voglia? O solo se gli diamo cibo? Non è forse vero che un cane deve imparare a adattarsi a noi, a comportarsi bene, e obbedire?

Il problema non è cosa vogliamo noi o come otteniamo dal cane quello che vogliamo. Se vogliamo capire cos'è l'apprendimento, dobbiamo accettare di cambiare completamente prospettiva. Tendiamo a considerare l'apprendimento come un elemento utile alla nostra convivenza con il cane. Il cane può imparare comportamenti e esercizi utili nella gestione quotidiana e nella preparazione del cane per compiti specifici. La capacità di imparare, di modificare e adattare il proprio comportamento sulla base di informazioni ricevute dall'ambiente e da altri individui, è però prima di tutto uno strumento di sopravvivenza.

Cosa vuol dire per il cane, apprendimento?

Immaginate di essere un cucciolo di due mesi, circondato dai fratelli, dalla mamma, da un ambiente familiare, odori, rumori, oggetti, spazi. Degli alieni vi rapiscono e vi portano in un luogo sconosciuto, uno spazio in cui non avete riferimenti, non avete abitudini, tra gente di cui non conoscete il linguaggio.

Il vostro primo obiettivo è capire a chi legarvi, chi vi aiuterà a sopravvivere?

Il secondo è esplorare pezzi di questo nuovo mondo, quelli che non vi fanno troppa paura. Giorno dopo giorno, la convivenza porta nuove esperienze e nuove informazioni. Alcune sono positive, come la voce delle persone che abitano la casa, le

Se il cucciolo fa pipì in casa, dobbiamo decidere che informazione dare e come darla; c'è chi sgrida il cucciolo, chi lo ignora e pulisce quando il cucciolo non sta guardando, chi prende il cucciolo e lo sposta su una traversina facendogli i complimenti. C'è chi porta fuori il cucciolo e gli fa i complimenti quando fa pipì, chi associa una parola al fare la pipì, chi da un boccone al cucciolo quando fa la pipì fuori o sulla traversina.
Qual è la strategia giusta?

coccole, il gioco insieme, la pappa, l'odore di quel posto sconosciuto che diventa sempre più familiare. Altre sono negative. Qualcuno si arrabbia se giocate con un gioco bellissimo, se mordicchiate le mani, se vi scappa la pipì. Camminare al guinzaglio è difficile!

Il cucciolo ci guarda per avere da noi informazioni utili per adattare il proprio comportamento al mondo in cui si muove e ogni esperienza, ogni giorno, costruisce la base di conoscenze che gli permette di capire cosa fare per stare bene e cosa non fare per evitare di stare male. I cani imparano a prescindere dal nostro desiderio di convincerli, o di costringerli, e lo fanno in ogni istante della loro vita. In questo percorso l'apprendimento non è insegnare al cane quello che piace a noi, ma come noi diamo quelle informazioni e come il cane è in grado di recepirle e di usarle.

L'apprendimento è la costruzione di una storia comune, di un linguaggio comune e di una conoscenza reciproca. Gran parte di questo percorso del cane è legato a informazioni date in modo non strutturato, non organizzato e programmato, basato su una comunicazione spontanea e sulla pura convivenza.

14.1 Il «Metodo Gentile»

Nel 1998 ho scritto la *Guida all'educazione gentile del cane*, il primo libro italiano dedicato all'educazione del cane senza coercizione. La guida era rivolta ai proprietari e comprendeva alcuni esercizi in cui si spiegava come usare il boccone in mano per convincere il cane a sedersi, sdraiarsi. Chi oggi accusa il metodo gentile di essere basato sull'indurre il cane a seguire un boccone probabilmente fa anche riferimento a quel manuale.

Il concetto rilevante però non è l'uso del cibo, bensì l'«essere gentile». L'idea originale era il rifiuto dell'uso della forza fisica, della pressione emotiva e sociale, dell'intimidazione, la violenza, la fame e la deprivazione.

La gentilezza implica una concreta volontà di non superare mai il limite che ci porta a violare il cane come individuo, nei suoi bisogni, nei suoi sentimenti, nelle sue relazioni.

Trovo incredibile che chi dichiara di voler divulgare le capacità cognitive del cane e costruire un legame tra uomini e cani non prenda una netta posizione contro la coercizione. Il metodo gentile riguarda proprio la scelta consapevole e coerente di

Prima di pretendere che il cane sia un allievo attento e pronto a seguire le nostre richieste, dovremmo chiederci quali siano le nostre capacità come insegnanti. I cani possono essere la nostra guida in un percorso di continua crescita e conoscenza.

non usare coercizione. Fatta questa scelta, il contenuto dei principi, dei metodi, delle tecniche, degli elementi chiave della relazione rimane determinato da un approccio di tipo scientifico.
Non esiste una realtà assoluta a cui fare riferimento e la nostra crescita personale e culturale dipende dall'onestà con cui affrontiamo noi stessi e la nostra conoscenza del mondo; in un approccio scientifico, ogni esperienza può servire a costruire conoscenza se osservata, analizzata, trasformata in elementi utili.
Nella relazione con i cani sono loro i nostri migliori maestri e non c'è giorno che io non impari da loro qualcosa di nuovo: non ho alcun metodo, se non quello scientifico, nel cercare di conoscere, di capire, e di fare meglio.

14.2 Apprendimento spontaneo

L'apprendimento spontaneo si verifica attraverso le esperienze quotidiane ed è un processo che permette al cane di formare associazioni, ricordare eventi, fare previsioni. Se compriamo della carne secca e la posiamo in un cassetto, dopo un paio di giorni lo troveremo davanti a quel cassetto, che fissa alternativamente noi e il cassetto. Il messaggio è chiaro: «So che lì dentro c'è del cibo gustoso, me ne dai un pezzo?». Non abbiamo bisogno di insegnargli che in quel cassetto c'è cibo o che gliene daremo un pezzetto dopo cena, è sufficiente l'esperienza per portarlo a sedersi lì davanti e guardarci speranzoso.
I cani sono incredibilmente attenti a tutto ciò che li circonda, sono curiosi e pronti ad esplorare il loro mondo se solo vengono lasciati liberi di esprimersi. A volte i proprietari sono troppo impegnati a ottenere controllo, a inibire e reprimere, per apprezzare fino in fondo le capacità comunicative e cognitive del proprio cane.

14.2.1 Le abitudini

Le abitudini sono comportamenti che vengono acquisiti attraverso la ripetizione regolare, sono acquisite più velocemente se associate

I cani usano diversi comportamenti per avere attenzione o qualcosa di gradito. Brick appoggia le zampe sulla mia gamba e mi guarda per ottenere un pezzetto di carne bollita. Non è "mendicare cibo", è comunicare.

Le abitudini possono diventare delle vere e proprie gabbie mentali. I cani che hanno vissuto mesi o anni chiusi in un trasportino possono entrarci di propria iniziativa anche se sono liberi di scegliere di restarne fuori; i cani che hanno dovuto adattarsi alla vita del box possono faticare a imparare di nuovo a sporcare sull'erba e lontano dalla cuccia, dopo aver dovuto sporcare su cemento e nel box per anni.
Nei cani di canile l'ora della pappa scatena un generale stato di eccitazione. Per i cani che sono costretti a restare chiusi dentro a un box e che vivono quindi una condizione di deprivazione di libertà, spazio, contatti sociali e stimolazioni mentali, il momento della pappa può essere l'unico davvero felice durante tutta la giornata, fino ad assumere un valore superiore a quello reale. Dopo anni in canile, per un cane che viene adottato ogni cosa bella che gli viene data avrà un enorme valore, e all'inizio può essere in difficoltà nel separarsene. Può essere la persona a cui si è legato, un giocattolo, la cuccia.

ad aspettative positive e diventano tanto più forti quanto più a lungo il cane si esercita in quello schema.
Se ci svegliamo ogni mattina alle sette e portiamo fuori il nostro cane, alle sette di ogni mattina il nostro cane sarà pronto a uscire; i cani hanno un ottimo orologio biologico, e imparano molto in fretta una certa routine. Il vantaggio è quello di poter regolare aspettative, come le uscite o i pasti, fissando degli orari e mantenendoli costanti nel tempo; lo svantaggio è che molto probabilmente il nostro cane si aspetterà di uscire alle sette anche la domenica e quando siamo in vacanza.
I cani acquisiscono molto facilmente abitudini e la perdita di un elemento di routine può causare un certo grado di ansia, perché **le abitudini danno sicurezza e allo stesso tempo creano aspettative**. Alcuni cani tendono a essere rassicurati dalla prevedibilità degli eventi e sopportano male le novità e i cambiamenti; per questo motivo, quando c'è un bimbo in arrivo, si consiglia di introdurre alcuni cambiamenti dai mesi prima dell'arrivo del neonato.

14.2.2 Emozioni e motivazioni

Durante una passeggiata nel bosco i miei cani attivano i sensori da cacciatori; dai cespugli sbuca un incauto felino, che subito si arrampica su un albero, mettendosi in salvo. Per settimane, ogni volta che passiamo vicino a quell'albero, riparte la corsa e sono tutti naso all'insù, proprio dove l'hanno visto l'ultima volta. Un unico episodio ha portato a fissare nella memoria un albero specifico tra migliaia di alberi del bosco; quello non è un albero come tanti, è «l'albero dove si è arrampicato il gatto».
Le emozioni cambiano la percezione di un evento e aumentano l'attenzione verso certe informazioni; la memoria di quelle informazioni diventa una forte motivazione a cambiare il proprio comportamento in futuro.
Per qualche strano processo culturale, siamo portati a credere che siano le emozioni negative a influenzare maggiormente il comportamento del cane e, quando sgridiamo il nostro cane, ci giustifichiamo dicendo che la sgridata gli insegnerà cosa non deve fare. Sgridarlo ci fa sentire in controllo (siamo più forti, siamo in grado di inibirlo), ci permette di esprimere il nostro stato emotivo, di

Il Lagotto Romagnolo Artù dimostra tolleranza verso un cane estraneo e riceve attenzioni positive da Francesca e Ioan. Far capire al cane che abbiamo capito e apprezzato la sua scelta è un bel modo per creare motivazione e per condividere.

Devo mettere le gocce a Puma, per un'otite; tenta di scappare ma siamo chiuse in casa e mi minaccia. Tengo il flacone in bella vista e le parlo: «No, non mi puoi impedire di metterti le gocce, lo farò comunque, che tu lo voglia o no». Avvicino piano la bottiglietta all'orecchio, Puma è rigida, pronta a fuggire, la tocco sulla spalla e avvicino con calma il contenitore all'orecchio. Verso alcune gocce, massaggio, le faccio un sacco di complimenti e andiamo fuori a fare una passeggiata. Sono stati i complimenti e la passeggiata a convincerla che le gocce non sono poi così male.
Se mi fossi arrabbiata, avrebbe avuto due problemi: le gocce e me e io non voglio essere un problema per i miei cani, bensì la soluzione dei loro problemi.

sfogarci, ma lascia il cane in totale balia delle nostre insicurezze, frustrazioni, rabbia.
In quel momento il cane sa che stiamo provando rabbia e sa di esserne la causa, o comunque la vittima; a volte però non capisce perché siamo arrabbiati, perché è un cane e si comporta come tale e sono proprio i comportamenti da cane a farci arrabbiare. Se la nostra rabbia è incomprensibile, il cane svilupperà ansia e insicurezza nella relazione con noi e somatizzerà una relazione insicura con alcuni atteggiamenti: minaccia, possessività verso le risorse, tendenza a rifugiarsi sotto i mobili, distruggere, sporcare in casa, bere eccessivamente, leccare i pavimenti, cura eccessiva del corpo.
Posto che può essere legittimo, in alcuni specifici contesti, esprimere emozioni negative anche con il proprio cane, invece di usare l'aggressività e la minaccia come motivazione per cambiare il comportamento del cane proviamo a sfruttare le emozioni in senso positivo, a dare emozioni positive a quello che è davvero importante nella relazione con il nostro cane.

14.2.3 La nostra voce

Non è sempre possibile portare il cane fuori a fare una passeggiata o offrirgli qualcosa di davvero gradito ogni volta che vogliamo influenzare il suo comportamento attraverso una informazione positiva; l'unica cosa che possiamo sempre offrirgli siamo noi stessi.
La nostra voce è uno strumento di incredibile forza se si tratta di trasmettere emozioni (negative o positive); in qualunque momento possiamo dire al nostro cane che è stato bravo, che siamo

La nostra voce trasmette informazioni sul nostro stato emotivo, sulle nostre motivazioni e la nostra relazione con il cane. È uno strumento incredibilmente potente nella comunicazione con il cane. Carla guarda e parla a Rover, in un momento di relax.

orgogliosi di come si sta comportando e che lo apprezziamo e gli diamo un valore.
Se due cani si minacciano attraverso una recinzione, e uno dei due marca con l'urina, io gli faccio i complimenti, e non perché voglio insegnargli a marcare con l'urina; in questo caso, i complimenti riguardano la capacità di staccarsi da una reazione unicamente visiva (una reazione puramente emotiva), il passare da una postura frontale a una laterale, e un atteggiamento di maggiore comunicazione e pro-sociale. Sto dicendo al cane che riconosco il suo tentativo di uscire dallo scontro, di usare la comunicazione invece della pura minaccia e gli sto dicendo che lo apprezzo e che non è da solo, che sono lì per aiutarlo.
Bisogna imparare ad **usare le emozioni positive per incentivare aspetti della comunicazione**, della relazione, la confidenza, il senso di sicurezza, la scelta di usare un *coping*, la condivisione, la collaborazione.

14.3 Apprendimento con rinforzi

Il senso dell'apprendimento basato sull'uso di rinforzi è quello di sviluppare e valorizzare le capacità cognitive e le doti personali di un cane. Purtroppo sono pochi i cani a cui viene data la possibilità di dimostrare cosa sanno fare; per la maggior parte dei proprietari l'apprendimento serve a insegnare al cane a sedersi, a restare fermo, sdraiarsi su una coperta o entrare in un trasportino.
L'apprendimento può essere uno straordinario mondo in cui cani e persone imparano un linguaggio comune, si scoprono e si conoscono, collaborano e si divertono. L'apprendimento può essere una meravigliosa avventura, un'esperienza eccitante, divertente e di successo. Quale forma avrà l'apprendimento, per il nostro cane, lo decidiamo noi.

Non è affatto necessario guidare il cane con il cibo, per ottenere una certa reazione. In questo caso è la mano, usata come target, a dare al cane l'informazione di passare sotto la gamba.

14.3.1 Cosa vogliamo insegnare?

Proviamo a mettere da parte per un momento tutti i comportamenti di controllo. Cosa possiamo insegnare a un cane? I cani sono allievi straordinari, imparano con entusiasmo qualunque comportamento, gioco, abilità, se solo gliene diamo l'opportunità. Se vogliamo diventare insegnanti, il primo passo è decidere che cosa insegnare.

I cani non imparano concetti, come il sedersi o il restare seduti, ma comportamenti e contesti.

Il **comportamento** è il movimento dello scheletro e dei muscoli, il cambiamento nella percezione del proprio corpo o dello spazio; se il nostro cane è in piedi, per sedersi può spostare in avanti i piedi posteriori e abbassare la parte posteriore del corpo oppure può arretrare con le zampe anteriori, e abbassare il posteriore. Prima di essere una postura, o un comportamento che piace a noi, sedersi è un movimento.

Il **contesto** è tutto quello che è associato al comportamento: la presenza di cibo nella mano, il movimento della mano, la distanza del cane da noi, dal cibo, lo spazio in cui si svolge l'azione, la presenza di oggetti. Il modo migliore per capire cosa vogliamo insegnare è descrivere in modo preciso che movimento o quale azione dovrà esibire il cane.; possiamo anche provare a simulare il comportamento, in modo da capire meglio come dovrà muoversi. Consideriamo il camminare all'indietro e chiediamoci quali sono gli elementi di questo comportamento. Il primo, che ci crediate o no, è che il cane sia in piedi; tutti si concentrano sul movimento, ma il punto di partenza è semplicemente il cane fermo in piedi, davanti a noi. Il secondo elemento è un movimento all'indietro di un piede posteriore, uno qualsiasi, l'importante è che sia posteriore. Se dite al cane che è bravo e gli date un boccone quando muove un piede anteriore indietro, rischiate che si sieda; se invece muove un piede posteriore, siete sicuri che otterrete dei passi all'indietro.

Ecco un elenco di alcuni comportamenti che possiamo insegnare.

Facile

- Camminare all'indietro
- Dare la zampa

"Parcheggiarsi" tra i nostri piedi è un esercizio semplice, ma richiede comunque un certo grado di confidenza nell'uso del nostro spazio personale.

- Sedersi
- Sdraiarsi a terra dall'in piedi
- Sdraiarsi a terra dal seduto
- «Orsetto»
- Giro su se stesso
- Slalom tra le nostre gambe
- Girare intorno a un oggetto
- Incrociare le zampe anteriori quando è sdraiato
- «Parcheggio» tra i nostri piedi
- Saltare una barriera
- Mettere i piedi anteriori dentro a un cesto
- Fare il morto
- Toccare un oggetto con il naso
- Fare l'inchino
- Saltare dentro alle braccia chiuse a anello.

Medio

- Abbaiare
- Posare un giocattolo dentro a un cesto
- Spingere una palla con il muso
- Invio verso un target a distanza

- Rotola
- Passare sotto una sedia
- Strisciare
- Giro di 360° intorno a un oggetto.

Difficile

- Tenere un oggetto tra i denti
- Riporto di oggetti differenti
- Condotta al piede

Possenzio impegnato nel gioco "fai cadere la bottiglietta con il naso". La parte difficile è ignorare le bottigliette a terra, e concentrarsi su quelle ancora in piedi. Toccare una bottiglietta con il naso è un semplice comportamento, riconoscere le bottiglie a terra da quelle in piedi è più simile a un concetto.

Il cane si concentra sul comportamento fino al momento in cui subentra l'aspettativa del rinforzo: in questo caso, non appena la testa emerge da sotto la sedia, gli occhi cercano l'ambito boccone in premio.

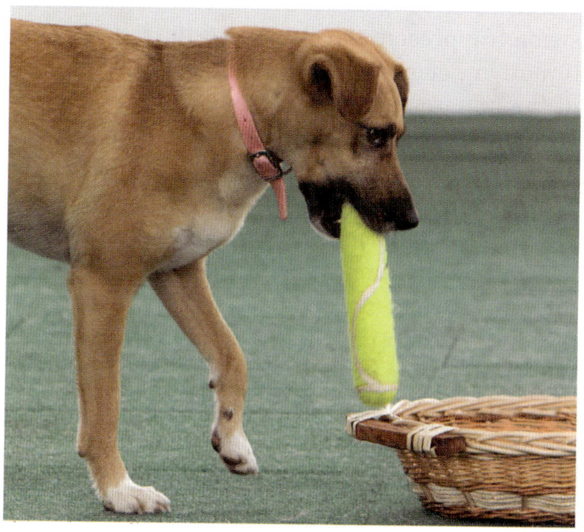

L'apprendimento permette di sviluppare e valorizzare le capacità cognitive di qualunque cane. Emma sta imparando a posare un oggetto dentro a un cesto. Un compito facile per noi, che richiede invece molto impegno da parte dell'allievo canino.

Kes, Australian Kelpie, ha imparato a generalizzare la tenuta su oggetti differenti.
Questo è un peluche a forma di dinosauro.

Un cucciolo può cominciare le prime esperienze di apprendimento. Le sessioni però devono essere brevi, e le richieste ridotte. La cucciola segue la mano con il boccone, nelle prime sessioni di condotta al piede.

Ginger, Rottweiler, ha imparato ad afferrare un anello di gomma e a infilarlo su un supporto.

- Infilare degli anelli su un supporto
- Fermarsi durante la chiamata
- Cambio di posture (seduto, terra, in piedi)
- Invio alla cieca
- Combinazione di più elementi in catena o sequenza.

14.3.2 Come lo vogliamo insegnare?

Se la regola è «in modo **positivo**», allora è vietato costringere, forzare, sgridare, vietato rendere l'esperienza negativa e sgradevole.
Esistono due modi per convincere un cane a fare qualcosa.

1. Il primo viene spontaneo a tutti, ed è quello di **indurre il comportamento**, facendo qualcosa che spinga il cane ad esibirlo. Abbiamo il cane davanti a noi, possiamo muoverci contro il cane per farlo muovere all'indietro, possiamo tenere del cibo in mano e muovere la mano verso il suo naso, spingendolo indietro: non appena fa un passo indietro, apriamo la mano e gli diamo il boccone.
2. L'altro modo consiste nel **dare informazioni**. Dare informazioni efficaci, che aiutino il cane a capire qual è il comportamento che funziona, non è affatto facile ma è qualcosa che possiamo imparare. Anche se l'idea di poter indurre un comportamento senza fare troppa fatica ci attira, di base l'apprendimento si basa sulle informazioni.

L'apprendimento è l'arte di trasformare comportamenti privi di valore per il cane in comportamenti speciali che gli permettono di ottenere qualcosa di gradito. Il cibo, o giocare insieme, rappresentano l'obiettivo da raggiungere, il motivo per impegnarsi e hanno anche l'effetto di tamponare lo stress causato dall'iniziale insicurezza, dalla frustrazione causata dagli errori e dalle incomprensioni.
È importante dare al cane informazioni logiche, perché dipende da queste per capire cosa fare: se le nostre informazioni sono logiche, lo capirà.
Se vogliamo che faccia dei passi indietro e gli diamo cibo quando muove le zampe anteriori indietro, a noi sembra logico, mentre al cane potrà sembrare logico sedersi. Per molti cani muovere le zampe anteriori indietro è il movimento con cui si siedono e sedersi può aver già funzionato in passato per avere cibo.
La logica si basa sulla comprensibilità delle informazioni che gli diamo ed esula da quello che noi vogliamo.
Dobbiamo rimanere concentrati sul comportamento del cane e dare l'informazione nel momento

L'apprendimento, nella sua fase iniziale, è un problema che il cane deve risolvere: «C'è qualcosa che mi piace tanto, cosa posso fare per ottenerla?».
Abbiamo del cibo in mano e il cane lo vuole, quindi prova a usare la bocca e le zampe per prenderlo. Provare a prenderlo, però, non funziona e nemmeno provare a chiederlo guardandoci negli occhi, mugolando o abbaiandoci contro; a questo punto il cane può rinunciare o provare con dei comportamenti che in passato hanno funzionato, magari sedendosi, perché capita che qualcuno gli dia dei bocconi quando si siede. Fino a questo punto, il cane non ha mai pensato di chiederci qual è il comportamento che funziona e noi non abbiamo mai pensato che esista un modo per comunicarlo.
Abbiamo il cibo in mano, la mano ferma davanti al muso del cane; non dobbiamo muovere la mano se prova a prendere il cibo, non dobbiamo sgridarlo se ci mordicchia la mano o usa le unghie della zampa per provare a aprirla. Ci limitiamo ad aspettare e , non appena muove un piede posteriore indietro, diciamo: «Yes!» e gli diamo un boccone. Le informazioni che il cane riceve sono due: «Yes» e il cibo. Delle due, quella realmente efficace per cambiare il suo comportamento, è il cibo. Diciamo «Yes» (o «Sì», «Ok», o qualunque altra parola breve e positiva), perché vogliamo che il cane capisca che noi conosciamo la soluzione al suo problema.
Siamo noi a decidere qual è il comportamento che funziona, e siamo noi che gli diamo l'informazione utile per capire e sceglierlo.
Dobbiamo decidere qual è il comportamento che vogliamo insegnare prima di iniziare perché improvvisare, senza avere le idee chiare o avere capito la meccanica del movimento, non funziona.

migliore per aiutare il cane a capire cosa fare. Io visualizzo due contenitori:

- comportamento appreso;
- rinforzo.

Il comportamento appreso è la fase in cui il cane si impegna ad esibire dei comportamenti per ottenere in cambio il cibo o il gioco. In quel momento, noi dobbiamo essere completamente concentrati sul comportamento che vogliamo ottenere. È come avere quell'immagine stampata dentro al nostro cervello e pensare solo a quello. Non appena il cane esibisce il comportamento, allora entriamo nel secondo contenitore: il rinforzo. In quel

In questa sessione di *shaping*, il comportamento finale è avere le due zampe anteriori dentro la cassetta. Si inizia con i movimenti della testa verso la cassetta, per rendere il cane consapevole della presenza dell'oggetto. Si prosegue con i movimenti di una zampa verso la cassetta e quando il primo piede viene posato dentro con sicurezza, si procede con il secondo, iniziando a rinforzare il semplice spostamento del peso sulla zampa che è già dentro la cassetta.

momento possiamo pensare a dire al cane che è stato bravo, che ha avuto successo e dargli cibo o giocare insieme.

14.3.3 Cos'è un rinforzo positivo?

«Ho del cibo o un giocattolo, e sono pronto a darteli. In cambio mi devi ascoltare, e usare le informazioni che ti do per capire qual è il comportamento che funziona». È come giocare una scheda gratta e vinci, sperando di guadagnare il premio. Solo che qui non è la fortuna a determinare la vincita, ma l'ascolto, la collaborazione e il provare a seguire le istruzioni.

Il cibo, o il gioco, sono chiamati rinforzi, un termine scientifico spesso tradotto con «premio». Sono però due cose molto diverse, ed è importante capire il perché: il premio è qualcosa che noi diamo al cane per dirgli che ha fatto qualcosa che ci piace (il cane entra in cucina, si siede, noi gli diamo un boccone per dirgli che ci piacciono i cani seduti); il valore del rinforzo invece non è nell'immediato, sul comportamento a cui viene associato, ma è nel futuro, in come cambierà il comportamento del cane grazie a quel boccone e a quella informazione.

Il cane entra in cucina, si siede, gli diamo un boccone, prende il boccone e se ne va a cuccia a gustarselo. **Premio.**

Il cane entra in cucina, si siede, gli diamo un boccone, lo mangia, si avvicina di nuovo a noi e si siede di nuovo, per averne un altro. **Rinforzo.**

Il rinforzo è qualcosa di positivo che aumenta la probabilità che l'animale ripeta lo stesso comportamento: funziona = lo ripeto.

Apprendimento è dare informazioni logiche e comprensibili e dare al cane il tempo di acquisirle, salvo verificare cosa ha davvero imparato. Quicky si avvicina a Chantal e usa la posizione della mano destra come segnale per girare intorno.

I rinforzi si misurano quindi nel potere di cambiare il comportamento del cane nel futuro e questa valutazione avviene quindi sempre e solo dopo aver dato il rinforzo al cane.
Il gioco dell'apprendimento consiste nel dare informazioni e andare a vedere come queste informazioni cambiano il comportamento successivo.

14.4
6 Procedimenti

In quanti modi diversi possiamo insegnare al cane a scegliere un certo comportamento e proporlo per avere in cambio qualcosa che gli piace? Questi sono i sei procedimenti più semplici da utilizzare.

14.4.1
Lo stimolo

In questo procedimento tutto quello che dobbiamo fare è capire come muovere la mano con il cibo, per ottenere dal cane un certo movimento, o dove posizionare cibo o giocattolo, per ottenere dal cane una certa azione. È il procedimento più intuitivo, però purtroppo è anche quello meno efficace nel produrre apprendimento. Se abbiamo un boccone in mano e muoviamo la mano per far girare il cane intorno a un oggetto, tutta l'attenzione del cane sarà sulla nostra mano, non sul proprio movimento e neppure sull'oggetto.
È anche un procedimento che pone una condizione riguardo al contesto: funziona girare intorno a un oggetto solo se tu hai cibo in mano e muovi la mano davanti al mio naso. Si può ottenere che il cane capisca più facilmente cosa fare se ha esperienze di apprendimento con altri procedimenti, o con un numero molto alto di ripetizioni.
Il vantaggio di questo procedimento è che è molto utile per insegnare movimenti, anche molto precisi.

14.4.2.
L'effetto «Wow!»

Con l'effetto «Wow!» vogliamo associare un certo comportamento, che interessa o piace a noi, con una reazione emotiva molto positiva. L'idea è quella di dare un'unica informazione che possa fare la differenza nel creare una motivazione verso quel comportamento, sfruttando un effetto sorpresa,

La Border Collie Shark impara a girare intorno a una sedia seguendo il movimento della mano e il profumo di un boccone.

con il cane che riceve non un boccone, o dieci, ma una intera manciata di bocconi tutti insieme. Non è il tipo di strategia che si trova descritto nei libri di psicologia animale, è più il risultato di una esperienza in campo.
Quando usiamo il cibo (o il gioco) come rinforzo le tendenze sono due: delegare tutto al cibo o, al contrario, essere tirchi nel rinforzare; anche se può sembrare strano, spesso le due attitudini si manifestano insieme. Delegare al cibo significa pensare che il nostro compito sia quello di dare un boccone in cambio dello sforzo fatto dal cane per capirci e collaborare con noi; se noi diamo un boccone in cambio del suo impegno, il cane misurerà quanto ci guadagna in termini di bocconi.
Se vogliamo aggiungere qualcosa di positivo all'esperienza dovremmo sorridere, ridere, parlare, essere entusiasti, giocare, dare più cibo e darlo in modo divertente.
L'effetto «Wow!» non riguarda solo la quantità di cibo ma anche quanto siamo disposti a metterci in gioco e a rendere quell'esperienza davvero divertente e eccitante.
C'è un momento per essere concentrati, seri, determinati e c'è un momento per essere folli, allegri, divertenti. Il momento della follia è quello che segue l'esecuzione del comportamento appreso e precede o partecipa al rinforzo.

14.4.3 Catturare

Il *clicker* è una scatoletta di plastica con una linguetta di metallo che, quando viene premuta, emette un suono secco, *click-clack*. La comparsa di questo strumento ha modificato profondamente la cinofilia, introducendo i principi scientifici dell'apprendimento e concetti come il marker, il rinforzo positivo, il tasso di rinforzo, il tempismo.
Il suono del *clicker* è una informazione e aiuta il cane a capire qual è il comportamento che funziona. Il cane deve capire che il *click* è associato a un comportamento e precede il rinforzo. Poter dare una informazione molto precisa, rapida e specifica ha permesso di poter ridurre tutti gli aiuti per indurre un certo comportamento nel cane; invece di far seguire al cane la mano con il boccone, o immaginare come usare cibo e giocattoli per ottenere un certo comportamento, era finalmente possibile restare fermi e fare *click* quando il cane proponeva un comportamento utile al risultato finale.
Nell'uso del *clicker*, l'insegnante è passivo, mentre il cane, l'allievo, è attivo.
Per molti questo stile di lavoro implica l'aspettare che il cane faccia qualcosa di «cliccabile»: l'attesa di un comportamento o dei comportamenti da cliccare viene definito «catturare». È come stare seduti sulla riva del mare, con una canna da

Il comportamento è infilare la testa dentro al collare. Il procedimento è catturare il comportamento utile e gradito, e fissarlo con il cibo. Il labrador cerca il contatto visivo, e non appena gira la testa verso il collare, click e boccone.

pesca, e tirare fuori dall'acqua i pesciolini/comportamenti. Gran parte delle persone che usa un *clicker* cattura e non c'è niente di male nel farlo se il cane ama proporre, se il comportamento è macroscopico e il risultato è quindi facilmente intuibile. In queste condizioni, non è neppure necessario usare il *clicker*, basta dire «Ok!» o «Yes!» quando il cane indovina il comportamento corretto.

14.4.4
Lo *shaping*

Lo *shaping*, o modellaggio, è un procedimento che richiede velocità di ragionamento, di scelta e di comunicazione. Nello *shaping* il risultato finale non si ottiene aspettando che il cane proponga dei comportamenti, ma creando i comportamenti utili attraverso una serie di informazioni date con il *clicker* e i bocconi.

Immaginate di voler insegnare al cane a toccare un cono con il naso; se catturate, farete *click* se il cane gira la testa, se si avvicina al cono, se fa un passo verso il cono, se allunga il naso verso il cono. Catturate ogni comportamento che vi sembra utile. Nello *shaping* non si aspetta che il cane proponga il comportamento gradito, ma si ottiene il comportamento gradito dando al cane informazioni logiche e sulla strada del risultato finale, si producono i comportamenti con le informazioni date al cane.

Se sto modellando il comportamento del cane sul cono, in genere seguo due linee logiche: girare la testa verso il cono e abbassare la testa. Il cono è spesso più in basso degli occhi del cane e se voglio che il cane lo veda, devo fargli abbassare la testa. Inizio quindi a fare *click* quando il cane gira la testa nella direzione del cono e a fare *click* se abbassa la testa verso terra e vado avanti con le due informazioni eliminando gradatamente tutte quelle inutili.

C'è un momento in cui il cane mette insieme le due informazioni: gira la testa, io non clicco, prova a abbassarla, clicco. Il primo obiettivo è mettere il naso del cane nella linea del cono, perché è il modo migliore per rendere chiaro al cane che quel cono ha a che fare con il cibo. Quando il naso del cane è nella linea del cono, inizio a cliccare quando il naso si avvicina al cono.

Nello *shaping* il cane ottiene informazioni dal click e dal cibo, così come dall'assenza di *click* e di cibo; il patto è che il cane possa fidarsi delle informazioni e che possa credere a ogni *click*. Molto spesso, cani che non hanno esperienza di apprendimento o hanno vissuto negativamente questa esperienza, crollano emotivamente al primo fallimento, rinunciano e danno segnali di stress.

L'apprendimento sviluppa la comunicazione, la collaborazione, l'ascolto, la fiducia in se stessi e negli altri, un atteggiamento di autocontrollo emotivo e di confidenza. Lo *shaping* richiede competenze professionali, per non fare danni e, se volete impararlo, dovete rivolgervi a un istruttore che ne abbia le capacità, e che possa mostrarvi dal vivo cosa fare.

I cani non hanno idea di quale sia il risultato che noi vogliamo ottenere; molti dicono di voler «finire bene», per non deludere il cane e molto di quello che viene prodotto con l'apprendimento serve a far stare bene noi, non i cani, perché spesso siamo noi ad aver bisogno di sentirci sicuri, bravi e di successo.

Possiamo spezzare il risultato finale in più sessioni. Il cane ha successo se noi diamo informazioni utili, se ci divertiamo, se non crolliamo noi alla prima difficoltà. Lo *shaping* richiede un notevole impegno mentale ed emotivo per il cane e deve essere quindi riservato a cani che hanno almeno 7 mesi di età e non deve essere svolto più di una volta al mese (in linea generale).

La prima sessione di apprendimento di una nuova

> Le mie sessioni più lunghe sono state con due Golden Retriever, Napoleone e Gilda e sono durate un'ora. Durante la maggior parte della sessione i due cani hanno provato a convincermi che era troppo difficile e che avrebbero gradito un aiuto. Ogni volta mi chiedo se il cane è in grado fisicamente, mentalmente ed emotivamente di farlo e, se la risposta è no, interrompo o non inizio.
> Nel loro caso, era sì dal punto di vista fisico e mentale; la loro era solo una difficoltà di tipo emotivo. Ho lasciato a loro la scelta se interrompere o no la sessione o riprovarci e in tutti e due i casi, alla fine hanno deciso che potevano farcela e ce l'hanno fatta. Aumentare il senso di sicurezza del cane, ma potremmo anche chiamarla autostima, non vuol dire rendere le cose più facili quando il cane è in difficoltà. Al contrario, se la nostra scelta dei criteri è corretta, si tratta solo di dare al cane il tempo di scegliere di rinunciare, scegliere di riprovarci e scoprire che ce la può fare.

Lo *shaping* in genere richiede un limitato impegno fisico, ma un enorme impegno mentale, soprattutto nelle prime esperienze con questo procedimento. Toccare un cono con il naso può sembrarci facile, ma dobbiamo ricordare che per il cane quel cono non ha alcun valore. Il primo passo è rendere rilevante il cono. Il cane impara a girare la testa verso il cono, e abbassare il naso verso terra. Il primo successo è ottenere che il cane guardi il cono. A questo punto, i due comportamenti vengono uniti per ottenere che il cane abbassi il naso verso il cono. Basta cliccare quando il cane avvicina il naso al cono, e il gioco è fatto.

Kandji sta sviluppando consapevolezza del proprio corpo, e sta imparando a imparare. Mettere le zampe su un cuscino propriocettivo è un bel gioco per ottenere la pallina.

abilità richiede molto più impegno mentale e può essere più stressante delle successive, perché il cane deve percorrere per la prima volta una strada sconosciuta, mentre nelle sessioni successive percorre una strada conosciuta. Cani con esperienza possono risolvere una nuova sfida in pochi *click* e, in quel caso, si interrompe la sessione.

Una buona sessione di *shaping* è una esperienza di vita, ma richiede competenze. I comportamenti imparati con questo procedimento tendono a essere molto resistenti, il cane li ricorda a lungo e spesso li propone per ottenere qualcosa di gradito. Questo perché il cane impara passo a passo tutto il percorso che porta alla meta.

14.4.5 Il *targeting*

Quando si parla di *target*, in genere ci si riferisce a un cane che tocca qualcosa con il naso o con le zampe. Per me la definizione di *target* è più estesa: l'associazione tra un oggetto e un comportamento appreso.

Gli elementi del *targeting* sono due: l'oggetto e il comportamento del cane associato a quell'oggetto. L'associazione tra target e comportamento può essere insegnata usando uno dei procedimenti elencati. L'aspetto interessante dei target è che possono diventare un procedimento ed essere usati per ottenere e insegnare altri comportamenti.

Giocare con una palla è diverso da imparare a spingere una palla con il muso o con le spalle. Brick è impegnata in una sessione di *Treibball*.

Alcuni esempi di target

- Riportello di legno → tenere tra i denti
- Ostacolo → salto
- Tunnel → correre dentro
- Tappetino → metterci sopra i piedi anteriori
- Cono → andata e ritorno girando intorno al cono (in senso orario o antiorario)
- Hula hoop (sospeso) → saltare attraverso
- Hula hoop (posato a terra) → entrare nello spazio dell'hula con i 4 piedi
- Palla → spingere la palla con il naso

Il segreto sta nell'eliminare il target il prima possibile e iniziare a rinforzare il nuovo comportamento, introducendo molto presto un nuovo segnale.

14.4.6 Trasferire un comportamento appreso

Insegnare un comportamento e associarlo a un rinforzo è un processo che riguarda la comunicazione e la nostra capacità di far capire al cane qual è il comportamento che funziona. I cani non sono nella nostra testa, non sanno cosa vogliamo e sta quindi a noi rendere chiaro, comprensibile e logico quello che stiamo comunicando. Questa capacità di vedere l'apprendimento con gli occhi del cane è ancora più difficile da esercitare quando pensiamo che il cane abbia imparato quel comportamento e che lo sappia fare. Questo perché la nostra mente ragiona in termini di concetti, mentre i cani ragionano in termini di comportamenti e di contesti.

Se insegnate a un cane a girare intorno a una sedia e gli chiedete di girare intorno a un albero, potrebbe non capire cosa volete, perché per un cane girare intorno a una sedia non è uguale a girare intorno a un albero. Se insegnate al cane a girare intorno alla sedia da un metro di distanza, e chiedete al cane di girare intorno alla sedia partendo da cinque metri di distanza, il cane potrebbe non essere in grado di farlo. Potreste dover insegnare al cane a girare da un metro e mezzo, da due metri, da due metri e mezzo, da tre metri.

Più impariamo a rendere esplicito ogni elemento e più impariamo a vedere il risultato finale come una parete da scalare, abbassando la difficoltà a dei gradini di altezza adeguata alle capacità del nostro cane, migliori saremo come insegnanti.

Il bello dell'apprendimento è che ogni elemento può essere misurato, modificato, inserito o eliminato in qualunque momento, è un contesto molto controllabile e, per certi versi, anche molto semplice.

Io amo dare informazioni e lasciare che sia il cane a usarle ed è per questo che, in questo procedimento, chiedo alcune volte il comportamento nel contesto in cui è stato acquisito. Immaginiamo di aver insegnato al cane a mettere le zampe anteriori sopra una scatola di legno: posiamo la scatola e, non appena il cane ci mette le zampe, gli facciamo i complimenti e gli diamo un boccone. Ripetiamo. Togliamo la scatola e mettiamo una sedia nello stesso punto. Cosa farà il cane? Salirà con le zampe anteriori sulla sedia? Trovo interessante osservare come il cane registra la nuova informazione e come usa quelle avute in precedenza per risolvere il problema. Se il cane tenta di mettere le zampe, possiamo fargli i complimenti e dargli cibo anche solo per averci provato. Se il cane non capisce, possiamo togliere la sedia e rimettere il cubo di legno per aiutarlo a capire che è ancora quello il comportamento che funziona.

Nell'apprendimento tutte le informazioni devono essere esplicite. Un cane può capire più velocemente le informazioni, se ha esperienze precedenti simili, nel risultato o nel procedimento.

In quanti modi possiamo insegnare al cane a camminare all'indietro?

Stimolo. Muoverci verso il cane; tenere la mano con il cibo davanti al suo naso, spingendola delicatamente verso il cane; sederci su una sedia e buttare i bocconi sotto la sedia; buttare i bocconi tra i nostri piedi; costruire un canale con delle sedie, far avanzare il cane fino all'estremità e aspettare che per uscire si muova all'indietro; costruire un canale con le sedie tenendo davanti al cane cibo o gioco e muovendoci verso il cane.

Effetto «Wow!». Tenere la mano con il cibo ferma davanti al naso del cane e, se fa anche un solo passo indietro, aprire la mano e dare al cane tutti i bocconi.

Catturare. Sfruttare la naturale tendenza del cane a muoversi all'indietro in certi spazi della casa (es. un corridoio stretto) e associarla a complimenti e cibo; tenere la mano con il cibo davanti al naso del cane e, se il cane in frustrazione fa dei passi indietro, complimenti e cibo.

***Shaping*.** Tenere cibo e *clicker* in mano, rinforzare il cane fermo in piedi davanti a noi; rinforzare per un minimo spostamento di un piede posteriore all'indietro; rinforzare per uno spostamento più ampio del piede all'indietro; rinforzare per un passo indietro; rinforzare per lo spostamento del secondo piede posteriore all'indietro; rinforzare per due passi indietro.

***Targeting*.** Mettere una stecca a terra, dietro ai piedi posteriori del cane, e insegnare al cane a superare la stecca con i piedi posteriori; posizionare il cane davanti a un gradino, e insegnare al cane a salire con i piedi posteriori sul gradino; insegnare al cane a mettere i piedi posteriori su un tappetino, spostare il cane gradatamente più avanti rispetto al target, e chiedergli di arretrare per toccare il target.

Trasferimento di un'abilità appresa. Insegnare al cane a fare dei passi indietro dall'in piedi, associarlo a un segnale. Usare il segnale per ottenere dei passi indietro quando il cane è sdraiato a terra, o seduto; usare il segnale per ottenere che il cane affronti dei gradini camminando all'indietro; usare il segnale per insegnare al cane a mettere i piedi posteriori sopra un target.

Cinzia usa una barriera a terra per aumentare la consapevolezza di Shalom del movimento delle sue zampe posteriori. Le barriere dovrebbero essere usate non per obbligare il cane, ma per aiutarlo a capire e sviluppare consapevolezza.

In un contesto in cui diamo informazioni e lasciamo che il cane scelga come cambiare il proprio comportamento, il rischio è limitato: il cane sta imparando e sta a noi dargli buone informazioni. Ma cosa succede quando il cane inizia a proporre il comportamento con più sicurezza? Improvvisamente, molti cominciano a pretendere che il cane lo faccia e a provare frustrazione e rabbia se il cane non esegue il comportamento desiderato. Il trasferimento di un comportamento appreso da un contesto a un altro richiede la capacità di non perdere empatia verso il cane; non dobbiamo pretendere che il cane esibisca quel comportamento, ma avere la curiosità di capire se il cane è in grado di ragionare, capire e scegliere.

14.5 Associare un segnale

Ogni volta che spiego il processo d'apprendimento, qualcuno mi chiede: "Ma in quale momento posso dare un comando?".
È il mio momento "banana". Spiego di avere 100 euro nel portafoglio e di essere pronta a darli al primo che farà "banana". Peccato! Nessuno ha mai fatto la cosa giusta per il semplice motivo che la parola per i presenti non poteva essere associata a nessun comportamento definito.
I comandi sono parole che per noi hanno un significato. Per un cane, un comando è un suono, non ha un significato più di quanto non ne abbia "banana" per noi, se prima qualcuno non ci spiega quale comportamento corrisponda a "fare banana". I cani non parlano l'italiano, l'inglese, il tedesco e nessuna altra lingua umana, possono imparare a scegliere e proporre certi comportamenti, per avere in cambio qualcosa che gradiscono, possono associare quei comportamenti a un segnale, visivo, acustico, olfattivo o tattile, possono imparare che quel segnale indica quel comportamento e che quel comportamento funziona solo in presenza di quel segnale.
I segnali servono proprio a questo: a aiutare il cane a scegliere il comportamento più adatto in quel momento.
Mentre dare un comando significa dire al cane "Non mi interessa cosa vuoi tu, io voglio che tu faccia questo, adesso", un segnale è una informazione: "In questo momento, questo è il comportamento che devi tenere per avere qualcosa di piacevole in cambio".
Il comando è la nostra volontà contro quella del cane, il segnale è la chiave per creare nel cane la motivazione e l'intenzione a esibire un certo comportamento. Se nel dare il segnale, vi accorgete di mettere enfasi, ripetere più volte il segnale, usare gesti più ampi, andare contro il cane, alzare e/o indurire la voce, state scivolando dal segnale al comando.
Io uso in modo consapevole una comunicazione su diversi livelli: posso **chiedere** al cane di fare qualcosa, **dire** al cane di fare qualcosa o **pretendere** dal cane che faccia qualcosa.
Alla sera **chiedo** ai cani "Qualcuno di voi vuole ancora uscire una volta per l'ultima pipì?". Qualcuno esce, altri restano in casa a dormire. Non sono obbligati a uscire. Posso **dire** a un cane "Vieni" e dare al cane il tempo di scegliere di venire verso di me. Se siamo sulla strada, e sta per passare un'auto, **pretendo**, uso un tono di voce più determinato nel dire "Qui". Qui significa "Venite

Alcuni segnali derivano dal movimento delle mani usato durante la fase di acquisizione del comportamento, altri sono gesti che per noi hanno un significato facile da riconoscere e ricordare. Francesca muove la mano verso l'alto per chiedere a Gemma uno spettacolare salto verticale.

immediatamente vicino a me e rimanete vicino a me finché io non vi do il via libera".

Durante una sessione di apprendimento, evito di esprimere qualunque tipo di pressione emotiva e sociale nel segnale. Non sono io a volere che il cane faccia una determinata cosa, voglio dare al cane la possibilità di farla: è il cane che deve avere una motivazione e la motivazione è che in cambio si divertirà un sacco giocando insieme a me. Ogni volta che mi accorgo di dover insistere per ottenere un comportamento, interrompo la sessione e torno a lavorare alle informazioni che devo dare al cane, alla sua motivazione e al senso di sicurezza nell'esibire quel comportamento. È possibile costruire un intero programma di obbedienza sportiva, senza dover inibire il cane, minacciarlo, ricattarlo con il cibo, privarlo della libertà, punirlo se non si comporta nel modo gradito. Durante una sessione di apprendimento dovremmo chiederci "Vorrei essere il mio cane, adesso?". Se la risposta è onesta, è un buon modo per valutare le nostre reali motivazioni nell'apprendimento.

La regola generale è che un comportamento sia associato a un unico segnale; se usiamo canali differenti, possiamo avere più di un segnale: andare a terra dalla posizione eretta può avere come segnale una parola (un suono), "Terra", e un gesto, il movimento della mano verso il basso.

Per far associare il segnale al comportamento, la regola è dare il segnale quando il cane manifesta l'intenzione a esibire il comportamento che vogliamo associare. Per verificare se il segnale venga associato al comportamento, dobbiamo aspettare che il cane non abbia intenzione di esibirlo (per es. chiedendogli prima di fare altro) e dare il segnale. Se il cane ha associato il segnale al comportamento, il segnale gli ricorderà quale comportamento proporre in quel momento.

Io uso in modo consapevole una comunicazione su diversi livelli: posso chiedere al cane di fare qualcosa, dire al cane di fare qualcosa o pretendere dal cane che faccia qualcosa.
Alla sera chiedo ai cani: «Qualcuno di voi vuole ancora uscire una volta per l'ultima pipì?». Qualcuno esce, altri restano in casa a dormire, non sono obbligati a uscire. Posso dire a un cane: «Vieni» e dare al cane il tempo di scegliere di venire verso di me. Se siamo sulla strada, e sta per passare un'auto, uso un tono di voce più determinato nel dire: «Qui», che significa «Venite immediatamente vicino a me e rimanete vicino a me finché io non vi do il via libera».

Esperienza: atteggiamento e attitudine

Vogliamo che il cane tocchi un cono con il naso, il cane gira la testa, facciamo *click* e gli diamo un boccone; il cane avvicina il naso, *click* e boccone. Il cane gira la testa e niente *click*, perché vogliamo aspettare e vedere se avvicinerà il naso. Il fallimento provoca stress nel cane, il cane interrompe la sessione e si allontana. In questo momento, è normale che chi sta lavorando insieme al cane continui a rimanere nella stessa postura e segua il cane con lo sguardo.

Se potessimo guardarci con gli occhi del cane, sarebbero evidenti due informazioni contraddittorie: il cane ha smesso di partecipare al gioco, e noi ci comportiamo come se stesse ancora collaborando con noi (stessa postura); noi vogliamo che il cane torni e ricominci, ma i nostri occhi e la nostra mente si sono staccati dall'obiettivo e vagano per la stanza dietro al cane (seguiamo il cane con lo sguardo).

C'è una terza contraddizione: non vogliamo costringere il cane a collaborare con noi, vogliamo solo dargli la possibilità di provare a conquistare cibo, complimenti e gioco. Vero? Falso. Chiunque lavora in apprendimento con un cane, vuole avere successo e se il cane interrompe la sessione ci toglie la possibilità di raggiungere il nostro obiettivo. Se il cane si allontana, io chiedo alla persona di cambiare postura e assumere una postura passiva; poiché il cane se n'è andato, possiamo spegnerci, rilassarci e andare in off, riattivandoci solo quando il cane torna.

Una possibile alternativa è rimanere attivi, mantenendo la concentrazione sul comportamento: vietato guardare il cane e seguirlo con lo sguardo, continuiamo a guardare intensamente il cono. Questo nostro atteggiamento dice al cane che noi non abbiamo mollato, che siamo ancora concentrati sul percorso da seguire verso il successo. Sta al cane tornare indietro e riprovarci. Queste due opposte strategie devono corrispondere a due opposte motivazioni: non avere aspettative (off) o essere determinati a proseguire nel percorso (on). Quando il cane ci guarda il nostro atteggiamento fisico deve corrispondere a una attitudine mentale.

Possiamo anche cambiare il segnale di un comportamento e per farlo dobbiamo seguire una semplice regola:

nuovo segnale → vecchio segnale → comportamento → rinforzo.

Il nuovo segnale e il vecchio segnale non devono sovrapporsi nel tempo o il cane dedicherà tutta la propria attenzione solo al vecchio.

14.6 Motivazione e percezione

Se dovessi spiegare l'apprendimento dalla prospettiva del cane userei due termini: motivazione e percezione.

La **motivazione** è la ragione per cui un cane dovrebbe scegliere di esibire un certo comportamento. Se lo analizziamo in modo superficiale, la motivazione è il cibo o il gioco che il cane può ottenere in cambio: io ho del cibo o un giocattolo e il patto con il cane è che se farà qualcosa che mi piace, in cambio gli darò dei bocconi o giocheremo insieme. Maggiore è la motivazione del cane verso il cibo o il gioco con giocattoli, più sarà disposto a spendere energie e a sopportare lo stress della sessione per tentare di averli. Inversamente il valore del cibo o del gioco aumenta se il cane prova insicurezza, ansia e stress durante la sessione di apprendimento. Gioco e cibo possono agire da strategie di *coping*, aiutando il cane a provare sollievo: in questo caso, il cane cercherà attivamente di raggiungere cibo e gioco, spesso saltando del tutto il comportamento appreso. Quindi più un cane è stressato, più ottenere cibo e gioco sarà la parte importante dell'esperienza rispetto al comportamento.

Durante l'apprendimento i cani esibiscono numerosi comportamenti di contatto sociale. Dado, mix Volpino, controlla la reazione di Chiara durante una sessione di *shaping*.

Se apriamo il nostro orizzonte, vedremo che un elemento fondamentale della motivazione è la relazione con noi. Per il cane è importante come ci sentiamo, cosa comunichiamo riguardo al nostro stato emotivo, le nostre aspettative, le nostre motivazioni per un cane può essere più importante il nostro stato emotivo rispetto a un boccone. Se vogliamo aggiungere valore all'esperienza, dovremmo partecipare in modo positivo sia alla esecuzione sia al successivo rinforzo. , imparando ad a essere felici che il nostro cane abbia successo e partecipando al suo divertimento nella fase del rinforzo.

Un altro elemento importante della motivazione espressa dal cane è il senso di sicurezza, cioè quanto il cane si sente sicuro, forte e confidente nel contesto e nell'esibire il comportamento appreso. È un momento magico quello in cui il nostro canr ci comunica con lo sguardo "Ho capito!", "Lo so fare!". Per i cani il senso di sicurezza, il sentirsi all'altezza del compito, il non provare insicurezza e ansia hanno un valore più alto di qualunque boccone e di qualunque giocattolo.

Se abbiamo una buona qualità di lavoro, i comportamenti appresi possono competere contro lo stress e aumentare il senso di benessere del cane; l'apprendimento può dunque diventare uno straordinario strumento per aiutare i cani a stare bene, a stare meglio.

La **percezione** riguarda la prospettiva del cane: come si sente, cosa vede, cosa capisce di tutto quello che succede durante la sessione di apprendimento, che è un ottimo contesto per sviluppare auto-consapevolezza. Per imparare a capire cosa vede un cane, il primo passo è osservare e analizzare tre elementi: tutto quello che fa il cane, tutto quello che facciamo noi e il *setting*, l'ambiente, gli oggetti, gli strumenti e i rinforzi usati.

Come si evince dall'esperienza, il nostro stato mentale influenza il nostro comportamento e la nostra comunicazione con il cane e possiamo usare la stessa struttura per analizzare il comportamento del cane. Negli elementi più macroscopici, capire se il cane si sta attivamente impegnando per capire qual è il comportamento o nell'esibire il comportamento appreso o se invece ha rinunciato, è confuso, insicuro, demotivato. È incredibile quanto si riesca a sapere del cane semplicemente osservandolo e quanto poco interessi sapere del cane alla maggior parte dei proprietari e dei conduttori.

È come se l'unica prospettiva importante fosse la nostra, ma nell'apprendimento il protagonista è il cane: lui sta al centro della scena e quello che il cane prova, percepisce, capisce, le sue motivazioni, i suoi stati emotivi sono le cose davvero importanti.

14.8 Controllo e autocontrollo

È l'ora della pappa e il nostro cane saltella eccitato per casa; ci hanno spiegato che questo è un buon momento per esercitare la nostra autorità. Prendiamo la ciotola piena, la teniamo davanti al cane, in alto, mentre lui saltella impaziente. Aspettiamo, il cane si siede, muoviamo la ciotola verso il basso e il cane si alza, solleviamo la ciotola e aspettiamo di nuovo finché non si siede. Ripetiamo fino a quando il cane non capisce che l'unico modo per avere la ciotola è sedersi e rimanere seduto.

Il primo livello di lettura di questa esperienza è legato alla **gerarchia** e al **controllo delle risorse**: stiamo dicendo al cane che noi abbiamo il controllo della ciotola e che per avere la pappa deve collaborare con noi, sedersi e accettare di restare seduto fino a quando non gli diamo il permesso di mangiare. Suona logico ma si tratta, alla fine, solo di possibili interpretazioni. Il cane può realmente capire che noi abbiamo il controllo della ciotola e che funziona solo sedersi, ma può interpretare la sequenza in modo molto differente.

Dopo pochi giorni di questo rituale, il cane può anticipare la nostra richiesta e sedersi non appena ci vede con la ciotola in mano, ma non sta collaborando, sta solo spingendoci a mettere giù la ciotola attraverso il proprio comportamento: «Sono seduto, adesso metti giù la ciotola». Sedendosi, controlla il nostro comportamento. Questa inversione di ruoli, con il cane che chiede o addirittura pretende qualcosa attraverso un comportamento appreso, è del tutto normale nell'**apprendimento positivo**. Il cane impara che può farci fare qualcosa attraverso dei comportamenti. Tocca il tappetino con le zampe e noi gli diamo cibo o giochiamo. Il target è diventato un interruttore che ci attiva. Se non guardiamo il cane, se l'unica cosa che vediamo è un cane che educatamente si siede e aspetta, potremmo non renderci conto che la percezione del cane è molto diversa dalla nostra.

Un livello differente di analisi di questo contesto è quello dell'**autocontrollo**: il cane, per riuscire a sedersi, deve inibire la reazione istintiva di eccitazione e, aspettando fino a quando non si siede, sviluppiamo il suo autocontrollo. Nessuno lo sta obbligando a sedersi, non viene fisicamente forzato a farlo, è una scelta del cane che implica la capacità di controllare l'eccitazione.

Se analizziamo il comportamento del cane, cioè sedersi per avere il cibo, il termine autocontrollo sembra corretto, ma dobbiamo aprire l'orizzonte e includere la **risorsa**. Il cane vuole il cibo, il cane è eccitato e prova a infilare il muso nella ciotola e mangiare; noi abbiamo la ciotola in mano e la teniamo così in alto da impedirgli di mangiare. Il cane non ha nessuna scelta: se vuole mangiare l'unico comportamento che funziona è sedersi. Questo è controllo, non autocontrollo, perché noi controlliamo la risorsa e il cane non ha scelta. Il limite è nel grado di controllo che noi esercitiamo sul cane o sulla risorsa. Se c'è una pallina a terra e il cane è al guinzaglio e non può raggiungerla o se il cane è libero e la pallina è nella nostra mano non è autocontrollo: è controllo. **Perché sia autocontrollo, il cane deve essere libero e la risorsa deve essere accessibile**.

L'autocontrollo è quello che un predatore esercita su sè stesso in presenza di una preda. Un predatore deve essere in grado di rinunciare a una preda, perché è troppo pericolosa, veloce, lontana, perché è entrata in una tana o è volata via. Un predatore è in grado di controllare il proprio corpo nel momento in cui vede una preda, è in grado sia di

Kandji riceve un segnale vocale "Piede", e un segnale visivo dalla mia postura, e deve scegliere se dare più attenzione a queste informazioni o alla pallina in bella vista. Sceglie di assumere la corretta posizione al piede, e ottiene in cambio l'amatissima pallina.

rimanere fermo che di muoversi lentamente invece di saltellare e correre eccitato come il cane davanti alla ciotola. I cani dimenticano cos'è l'autocontrollo, perché in genere vengono controllati fisicamente, con guinzagli, cancelli, porte, recinti, vengono controllati socialmente, inibiti, sgridati, puniti, perché le persone tendono a controllare le risorse, tenendole addosso, chiuse in luoghi irraggiungibili, in alto.

Esiste un modo per sviluppare l'autocontrollo nei cani? La risposta è sì, ma richiede buone basi di apprendimento, onestà nel riconoscere il limite tra controllo e autocontrollo, fiducia e molto lavoro.

Il principio è molto semplice: insegnare al cane a ritardare il momento in cui avrà il cibo o il giocattolo e a concentrarsi prima su un comportamento appreso. In una fase iniziale, possiamo dover controllare la risorsa e il cane deve scoprire che, se anche il cibo o la pallina sono davanti ai suoi occhi, la migliore strategia per averli è ignorarli per un momento e concentrarsi su di noi e su un comportamento appreso. L'importante è non perdere la pazienza, non arrabbiarsi con il cane e non sgridarlo se prova a prendere il cibo o la palla.

Questo tipo di esperienza può costruire nuove competenze e sviluppare fiducia tra di noi ma deve essere basato su una relazione leale. Se il cane vuole il cibo, o il giocattolo, deve poterlo dimostrare: non siamo in competizione contro il cibo e il gioco e dobbiamo rimanere dalla parte del cane.

Il punto di partenza può essere un contesto molto semplice: abbiamo cibo o un giocattolo in mano e teniamo la mano davanti agli occhi del cane. Se il cane prova a prenderli, chiudiamo la mano, senza sollevarla e senza sgridare il cane e gli chiediamo di esibire un comportamento che abbiamo insegnato in precedenza: sedersi, girare su se stesso, fare dei passi indietro, girare intorno a una sedia, rotolare, dare la zampa. Ripetiamo il segnale e, se il cane sembra incapace di sentirci, diamogli il tempo di capire che gli stiamo chiedendo di fare qualcosa che è in grado di fare. Non appena riesce a esibire il comportamento appreso, tanti complimenti e cibo o gioco.

Da questa fase, in cui noi controlliamo la risorsa e la difficoltà è quella di staccare gli occhi e il naso dalla mano che contiene cibo o un giocattolo, possiamo passare a situazioni via via più complicate, fino a lasciare il cibo o il giocattolo a terra e

sentirci comunque sicuri che il cane sceglierà di fare qualcosa insieme a noi.
Questo tipo di esperienza è più facile se usiamo il gioco come rinforzo, perché se il cane sceglie di prendere il giocattolo a terra, invece di fare qualcosa insieme a noi, guadagna il giocattolo ma perde la possibilità di giocare insieme a noi.

14.7.1
Il «resta»

Il terra in autocontrollo è il procedimento che uso per insegnare a un cane a rimanere a terra; la mia idea è che per il cane sia più facile rimanere a terra se non perde sia me sia la pallina che ama tanto. Il patto è che se rimane sdraiato, con la pallina a terra davanti alle sue zampe, poi giocheremo insieme. Cane a terra, palla a terra davanti al cane, io mi muovo intorno al cane. Quando è in grado di fare questo, comincio a lasciarlo a terra e muovere la palla, senza allontanarmi e quando sa rimanere a terra in questi due contesti (palla a terra, io mi muovo; palla che si muove) comincio a lasciarlo a terra e ad allontanarmi con la palla.
Restare a terra è una **questione di motivazioni**: il cane può rimanere a terra perché viene sgridato e inibito se si alza oppure imparare a rimanere a terra perché è il comportamento che funziona meglio per ottenere qualcosa che gli piace.
Il terra-resta è anche una **questione di sicurezza e di fiducia**, perché un cane sdraiato è in una posizione vulnerabile ed è in grado di non muoversi solo se si sente al sicuro e si fida di noi e della nostra richiesta. Se chiediamo al cane di rimanere fermo, a terra, seduto o in piedi, dovremmo sempre chiederci quanto gli costa. Potrebbe essere preoccupato dalla presenza di persone, di altri cani, dalle reazioni emotive degli individui presenti, dal nostro atteggiamento, potrebbe essere a disagio perché il terreno è freddo, bagnato o sporco. Inoltre, un cane dovrebbe avere sempre il diritto di spostarsi se restare fermo lo fa stare male.
Ottenere un "resta" affidabile, senza inibire il cane, è un lavoro lungo e impegnativo. Un cucciolo è fisicamente in grado di restare sdraiato a terra perché lo vogliamo noi ed è mentalmente in grado di imparare a rimanere sdraiato a terra, ma gli manca la capacità emotiva di reggere il senso di insicurezza nel dover rimanere da solo in una postura vulnerabile.

Puma, femmina di Pastore Tedesco qui a otto mesi di età, sta imparando le basi dell'autocontrollo nell'apprendimento. Le chiedo di sdraiarsi a terra, poso una pallina davanti a lei, e quando rimane a terra, il click le dice che può lanciarsi a prenderla. La sicurezza con cui il cane passa dal comportamento al rinforzo è un elemento fondamentale della qualità del lavoro in autocontrollo.

esercizio 14 Terra dall'in piedi

La maggior parte dei proprietari è convinta che insegnare a un cane a sedersi sia un ottimo risultato. La maggior parte dei cani è convinta che sedersi per ottenere qualunque cosa sia indice di una limitata fantasia, pigrizia e scarse doti nell'insegnamento dei proprietari. Per questo motivo, vogliamo stupire il nostro cane e insegnargli qualcosa che sembra difficile: andare a terra dall'in piedi. Tutto quello che serve sono dei bocconi e una superficie morbida: un prato, una moquette, un tappeto.

Prendiamo un boccone, teniamolo tra le dita, posizioniamo la mano davanti al naso del cane e spingiamo con delicatezza indietro e verso il basso. La mano deve compiere una diagonale verso il torace del cane e a terra. Se spingiamo troppo forte, il cane può camminare all'indietro, o sedersi. Il trucco è riuscire a non fargli muovere i piedi, rimangono tutti e 4 fermi, e fargli invece abbassare i gomiti e il baricentro, con un movimento basculante all'indietro.

Procedimento

Teniamo il cibo tra le dita.
Posizioniamo il cane di fronte a noi, orientato in modo da vedergli il fianco.
Mettiamo la mano con il cibo davanti al suo naso.
Muoviamo la mano lungo una diagonale, che dal naso del cane va verso il suo torace e fino a terra.
Spingiamo delicatamente il cane indietro, evitando di fargli muovere i piedi.
Il cane deve basculare all'indietro, piegando i gomiti e le zampe posteriori fino a sdraiarsi.
Quando il cane capisce il movimento, possiamo provare a fargli svolgere il movimento opposto: dal terra all'in piedi.

Se il cane oppone resistenza al movimento, soprattutto con la parte posteriore del corpo (es. rimane flesso in un inchino e non piega le zampe posteriori), non forziamolo, non spingiamo giù con la mano e non costringiamolo a terminare il movimento.
I movimenti guidati possono far emergere delle difficoltà fisiche: nel dubbio, consultiamo sempre un veterinario e chiediamo una visita specialistica con un ortopedico.

La giovane Boxer Margot sta imparando a sdraiarsi a terra con un unico movimento all'indietro.

esercizio 15 Giro giro tondo

Questo gioco ha due direzioni, una in senso orario e una in senso antiorario.
Quando esercitiamo il cane in una attività fisica, dovremmo sempre farlo mantenendo equilibrio e così, se facciamo fare al cane un giro su se stesso in senso orario, dovremmo farglielo fare anche in senso antiorario. Ci potremmo accorgere che il cane è più elastico su un lato del corpo, perché, come noi, i cani non sono perfettamente simmetrici nel loro modo di muoversi. Una parte può essere più rigida dell'altra e proprio una corretta ginnastica può aiutare il nostro cane a sviluppare e a mantenere elasticità su tutto il corpo.

Prendiamo un boccone tra le dita e posizioniamo la mano davanti al naso del cane. Il cane deve essere in piedi, se è seduto, o sdraiato, è molto facile farlo alzare: basta muovere la mano in avanti o lanciare un boccone in avanti. Quando il cane è in piedi, muoviamo la mano prima in avanti; quando è in movimento, muoviamo la mano in modo da far fare al cane un cerchio su se stesso. Alcuni cani capiscono subito il gioco, altri si bloccano e sembrano incapaci di girare. Potete di nuovo aiutare il cane lanciando un boccone nella direzione del giro o cominciare con delle serpentine, senza chiedere un giro completo.

Procedimento

- Prendete un boccone tra le dita, posizionate la mano davanti al naso del cane.
- Se il cane è seduto o sdraiato, muoviamo la mano in avanti fino a farlo alzare.
- Quando il cane è in movimento, facciamogli fare un giro su se stesso.
- Se avete scelto il senso orario, procedete quindi con il giro in senso opposto.
- Se il cane non riesce a seguire la mano, possiamo lanciare il boccone nella direzione del movimento, o iniziare prima con delle serpentine.

Il cucciolo di Pastore Tedesco segue il boccone e il movimento della mano, compiendo un giro completo.

esercizio 16 Terra in rinuncia

Durante un seminario a Rovigo due sorelle mi chiedono di insegnare alle loro due femmine di Pastore Tedesco a sdraiarsi a terra. In precedenza devono aver provato con metodi non gentili e ora le due cagne oppongono resistenza a ogni tentativo di convincerle (o costringerle) a sdraiarsi. Chiedo alla prima di tenere la cagna al guinzaglio e di darmi un sacchetto pieno di bocconi, poi mi posiziono davanti alla cagna e le mostro il cibo. La cagna prova a prenderlo ma io sono fuori dallo spazio del guinzaglio, prova a ottenerlo sedendosi ma io non le dò niente; continuo a parlarle in tono gentile, ma niente cibo. Quando rinuncia e si sdraia, le faccio tantissimi complimenti e butto tra le sue zampe un'intera manciata di bocconi, lei li mangia tutti e mi guarda speranzosa, in cerca di altri bocconi. A quanto pare sono una vera sorpresa, per lei! Aspetto, perché deve ricordare cosa stava facendo quando le ho dato tutti quei bocconi; esita, si sdraia ed ecco che le lancio una nuova manciata di bocconi; dopo tre ripetizioni la cagna si butta a terra entusiasta.

Lucy è una femmina di Dalmata x Pointer, sorda. Flick le mostra una mano piena di bocconi e aspetta fino a quando Lucy non sceglie di sdraiarsi. A questo punto Lucy ottiene tutti (ma proprio tutti) i bocconi.

esercizio 17 Toccare un tappetino con le zampe

Anche questo procedimento deriva dall'esperienza durante un seminario. Mi chiedono come insegnare a dei cani a toccare un tappetino con i piedi anteriori (un target, un comportamento associato a un oggetto). Toccare il tappetino con le zampe è un comportamento molto utile per ottenere due elementi importanti: direzione e distanza.

Ero ospite di un gruppo impegnato nella preparazione di cani da soccorso ed erano interessati all'uso del target per la preparazione dei cani delle unità cinofile. Si parla di molti anni fa, quando l'esperienza nell'uso del *clicker* e del rinforzo era appena agli inizi. Mi trovavo quindi nella condizione di non poter contare su una competenza base nell'uso di procedimenti più complessi come il modellaggio.

Propongo questa tecnica

- Prendete un pezzo di moquette di circa 50 × 50 cm.
- Posate la moquette a terra, e preparate un sacchetto abbondante di bocconi.
- Quando il cane si avvicina, lanciate un boccone lontano da voi.
- Mentre il cane corre a prendere il boccone che avete lanciato, e non vi sta quindi guardando, posate una manciata di bocconi sul tappeto.
- Non chiamate il cane, lasciate che torni e scopra da solo i bocconi sul tappeto.
- Ripetete alcune volte.

Questa fase serve per creare una motivazione ad andare verso il tappeto.

Grisou dimostra l'effetto wow per la costruzione del target zampe anteriori/tappetino.
Lancio un boccone, mentre Grisou è lontano ne posiziono una manciata sul tappetino, aumentando così la motivazione del border a andare verso il target.

- Quando il cane comincia a andare con sicurezza sul tappeto per trovare i bocconi, lanciate il primo boccone e non mettete niente sul tappeto.
- Mettete la manciata di bocconi solo quando il cane sta andando verso il tappeto.
- Ripetete alcune volte.

In questa fase stiamo usando il cibo per dire al cane che scegliere di andare verso il tappeto funziona.

- Non lanciate bocconi, e non metteteli sul tappeto.
- Restate fermi, e aspettate che il cane vada verso il tappeto per scoprire se ce ne sono ancora.
- A quel punto, fategli i complimenti e mettete i bocconi sul tappeto.

Tappeto magico! Ogni volta che il cane si avvicina, o ci mette una zampa sopra, compaiono dei bocconi!
Il passaggio finale è aspettare che il cane tocchi il tappeto con una zampa anteriore, fargli i complimenti, lanciare il boccone e ripetere se torna e mette di nuovo la zampa sul tappeto. Io chiamo questa fase «la margherita» perché, lanciando i bocconi in direzioni diverse, il tappeto diventa il centro del fiore e la traiettoria del cane dal tappeto al boccone, e ritorno, costituisce i petali.

Ho il cibo in mano, e la mano è a circa un metro dal tappetino. Grisou non ottiene niente dalla mano, ricorda che c'era cibo sul tappetino, torna a controllare. Bingo! Questo è il momento giusto per dargli dei bocconi sul target. In poche ripetizioni il cane associa il tappetino al rinforzo e possiamo cominciare a fissare il comportamento di toccare con la zampa.

esercizio 18 Dare la zampa

Questo esercizio è molto facile da insegnare ai cani che tendono a usare le zampe. Il trucco sta nel tenere la mano con il cibo non troppo in alto. Per alcuni cani è più facile usare la zampa anteriore se sono seduti. Possiamo mettere il cane seduto prima di posizionare la mano sotto il suo muso e aspettare che alzi la zampa.

Procedimento

- Prendete alcuni bocconi e teneteli nella mano chiusa a pugno.
- Tenete la mano circa a metà strada tra il naso del cane e il terreno.
- Potete sedervi a terra e appoggiare la mano sul vostro ginocchio.
- Non appena il cane alza la zampa per prendere il cibo, aprite la mano e dategli i bocconi.

È importante non aprire la mano solo quando il cane prova a usare le unghie per aprire la mano, o gli stiamo insegnando a raspare contro la nostra mano. Se vogliamo insegnare al cane a sollevare la zampa, dobbiamo aprire la mano e dargli cibo non appena solleva una zampa da terra.

Il Golden Retriever Zaki sta imparando a dare la zampa. Ho una manciata di bocconi in mano e apro la mano non appena il Golden usa la zampa per provare a prenderli o ottenerli.

esercizio 19 Target naso/mano

Uno degli elementi importanti dell'apprendimento è insegnare al cane la differenza tra volere del cibo e ottenere del cibo attraverso un comportamento appreso. Non si tratta di controllo, ma di dare al cane degli strumenti per imparare a gestire la frustrazione. Il cane vede il cibo, vuole il cibo. Il cane prova a prendere cibo. In questo momento è alta la tentazione di spostare il cibo fuori dalla sua portata, o dirgli "no!" se prova a prenderlo. Con questa esperienza potete scoprire quanto è facile insegnare al cane a scegliere di ignorare per un momento il cibo, e concentrarsi sul comportamento. L'obiettivo è che il cane tocchi con il naso la mano vuota, per ottenere in cambio un boccone. La mano vuota sarà come un interruttore, da toccare per ottenere il boccone.

Procedimento

- Prendete dei bocconi e teneteli in una mano.
- Sedetevi su una sedia, e appoggiate le mani sulle ginocchia.
- In una mano avrete i bocconi, e sarà chiusa a pugno. L'altra sarà aperta, e appoggiata sull'altra gamba.
- Se il cane prova a prendere i bocconi, ignoratelo, e guardate invece la mano vuota.
- Non appena il cane avvicina il naso alla mano vuota, ditegli «Yes!» e dategli un boccone.
- Ripetete, aspettando che il cane tocchi il palmo della mano vuota con il naso.
- Non muovete la mano vuota verso il cane!
- Quando il cane diventa più sicuro, potete provare a posizionare la mano a altezze diverse, anche tanto in alto da dover fare un saltello per raggiungerla.

Cibo e clicker in una mano, l'altra è vuota e aperta. Il Labrador comincia a capire che la strada più breve per ottenere cibo, è toccare con il naso la mano vuota. Le mani sono appoggiate sulle ginocchia, la mano con il cibo inizialmente può essere chiusa a pugno.

esercizio 20 Passare sotto una sedia

Passare sotto una sedia è una traiettoria e la maggiore difficoltà in genere è quella di abbassare la testa e entrare tra le due gambe della sedia. La traiettoria è quella linea che va verso la sedia, e ci passa sotto. Dobbiamo tenere sia il cane sia il target in quella traiettoria. Il comportamento propedeutico, è toccare un tappetino con i piedi anteriori.

Procedimento

- Prendiamo il tappeto e chiediamo al cane di toccarlo. Rinforziamo.
- Ripetiamo alcune volte, da una distanza di circa un metro, un metro e mezzo.
- Posizioniamo il tappeto davanti alla sedia e mandiamo il cane a toccare il tappeto.
- Rinforziamo ogni volta che il cane tocca il tappeto, dando il boccone nel punto di partenza (non sul tappeto ma un metro circa indietro).
- Quando il cane tocca con sicurezza il tappeto davanti alla sedia, iniziamo a spostare il tappeto sotto la sedia, di pochi centimetri per volta.
- Se il cane perde sicurezza, torniamo a una fase precedente.
- Il momento critico sarà quando il cane dovrà abbassare la testa per riuscire a toccare il tappeto.
- Se il cane rischia di spaventarsi per il movimento della sedia, usiamo un oggetto più grande e stabile (es. un tavolino di plastica).
- Quando il cane riesce a toccare il tappeto sotto la sedia, iniziamo a lanciare i bocconi non indietro, ma facendo uscire il cane in avanti.
- Eliminiamo il tappeto non appena il cane passa sotto la sedia con sicurezza.

Brick dimostra alcuni passaggi dell'uso del target per insegnare a un cane a passare sotto una sedia: il target è posizionato prima davanti alla sedia, quindi sotto e infine davanti alla sedia. Quando il cane comincia a proporre il passaggio sotto la sedia, il target viene tolto.

esercizio 21 Slalom tra le gambe

L'apprendimento può svelare aspetti curiosi del comportamento del cane.
Per alcuni cani è difficile superare le linee del nostro corpo e sono a disagio nell'occupare lo spazio frontale o nel passare tra i nostri piedi, se siamo noi a chiederlo. In questi casi, per aiutare il cane possiamo appoggiare un piede su uno sgabello e aumentare quindi lo spazio del passaggio. Lo slalom si compone di diversi elementi: passare sotto la gamba destra, girare in avanti (in senso antiorario), passare sotto la gamba sinistra, girare in avanti (in senso orario).

Procedimento

- Usiamo il boccone nella mano, o la mano come target.
- Portiamo avanti la gamba destra.
- Induciamo il cane a passare sotto la nostra gamba destra, partendo dal nostro fianco sinistro.
- Quando il cane supera la gamba, facciamolo girare in avanti.
- Diamo al cane il boccone davanti al piede destro.
- Ripetiamo il procedimento con la gamba sinistra.

Bullo, Labrador, è stato considerato "irrecuperabile", ma questo non ha impedito a Viola di impegnarsi per aiutarlo. L'apprendimento è una delle esperienze che lo hanno aiutato a stare bene.

esercizio 22 Toccare un oggetto con il naso

Buttare una bottiglietta d'acqua a terra con il naso è uno degli esercizi di apprendimento che propongo durante i corsi perché è incredibilmente utile per imparare a insegnare.
Alcuni cani hanno paura di far cadere la bottiglietta e possono spaventarsi per il rumore o per il movimento, ma anche i cani che hanno paura di interagire con gli oggetti in genere accettano di toccare con il naso il palmo della mano.

Questo può essere il punto di partenza e possiamo, banalmente, prendere la bottiglietta in mano e farla toccare al cane, trasferendo l'abilità «toccare la mano con il naso» a «toccare la bottiglietta che viene tenuta in mano».
Allo stesso modo possiamo prendere in mano oggetti differenti, ottenere il comportamento, e provare quindi a posarli e verificare se il cane ha realmente imparato a toccarli, o se non ha piuttosto imparato a toccarli nella nostra mano.

Cibo o bottiglia? La risposta è: interagire con la bottiglia per vincere un boccone!

esercizio 23 Terra in autocontrollo

Questo esercizio è stato il mio cavallo di battaglia dai primi anni 2000, quando ho iniziato a spiegare e dimostrare l'uso del *clicker* e del rinforzo positivo in tutta Italia. Volevo dimostrare che è possibile ottenere il controllo sul cane senza dover ricorrere a degli strumenti, all'uso della forza e della violenza.

Chiedevo di un cane in grado di lavorare con me e motivato dal cibo e spesso mi proponevano un Labrador maschio, adulto, di quelli che in una vita passata erano *Panzer* da assalto. Prendevo del cibo, lo mettevo dritto davanti al naso del cane, inducevo il cane ad andare a terra e iniziavo a dare al cane due informazioni:

1. sei a terra = ti do un boccone;
2. ti alzi = ti rimetto a terra e riproviamo.

In pochi minuti qualunque cane è felice di restare sdraiato, anche se poso i bocconi a terra e se sposto la mano lontano dal cibo a terra.

L'apprendimento è, nella sua forma più essenziale, il creare una motivazione per un comportamento. In questo esercizio la motivazione a restare a terra funziona meglio di qualunque altro comportamento.

Questo esercizio è basato su due informazioni: se il cane è a terra, la mano con il cibo si muove verso il cane e posiamo un boccone tra le zampe anteriori del cane (che può quindi rimanere sdraiato e mangiare); se il cane si alza, la mano si chiude o copre il cibo che è a terra, impedendo al cane di mangiare. Rimettiamo quindi il cane a terra e ricominciamo. È importante avere un buon tempismo, non cercare di far sbagliare il cane e mantenere la logica dell'esercizio (sei a terra = mangi; ti alzi = ricominciamo da capo). La mano inizialmente è a circa 40 cm dal naso del cane, ma con cani molto irruenti si può iniziare tenendo la mano proprio davanti al naso del cane che è sdraiato a terra. Se la mano è davanti al naso del cane, non appena sposta il muso la muoviamo verso terra e posiamo il boccone tra le sue zampe . Se non prova a prendere il cibo e se allontana il muso dalla mano restando a terra, ottiene il boccone. Altrimenti si inizia con la mano a circa 40 cm dal naso del cane e si muove la mano verso il cane per dargli il boccone tra le zampe non appena è a terra, anche solo per un secondo all'inizio.

La giovane boxer Margot sta imparando che la strategia vincente per ottenere un boccone è... non fare niente. Se Margot è sdraiata, e rimane sdraiata, la mano si muove verso di lei per portarle un boccone proprio tra le zampe.

Procedimento

- Prendiamo alcuni bocconi in una mano.
- Posizioniamo il cane davanti a noi, in modo da vedergli il fianco.
- Induciamo il cane a sdraiarsi, possiamo dargli un boccone se va a terra.
- Mentre è a terra, spostiamo la mano a circa 40 cm dal naso del cane.
- Apriamo la mano, mostrando i bocconi.
- Se il cane rimane a terra, muoviamo la mano verso il cane e mettiamo un boccone tra le sue zampe anteriori.
- Se il cane si alza, chiudiamo la mano a pugno, e gentilmente guidiamo il cane nella posizione iniziale, sdraiato a terra.
- Ripetiamo alcune volte.
- Se il cane rimane a terra, aspettando che noi gli portiamo il boccone fino a in mezzo alle zampe, cominciamo a posizionare la mano più in basso, fino a arrivare a appoggiare la mano a terra.
- Il passaggio finale è posare i bocconi a terra, a circa 40 cm dal cane.
- Se il cane si alza, copriamo i bocconi con la mano, raccogliamoli e ricominciamo.
- Se rimane a terra, prendiamo un boccone da terra e portiamolo verso il cane, posandolo tra le sue zampe.

Possiamo provare questo esercizio anche con un giocattolo. Quando il cane rimane a terra, possiamo prendere il giocattolo e giocare con il cane.

esercizio 24 Apprendimento con distrazione

Per questo esercizio ci serve un amico, qualcuno che il cane conosce e di cui non ha timore. Prendiamo dei bocconi o un giocattolo, e nascondiamoli in una tasca, poi prendiamo altro cibo o un altro gioco e diamoli al nostro amico in modo ostentato. Il cane deve vedere che gli stiamo dando qualcosa e il nostro amico deve tenere il cibo o il giocattolo a vista.

Spostiamoci di qualche metro e chiamiamo il cane, che può provare a rimanere vicino al nostro amico perché è lui quello che ha qualcosa di piacevole! Il nostro amico, però, non può dare niente al cane, deve mantenere un atteggiamento amichevole, può guardare e parlare con il nostro cane. Noi possiamo avvicinarci, possiamo insistere, possiamo chiedere al cane un comportamento diverso dal «Vieni» ma non possiamo indurire la voce, alzare la voce, metterci davanti al cane per costringerlo a guardarci, non possiamo intimidire il cane, dire «No». Possiamo solo chiedergli di fare qualcosa insieme a noi, mantenendo un tono di voce gentile e invitante.

Questa esperienza funziona se il cane ha il tempo di capire che il nostro amico non gli darà niente e chiedersi se magari può funzionare ascoltare noi e fare qualcosa con noi. Non appena collabora, dobbiamo dargli noi dei bocconi o giocare insieme, facendogli capire quanto siamo felici che abbia scelto di fare qualcosa con noi. L'autocontrollo entra in gioco quando il cane capisce che è inutile provare a prendere cibo dal nostro amico e sceglie quindi di ignorare quei bocconi per venire da noi, malgrado la tentazione.

Kandji è impegnato nell'esercizio del "Gira": deve correre verso il cono, girare e tornare verso di me. Elisabetta cerca di indurlo all'errore, muovendo una pallina. Kandji rimane concentrato, e ottiene da me la pallina. Le distrazioni, se impostate senza inibizione, possono aiutare il cane a sviluppare più concentrazione nell'apprendimento.

parte quinta I problemi dei cani e dei proprietari

Ho vissuto con cani che erano semplicemente perfetti: il mio Lakeland, Rudy, la Dogue de Bordeaux, Jura e le due Staffy, Bullet e Brick, non hanno mai avuto problemi con persone, cani, animali domestici o selvatici, erano cani confidenti, socievoli, sereni. Non ho mai pensato di avere particolari meriti per queste loro attitudini; alcuni cani sono semplicemente dotati di caratteristiche che li rendono particolarmente adatti a vivere con l'uomo. Non tutti i cani sono così. Ho vissuto con cani che erano aggressivi verso gli altri cani o verso le persone estranee, insicuri o paurosi, cani fragili, in difficoltà in certe situazioni.

Da qualche parte ci hanno detto che un cane che non dà problemi è un cane correttamente socializzato, bene educato, il prodotto di una selezione per cani equilibrati.

In altre parole, un cane che è in difficoltà o è squilibrato ha avuto dei problemi durante la crescita o ha un cattivo proprietario.

I cani non sono uova di Pasqua, non vengono prodotti in serie inserendo degli ingredienti in uno stampo e tirando fuori forme perfette e tutte uguali, ma sono individui e, come noi, hanno personalità diverse, esperienze, stili di vita differenti. Invece di pensare a quanto un cane è un problema per noi, dovremmo cercare di capire quell'individuo, le sue fragilità e i suoi punti di forza, la sua capacità di adattarsi o la sua difficoltà in certi contesti.

Vivere con un cane è un percorso di conoscenza e da questa conoscenza possono derivare gli elementi che ci permettono di guidarlo, di aiutarlo, di gestirlo correttamente.

Possiamo lavorare per dare al cane gli strumenti per stare bene con noi ma

Sam è stato adottato in canile, e ha manifestato dal primo giorno diversi comportamenti di difficile gestione: l'incapacità di restare da solo, reattività verso cani e persone. Tutto questo non ha affatto impedito a Magalie di farlo sentire parte della famiglia.

alla fine dobbiamo anche accettare che il cane possa avere dei limiti, accettarli e imparare a convivere.
Per molti proprietari, i limiti non sono neppure nella capacità del cane di tollerare cani o persone estranee o un ambiente caotico o i botti di fine anno, ma risiedono nell'essenza stessa dell'essere un cane: abbaiare, saltare addosso, cacciare, scavare buche, mangiare schifezze, rosicchiare, marcare con l'urina, sbavare, soffrire la solitudine, avere bisogno di fare attività fisica. **Avere un cane significa relazionarsi con qualcuno che non è una persona**, *che non ci capisce quando parliamo, ha bisogni diversi dai nostri e ha comportamenti per noi del tutto incomprensibili, ma del tutto naturali e normali per la specie.*
Vivere con un cane è fare un pezzo di strada per andare incontro alle sue esigenze. *Uscire di casa con la nebbia gelida, fare una passeggiata inutile per noi ma fondamentale per il nostro cane, giocare con la pallina mentre guardiamo la tv, rovesciare carne sanguinante nella ciotola anche quando siamo vegetariani. Vivere con un cane dovrebbe essere una opportunità per essere altruisti, generosi, empatici. Il nostro cane sarà felice se riusciremo ad amare il suo essere cane e non unicamente la sua capacità di vivere con noi senza darci problemi.*
Questo capitolo vuole fornire alcune informazioni e spunti di riflessione; niente può sostituirsi a una valutazione e un percorso che seguano cane e proprietario dal vivo. Nel caso di problemi che causano malessere al cane e influenzano negativamente la relazione con il nostro cane, è importante cercare l'aiuto di un professionista competente.
Le figure di riferimento sono il veterinario, per escludere cause organiche, l'educatore cinofilo di una scuola, che escluda dichiaratamente l'uso di strumenti e metodi coercitivi e il veterinario comportamentista.

15 Quando il cane è un problema

15.1 Morde le mani

La cinofilia è ricca di miti e leggende e uno di questi vuole che la madre insegni ai cuccioli a inibire il morso. La realtà è che prima ancora di avere la capacità di vedere, di sentire e di muoversi stando sulle 4 zampe, i cuccioli iniziano a mordersi uno con l'altro. Proprio come i predatori, i cuccioli mordono e scuotono come se dovessero uccidere una preda, ma non hanno denti e non hanno alcuna forza per fare danno. Quando spuntano i dentini da latte, i morsi diventano più dolorosi e i cuccioli scoprono che possono fare del male a un compagno di giochi.

I cuccioli si allenano alla lotta e imparano a valutare la propria forza e quella degli avversari; questa è una lezione di vita importante, se dovessero sopravvivere senza il controllo di un umano.

A 2 mesi, i cuccioli mordono come *piraña* e quando vengono separati dai fratelli orientano

La cucciola di Pastore Tedesco ha i dentini da latte, e il suo morso non è certo pericoloso, ma può essere doloroso. A questa età è normale che un cucciolo orienti il morso da gioco verso le nostre mani.

i comportamenti di gioco verso i partner sociali disponibili: cani, gatti, persone; se il cucciolo sta giocando con noi e ci morde le mani, non sta dimostrando una qualche pericolosa predisposizione all'aggressività, si sta solo comportando da cucciolo.

Le strategie utili sono due: lasciare che ci morda, tenendo la mano ferma, o offrirgli un giocattolo in alternativa. Per quanto sembri strano, lasciare che ci morda in genere porta il cucciolo a spostare la presa sui premolari e i molari e a masticare la nostra mano delicatamente. Se stringe troppo, possiamo tenere la mano ferma e dire: «Ahia!», a quel punto, se il cucciolo si ferma e ci guarda, possiamo guardarlo e dirgli: «Mi stai facendo male». Non capirà cosa gli diciamo ma riuscirà a cogliere dal tono della voce, dallo sguardo e dal nostro atteggiamento i segnali che lo avvertono che siamo a disagio. Se si interrompe, o ci mastica con più delicatezza, possiamo fargli i complimenti. In alternativa, possiamo offrirgli qualcosa da poter mordere con forza, una treccia di stoffa, un giocattolo di peluche, un oggetto di gomma morbida.

La tendenza a mordere si riduce verso i 3 mesi e a 4 mesi un cucciolo dovrebbe essere in grado di non mordere la nostra pelle; dobbiamo però evitare di provocarlo e di giocare a farci mordere. Cuccioli molto stressati possono mordere con molta forza, eccitarsi e non riuscire a fermarsi neppure se diamo segni di disagio e di dolore; in questo caso, dobbiamo chiederci perché il cucciolo è così tanto in difficoltà, perché mordere può essere in questo caso il sintomo di un disagio.

Attenzione a non confondere una normale inibizione sociale a usare i denti sulla nostra pelle con una inibizione basata sulla paura; un cane non dovrebbe voler farci del male perché ci vuole bene e tanto basta, perciò non abbiamo bisogno di spaventarlo o aggredirlo, soprattutto se ha 2 mesi e si sta semplicemente comportando da cucciolo.

Il controllo del morso non significa non mordere, perché anche un cane che morde e causa dolore e danni controlla il morso, ma significa che il cane mantiene la capacità di controllare il proprio comportamento e non reagisce in modo puramente impulsivo e emotivo.

15.2 Rosicchia

I cani hanno denti grandi e forti e amano usarli, afferrare, frantumare e strappare con i denti; anche noi ci comportiamo in modo simile, usando però le mani. Questa naturale predisposizione a usare i denti si manifesta appena il cucciolo è in grado di interagire con l'ambiente, afferra con la bocca sdentata, assaggia, sperimenta la sensazione di materiali diversi.

Crescendo, i muscoli del muso si rafforzano, compaiono i dentini da latte e il cucciolo scopre come usarli, nel gioco con i fratelli e con gli oggetti che può raggiungere. A 2 mesi, quando viene adottato, un cucciolo ha bisogno di dedicare molte ore della giornata a giocare, esplorare, a usare i denti; questo bisogno diventa ancora più intenso se il cucciolo subisce dello stress, perché lasciato da solo, perché non può fare abbastanza attività o perché non ha nessuno con cui giocare.

Rosicchiare e distruggere sono due attività che aiutano un cane a stare meglio, in certi cani possono

Il cucciolo di Pastore Belga Malinois di 50 giorni usa i denti per esplorare, per giocare, e ogni oggetto può diventare un giocattolo.

diventare così intense da causare gravi danni in casa e mettere a rischio la salute del cane. Se il cane ha una tendenza eccessiva a rosicchiare e distruggere, dobbiamo considerarlo un sintomo di disagio emotivo: non è il problema, è il sintomo del malessere del cane.
Cani che vivono in condizioni di deprivazione possono rosicchiare anche le pietre ma anche un cane adulto, con una vita felice e appagante, può provare il gusto di rosicchiare.
Il legno sembra essere in cima alla lista dei materiali preferiti in questa attività, anche se non usiamo i bastoni durante il gioco. Probabilmente è abbastanza robusto da poter essere afferrato con forza e allo stesso tempo si può spezzare e sbriciolare. Se il cane non ha la possibilità di scegliere cosa usare in queste attività, possiamo fornirgli noi dei giocattoli adatti. Devono essere lasciati a disposizione e non dobbiamo intervenire se prova a distruggerli. Il senso è proprio che abbia qualcosa su cui può usare liberamente i denti.

15.3 Sporca in casa

Quando il cucciolo entra nella nuova casa viene immerso in un ammasso confuso di stimoli nuovi: nuovi spazi, nuovi legami, odori diversi, abitudini sconosciute. In tutto questo caos, sta a noi riuscire a ridare al cucciolo serenità e sicurezza; il peggio che possiamo fare è focalizzare tutta la nostra attenzione sul controllo e su quello che noi vogliamo dal cane.
L'ansia dei proprietari è al massimo nell'insegnare al cucciolo a non sporcare in casa e a rimanere da solo; per un cucciolo di 2 mesi una casa è uno spazio di grandi dimensioni, in cui non ha mai vissuto e per lui non è ancora "casa". Inoltre, ha bisogno di sporcare spesso e non è ancora in grado di trattenersi quando sente lo stimolo a urinare e defecare. Dai 2 ai 3 mesi è del tutto normale che un cucciolo sporchi in casa; tutto quello che dobbiamo fare è pulire e portarlo fuori il più spesso possibile, in particolare non appena si sveglia, quando ha giocato, quando ha mangiato. Dobbiamo però essere consapevoli che, anche se lo portiamo fuori molte volte al giorno, comunque continuerà a sporcare.
Il momento del cambiamento arriva verso i 3 mesi, quando il cucciolo si sveglia e non fa immediatamente la pipì, perché ha acquisito la capacità di non sporcare appena ne sente lo stimolo. Usare delle traversine, dei panni assorbenti, in casa, può aiutare, ma può anche dare al cane l'informazione opposta a quella utile, dirgli che può sporcare in casa invece di insegnargli ad aspettare l'uscita.
Anche i cani adulti possono sporcare in casa e, in questo caso, i motivi vanno valutati con attenzione. A volte può essere un problema fisico, per cui va consultato un veterinario; altre volte, su singoli episodi può influire un cambio nella dieta (i miei cani, ad esempio, sporcano in casa se hanno mangiato ossa crude e in questo caso le feci sono dure e quasi sabbiose, o può capitare che abbiano episodi di dissenteria); a volte un cane sporca in casa a causa di uno stato di stress, e un cane maschio può marcare in casa anche solo se facciamo entrare in casa amici con un cane.

Alcuni cuccioli hanno la naturale tendenza a sporcare lontano dagli spazi in cui vivono, mentre altri non cercano di allontanarsi, e possono sporcare anche in casa, persino nella cuccia. La scelta dipende dalla personalità e dalle esperienze che il cucciolo ha vissuto prima di entrare nella nuova famiglia.

Durante una valutazione, la madre della proprietaria di una giovane American Staffordshire mi racconta che la cagna ha l'abitudine di sporcare in casa. La madre è molto critica riguardo la scelta della figlia di avere un cane e di permettere alla cagna di dormire sul letto. La cagna sporca in casa in un unico luogo: il bagno della madre!
D'altra parte, io ho sempre pensato che è ben strano arrabbiarsi così tanto con i cani quando sporcano in casa visto che noi lo facciamo ogni giorno e se abbiamo gatti che la fanno in piena vista.

Ci sono cani naturalmente più puliti e cani che si fanno ben pochi problemi nello sporcare dove vivono. Alcuni cani sono costretti a imparare a sporcare vicino alla cuccia e alla ciotola, in particolare i cani chiusi in recinti, allevamenti, rifugi, canili. I cani che hanno dovuto sporcare dove vivono per anni, perché chiusi in un box, possono mantenere questa abitudine per un periodo più o meno lungo.

L'unica strategia per affrontare il problema è riabituare il cane a sporcare in uno spazio esterno, meglio se su prato, in modo da differenziare gli spazi anche in base al substrato.

15.4 Mangia cibo o altro fuori casa

I cuccioli hanno la tendenza a prendere in bocca di tutto perché è parte del loro normale percorso di conoscenza, di gioco e di esplorazione. Questo comportamento può peggiorare dopo la somministrazione del vermifugo: scherzando, dico che è la strategia dei vermi per tornare dal cane, ma è un effetto del mal di pancia e il cucciolo mangia di tutto per cercare di liberarsi della sensazione di fastidio e dolore.

Molti proprietari entrano in ansia non appena vedono il cucciolo prendere in bocca qualcosa di potenzialmente pericoloso, qualcosa che non vogliono venga rovinato dai dentini o se vedono il cucciolo mangiare delle feci o altre sostanze sgradevoli. Il proprietario si avvicina al cane, gli strappa di bocca quello che ha afferrato, si arrabbia e lo sgrida se lo vede mangiare qualcosa. Dal punto di vista del cane, quello che gli stiamo dicendo è: «Hai trovato qualcosa di grande valore, e lo voglio io», il senso della nostra reazione è dunque una competizione per una risorsa: di conseguenza, il cucciolo non farà altro che ingoiare più in fretta che può o scappare via con il prezioso bottino.

Ricordo un Beagle Harrier di 7 mesi che passava il tempo a esplorare il terreno alla ricerca di qualcosa da poter ingoiare, *stalkerizzato* dal proprietario che lo seguiva passo passo o con lo sguardo, pronto a piombargli addosso e togliere dalla bocca del cane qualunque cosa avesse raccolto. Quel cane non reagiva in quel contesto ma minacciava di mordere non appena provavano a toccarlo, anche solo per mettergli la pettorina o fargli una carezza; non avendo la forza per fermare il proprietario, aveva sviluppato una vera e propria avversione al contatto fisico.

Per evitare questa infausta sequenza di eventi, il trucco è **lasciare che il cucciolo esplori con la bocca e controllare che alla sua portata non ci sia niente di realmente pericoloso o dannoso**. Nei giorni dopo avergli dato il vermifugo, è importante evitare aree in cui potrebbe ingoiare sassi o alto materiale a rischio e possiamo tenere

Cani che hanno subito la fame (anche da cuccioli) possono sviluppare una motivazione fortissima alla ricerca e la consumazione di qualunque tipo di fonte alimentare, anche quelle che per noi sono più repellenti.

pronto qualcosa di buono da dargli per distrarlo da un oggetto inappropriato. In questo caso, è consigliabile dare attenzione a quello che abbiamo noi in mano o che abbiamo lasciato a terra (una manciata di bocconi), fingere di essere incredibilmente interessati a quello che abbiamo trovato, in modo da attirare il cucciolo e fargli dimenticare quello che ha attirato la sua attenzione. Mentre è impegnato a mangiare, o a inseguire il giocattolo, con calma raccogliamo e mettiamo via quello che non vogliamo che afferri e ingerisca.

Se ad esibire il comportamento di pica è un cane adulto, è importante rivolgersi a un veterinario per escludere problemi fisici e legati all'alimentazione.

15.5 Salta addosso

Quando due cani si incontrano, concentrano la propria attenzione su due parti dell'altro cane: la testa e l'area ano-genitale.

I cani possono tentare di annusare il nostro inguine ma in genere cercano di raggiungere il nostro viso, la nostra parte più sociale, per salutarci e per annusarci. Dato che noi abbiamo una postura eretta, l'unica speranza per un cane di avvicinarsi al nostro volto è quella di sollevarsi e appoggiarsi con le zampe su di noi: è un **comportamento di saluto, di amicizia e di affetto**.

Se non vogliamo che ci salti addosso non dobbiamo fare altro che abbassarci e tenere la testa alla sua altezza, evitando di sgridarlo; sgridare un cane perché ci salta addosso per farci le feste è come sgridare un bambino che ci corre incontro e ci abbraccia quando torniamo a casa.

Può capitare di essere vestiti in modo meno spartano e di avere paura che il cane possa sporcarci o rovinare l'abito e in questo caso possiamo distrarre il cane con un giocattolo o con del cibo, spostando l'attenzione del cane da noi per il tempo che ci serve per cambiarci e potergli dedicare del tempo per coccole e gioco: basta organizzarsi e portarsi dietro qualcosa da dargli quando apriamo la porta di casa.

Nel tempo, possiamo anche insegnare al cane ad andare a prendere un giocattolo quando torniamo e avere così il tempo per entrare in casa e cambiarci o possiamo anche semplicemente dire al cane con calma di non saltarci addosso e fargli i complimenti quando ci ascolta.

Saltare addosso può essere anche un comportamento di stress e persino di minaccia: il cane ha una postura frontale e rimbalza contro di noi o salta fino a colpirci la faccia con il muso. Spesso vedo cani che tentano di fermare le persone saltando loro addosso: possono cercare di fermare un estraneo che si avvicina, bloccare il proprietario o fargli cambiare direzione, allontanarlo da una situazione che percepiscono come negativa.

Dare un pugno con il muso è un'azione ancora più intensa e, se il cane prova aggressività, la bocca è aperta e si può sentire il contatto con i canini.

Non si tratta di comportamenti sbagliati ma di una normale comunicazione, un modo che il cane ha per dirci che il contesto è sbagliato e che non si sente a suo agio.

Il Barbone gigante salta contro la proprietaria, un comportamento che è spesso associato a stress. Può essere un modo per avere la nostra attenzione, per fermarci, per indurci a reagire in una situazione che il cane percepisce come stressante.

Il saltare addosso è un'opportunità per noi per capire meglio il nostro cane; che sia nell'ambito del saluto o in quella della minaccia, comunque comunica qualcosa sul cane, su come si sente e su come sta vivendo una certa situazione.
Se siamo preoccupati da un cane che ci salta addosso la reazione spontanea è girarci, allontanare busto e viso: può funzionare perché interrompe ogni comunicazione sociale con il cane. Non dobbiamo spingere via il cane, perché potrebbe scatenare una reazione ancora più intensa o spaventarlo; è meglio guardare il cane negli occhi, restare frontali, fermi e usare il braccio come scudo, rendendo chiaro al cane che non gradiamo che ci salti contro. Se ci sentiamo davvero spaventati dal cane, dobbiamo chiedere al proprietario di fermarlo e allontanarlo, mentre se è il nostro cane a saltarci contro e a farci sentire a disagio, allora è il momento di chiedere aiuto a un esperto.

15.6 Tira al guinzaglio

Quali sono i motivi che portano un proprietario in un centro cinofilo? Tira al guinzaglio, non torna al richiamo, salta addosso.
Tirare al guinzaglio è il problema più comune di chi non ha problemi peggiori; negli anni questo comportamento è stato spiegato come una mancanza di autorità da parte del proprietario, come un gesto di dominanza o di maleducazione del cane. Di sicuro, per un proprietario gestire un cane che tira al guinzaglio può essere un incubo quotidiano. Guardatela però un momento anche dall'altra parte e capirete che per un cane può essere un incubo passare gran parte del tempo fuori casa al guinzaglio e stare così male da tirare.
Con la diffusione di metodi non coercitivi, si è pensato di risolvere cambiando gli strumenti e

Il Dobermann è stato adottato adulto e nei sei anni che ha trascorso chiuso dentro a un piccolo recinto, non ha mai avuto la possibilità di imparare le abilità richieste per una convivenza in famiglia. Valeria sa bene chi è Nash e non ha nessuna reazione negativa quando il Dobermann tira al guinzaglio con forza.

Tirare al guinzaglio è il sintomo di un problema del cane. Il cane è portato a tirare per diverse motivazioni, e non esiste un'unica soluzione, né un'unica tecnica che permetta di eliminare il problema in pochi minuti. Attraverso la coercizione è possibile inibire il cane, rendendo lo stare al guinzaglio con noi uno degli eventi più spiacevoli e dolorosi della sua vita.
Se vogliamo aiutare un cane a stare bene insieme a noi, dobbiamo prima di tutto capire cosa lo porta a cercare di allontanarsi da noi o da un ambiente. Stare vicino a noi dipende da quanto sta bene, quando si fida e si affida a noi, quanto si sente al sicuro.

usando la pettorina e un guinzaglio più lungo. Stare più lontano da noi e avere addosso una pettorina che riduce l'impatto fisico e emotivo del guinzaglio sono soluzioni-tampone, che non affrontano le cause del comportamento.
Perché un cane tira al guinzaglio? Vediamo alcune cause possibili.

1. **Stress e paura ambientale**. Il cane tira per allontanarsi da qualcosa o qualcuno che lo preoccupa o lo spaventa.
2. **Stress causato dal proprietario**. Il proprietario può essere considerato un pessimo guidatore, può non avere una comunicazione efficace, o causare stress direttamente con tensioni, strattoni e una gestione fisica del cane.
3. **Eccitazione**. Per un cane impulsivo e eccitato può essere stressante la sensazione di controllo fisico causata dal guinzaglio. La frustrazione può sfociare in aggressività, spesso espressa mordendo il guinzaglio o con una maggiore reattività agli stimoli ambientali e sociali.
4. **Inesperienza, alta sensibilità, cattive esperienze al guinzaglio**. Un cane può non capire e non accettare di essere legato. Molti cuccioli e cani che hanno vissuto liberi, si ribellano al guinzaglio come un animale selvatico che viene catturato. Vivere bene il guinzaglio è anche una questione di come è stato introdotto lo strumento, e di quanto è stato associato a fiducia e sicurezza, o piuttosto a forza, violenza, sopruso.
5. **Necessità e bisogni fisici, emotivi, sociali**. Un cane può tirare per raggiungere il punto in cui può marcare o annusare o sporcare, può tirare per aumentare la distanza da qualcosa o qualcuno, o per ridurla. Il punto di vista del cane è diverso dal nostro e può non esserci comprensibile, perché il nostro uso dello spazio e delle traiettorie è in contrasto con i bisogni del nostro cane.
6. **Attività fisica.** Cercate di pensare all'ultima volta in cui siete stati in una sala di attesa. Dopo pochi minuti, non riuscite più a stare seduti, indipendentemente dalla comodità della poltrona; quello che ci causa veramente disagio sono l'attesa e il non potercene andare. Per un cane che vorrebbe potersi muovere, correre, esplorare, stare al guinzaglio può essere fortemente stressante.
7. **Controllo**. Alcuni cani, spesso cani maschi di taglia medio-grande, con una personalità forte e allo stesso tempo molto sensibile, possono usare la forza fisica per costringere il proprietario a seguirli. In questi cani, tirare è spesso sintomo di ansia e non di dominanza e tirano senza un obiettivo, seguendo traiettorie simili a una pallina da flipper. Sono cani che in una passeggiata possono esplodere emotivamente da uno stimolo all'altro, tirando in costante fuga.

15.7 Non torna al richiamo

Nessun animale capisce il significato di un richiamo. Gli animali possono imparare a venire da noi per avere cibo, che di solito è la leva per convincere o costringerli ad avvicinarsi al richiamo. I cani sono una eccezione alla regola, perché possono imparare a tornare al nostro richiamo solo perché lo vogliamo.
Per alcuni cani questa capacità è innata e tornano al richiamo senza alcun particolare addestramento; per altri, il richiamo può essere una richiesta incomprensibile o persino un elemento negativo nella nostra relazione.
Se il nome del cane viene pronunciato in modo duro, alzando la voce per controllare il cane, per competere contro l'ambiente, il cane non sarà felice nel tornare da noi. Se il cane non è di quelli che torna appena chiamato, il percorso per costruire un richiamo può essere lungo e tortuoso.

Il richiamo è il risultato di un lavoro fatto per sviluppare la comunicazione e la relazione tra noi a il cane, è la somma di quanto siamo credibili, rilevanti e di quanto il cane si fida di noi.

Quando devo chiudere un cane in box, e lui non vuole rinunciare alla sua libertà, guardo il cane e insisto. Non lo farei con un cucciolo, non lo farei con un cane che in quel momento non è in grado di ascoltarmi e di venire da me. Non ho problemi, invece, a farlo con un cane adulto con cui ho seguito un percorso di mesi nel costruire la nostra relazione.
Rimango vicino al box e chiamo il cane e, in quel momento, è la mia volontà verso la sua. Se dovessi arrabbiarmi o alzare la voce dimostrerei solo la mia debolezza e insicurezza e darei al cane un buon motivo per starmi lontano.
Quando il cane viene verso di me, gli faccio i complimenti e non provo alcun risentimento.
Prima di pretendere da un cane che ci obbedisca, dovremmo sempre chiederci cosa abbiamo fatto per meritarcelo. Il richiamo è un buon test della relazione, ma è pur sempre vero che ci sono cani che ce lo regalano e cani con cui è necessario lavorare tanto e duramente per conquistarlo.

Marta usa la postura del corpo e la voce per chiedere a Luce di seguirla, ma la Border Collie non si muove. I cani hanno la capacità, a volte il diritto, di dire no.

Bonnie è una Galgo Spagnola, rescue, e il rapporto di fiducia con Anna è così forte, che può essere lasciata libera, contando sulla sua capacità e volontà di tornare al richiamo.

15.8 Abbaia

Lo sanno anche i bambini che i cani abbaiano, mentre gli adulti, spesso, se lo dimenticano e pensano che i cani non debbano abbaiare per non infastidire le persone.

I cani abbaiano perché abbaiare fa parte del loro normale repertorio di comportamenti e, in un passato non remoto, il loro abbaio era considerato prezioso per segnalare la presenza di estranei, nel fare la guardia e difendere la proprietà, persone e animali di famiglia. L'abbaio è stato selezionato anche nei cani da caccia, come le mute di segugi che segnalano la preda abbaiando. L'abbaio è in generale associato a un aumento dell'intensità dello stato emotivo, quello che viene chiamato *arousal*; i cani possono abbaiare perché eccitati, per frustrazione, per paura, per rabbia.

Io considero l'abbaio l'equivalente canino dell'urlare nell'uomo molti cani abbaiano perché tutti gli altri segnali di disagio sono stati ignorati.

Poiché la soglia di abbaio è individuale, alcuni cani abbaiano molto facilmente e altri solo in situazioni molto intense. Brick, la mia Staffy, abbaia una decina di volte in un anno, in genere emettendo un unico «bau»; i miei Pastori Tedeschi abbaiano ogni giorno, ogni volta che qualcuno osa passare sulla strada che costeggia la recinzione del prato.

Si può insegnare a un cane a non abbaiare? Tanto più un cane si sente al sicuro, e sta bene, meno ha motivi per abbaiare. È dunque importante aumentare il senso di sicurezza, in casa come in giardino, usando vari accorgimenti: barriere visive che riducono la reazione visiva all'avvicinamento di persone o cani alla proprietà; ombreggianti e siepi; si può ridurre l'accesso alle aree più vulnerabili (porta di entrata di casa, parte del giardino sulla strada).

Se l'abbaio è causato dallo stress della solitudine, la causa è da cercare nello stato in cui si trova il cane quando usciamo di casa, ed è quello il problema da risolvere.

Una mia allieva ha aiutato la sua Jack Russell a stare meglio adottando un secondo cane e, in pochi mesi, è riuscita a lasciarla a casa senza dover affrontare la rabbia dei vicini per i suoi abbai acuti e insistenti. Non è stato solo l'arrivo di un cane compatibile con la Jack Russell a risolvere il problema, ma è stato seguito un percorso per farla stare meglio e per soddisfare il suo bisogno di attività fisica e mentale.

Nei Golden Retriever l'abbaio è spesso associato a conflitto, stress, insicurezza, frustrazione. È un modo rumoroso ma gentile di urlare il proprio disagio.

15.9 Non gioca con i giocattoli

Durante il progetto Ex combattenti, ho testato i Pit Bull e un equivalente gruppo di cani del canile; uno dei test riguardava il gioco. I Pit Bull sono gli unici cani che, in uno stato di eccitazione o di frustrazione, hanno esibito comportamenti aggressivi verso di noi e sono anche tra i pochi cani che hanno dimostrato una motivazione elevata al gioco con giocattoli. Molti cani del canile erano indifferenti ai giocattoli, o ne erano addirittura spaventati.

Perché un cane non gioca con una palla? **La motivazione al gioco con giocattoli è diversa in razze e in individui differenti**. È più alta nei cani da conduzione, nei molossi, nei terrier ed è generalmente minore nei cani da caccia, soprattutto nei segugi, nei cani da guardia del gregge e nei cani primitivi. Alcuni cani non hanno avuto esperienza di gioco da cuccioli, non hanno imparato a giocare con l'uomo o con dei giocattoli; quelli che hanno passato molti anni in canile dimostrano in media meno motivazione al gioco dei cani di famiglia.

I cani che avevano paura dei giocattoli mostravano reazioni di paura anche verso le mani e in generale dimostravano di aver avuto brutte esperienze, di essere stati probabilmente minacciati o picchiati con oggetti.

Con un cucciolo vale la pena spendere un po' di euro – tanti euro – e comprare giocattoli di forme e materiali differenti, provare a fare giochi diversi e scoprire se ci sono giocattoli e giochi che gli piacciono. Il mondo cinofilo insegue spesso la moda del giocattolo usato dal personaggio del momento, tutti cercano di replicarne i successi copiando quello che si può copiare.

Ogni cane esprime gusti personali in fatto di gioco. Invece di uniformarsi a un certo stile o a certi oggetti, dovremmo esplorare e capire cosa ci fa giocare e divertirci insieme.

Esistono giocattoli in cui si può inserire del cibo, da usare come intrattenimento per il cane quando resta da solo o nel gioco insieme a noi.
Se il cane non gioca con la palla o non ama il tira e molla, è sempre possibile trovare altre attività da fare insieme, come l'apprendimento o i giochi di fiuto.

Monica propone un giocattolo a Possenzio, American Bulldog rescue. Possenzio è stato trovato sottopeso, coperto di cicatrici e solo da pochi mesi ha riscoperto il legame con gli umani. Alcuni mesi dopo questo scatto, Possenzio ha iniziato a giocare.

15.10 Comportamenti di monta

Il neo proprietario può essere preoccupato dal cucciolo che ad appena 2 mesi esibisce il comportamento di monta. Questo comportamento, in realtà, è normale e può succedere a 2 mesi, a 3 o a 4. Il cervello del cucciolo maschio viene mascolinizzato già in utero e possono quindi comparire comportamenti sessuali da cane adulto (in genere pochi episodi fino all'adolescenza), come marcare con la zampa sollevata o la monta. Il cucciolo dovrebbe poter incontrare altri cani e orientare verso i propri simili i comportamenti sessuali e di corteggiamento.
Quando il cane matura sessualmente, e per i mesi successivi, i comportamenti sessuali possono essere più frequenti; un cane che non ha la possibilità di incontrare i propri simili può orientare il comportamento sessuale di monta verso degli oggetti, o verso partner anomali. Ricordo un'anatra maschio follemente innamorata di una Maremmana, che tollerava con pazienza il suo corteggiamento insistente. Nello stesso cortile, nell'officina di un meccanico, un meticcio intratteneva una relazione amorosa con un pallone da calcio.
La monta può essere esibita anche dalle femmine, durante il corteggiamento di un maschio o come elemento della relazione con altri cani, può essere un comportamento di stress, molto probabilmente un *coping*, o avere un significato nella comunicazione sociale.
I comportamenti di monta sono frequenti nel maschio adulto, quando inizia la convivenza con una femmina. Un maschio adulto può diventare molto insistente verso una femmina e questo atteggiamento dura più o meno due settimane; le femmine, in genere, non hanno la forza fisica e caratteriale per fermare il maschio e tendono quindi a subire.
Quando vengono minacciati dalla femmina, i maschi di solito non reagiscono con aggressività, ma la situazione è sicuramente di forte stress per entrambi i cani.
In un canile viene introdotto un meticcio di taglia medio grande nel box di una femmina di American Bulldog. Il maschio continua a esibire la monta per giorni e un mattino trovano la femmina in presa su una zampa del maschio. Il maschio è sopravvissuto, si è salvata anche la zampa, ma questo racconta bene quale può essere il livello di stress e il possibile rischio nel forzare

La Kooikerhondjie J esibisce la monta su un cane estraneo. Questo comportamento può essere il sintomo di un forte disagio sociale.

Il cucciolo di Border Collie Smooth, Bran, esibisce la monta su una persona. A questa età la monta può essere del tutto normale: il cucciolo impara anche a riconoscere i partner sessuali e la convivenza con l'uomo può causare un po' di confusione.

una convivenza. Per evitare questa fase iniziale di stress, è necessario avere gli spazi per un inserimento graduale, in cui i due cani possano vedersi senza dover entrare in contatto. È anche utile far loro condividere attività in cui hanno lo spazio e la possibilità di fare altro, come una bella passeggiata, tenendo libero quello dei due che gestisce meglio la presenza dell'altro e al guinzaglio quello dei due che è più in difficoltà nell'interazione. In genere, due cani compatibili formeranno un legame in giorni o poche settimane.

I maschi adulti possono esibire la monta anche verso maschi castrati e verso giovani maschi che non hanno ancora raggiunto la maturità sessuale; è possibile che il comportamento verso i maschi castrati sia influenzato dall'assenza dell'odore che identifica un maschio maturo sessualmente.

I cani possono manifestare il comportamento di monta anche verso le persone: può avere una motivazione più sessuale o può essere causato dallo stress e dal conflitto; in questo caso, può essere rischioso intervenire in modo brusco contro il cane, che potrebbe essere così sotto pressione da reagire in modo aggressivo. Il primo passo è cercare di capire la motivazione del cane, in quali momenti esibisce il comportamento, verso chi è orientato, se è in grado di essere fermato, bloccandolo fisicamente o distraendolo. Questo comportamento non dovrebbe venire orientato verso l'uomo, così come non dovrebbe essere orientato verso oggetti o animali di altre specie ed è quindi importante capire le motivazioni del cane, cercare aiuto per trovare una soluzione idonea al singolo soggetto.

15.11 Aggressività

L'aggressività è un aspetto della personalità del cane: esistono cani più aggressivi e cani meno aggressivi. Il cane meno aggressivo, a parità di condizioni, tenderà meno a ricorrere a comportamenti di minaccia e di attacco rispetto a un cane più aggressivo.

L'aggressività a livello di personalità implica una tendenza a esibire comportamenti aggressivi; perché un cane diventi aggressivo deve provare dolore o emozioni come la paura, la frustrazione o la rabbia, e deve avere una motivazione a minacciare e ad attaccare.

L'aggressività è un argomento complesso; una corretta prevenzione, gestione e un percorso di aiuto devono essere seguiti con una persona esperta e competente.

15.11.1 Aggressività verso i cani

L'aggressività è anche una parte normale e naturale della comunicazione dei cani e non implica necessariamente una volontà a causare un danno. Un cane può indurire lo sguardo, fissare, ringhiare, mostrare i denti, sbattere i denti (*snapping*), esibire la bocca aperta, senza mai arrivare a mordere o a causare ferite.

Anche l'esperienza può avere un ruolo importante nel determinare la reazione del cane; un cane che è stato aggredito da un altro cane può avere una reazione aggressiva alla sola vista di un cane non familiare. In questo caso, l'esperienza ha creato un pregiudizio negativo: «I cani sconosciuti sono pericolosi e devo essere pronto a difendermi».

I maschi sono in genere meno tolleranti verso gli altri maschi e il confronto può aumentare di intensità, fino alla rissa. L'intolleranza può manifestarsi però anche tra femmine, soprattutto in coincidenza con il calore; il livello di aggressività espresso può essere uguale a quello dei maschi. Anche se in genere maschi e femmine convivono senza scontri, è possibile si inneschino delle dinamiche di competizione o veri conflitti anche in una coppia.

L'intolleranza verso i cani sconosciuti è più probabile in alcune razze ed è più elevata in certi individui; le mie due Staffy femmine sono in grado di incontrare qualunque cane, ma altri Staffordshire Terrier che ho valutato erano fortemente intolleranti e aggressivi con i cani sconosciuti. Anche nella stessa razza, quindi, esistono individui con caratteristiche molto differenti.

Tutti i cani possono esibire comportamenti di minaccia e di aggressione per difendersi in una situazione di conflitto o se provano

Il guinzaglio può aumentare l'insicurezza di un cane e portarlo a esibire comportamenti di minaccia per allontanare un potenziale pericolo, per difendersi da un altro cane che lo spaventa. Per questo motivo è importante aiutare il nostro cane a sentirsi al sicuro.

dolore o paura. L'aggressività può essere la reazione al comportamento di un altro cane; ad esempio, una femmina può cercare di fermare gli approcci di un maschio ricorrendo a comportamenti come mostrare i denti, sbattere i denti, caricare e minacciare di mordere. In alcuni casi, il cane può manifestare aggressività alla sola vista di un altro cane e, in questo caso, la reazione aggressiva non è sociale o il risultato di una comunicazione tra i due cani, ma è una pura **reazione emotiva**.

In genere il cane che è vittima di un'aggressione esibisce un livello di aggressività più basso dell'aggressore; questo è comprensibile in termini di motivazione ad aggredire: la vittima in genere cerca solo di allontanarsi, di difendersi e di fermare l'aggressione.

Gli scontri tra due cani adulti che non si conoscono durano di solito pochi secondi e terminano raramente con un vincitore e un vinto; i due cani si allontanano, cercano supporto dai proprietari e possono manifestare forte stress emotivo.

Per **separare due cani coinvolti in una rissa**, la tecnica più semplice ed efficace consiste nell'afferrare il collare sulla nuca, sollevare leggermente e cercare di tenere le mani ferme finché il cane non lascia la presa. Se il cane non indossa il collare si può usare un guinzaglio, facendo attenzione a non venire morsicati quando viene fatto passare sotto alla testa del cane; solo quando i due cani hanno lasciato la presa possono essere separati.

Gran parte delle risse tra cani potrebbero essere evitate, scegliendo cani che sono compatibili nella convivenza, evitando una socializzazione selvaggia e imparando a riconoscere quali cani sono graditi e adatti a incontrare il nostro cane; per evitare una rissa, basta un guinzaglio.

Purtroppo, nel nostro Paese non è infrequente trovare cani vaganti, lasciati liberi senza alcuna supervisione e controllo, se non proprio proprietari che schiantano il proprio cane contro gli altri cani al grido di: «Il mio è buono!», «Facciamoli incontrare!», «Il mio è un maschio!».

I cani di piccola taglia vengono spesso accusati di essere delle mine vaganti, pronti a esplodere in aggressività contro altri cani; in realtà, dato che sono piccoli, i loro comportamenti di minaccia e di autodifesa non vengono rispettati e presi sul serio e, di conseguenza, raramente vengono tutelati da ciò che li spaventa. A volte, al contrario, vengono tutelati in modo eccessivo, evitando qualunque interazione.

Se davvero amiamo i cani, dovremmo preoccuparci del benessere dei cani degli altri, e non solo del nostro. Dovremmo evitare le situazioni in cui il nostro cane può innescare reazioni di paura e di minaccia, evitando ad esempio di farlo avvicinare a cancelli e recinzioni di proprietà in cui si trovano dei cani o di lasciare che corteggi in modo insistente una femmina, che insegua un cane che non è in grado di fermare la caccia, di provocare o fare il bullo.

Random, mix Terrier trovato cucciolo e abbandonato a se stesso durante un viaggio all'estero, esibisce il comportamento della "minaccia a bocca aperta": impressionante ma inoffensivo.

Separare i cani in una rissa: cosa evitare

È importante evitare di bloccare uno dei due cani senza nel contempo fermare anche l'altro, perché in questo modo si rischiano lesioni al cane che viene trattenuto.

Occorre prestare molta attenzione ed evitare di tirare i cani, perché si rischiano lesioni anche molto estese.

Sollevare i cani per la coda, per le zampe posteriori, lanciare acqua o urlare, inoltre, rischiano di peggiorare lo scontro.

15.11.2 Aggressività verso le persone

L'aggressività verso le persone può manifestarsi verso gli estranei, verso una categoria o alcune categorie o verso i componenti della famiglia.

I cani tendono ad avere più paura e a essere più aggressivi verso gli uomini ed essere meno reattivi verso le donne.

L'aggressività verso le persone, soprattutto quella verso i proprietari, è il problema che probabilmente ha conseguenze più gravi per il cane, perché i proprietari possono tentare di mantenere o di riacquistare il controllo sul cane attraverso comportamenti di imposizione: schiacciare a terra, afferrare il muso, afferrare per la collottola e scuotere, urlare, isolare, picchiare con le mani o con oggetti. Dal punto di vista del cane, queste sono tutte aggressioni.

Ricordiamoci che i cani afferrano per il collo e scuotono le prede, con quello che viene definito un morso per uccidere e afferrano e scuotono nelle aggressioni, quando stanno cercando di causare danni gravi all'avversario: afferrare per il collo ha quindi un significato 'evolutivo' profondo.

Negli anni ho conosciuto molti cani che avevano subito abusi perché avevano manifestato un comportamento aggressivo e i proprietari avevano cercato di risolvere il problema con la violenza. Penso di aver visto pochi cani considerati aggressivi che non siano mai stati picchiati a causa delle loro reazioni.

L'uso della forza e della violenza ha come unico obiettivo inibire il cane e fare in modo che non osi più minacciare. Per alcuni proprietari, persino per alcuni professionisti, l'inibizione è considerata un risultato di successo.

Dobbiamo ricordarci che noi siamo più grandi di un cane, siamo più forti e abbiamo il totale controllo sulla sua vita; possiamo fargli del male, spaventarlo, costringerlo all'isolamento, privarlo di tutto ciò che per il cane ha un valore, compresa la libertà, l'affetto, la sicurezza, il cibo, la possibilità di difendersi, abbandonarlo, portarlo in un canile e chiedere che venga ucciso.

Legittimiamo la violenza contro il cane con la motivazione che serve a inibire la sua aggressività e persino a salvargli la vita e, spesso, l'uso della violenza contro i cani aggressivi viene addirittura esaltato dai risultati raggiunti da certi personaggi, che "recuperano" cani aggressivi con un uso più o meno ostentato di violenza.

Quando ho cominciato a occuparmi dei cani del progetto Ex combattenti, chi leggeva del progetto (recuperare 40 Pit Bull sequestrati al mondo dei combattimenti clandestini) si rivolgeva a me come ultima speranza per valutare il proprio cane e trovare una soluzione ai problemi di convivenza. Ho cominciato a valutare cani morsicatori e a filmare e studiare il comportamento aggressivo dei cani durante le classi di socializzazione.

Quando mi trovo davanti un cane considerato aggressivo, la mia prima sensazione è di solitudine e di isolamento, perché spesso i cani aggressivi sono trattati come degli appestati sociali; anche i loro proprietari spesso subiscono lo stesso trattamento, perché considerati degli incapaci.

La Malinois esibisce paura e minaccia verso una persona sconosciuta. Lola ha le competenze per evitare che la cagna intensifichi l'aggressione.

L'isolamento sociale dei cani aggressivi dipende anche da una naturale reazione di autodifesa da parte dei proprietari, che porta a un distacco emotivo, fino al rifiuto del cane.
Io ho scelto di mettere da parte qualunque tipo di valutazione morale e di trattare l'aggressività dalla prospettiva di un cane con cui nessuno vuole comunicare. Durante la valutazione, cerco di farmi 'raccontare' dal cane la sua versione della storia, perché spesso i proprietari non hanno le competenze per riconoscere gli elementi rilevanti del problema, a volte mentono o omettono le parti più imbarazzanti della storia.
Osservando il cane, apro un canale di comunicazione; poiché lavoro in condizioni di sicurezza, il cane può minacciarmi, aggredirmi senza subire ritorsioni, senza essere sgridato o punito; voglio che sia libero di manifestare le proprie emozioni e motivazioni.
La **valutazione dal vivo, con il cane libero di esprimersi**, è per me il primo passo per aiutare il cane a stare meglio e i proprietari a gestire il cane in modo sicuro. In alcuni casi è necessario adottare delle strategie che limitino il rischio di un contatto tra il cane e persone estranee, bambini, persone anziane o vulnerabili e, nella mia esperienza, le probabilità di riuscire ad aiutare la famiglia sono più alte se in famiglia qualcuno è veramente affezionato al cane e non ne ha paura.
Il nostro cane può esibire comportamenti di minaccia verso persone sconosciute, persino verso di noi, e tutto questo può fare parte di una normale e naturale comunicazione sociale. La minaccia può non essere associata a una intenzione a mordere e a fare del male, ma è comunque un campanello di allarme, il segnale di uno stato di conflitto e di un problema nella relazione. Dobbiamo imparare a riconoscere i segnali di disagio del cane, prevenire situazioni a rischio e rivolgerci a un esperto che non utilizzi metodi coercitivi.
Se il cane ha già morso, il livello di attenzione deve essere alto e costante, seguendo buone regole di prevenzione e di gestione. Vivo da sette anni con una cagna paurosa e aggressiva, una femmina di Pastore Tedesco di 35 kg. Anche se in sette anni non ha mai fatto del male a nessuno, in sette anni non ho mai abbassato il mio livello di attenzione e le ho concesso più libertà solo quando e dove era in grado di fare fronte emotivamente alla situazione.

Il meticcio di Pastore Tedesco esibisce l'espressione offensiva e la piega agonistica, in segno di paura e minaccia. Lo riprendo con la telecamera durante la valutazione, per avere la possibilità di rianalizzare le reazioni in una fase successiva.

15.12 Comportamenti di inseguimento e caccia

Tutti i cani possono essere attratti dall'odore di un animale selvatico o provare l'impulso a inseguire una preda. In alcune razze questi comportamenti sono stati attentamente selezionati; vivere con un cane da caccia implica dover fare i conti con la sua tendenza a dimenticarsi di noi per entrare in un mondo parallelo, fatto di tracce invisibili e di potenziali prede da trovare e inseguire. Per alcuni cani, la caccia è un'attività talmente eccitante e piacevole che niente e nessuno può competere. Più un cane sperimenta l'ebrezza della caccia, più è alta la probabilità che diventi un cacciatore incallito. **Cacciare è un'attività tanto piacevole da poter diventare un *coping* in caso di stress**. Per molti cani la caccia non è solo una reazione naturale all'odore o alla vista di una potenziale preda, è anche una strategia attiva per sentirsi meglio quando stanno male; quando ne hanno la possibilità, orientano il comportamento su prede reali (topi, lucertole, ramarri, bisce, conigli selvatici, lepri, caprioli, volatili) o, più raramente, su animali domestici. Se vivono in giardino, possono inseguire i gatti e i passanti e al guinzaglio possono avere

comportamenti di predazione sulle auto, i ciclisti, gli animali che si incontrano, i piccioni o anche altri cani che corrono.
I cani che hanno la motivazione e la possibilità di giocare possono canalizzare il comportamento di predazione su oggetti, come palline, palloni, bastoni, pietre, dischi, pigne. Se vive in casa, o in un box e se vive una forte condizione di stress in questi ambienti, un cane può rivolgere i comportamenti di caccia alle luci e alle ombre, a volte può capitare se per innescare un comportamento di inseguimento è stata utilizzata una pila laser.
Se la caccia in sé è un'attività naturale e molto gradita al cane, il problema si pone se questa sua attività causa disturbo o provoca danni alla fauna selvatica o agli altri animali domestici, o se il cane corre il rischio di essere gravemente ferito (ad esempio da un cinghiale). La prevenzione sta nel canalizzare la motivazione a predare nel gioco con giocattoli, in modo da soddisfare il bisogno di inseguire e catturare una preda in movimento; con i cani che non sono motivati dal gioco, possiamo condividere le fasi della caccia con delle attività di ricerca olfattiva. Se il nostro cane ha già la tendenza a cacciare, possiamo tenerlo al guinzaglio per una parte della passeggiata, impedendogli così di allontanarsi e perdere contatto con noi, e impegnarlo in attività divertenti durante la passeggiata. Se poi abbiamo paura che il cane possa scappare, possiamo usare un collare GPS, oltre ovviamente ad avere il cane con microchip e medaglietta con il nostro numero di telefono.
Esiste anche la possibilità di entrare nel mondo del nostro cacciatore, rivolgendoci a un preparatore che possa aiutarci a capire la natura di questi cani, compresi Labrador, Golden, Terrier e Levrieri. Chi è contro la caccia, può comunque avere informazioni su come capire il comportamento di un cane di una razza da caccia e su come trovare alternative al puro controllo fisico o all'inibizione; anche in questo caso è importante rivolgersi a qualcuno che non usa metodi coercitivi, per ottenere controllo sul cane.

Quando adottiamo un cane, cucciolo o adulto, gli elementi da valutare sono: selezione per la caccia, predisposizione individuale, esperienza e stress.

Brick a caccia di lucertole. Benché abbia potuto dare la caccia alle lucertole per molti anni, il comportamento non è mai aumentato di intensità. Questo perché per la Staffy è divertente ma non ne è dipendente.

15.13 Paura

La paura blocca la comunicazione, la capacità di guardare e ascoltare l'altro. Se l'aggressività produce isolamento, la paura è isolamento, perché il cane che ha paura si allontana, evita ogni contatto e scappa.

15.13.1 Paura degli altri cani

Un cucciolo può avere paura di cani adulti sconosciuti e reagire drizzando il pelo e abbaiando e, se il cane si avvicina, guaire e scappare: è una naturale strategia per sopravvivere quando è così piccolo da non potersi difendere. Altri cuccioli sono invece più motivati al contatto, curiosi, spavaldi e pronti a sfidare il mondo.

Il cucciolo che ha paura può essere aiutato da un **cane adulto confidente ed empatico**, capace di dargli il tempo per sentirsi al sicuro o da un **cane molto socievole e poco aggressivo**, che insisterà fino a convincere il cucciolo a farsi avvicinare e giocare. Se il cucciolo impaurito cerca aiuto, non dobbiamo ignorarlo, perché sentire che siamo presenti, non solo fisicamente, lo rassicura e gli può dare il coraggio di accettare un incontro o di avvicinarsi all'altro cane.

La paura dei cani può non ridursi neppure con incontri con i cani più competenti e socievoli e per alcuni cani l'incontro con cani estranei rimane fonte di insicurezza e paura. In questo caso, insistere negli incontri può portare a un peggioramento della reazione di fuga e autodifesa.

Nella socializzazione, la regola è assicurarsi che il cane abbia gli strumenti per affrontare una situazione, prima di fargliela vivere, altrimenti il rischio è quello di accumulare esperienze negative che gli causeranno problemi soprattutto quando crescendo e passerà dalle strategie di sopravvivenza da cucciolo, a reazioni da adulto. Non è certo un caso che i problemi si manifestino o peggiorino verso i 7-8 mesi di età, quando il cane ha terminato la crescita e matura sessualmente.

Il cane sulla destra esibisce postura eretta, frontale, rigidità. Il cane sulla sinistra reagisce a questi segnali cercando protezione dietro alle gambe del proprietario. In una situazione come questa, il proprietario del cane di destra dovrebbe interrompere la comunicazione aggressiva – e possibilmente prevenirla.

La cucciolona di Setter Irlandese ha la coda bassa, la schiena ingobbita, le orecchie piegate indietro e cerca di allontanarsi, preoccupata dall'approccio del maschio. Roch esibisce comportamenti di corteggiamento benché sia castrato.

Se il nostro cane ha paura degli altri cani, una possibile alternativa è **frequentare un centro cinofilo**, fare insieme delle attività che gli piacciono e lo divertono in condizioni di sicurezza. Il nostro cane può imparare che la vista di un altro cane non comporta un pericolo, perché i cani sono gestiti correttamente e non avvengono incontri a rischio. Il mio Border Collie, Grisou, ha scoperto di poter sopportare la vista degli altri cani quando abbiamo iniziato a impegnarci nell'Obedience, una disciplina un cui il cane deve potersi concentrare sugli esercizi anche se ci sono altri cani a vista, imparando così che gli altri cani non si avvicineranno e non lo metteranno in pericolo. È chiaro che tutto questo funziona se nel centro cinofilo c'è una reale attenzione al benessere del nostro cane e la capacità di sviluppare un programma personalizzato che ci garantisca sicurezza e rispetti i bisogni del nostro cane.
I cani che hanno paura di altri cani possono superare questa barriera anche grazie alla **familiarità**; invece di incontrare cani sconosciuti, può essere utile fare in modo che si abituino alla vista, all'odore di un solo altro cane e che nel tempo questa conoscenza a distanza porti a una riduzione delle reazioni di paura, alll'indifferenza, e magari a curiosità e attrazione. Cani che non tollerano il contatto con altri cani possono convivere felicemente con altri cani di casa – se sappiamo scegliere il cane adatto.

15.13.2 Paura delle persone estranee

Per la maggior parte della popolazione canina, l'incontro con una persona estranea non è fonte di gioia e felicità ma, al contrario, può causare stress, insicurezza, fino a vera e propria paura.
I cani hanno un comportamento diverso con le persone di famiglia, le persone conosciute, le persone a cui sono affezionati e gli estranei. Benché questo sia evidente, la maggior parte dei proprietari rimane convinta che i cani debbano gradire l'incontro con degli sconosciuti. Questo atteggiamento dei proprietari è incomprensibile, dato che anche noi siamo molto diversi nell'interazione con l'estraneo. Siamo molto simili ai cani. Esistono persone estroverse e socievoli, capaci di entrare in un bar e fare amicizia con la barista, il cassiere e tutti gli avventori. La media della popolazione umana entra in un bar e interagisce in maniera meno profonda, qualcuno magari nemmeno guarda in faccia cassiera e barista ma si limita a bere il proprio caffè ed uscire.
Io ho dovuto costringermi a essere socievole con il personale degli autogrill, è stato un esercizio che mi sono imposta per migliorare la mia capacità di comunicazione.

Anche nel mondo dei cani solo una piccola percentuale adora incontrare umani di ogni tipo; per gran parte dei cani gli estranei sono tollerabili finché rimangono un elemento neutrale del panorama (o se hanno qualcosa di buono da dare) mentre è una festa incontrare gli amici umani, la famiglia, quella persona speciale che seguirebbero in capo al mondo; ci sono i cani che considerano gli estranei un problema, pur nascondendolo bene e, infine, ci sono quelli che non riescono a non dimostrare stress, paura o tutti i segnali di alt dell'autodifesa e la minaccia.

I cani aggressivi sono quelli che rendono più visibile il confine che un estraneo non deve superare. Per molti cani che vivono in canile c'è un'unica persona, quella che per loro rappresenta l'intero universo, che può avvicinarli o comunicare con loro, magari quell'unica volontaria che ha messo via la paura e ha cercato e trovato un contatto. La vita di quei cani può dipendere dalla possibilità di quella persona di prendersene cura. **Il senso di sicurezza è un elemento fondamentale nella capacità del cane di sopportare stimoli che potrebbero scatenare una reazione di paura**.

La paura delle persone, la sensibilità e la fragilità sono caratteristiche individuali: esistono cani più confidenti e cani più insicuri. La timidezza può essere superata se il cane ha una buona motivazione sociale al contatto con le persone, mentre la combinazione di insicurezza e scarsa motivazione pro-sociale può rendere difficile evitare che il cane reagisca anche alla sola vista di una persona sconosciuta.

L'esperienza gioca un ruolo importante nel dare al cane più sicurezza o nel renderlo al contrario più reattivo; con un cucciolo la scelta peggiore è quella di farlo toccare da tutti, di tenerlo fermo per farlo accarezzare da degli estranei e di forzarlo al contatto. Mi capita di vedere proprietari che

Asia, meticcio di Pastore Tedesco, esibisce un comportamento di esplorazione olfattiva verso una persona estranea. Anche se si tratta di un contatto sociale, il suo atteggiamento è di timore e la tensione emotiva può portarla a reagire al minimo movimento, con la fuga o con la minaccia.

trattengono o addirittura spingono il cane verso l'estraneo che vuole toccarlo. I cuccioli sono irresistibili ma se il nostro cucciolo si dimostra insicuro e preoccupato sta a noi tutelarlo.
Questo non significa evitare qualunque contatto, ma scegliere di farlo interagire con persone empatiche, capaci di dargli il tempo e lo spazio per acquisire sicurezza.
Il cibo può sembrare una buona idea per attirare il cucciolo verso l'estraneo, ma rischiamo solo di spingerlo ad andare oltre la sua capacità di fare fronte alla situazione, di caricarlo di aspettative e innescare reazioni ancora più intense. Invece di far dare cibo da estranei, possiamo divertirci insieme al nostro cane in presenza di estranei, senza chiedergli di interagire o di avvicinarsi; in questo modo associamo uno stato di benessere alla presenza di estranei.
Molti anni fa ho introdotto nei corsi e nelle dimostrazioni un'attività divertente e un'esperienza formativa: l'*Agility* con le persone come attrezzi.

La piccola Peggy, Jack Russel, affronta una persona estranea, abbaiando e fissando ogni movimento del nemico (percepito).

È un gioco in cui le persone sono passive e l'unica richiesta per il cane è di esibire i comportamenti dell'*Agility*, cioè saltare, fare lo slalom, girare intorno. Il cane impara a entrare nello spazio sociale delle persone, in un contesto in cui non gli è richiesto alcun contatto sociale e si diverte.
La paura degli estranei può essere causata da traumi emotivi; i cani che sono stati minacciati, aggrediti o picchiati possono avere paura di quello che le persone possono fare loro. Le reazioni di timore verso i nostri movimenti, verso il contatto visivo e sociale o l'avvicinamento possono essere ridotte con la conoscenza e la fiducia , anche se, spesso, un generico stato di stress può però far riaffiorare la memoria di quelle esperienze.
Con un cane di cui non conosciamo il passato è importante cercare di cogliere minime reazioni alla nostra presenza e cercare di capire cosa può preoccupare il cane e portarlo a fuggire o difendersi. I segnali possono essere evidenti o sottili: immobilizzarsi, chiudere gli occhi, abbassarsi in modo improvviso, abbassare la coda, piegare le orecchie indietro, allontanarsi, toccare la mano con il naso, spalancare gli occhi e mostrare il bianco degli occhi.
Come già detto per altri problemi, anche in questo caso può essere utile o necessario richiedere l'aiuto di una persona competente.

15.13.3 Paure ambientali

Troppe volte mi è stato raccontato che un cane è stato forzato ad affrontare le proprie paure; questo accade ad esempio quando cuccioli e cani adulti, magari adottati da pochi giorni dal canile, vengono portati al mercato, al centro commerciale, ignorati quando manifestano paura e costretti ad avvicinarsi a qualcosa che li spaventa.
Un giorno ricevo un messaggio via mail: una famiglia è in difficoltà con il cucciolone di Bull Terrier di 7 mesi, che trema e rifiuta di uscire di casa. Chiedo qualche informazione su come si è manifestato il problema e mi raccontano che si è spaventato per l'aggressione da parte di un altro cane e che a loro è stato detto di costringere il cane ad affrontare le proprie paure.
Ogni giorno, lo trascinano fuori a forza o prendendolo in braccio e, quando il cane arriva in strada,

L'Alano rescue, Perseo, esprime insicurezza in uno spazio non familiare. Jenny lo osserva e lascia che sia Perseo a scegliere la direzione verso cui muoversi.

tenta in ogni modo di tornare dentro. La situazione è così degenerata che il Bull Terrier non vuole più uscire dalla porta di casa; il problema è che il cane vive in appartamento e le uscite sono quindi obbligatorie.
Chiedo se al cucciolone piacciono i cani e se c'è un cane che gli piace particolarmente e mi rispondono che c'è un cane con cui ama giocare e passeggiare. Suggerisco quindi di provare a portare il Bull Terrier in braccio fino all'ascensore, scendere, fargli trovare l'amico cane fuori dal portone e vedere che effetto ha. Provano il giorno dopo e mi scrivono che il cucciolone è stato in grado di fare una passeggiata senza manifestare paura.
La fortuna, in questo caso, è che la paura è stata generata da un singolo episodio traumatico in un cane giovane dalla personalità confidente e socievole ed è quindi bastata un po' di fiducia per riportarlo alla precedente condizione di confidenza. Continuare a forzarlo e a ignorare il suo stato emotivo avrebbe potuto generalizzare la paura e fargli perdere la fiducia nei proprietari. Senza una causa così identificabile, non avrei azzardato dei consigli via mail: è importante vedere il cane dal vivo e lasciare che sia lui a raccontare la propria versione della storia.
Dal vivo ho visto invece Perseo, un Alano maschio *rescue*, un gigante gentile e fragilissimo, che aveva paura dell'ambiente, delle persone e dei cani. La prima volta che l'ho valutato era incapace di tenere la testa sollevata da terra e la coda era sempre tra le zampe, era alla costante ricerca di una via di fuga. Ci ha salvati la determinazione di Jenny, che si è impegnata a farlo familiarizzare con gli spazi del centro cinofilo e una certa curiosità di Perseo verso gli altri cani, soprattutto le femmine (per nostra fortuna, Perseo non era castrato).
In diversi mesi di lavoro siamo riusciti a trasformarlo in un cane che cammina a testa alta, esplora, marca con l'urina, incontra altri cani e tollera la presenza di persone. Sono stati soprattutto gli altri cani ad aiutarlo a sentirsi più grande e più forte. Probabilmente non sarà mai un cane in grado di sopportare ambienti e contesti più complessi, ma la proprietaria ha accolto con entusiasmo ogni minimo progresso. La sua fiducia in Perseo, il suo essere dalla sua parte, l'impegno hanno avuto un ruolo determinante in questo percorso.

16 Quando il proprietario è un problema

Nessun animale vive in un ambiente complesso come quello umano. Noi siamo, potenzialmente, il problema dei cani.

È probabile che la maggior parte dei cani potrebbe vivere felice, in famiglia, se fossimo in grado di garantirgli delle condizioni di vita adeguate, una comunicazione efficace, una relazione sicura e se potessimo soddisfare i suoi bisogni fisici, mentali, emotivi e sociali.

16.1 Problemi «di convivenza»

L'elenco, incompleto, dei problemi che i cani hanno nella loro convivenza con l'uomo potrebbe comprendere:

- mancato riconoscimento di problemi fisici e di uno stato di dolore;
- isolamento sociale;

Non esiste ambiente più complesso per un animale della vita insieme all'uomo.

- alimentazione non adeguata;
- mancanza di spazio, libertà di movimento, attività fisica;
- comunicazione inefficace;
- ambiente fisico e sociale inadeguato alle capacità emotive del cane;
- stress causato dalla gestione al guinzaglio;
- attività legate alle attitudini individuali e di razza ridotte o assenti;
- relazione insicura, causata da reazioni incomprensibili e incoerenti;
- bullismo, minacce, aggressioni da parte dei proprietari;
- convivenza forzata con cani incompatibili;
- uso di strumenti e metodi coercitivi;
- mancato riconoscimento del cane come individuo;
- mancato riconoscimento del cane come cane.

16.2 Umanizzare il cane

La tendenza ad umanizzare (o antropomorfizzare) il cane viene spesso tradotta con l'immagine di un cane che indossa cappotti o abiti che imitano l'abbigliamento umano, collari e pettorine di strass, che viene tenuto in braccio e fatto vivere tra cuscini di broccato: un cane trasformato non tanto in un umano, quanto in una bambola.

I cani-bambola non vengono umanizzati, vengono usati come oggetti e gestiti come individui senza autonomia, senza identità.

L'antropomorfismo, cioè la tendenza ad attribuire ad animali, cose o figure immaginarie qualità umane fisiche, intellettuali e morali è un meccanismo naturale e universale, un modo molto umano di creare un contatto, di vedere noi stessi in qualcuno o qualcosa che è diverso da noi. Trattiamo i cani come componenti della famiglia, parliamo con loro, condividiamo la nostra casa, compreso il divano e a volte il letto, festeggiamo il loro compleanno, diamo loro un nome e abbiamo le loro foto sul cellulare e sul computer, parliamo di loro ogni volta che possiamo: sono tutte dimostrazioni del legame che ci unisce. Li trattiamo come componenti di famiglia e parliamo con loro, perché questo è il nostro modo naturale di dimostrare il legame, di costruire relazioni, di esprimere noi stessi, di comunicare e provare empatia.

Questi atteggiamenti possono essere causa di disagio o di malessere per il cane?

Il limite da non superare è tra quello che fa stare bene il cane e quello che facciamo unicamente per soddisfare noi stessi.

Nessun proprietario è davvero convinto che i cani siano piccole persone, per quanto possa avere atteggiamenti simili a quelli tipici di una relazione parentale, ma alcuni proprietari faticano a vedere in un cane un adulto, un individuo con una percezione del mondo e bisogni propri, una personalità definita con capacità e motivazioni diverse dalle nostre.

Spesso cerchiamo di **antropomorfizzare i cani imponendo loro i nostri schemi mentali**, magari in modo del tutto inconsapevole.

La nostra visione del mondo ha origine in un preciso abito storico e culturale, e siamo cioè che ci è stato insegnato, ciò che abbiamo imparato a essere. Abbiamo imparato a reprimere l'espressione fisica di certi stati emotivi, a non dimostrare emozioni, a controllarci, a mentire e siamo così convinti che esista un modo "giusto" di comportarsi in pubblico, da applicare la stessa regola agli altri, anche quando sono cani.

L'antropomorfista nascosto è quello che vuole insegnare a un cane a comportarsi da umano, là dove per umano non si intende certo camminare con una postura eretta o suonare un pianoforte, ma seguire le regole che definiscono la nostra convivenza sociale e la nostra cultura. Il cane deve essere calmo perché l'agitazione, la perdita di controllo fisico in risposta a uno stato emotivo, vengono condannate dalla nostra società.

Per i cani è incomprensibile il disagio causato dal loro abbaiare, dal loro reagire intensamente a uno stimolo, ma per il proprietario, o persino per l'educatore, quella reazione è sbagliata e il cane deve imparare a comportarsi bene.

Chi vuole insegnare al cane a comportarsi bene non fa altro che **replicare schemi culturali umani**, trasformandolo di fatto in un «piccolo umano» che deve sottostare alle stesse nostre regole. Il cane non deve rovistare nella pattumiera, non deve saltare addosso, non deve tirare al guinzaglio, deve tornare al richiamo, deve sporcare fuori casa (noi sporchiamo in casa, bell'esempio di coerenza, per il cane), deve incontrare qualunque altro cane senza mai reagire, deve essere calmo e non dare fastidio.

La cosa più incredibile è che i cani riescono ad adattarsi a molte di queste assurde regole.
Provate a tenere in casa una cavia peruviana, libera, e a insegnarle a non rosicchiare i mobili, a sporcare solo dove piace a voi, a tornare al richiamo ogni volta che volete che torni. O provateci anche solo con il vostro gatto. Vedrete che, per quanto vi sforziate, non succederà.
Perché allora lo pretendete dal cane, perché date per scontato che lo debba fare? I cani sono creature incredibilmente adattabili, sono stati capaci di sopravvivere al mondo complesso della vita con l'uomo, ma non sono umani e rimangono animali diversi da noi.
Se davvero non vogliamo antropomorfizzarli, nell'accezione negativa del termine, dovremmo smettere di pretendere che si comportino come noi, secondo le nostre infrastrutture sociali e culturali.
Per un cane è del tutto naturale prendere del cibo che non appartiene a nessuno, magari che è stato lasciato sul tavolo della cucina, incustodito. Non è un tradimento, né un gesto maleducato da

Cinomorfizzare i proprietari

Quando costruisco un ponte tra cane e umano, invece di negare l'esistenza del meccanismo di antropomorfizzazione, cerco di «**cinomorfizzare» i proprietari** mettendo in luce gli elementi più profondi, inconsci e inconsapevoli che ci rendono simili ai cani. Con i cani condividiamo la tendenza a sviluppare legami di tipo familiare, il bisogno di un contatto sociale, la capacità di dimostrare l'attaccamento e di condividere le nostre attività, gli spazi, persino le risorse.

Le somiglianze tra cani e umani sono altrettanto importanti delle differenze e sono sicuramente rilevanti per costruire la relazione.

Cinomorfizzo le persone perché per me esiste una base comune, una radice profonda che ci lega, nel formare legami sociali e nel provare emozioni; soprattutto quando smettiamo di applicare le regole da «buon proprietario» e impariamo a metterci a nudo, diventiamo più simili ai cani. Quando sviluppiamo auto consapevolezza e auto sintonizzazione, e siamo in grado di sapere chi siamo, nella relazione, e di vedere davvero l'altro. I cani lo fanno, e per loro non esiste altro modo di essere e di relazionarsi.

Vivere con un cane è una scelta. Una nostra scelta. I cani non possono scegliere. Chi vogliamo essere, per il nostro cane?

Dada si è seduta sul quaderno di appunti. Nastia usa l'unico spazio disponibile, per non spostare la cagnolina. Un comportamento spontaneo, che rivela la vera essenza della relazione tra uomini e cani.

condannare e correggere ma è semplicemente un comportamento naturale.
Il cane può imparare a non prendere il cibo dal tavolo della cucina e ci dobbiamo impegnare perché il cane impari a inibire questo impulso naturale, ma lo possiamo fare se siamo coerenti, comunichiamo in modo efficace e se il cane collabora.
Se raggiungiamo questo obiettivo, dovremo essere riconoscenti al cane per quello che fa per compiacerci, anche quando non ha alcun senso biologico per la sua specie.

Essere grati al cane se torna al richiamo.
Essere grati al cane se ci segue al guinzaglio.
Essere grati al cane se rimane da solo per ore.
Essere grati al cane se riesce a incontrare cani estranei ed essere tollerante.
Essere grati al cane se riesce a incontrare persone estranee e sopportarle.
Essere grati al cane se impara comportamenti inutili e li esegue quando glieli chiediamo.
Essere grati al cane per la sua capacità di soffrire abusi e continuare a volerci bene.